# 我国区际产业梯度转移的生态效应及对策研究

李敦瑞　著

同濟大學出版社
TONGJI UNIVERSITY PRESS

## 内 容 提 要

本书系统地讨论了我国区际产业梯度转移过程中产生的生态效应，以及相关对策建议。本书结合国内外学者研究成果，以外部性理论为主要依据，构建产业转移生态效应分析的理论基础；对我国区际产业梯度转移的状况进行详细分析，并对其生态效应做出总体上的评价和判断；还分别从空间和时间两个维度深入探讨区际产业梯度转移的跨界生态效应和代际生态效应，并分析了 FDI 在其中的作用；在上述基础上进一步深入地剖析了我国区际产业梯度转移生态效应产生的原因，并提出有针对性的对策和治理建议。

本书主要的读者对象是从事经济科学、环境科学研究的科研人员、教师和学生。

**图书在版编目(CIP)数据**

我国区际产业梯度转移的生态效应及对策研究 / 李敦瑞著. —上海:同济大学出版社,2018.11

ISBN 978-7-5608-7984-0

Ⅰ.①我… Ⅱ.①李… Ⅲ.①区域产业结构—产业转移—关系—区域生态环境—研究—中国 Ⅳ.①F269.24 ②X21

中国版本图书馆 CIP 数据核字(2018)第 152620 号

**我国区际产业梯度转移的生态效应及对策研究**

李敦瑞 **著**

**责任编辑** 孙丽燕 **责任校对** 徐春莲 **封面设计** 潘向蓁

出版发行 同济大学出版社 www.tongjipress.com.cn

(上海市四平路 1239 号 邮编:200092 电话:021-65985622)

经 销 全国各地新华书店

排 版 南京新翰博图文制作有限公司

印 刷 江苏凤凰数码印务有限公司

开 本 787 mm×1 092 mm 1/16

印 张 16.75

字 数 418 000

版 次 2018 年 11 月第 1 版 2018 年 11 月第 1 次印刷

书 号 ISBN 978-7-5608-7984-0

定 价 78.00 元

# 前　言

FOREWORD

产业转移对于一个国家调整生产力布局和促进区域经济协调发展，有着无可替代的作用。尤其是在区域经济发展水平差异较大的情况下，我国产业在区域间的梯度转移几乎成为不可逆转的大趋势。然而，现实告诉我们，产业转移本身有着巨大的生态风险。在绿色发展理念日益深入人心的大背景下，如何妥善地应对产业区际梯度转移的生态效应，并积极发挥其在经济发展方面的作用，成为日益重要的课题。本书以外部性理论作为理论基础，系统地研究了区际产业梯度转移的生态效应。其观点主要为：

第一，工业仍是我国区际产业梯度转移的重要领域。从全国的整体范围来看，各地区许多阶段性任务仍有待完成。产业转移作为协调生产力空间布局和区域快速推进工业化的有效途径，很自然就成为各个地区谋求发展的内在需求。发达地区倾向于转出相对落后的产能，以便为新兴产业的发展腾出空间，欠发达地区凭借自身的资源优势、市场优势和劳动力优势，对承接产业转移也有极大的兴趣。在当前宏观经济下行压力增大、实体经济增长乏力的条件下，各地区都需要加快培育经济新增长点，产业的有序转移和集聚发展很可能会更加受到重视。这样，产业转移的经济功能很容易被强调和突出，但随之产生的生态效应在一些地区往往很难得到足够的重视。

第二，“污染天堂假说”在我国是成立的，区域之间也存在这样的趋势。宽松的环境规制和相对廉价的要素成本形成了欠发达地区在部分污染较重产业上的比较优势。当这些产业发生梯度转移时，对于生态环境的负外部效应十分显著。当然，必须承认，产业转移客观上也是我国经济发展的大势所趋，对中西部的经济建设做出了卓越的贡献，所以要科学、辩证地看待这一经济现象。

第三，产业区际梯度转移的生态效应需要进行时间和空间维度上的考察。从空间上说，产业转移到一定区域后，跨界污染会导致环境外部性的区域外溢；而一些地方政府为招商引资降低环境标准会带来放大效应，加上自然地理梯度与经济梯度相反，这种放大效应会加剧。而外商直接投资的环境外部影响主要集中在东部沿海地区，但有向中西部地区转移的可能。外商直接投资参与我国产业区际转移，加快产业由东部沿海发达地区向中西部转移，这也会导致外商直接投资环境外部性的区域扩散。从时间上看，产业转移带来的污染转移会使我国的环境库兹涅茨曲线更加陡峭，会使子孙后代在环境资源的分配中处于不利的地位，损害了代际公平，这必然会给当代人和后代人的福利造成损失，其中后代人所处的不利地位更为严重。

第四，产业转移生态效应的产生有着多方面的原因。经济发展水平空间差异是外在的原因，这包括各地区在产业梯度分布上的差异和比较优势上的差异。站在开放经济的角度看，我国所处的国际分工地位和贸易体系也是客观原因。从市场失灵的角度看，主要源于生态环境的公共物品性质。从地方政府的角度看，经济、政治利益的驱动以及利益集团的影响、环境公共物品供给成本的集中性、环境规制的不完备性、部分官员的寻租行为都会产生作用。另外，社会公众利益分散，环保社会组织作用偏弱，居民整体上环保意识还比较淡薄，这些也是原因。此外，还有数据、技术、市场价格等方面的原因。

第五，工业产业转移带来了生态环境问题，但是治理区际产业梯度转移的生态效应，并不是要否定工业的价值和地位。客观地说，工业在今天国民经济中的作用仍然无可替代，不能把生态文明建设与工业的发展放在对立的位置，而是通过一系列措施促进工业的转型升级，使之进入更加文明的状态，使生态优先的绿色发展之路得以践行。

第六，区际产业转移生态效应的治理，首要的就是转变发展理念，厘清“绿水青山”与“金山银山”之间的科学关系。从根本上说，治理的出路在于区域经济发展方式的转变。在中国经济正深度融入世界经济的过程中，产业转移生态效应的治理要在开放发展的大格局下推进。区际产业转移应在主体功能区规划的战略框架下推进，根据不同区域的主体功能明确方向、完善政策。除了将主体功能区划作为国土空间开发保护的基础性制度以外，还需要形成一系列富有针对性的制度供给和制度实施保障，以利于长效推进。生态文明建设关键在人，积极引导社会公众积极而又有序地参与区际产业转移的生态治理十分必要。并且加强环保基础设施建设，加强对产业园区的环境监察，加强生态数据信息平台建设，多渠道改善工业企业生存状况也都是必要的措施。

从本书整体上的研究来看，可以说是产业经济学、区域经济学、环境经济学三个学科的交叉研究。也正因为如此，研究的难度相对较大，而且数据和资料的获取、处理过程也比较艰辛。但令人欣慰的是，在探索理论和现实的问题中，终于有了一个较为系统的成果，但愿可以为从事经济科学、环境科学研究的科研人员、教师和学生，以及相关政府部门的工作人员，提供一定的研究或决策参考。

囿于本人的学识和阅历，书中有不妥之处，敬请读者批评指正。

李敦瑞

2018 年 7 月

# 目　录

CONTENTS

# 第一章　导　论

党的十八届五中全会提出了绿色发展理念，并明确指出："坚持绿色发展，必须坚持节约资源和保护环境的基本国策，坚持可持续发展，坚定走生产发展、生活富裕、生态良好的文明发展道路，加快建设资源节约型、环境友好型社会，形成人与自然和谐发展现代化建设新格局，推进美丽中国建设，为全球生态安全做出新贡献。"党的十九大再次强调："我们要建设的现代化是人与自然和谐共生的现代化。"当前，我国生态环境虽有好转迹象但仍不能掉以轻心。尤其是近几年，华北、东北、长三角、珠三角等地区仍不时爆发大范围的雾霾天气，全国范围的各种环境污染事件也是层出不穷。值得注意的是，正逐渐形成以服务业为主的产业结构，并不断向外搬迁高能耗、高污染产业的相对发达的沿海地区，仍然遭受雾霾和各种污染；过去污染往往集中于个别地方个别城市，如今大范围的跨区域跨流域污染越来越受关注。究其原因，固然有人口密集、车辆众多等因素，但一个不容忽视的因素就是渐成气候的大范围产业转移，以及由此带来的污染扩散。然而，中国还是发展中国家，面临着在环境受到破坏和经济不发达双重压力下谋求经济增长和改善人民生活水平的任务。在现阶段区域经济发展水平差异较大的现实条件下，产业转移是不可避免的经济趋势，对我国经济、社会发展的影响有着两面性，既对于调整生产力布局和欠发达地区经济发展和产业升级有着无可替代的积极作用，但也存在着巨大的生态风险。如何妥善利用产业转移，并加强生态文明建设，日益成为关乎人民福祉、民族发展的迫切议题。

# 第一节　问题的提出和研究的意义

## 一、问题的提出

改革开放以来，我国经济高速发展，但同时也一度带来了生态环境的恶化。在这当中，产业转移无疑扮演了重要的“角色”。由于我国各区域之间经济发展水平差异依旧很大，东部发达地区出于经济转型升级的需要，以及环境标准的不断抬升，过去造成污染和高耗能的许多产业和产业环节不断西移和北移。固然，对于不发达地区而言，承接产业转移是经济发展所必需的，甚至可以说是不可避免的趋势，但同时其对生态环境的影响也是显而易见的。我国近四十年来经济快速的发展，与最初承接国际上的产业转移密不可分。发达国家和地区通过贸易和投资，向外输出不再具有比较优势的产业或产业环节。而我国已经成为吸引外资最多的发展中国家，在这些外商投资企业中，有一部分是属于高物耗、高能耗、高污染的企业，尽管对我国的经济增长起到一定的积极影响，但是另一方面也破坏了引资地的生态环境，加剧了资源短缺。伴随着近些年来我国区域间大规模产业转移的兴起，这些领域的外资向其他区域转移的趋势开始凸显，势必造成污染的“二次转移”，必然会加剧产业转移的环境负面效应。

生态环境问题已成为学术界关注的热点问题。选择区际产业梯度转移的生态效应进行研究，主要有如下原因。

第一，我国的生态环境仍未从根本上得到解决，产业梯度转移容易造成污染的转移，从而造成新的环境压力。根据国家环保总局和国家统计局联合发布的《中国绿色国民经济核算研究报告(2004)》，2004 年全国因环境污染造成的经济损失为 5 118 亿元，占 GDP 的3.05%。时至今日，环境污染相对于十多年前，总体上更加严重。尽管在各方面的努力之下，部分生态指标和部分污染物排放量近些年有逐年减少的迹象，但生态环境保护的态势依然十分严峻。资源被掠夺性地开采和破坏，环境严重污染，水土严重流失，各种生态灾难频频发生。根据环境保护部公布数据，2013 年，全国 74 个实施新标准监测的城市，其环境空气质量达标比例仅为 4.1%；就整个地表水而言，受到严重污染的劣Ⅴ类水体所占比例为 10%左右，海河流域劣Ⅴ类的比例甚至高达近四成；在 4 778 个地下水监测点位中，较差和极差水质的监测点比例近六成；耕地环境质量堪忧，全国土壤的点位超标率为 16.1%，其中，中度污染占 1.5%，重度污染占 1.1%[①]。2015 年，全国 338 个地级以上城市中，只有 73 个城市环境空气质量达标，城市环境空气质量超标的城市占 78.4%；在开展降水监测的 480 个城市(区、县)中，酸雨城市比例为 22.5%；全国开展水质监测的 967 个地

① 环境保护部. 2013 年中国环境状况公报[EB/OL]. 环境保护部网站，http://jcs.mep.gov.cn/hjzl/zkgb/2013zkgb/，2014-11-24.

表水国控断面(点位)，Ⅰ～Ⅲ类、Ⅳ～Ⅴ类和劣Ⅴ类水质断面分别占 64.5%、26.7%和 8.8%，5 118 个地下水水质监测点中，较差级的监测点比例为42.5%，极差级的监测点比例为 18.8%[①]。近些年来，我国区域之间的产业转移渐成气候。尽管这对于国内区域经济的协调发展存在积极作用，但易耗能、易产生污染的生产环节和有害技术设备、产品以及废水、废气和固体废物的排放所造成的环境压力，与日俱增。这加剧了资源短缺状况，恶化了生态环境，不利于我国经济的可持续发展。

第二，我国生态环境的保护不能简单套用环境库兹涅茨曲线理论。生态环境是人类生存的自然基础，任何一个国家、任何一个民族都需要在一定的生态条件下生存和发展。然而，当今世界经济发展往往都是在破坏生态环境的基础上实现的。尽管依据环境库兹涅茨曲线原理，随着经济的增长，生态环境先是逐渐恶化，等达到一定的拐点之后再逐渐改善。而且美国、日本、欧盟等发达国家和地区的现实似乎也证实了这一点。但实际上，从整个世界的范围来看，发达国家和地区在经历了工业化之后，高度发达的经济与良好的生态环境的并存是建立在国际间产业转移的基础之上的。而许多研究表明，这种产业的国际间转移往往又伴随着污染的转移。环境库兹涅茨曲线原理在部分国家或地区所发生的作用，并不能代表经济增长与生态环境存在着某种真正意义上的倒“U”形关系。

第三，区际产业梯度转移的生态问题归根结底也是外部性问题，从理论层面上运用外部性理论进行系统研究是必要且适当的。人们的经济行为往往会对环境造成负面的外部效应，生态环境作为公有资源具有非排他性。由于“市场失灵”和“政府失灵”，经济行为的环境外部成本难以内在化，导致人们缺乏在生产和消费过程中减少环境污染的内在动力和外在压力，这使得人们在追求私人利益最大化的同时，自然资源的过度开发和对生态环境的巨大破坏却难以得到有效遏制，从而使环境问题愈演愈烈。所以，经济行为的外部性是环境问题产生的经济根源。我国是区域发展严重不平衡的国家，中西部以及一部分东部地区经济相对落后，在接纳大量外来产业转移以获取发展经济所需的资金和技术的同时，也正在承受着其对生态环境造成的负外部性。因此，可以运用外部性理论作为分析区际产业梯度转移的生态问题的重要理论依据。

第四，区际产业梯度转移既有生态上的负面效应，也有经济上的积极作用，如何看待这两种效应，决定了我们对待区际产业梯度转移这一经济现象的态度。因而有必要对这两种效应做出综合性的分析，即需要辩证地看待区际产业梯度转移的生态效应和经济效应。

第五，区际产业转移的生态效应本身具有时间上延续和空间上外溢的特征。环境外部性有时间和空间的特性，空间外部性主要表现为代内外部性对本区域的影响，以及区域之间的影响；时间外部性主要表现为一段时间甚至是代际的影响。产业要素自身会随着当地产业结构的变化而发生在区域间的移动。一方面发达地区产业结构的升级会造成污染较重的产业和产业环节的转出，另一方面东部沿海地区经济的发展也会使其原先承接

---

① 环境保护部. 2015 年中国环境状况公报[EB/OL]. 环境保护部网站，http://www.zhb.gov.cn/hjzl/zghjzkgb/lnzghjzkgb/201606/P020160602333160471955.pdf，2016-05-20.

的国际产业转移，开始转向欠发达地区。这种动态的过程，使区际产业转移的环境外部性出现了区域外溢的效应。而且在产业转移以及转移后的生产阶段，会产生对环境的严重污染，这不仅影响当代人的利益，也会祸及子孙后代。因此，研究区际产业转移的环境外部效应，需要充分体现其在时间和空间上的规律。

## 二、研究的意义

对于环境外部性理论的研究，实际上是为了从理论上揭示环境污染的程度、具体表现和原因，并为有效地利用经济手段和环境政策来保护环境提供思路。本书以区际产业梯度转移为研究对象，在前人研究的基础上，综合运用区域经济理论、环境经济理论、国际贸易和投资相关理论、可持续发展理论等理论，在外部性理论分析框架下对区际产业转移所产生的生态效应进行研究，并进一步研究这种环境外部性的内化措施与手段。其理论和现实意义，具体表现在如下几点。

第一，现有的国际贸易理论和投资理论对生态环境因素的考虑并不充分，而目前关于产业转移生态环境问题的研究，也主要停留在研究外商直接投资 FDI 与东道国环境恶化是否存在因果关系，更多的是考虑国际产业转移的问题，即未能运用一个完整的理论框架系统地研究该问题，对于我国这样一个幅员辽阔且经济发展水平区域差异大的国家，在一国范围内产业梯度转移的生态效应在时间和空间上的表现、原因、消解的方法也很少涉及。研究区际产业转移的环境外部性，可以建立一个基于产业转移的、体现外部性时空转移特性的分析框架，便于更全面、更系统地分析产业转移生态效应的理论问题，为进一步开展该领域的研究找寻适当的理论视角。

第二，区际产业转移的生态效应存在一定的复杂性和特殊性。其中，政府和市场之间的关系，产业转出地和承接地之间的关系，经济发展与生态环境保护之间的关系，都会对生态环境产生很大的影响。而且原先进入东部沿海地区而后转移到中西部地区的污染产业外资企业，以及被东部沿海地区拒绝而直接进入中西部地区的污染产业外资企业，毫无疑问将会在更广阔的范围对我国的生态环境造成负外部性，FDI 的环境影响也可能会随着我国区域产业的梯度转移而发生转移，从而造成跨国污染的“二次转移”。研究区际产业转移的环境问题，既可以从微观层面上分析污染企业的环境行为，也可以从宏观层面上分析污染较重的产业或产业环节转移的现状、动因，这样便于了解其环境外部性产生的途径、机制，以及其中政企之间、区域之间的关系。

第三，产业转移对我国经济、社会发展的影响有着两面性，如何从政策实践层面上找出扬长避短的途径，是有必要去探索的。进行这样的研究，还可以从总体上把握其环境外部性对居民的福利影响，能够将其生态效应与经济效应综合进行考虑，然后分别从空间和时间两个维度解剖产业转移的环境外部性，为较全面而又深入地了解产业转移的功用提供可靠的理论依据和经验证据。

第四，由于我国目前环境污染问题已经相当严重，尤其要注意的是，我国经济发展梯度“东高西低”，自然地理梯度“西高东低”，产业由东向西转移，但要素、人口密集的东部发达地区却处于重要水系的下游，产业转移的生态环境问题如果处理不当，其生态效应极有可能叠加、放大。所以，研究区域产业转移的环境外部性，可以在了解外部性问题产生的一般性原因的基础上，深入分析产业转移环境外部性区域影响和代际影响的具体原因，并据此探索适合的内化措施和控制手段，对规避可能存在的巨大环境风险和进一步缓解我国目前依旧紧迫的环境问题，并推动经济的可持续发展，有着重要的理论和实践指导意义。

## 第二节　研究的思路、范围界定和主要内容

### 一、研究思路

产业转移的生态效应本质上仍然属于一般外部性理论的范畴。国内外众多经济学家关于外部性的已有理论成果和研究方法为本书的研究提供了必要的理论和方法支撑，也有助于我们更深刻地理解产业转移的环境外部性。本书是在一般外部性理论的框架下，沿着从一般到具体的思路，结合中国的实际情况，研究在区际产业转移环境外部性的发生机制、表现形式、产生的原因、治理方法。具体研究思路如下。

首先，结合国内外学者关于环境外部性和产业转移环境影响的研究成果，重点阐明区际产业梯度转移的生态效应的内涵、分类、具体表现、原因及措施，从而为后面的研究奠定理论基础。

其次，在充分调查和分析资料的前提下，对我国当前的区际产业梯度转移作总体上的描述，并进行实证研究，为以后各部分的研究在现实中找到合适的切入点。

再次，在前面的分析框架下，通过对区际产业转移的生态效应进行实证分析和规范分析，以此作出总体上的判断，并在此基础上分别从空间外部性和代际外部性两个角度入手，深入分析在空间和时间上的具体效应。

最后，结合前面的分析结果，探讨区域产业梯度转移生态效应产生的原因，并提出相应的应对措施和治理建议。

### 二、研究范围的界定

产业转移是指产业或者产业要素在比较优势、市场条件、政策环境等条件发生变化时出现空间上转移的一种经济现象。通常产业转移分为国际产业转移和区际产业转移。前者发生在国与国之间，后者发生在一国之内的区域之间。产业转移一般会借助企业的跨区域投资来实现，但是“投资”只是必要条件。因而区际产业转移可以进一步定义为，在一国范围内，经济发展梯度较高的区域（转出地）业已存在的或者发展的较为成熟的产业实体，在当地发展遇到要素成本上升、市场需求变化、政策环境变化等因素，而通过企业异地投资等渠道转移到经济发展梯度较低的区域（承接地）。根据研究的问题和区际产业转移

的定义，结合所能搜集到的数据和资料，研究的范围主要锁定在第二产业，特别是工业。这要根据《国民经济行业分类》(GB/T 4754—2011)界定产业范围，包括在这些产业中开办新企业，并购现有的承接地企业，收买承接地企业的股权达到一定的比重，以及用保留利润对这些产业进行再投资。从微观层面上看，所考察的对象包括内资企业和外资企业，其中外资企业主要指三资企业，即中外合作经济企业、中外合资经营企业、外商独资经营企业。由于产业转移是建立在经济发展水平梯度差异的基础之上的，故而在理论层面上主要考虑从发达地区流向欠发达地区的产业转移，而对于少数反梯度的从欠发达地区流向发达地区的投资则不予考虑。

另外，由于不同产业的污染程度差异较大，因而特别要关注其中通过企业异地投资等途径向外区域转移的对生态环境压力较大的污染密集产业。污染密集产业(Pollution-incentive Industries, PIIS)是指在生产过程中若不加以治理则会直接或者间接产生大量污染物的产业；这些产业或是在生产过程中明显影响生产和管理人员的安全和健康；或是其产生的污染物对人类、动植物生命或健康有害，促使生态环境恶化，影响生态质量。其中能够产生大量危险废物，污染防治较为困难，治理成本高，运行过程直接危及相关人员生命安全的被称为严重污染密集产业(Most Pollution-incentive Industries, MPIIS)①。本书主要以产业单位产值的污染排放水平为依据，通过测算②，并综合考虑每个产业的污染特征、产业规模和污染规模，将污染密集产业界定为13个行业，包括：煤炭开采和洗选业、黑色金属矿采选业、有色金属矿采选业、造纸及纸制品业、化学原料及化学制品制造业、化学纤维制造业、非金属矿物制品业、黑色金属冶炼及压延加工业、电力/热力的生产和供应业、农副食品加工业、纺织业、有色金属冶炼及压延加工业、石油加工/炼焦及核燃料加工业。这样界定的理由在于：(1)这些产业的界定是在总结国内外学者界定方法的基础上，借鉴比较适合中国国情的方法，并加以适度改进，且根据一定年限的数据进行测算而得的，是科学的、合理的；(2)《中国统计年鉴》《中国工业经济统计年鉴》和《中国环境统计年鉴》为所界定的污染密集产业提供了比较全面和连续的数据，便于进行实证研究；(3)所界定的污染密集产业也是区际产业梯度转移的重要领域，能够较好地反映其所带来的生态效应。

## 三、研究的主要内容

本书研究的主要内容包括以下几个方面。

第一，在结合我国实际情况的基础上，对我国区际产业梯度转移的状况进行分析，特别是关注污染密集产业的梯度转移。这包括从区域和行业两个角度进行剖析，对产业转移的促进因素、环境行为进行分析，特别是通过对“污染天堂”假说的验证，判断我国区域之间是否存在“污染天堂”效应。

---

① 夏有富.外商投资中国污染密集产业现状、后果及其对策研究[J].管理世界，1999(3).

② 具体的测算方法和测算过程将在第四章详细介绍。

第二，对我国区际产业转移的环境外部性作总体上的评价和判断，并为后面的研究作铺垫。根据 Grossman 和 Krueger 的分析框架，可以分别从技术效应、规模效应、结构效应三个角度，分析我国区际产业梯度转移环境外部性的福利效应，并作实证研究，在总体上判断我国产业转移的生态效应是正还是负。在此基础上，还需对产业转移的生态效应和经济效应作综合分析，以便为后面的对策研究提供参考。

第三，从空间的维度分析产业梯度转移的跨界生态效应。这包括探讨产业转移环境外部性的空间维度，分析产业转移生态效应的区域特征、区际溢出效应，以及探讨各地区间竞争产业转移所带来的环境外部效应的放大。案例分析是主要的实证手段。

第四，从时间的维度分析产业梯度转移的生态效应。这主要是从代际公平角度入手分析问题的，同时充分考虑区际产业梯度转移的环境外部性对我国环境库兹涅茨曲线的影响，并运用生态足迹模型进行实证研究。

第五，FDI 对东道国的生态环境产生影响。在结合我国实际情况的基础上，对当前 FDI 的新的区域流向和产业流向进行分析，以验证外资的环境影响是否会随着我国国内的区际产业梯度转移，而带来“二次污染转移”。

第六，探讨我国区际产业梯度转移环境外部性的产生原因，并根据前面的分析，研究相应对策或治理手段。

## 第三节　不足之处和尚需深入研究的问题

### 一、研究中的不足

本书以区际产业梯度转移这一经济趋势作为研究对象，综合运用各种相关理论，全面、系统地研究其中产生的生态效应。但由于研究的理论水平、资料可得性和研究对象的局限，仍有不足之处。

第一，研究对象有局限。除了有国际产业转移和区际产业转移之分以外，产业转移还发生在城乡之间、省内区域之间，本书以东、中、西三大区块之间的产业转移为研究对象，即经济相对发达区域向欠发达区域的产业转移，并以此为出发点，研究其生态效应。应该说，产业由东部沿海地区向中西部地区转移，总体上符合我国产业转移的大趋势，研究其生态效应总体上也能反映我国工业产业这种分布的变化所带来的生态风险。但是产业在区际发生转移时，还有许多具体的表现，比如，中西部地区之间也存在一些产业转移，许多发生在中西部地区之间的企业搬迁和直接投资正逐渐扩大规模。只要经济发展存在梯度差异，产业发展水平就会存在级差，产业转移就在所难免。所以，在整体上把握区际产业梯度转移的生态效应，仍然可以对于城乡之间、省内区域之间、中西部地区之间的产业转移所产生的生态效应再做更进一步的研究，而且这些产业转移其生态效应也各有其特点，它们的影响程度也存在差异。书中对于这些虽然有所涉及，但相对来说研究得还比较有限。

第二，研究深度有限。书中对一些问题的研究还可以再进一步深化，以增加其深度。比如，产业转移会带动工业化和城市化，在这过程中汽车、能源消费的增加，建筑业和相关服务业的发展等也会带来环境压力，从理论上看，生产的环境外部性也会引发消费的环境外部性，这些间接的效应在书中涉及较少；在分析区际产业转移生态效应产生的原因时，还可以借助更多的理论工具作更加细致的分析；等等。从本书研究的自身需要来看，这些工作对于分析问题和解决问题已经可以起到相应的支撑作用。但是，如果进一步挖深，还可以更加透彻地认识区际梯度产业转移这一经济现象和趋势，便于全面地了解它所造成的生态效应及其根源，从而为在理论中的进一步贡献和在实践中提出更加有效的对策提供依据。

第三，数据资料存在局限。在实证分析的部分中，鉴于数据的可得性，对一些变量之间的数量关系的研究受到一定的局限。另外，对许多问题的描述和佐证数据资料也是比较缺乏。比如，本书在梳理我国区际产业梯度转移时，可以借助工业生产空间布局的变化、欠发达地区吸收的省内境外资金等指标数据来说明，但是历年各个地区具体的参与产业转移的企业数，所涉及的就业人员、生产规模等方面，可以获得的有效数据非常有限，而且在一些指标的统计上各个地区的口径并不一致，需要仔细鉴别。对于因区际产业转移造成的环境污染或者生态破坏，直接相关的数据极为匮缺，只能间接通过各类统计年鉴或数据库的数据和资料进行计算或说明。可见，本书采用实证分析和规范分析相结合的研究方法，由于受资料数据的局限，对一些问题的论证虽然总体上并不影响结果，但是结论的精确程度受到一定影响。

## 二、尚需深入研究的问题

需要坦陈的是，一本专著所能解决的问题毕竟有限，面对现实世界的复杂性，许多问题还需在以后的研究中继续跟进，不足之处也需要在进一步的研究中不断完善。总的来说，本书至少还有两大问题需要在今后的研究中继续深入。

其一，尚需在产业转移领域中拓展研究对象。产业转移发生于存在梯度差异和产业级差的区域之间，研究区际产业梯度转移的生态效应，可以在原有东、中、西三大区块产业转移大趋势的基础上，进一步细化对城乡产业转移、中西部地区之间、东部沿海地区之间的产业转移。而且，在一定的发展阶段内，传统的工业产业是产业转移的主要领域，但是服务业和高新技术产业也存在产业转移的现象，这对于生态环境的影响如何，也需要跟进研究。再者，农业领域中也存在产业转移的现象，尽管农业在整个国民经济中的比重较小，但是农业污染源也是生态环境破坏的重要因素，例如在我国水环境的污染中，农业污染源的比重就相当大，而且治理难度也比较大。这些也需要在以后的研究中加以关注。

其二，尚需围绕生态文明进行更深入的研究。本书从实际需要出发，对区际产业梯度转移产生生态效应的原因进行了系统的分析。实际上，如果在所研究问题的基础上再进一步深入分析，则可以进一步探讨今天所出现的生态危机的根本原因。这一问题在学术界仍然争论不断，一些学者认为是人口和经济发展的原因，一些学者认为是人与自然的关系处理不当的原因，一些学者则认为是技术或操作层面的原因，而一些学者从生态马克思主义的角度分析，则认为根源在于“资本的逻辑”，等等。由于这一问题的争论涉及对生态文明的认识深度，以及对区际产业转移的合理利用，因而也是今后的研究中可以不断挖掘的领域。值得关注的是，近几年生活污染的急剧攀升，日益成为我国生态文明建设的“拦路虎”。产业转移带来了欠发达地区工业化的加速，这使得居民的消费水平和生活习惯发生变化，农耕文明时期的人与工业文明时期的人，其生活消费对生态环境的压力完全不可“同日而语”。产业转移所造成的众多的人口在城市化过程中加速集聚，以及人们生活消费方式发生的变化所造成的生态效应，也需要今后进一步研究。从外部性的角度看，不仅要重视产业转移这种生产的外部性，消费的外部性同样要受到重视。

# 第二章　产业转移生态效应的理论基础

环境问题归根结底也是外部性问题，从理论层面上运用外部性理论进行系统研究是必要且适当的。生态环境作为公有资源具有非排他性，由于市场失灵、政府失灵等因素，经济行为的环境外部成本往往难以内在化。导致人们缺乏在生产和消费过程中减少环境污染的内在动力，因而自然资源的过度开发和对生态环境的巨大破坏难以得到有效遏制。而且作为一个区域经济发展梯度差异巨大的发展中大国，产业转移势所必然。和产业国际转移类似，产业区际转移自身也存在着对经济社会影响的两面性。从理论层面上探析其在技术、规模、结构等方面的效应，并从政策层面寻求解决问题的路径也是迫切而必要的。况且，现有的国际贸易理论和投资理论更多的是在研究产业国际转移与引资地或东道国环境恶化是否存在因果关系，以及研究产业国际转移对引资地或东道国的环境福利效应的层面上；而在中国这样一个区际经济梯度差异大且幅员辽阔的国度内，还没有通过系统的理论研究产业区际转移的生态效应，而且对于其环境影响在时间和空间上的表现、原因、消解的方法也很少涉及。基于这些原因，本章将在前人研究的基础上，充分运用国内外学者已有研究成果，以外部性理论为主综合运用多学科理论，试图构建对该问题研究的理论基础。

# 第一节　产业转移的环境外部性

环境问题本质上也是外部性问题，从这一角度出发，产业转移的环境问题本质上也就是外部性随着产业要素的迁移而产生空间上的外溢或转移，甚至会产生时间上的深远影响。国际上关于产业转移对生态环境的影响的研究，最早来自对发达国家向发展中国家进行产业转移或进行直接投资造成环境污染的研究。延伸到国内的区际产业转移，实际上也就是这种环境外部性在经济发展梯度存在差异的区域之间发生转移，从而产生更大范围的更加持续的效应。

## 一、产业转移环境外部性的内涵和分类

### （一）外部性与环境外部性

外部性（Externalities），又被称为“外部效应”（External Effects）或“外部经济”（External Economies），自 20 世纪初剑桥大学的马歇尔和庇古提出这个概念以来，一直是经济学界研究的重要问题，今天外部性理论已成为经济思想发展的重要线索之一，并已延伸到许多领域的研究当中①。其中，环境外部性理论就是该理论在环境科学领域得到应用的体现。米德认为“一种外部经济（或外部不经济）指的是这样一种事件：它使得一个（或一些）在作出直接（或间接地）导致这一事件的决定时，根本没有参与的人得到可察觉的利益（或蒙受可察觉的损失）。”②萨缪尔森和诺德豪斯认为“外部性是指那些生产或消费对其他团体强征了不可补偿的成本或给予了无须补偿的收益的情形。”③而兰德尔则认为“当一个行动的某些效益或成本不在决策者的考虑范围内的时候所产生的一些低效率现象；也就是某些效益被给予，或某些成本被强加给没有参加这一决策的人。”④显然，前两种定义是从外部性产生者角度定义的，而后一种是从外部性接受者角度定义的。关于外部性的数学定义则是由布坎南和斯塔布尔宾给出的，他们认为“只要某人的效用函数或某厂商的生产函数所包含的某些变量在另一个人或厂商的控制之下，就表明该经济中存在外部性。”⑤即

$$F_j = F_j(X_{1j}, X_{2j}, \cdots, X_{nj}, X_{mk}) \quad j \neq k \tag{2.1}$$

式中，$j$ 和 $k$ 是指不同的个人（或厂商），$F_j$ 表示 $j$ 的福利函数（从消费者角度 $F$ 可以表示

---

① 关于外部性理论，仍存在一定争议，比如张五常在其著作《经济解释》中指出外部性概念过于空泛，含糊不清。但总体而言，外部性在经济学体系中仍具有重要地位，仍是经济学领域的重要组成部分。

② 转引自：李世涌，朱东恺，陈兆开．外部性理论及其内部化研究综述[J]．学术研究，2007(8)．

③ 保罗・萨缪尔森，威廉・诺德豪斯．经济学[M]．16 版．北京：华夏出版社，1999 年 9 月版，第 357 页．

④ 阿兰・兰德尔．资源经济学[M]．北京：商务印书馆，1989 年版，第 155 页．

⑤ J. M. Buchanan and W. C. Stubblebine，1962，Externality[M]．Economica，29，P371-384．

效用函数，从生产者角度 $F$ 也可表示利润函数），$X_i(i=1, 2, \cdots, n, m)$ 是指经济活动。这函数表明，只要某个经济主体 $j$ 的福利受到他自己所控制的经济活动 $X_i$ 的影响外，同时也受到另外一个人 $k$ 所控制的某一经济活动 $X_m$ 的影响，就存在外部性①。

以上定义虽然考察角度不同，但本质上是一致的，都是指经济活动中的私人收益或成本与社会收益或成本不一致的现象。即消费者或生产者的经济行为给其他经济主体的福利产生影响；这种影响无论在生产领域还是在消费领域都是市场交易机制以外的利益关系；这种影响有正也有负，且没有很好的内在机制来约束或者激励产生影响的主体在决策时加以考虑，因而需要从外部入手解决问题。而当生产者和消费者的生产和消费行为给自然环境带来外部经济或不经济，并因此对他人的福利造成正的或者负的效应时，便引出了环境外部性的概念。环境外部性的内涵实际上是外部性的概念在环境经济领域的延伸，它包括：(1)经济主体的行为对生态环境产生影响，由此给社会造成的成本和收益与其私人的成本和收益不一致；(2)一个或一部分主体对其他主体的影响不是通过影响市场价格实现的，而是在于破坏或者改善其他主体所在的自然环境；(3)缺乏能够有效约束或者激励对自然环境产生外在影响的主体在经济决策时考虑环境因素的内在机制。

### （二）产业转移的环境外部性

产业转移涉及产业要素发生空间上的移动，其所发生的对生态环境的外部影响也必然随之产生空间上的转移，乃至在时间上产生持续的影响。关于这方面的研究，最初来自对发达国家向发展中国家进行产业转移或进行直接投资造成环境污染的研究。Walter 和 Ugelow 早在 1979 年就开始关注这一领域的问题，他们认为 FDI 会加剧发展中东道国的环境污染②。1984 年，美国 Union Carbide 公司位于印度博帕尔地区的一家化工厂的毒气泄漏事件，就是产业的国际转移对引资当地环境造成严重破坏，威胁人们生命安全的典型事例。这在当时引起了学术界的广泛关注。Everest 就通过对该事件研究认为，博帕尔事件产生的原因在于美国的 UnionCarbide 公司将化工厂的全部职能（包括环境管理职能）都交给当地管理者，从而导致灾难发生③。

随着经济全球化的进一步深化，国际产业转移的范围和影响越来越大，由此而引起的跨国污染问题越来越受到各国学者的关注。Markusen、Morey 和 Olewiler 提出了“不要在我家后院”(Not-in-my-backyard, NIMBY)的现象，意思是当厂商可以选择在不同国家投资建厂时，如果带来的环境损害非常严重，两个国家都会将厂商驱逐出境④。这实际上就是防止环境外部性跨越边界对本国产生不利影响。Ansuategi 和 Perrings 认为，经济增长

---

① 沈满洪，何灵巧. 外部性的分类及外部性理论的演化[J]. 浙江大学学报(人文社会科学版)，2002(1).

② I. Walter and J. Ugelow, 1979, Environmental Policies in Developing Countries [J]. Ambio, 8(23), P102-109.

③ L. Everest, 1986, Behind the Poison Cloud: Union Carbide's Bhopal Massacre [M]. Chicago: Banner Press, January.

④ J. R. Markusen, E. R. Morey and N. Olewiler, 1993, Environmental Policy When Market Structure and Plant Locations are Endogenous [J]. Journal of environmental Economics and Management, (24).

所带来的环境外部性除了对发达国家自身存在影响以外，还跨越边界给"真正进行生产"的发展中国家产生影响。在极端的纯外部性的情况下，即发达国家将全部污染转移到国外，则经过 Open Loop Nash Equilibrium (OLNE)过渡期时，经济增长和污染排放之间会呈现单调上升的关系。除此之外，环境污染与经济增长之间呈现倒 U 形关系①。

可以说，国际产业转移的环境外部性是环境外部性在当今世界经济全球化的条件下跨越国界的体现，本质上是一种跨境的外部性。由于国内区域发展的巨大差异性，区域间产业转移趋势越来越明显，由此带来的环境影响也与日俱增。无论是国际产业转移还是国内的区际产业转移，其对承接地或引资地的生态环境所造成的外部性在本质上是一致的，除了具备环境外部性的一般内涵以外，还具有以下一些内容：(1)主要属于生产外部性的范畴。通常意义上，环境外部性可能是由于生产活动引起，也可能是由于消费活动引起，而产业转移的环境外部性是生产经营活动转移到当地而产生的对环境的外在影响，特别是当转移的是污染较重的产业时，这种生产外部性的特征尤为明显；(2)属于环境的可转移外部性。这是一种经济力量对另外一种经济力量跨越边界的"非市场性影响"②，当产业发生跨界转移时，环境风险在空间上从发达区域转移到了不发达区域，由不发达区域承担了环境费用，同时承接产业转移的地区在当代自然环境受破坏的情况下，又影响了子孙后代的环境福利，即环境风险发生了时间上的转移；(3)是一种兼有正负效应的外部性，外部性有正负之分，产业转移对承接地的环境也存在着正负两方面的影响③，其 f 环境外部性也具有正负两面性。

### （三）产业转移环境外部性的分类

外部性有多种分类方法，可以从产生的原因、外部性产生或接受的主体、以及表现形式上进行分类。如果仅仅根据表现形式来分类，则可以从有影响效果(外部经济与外部不经济)、产生领域(生产外部性和消费外部性)、产生时空(代内外部性和代际外部性)、前提条件(竞争条件下外部性与垄断条件下外部性)、稳定性(稳定外部性和不稳定外部性)、方向性(单向外部性和交互外部性)、产生根源(制度外部性和科技外部性)等角度入手④。根据研究的需要，从产业转移环境外部性的表现形式入手，可以进行以下几种分类。

#### 1. 正外部性与负外部性

外部性可以分为正外部性和负外部性。所谓正外部性又称正外部效应、外部经济，是指私人成本大于社会成本，私人收益小于社会收益。所谓负外部性又称负外部效应、外部不经济，是指私人成本小于社会成本，私人收益大于社会收益。产业转移的环境外部性也

---

① A. Ansuategi and C. Perrings, 2000, Transboundary Externalities in the Environmental Transition Hypothesis [J]. Environmental & Resource Economics, European Association of Environmental and Resource Economists, vol. 17(4), P353-373.

② 张会萍，邓力平. 跨国外部性、环境税与国际税收协调[J]. 涉外税务，2001(9).

③ N. Borregaard and A. Dufey, 2002, Environmental effects of foreign investment versus domestic investment. in the mining sector in Latin-America[EB/OL]. World Resources Institute and CIPMA, www. oecd. org/dataoecd/45/21/1819617. pdf.

④ 沈满洪，何灵巧. 外部性的分类及外部性理论的演化[J]. 浙江大学学报(人文社会科学版)，2002(1).

有正负之分。如果外来产业的进入使当地的生态环境得到改善，则存在正的环境外部性。如：跨国公司内部采取严格的先进的环境管理措施，除自身减少污染之外，通过学习效应，当地企业的环境管理手段也得到改进，从而产生对环境的正外部性。如果外来产业的进入造成当地生态环境的恶化，则存在负的环境外部性，如：一些地区通过承接产业转移而引进的一些有害的、高污染的技术设备和产品，直接对当地的生态环境构成威胁。

2. 代内外部性与代际外部性

外部性有着空间上和时间上的维度，代内外部性侧重空间上的意义，代际外部性侧重时间上的意义。通常所指的外部性主要考虑代内的资源配置是否合理，即在空间上向外扩散的外部性，代内是指外部性的产生者与承受者处于同一时代。而在代际外部性的范畴内，外部性的产生者与承受者不处于同一时代，人类的经济行为在代与代之间存在影响，特别是要关注前代人对后代人的影响。代际外部性实际上就是在时间上向未来延伸的外部性，这种外部性源于可持续发展理念，与代内外部性一样可以将之分为代际正外部性和代际负外部性。

产业转移的环境外部性，既有代内的，也有代际的。从一种空间的视角来看，不同的区域、不同的国家之间处于经济发展特别是工业化的不同阶段。经济全球化条件下，发达国家通过转移公害和输出污染产业，恶化发展中国家的环境问题。① 这给发展中国家的居民和市场主体带来外部性。而在一个存在区域发展不平衡和城乡二元结构的国家内，这种外部性则表现为发达区域与不发达区域之间的关系，这也包括最初承接的国际产业转移在区域间的"二次转移"带来的外部性，这也就是产业转移环境外部性的空间转移和扩散，这在代内表现为区际外部性。如果因产业转移带来的环境外部性导致生态破坏、环境污染、资源枯竭等问题，不仅损害了当代人的利益，而且也影响了将来各代人的福利，大大制约了当地经济的可持续发展，这就是代际环境外部性的一种表现。由于代际外部性一般具有累积效应②，产业转移的环境外部影响会延续至第 3 代、第 4 代、第 5 代……所以关注这种环境的代际影响更具有长远意义。

3. 生产的外部性和消费的外部性

这种划分是根据外部性的产生领域进行的。经济学界最早关注的是生产的外部性，即由生产活动所导致的外部性。如马歇尔最早关于外部性的论述，就包括由于产业的一般发达而带来的规模效益，性质相同的小企业聚集在一起的技术外溢，等等③。这些都是外部经济的表现。经济学界关于消费外部性的研究是在 20 世纪 70 年代以后。所谓消费的外部性就是由人们的消费行为所带来的外部性，如吸烟会影响周围人的身体健康，等等。生产的外部性和消费的外部性也都可以从正负两个方面来进一步细分。这里所研究的外部性，是在产业转移的全过程中产生的，主要是生产的外部性。一般认为，人们的消费广义上包括生产消费和生活消费。毫无疑问，产业转移的过程中因生产经营所产生的

---

① L. George, 2000, Environmental Implications of International Trade and Uneven Development: Toward a Critique of Environmental Economics [J]. Review of Radical Political Economics, Vol. 32, No. 1.

② 赵时亮. 代际外部性与不可持续发展的根源[J]. 中国人口. 资源与环境, 2003(4).

③ 阿尔佛雷德. 马歇尔. 经济学原理[M]. 商务印书馆, 1964 年版, 第 236 页.

外部性属于生产的外部性，而这一过程中的消费主要是生产的消费，即为商品的再生产而消耗物质资料和劳动力的行为和过程，而这实际上可以归结为生产活动，也就是说这种“生产的消费”的外部性本质上仍然属于生产外部性的范畴。

## 二、产业转移环境外部性的发生机制

### （一）产业级差与环境外部性空间转移的基础

产业级差是产业转移的基础①。在一国范围内，区域经济梯度差异在产业发展领域的重要体现就是产业级差的存在，这为产业要素在区域间发生转移蓄存着产业“势能”。根据产业结构演化的规律，产业的演变一般会经历技术水平从低到高的历程，各国经济发展中的主导产业的演化一般都遵循从轻纺工业，转向重化工业，再到服务业的规律。由于经济发展的空间不平衡性，世界各国或者一个国家内不同区域之间经济发展阶段和技术水平存在着差异，这种差异使各国和地区的产业结构产生产业级差。我国属于区域发展极不平衡且城乡二元结构突出的发展中国家，东部地区与中西部欠发达地区差异明显，部分地区已进入服务经济为主体的后工业化时代，部分地区尚处于工业化中期阶段，部分地区则更为落后。区域间巨大的产业级差使产业转移成为必然趋势。东部沿海许多地区在经济转型发展的同时不断将落后的产能向外转移，而中西部许多不发达地区产业结构的升级，以及新兴产业的发展、传统产业的改造，很大程度上依赖于通过承接产业转移获得所需的技术、资金和管理经验。当前，以制造业和采矿业为主体的污染较重的产业在我国的国民经济中还占有比较重要的地位，这就为环境外部性通过产业转移方式扩散到其他区域提供了必要的基础。

### （二）雁行模式下的环境外部性转移

日本经济学家赤松要在20世纪60年代提出了产业发展模式的“雁行形态理论”，就为解释国际产业转移提供了相应的理论依据。该理论是基于动态比较优势的国际产业转移理论，也是一种提示后进国家参与国际分工实现产业结构高级化途径，并实现经济赶超的理论。其基本主张是在投资国与被投资国之间实施动态的产业转移，即投资国将本国按生产成本的排序已处于比较劣势的边际产业依次进行转移。转移是通过FDI实施动态的产业梯次传递进行的，这要求投资国的生产函数先进于被投资国，若干个不同生产函数的国家，依次建立起投资国与被投资国的关系，就会形成生产函数递减的产业梯次传递链。“雁行形态理论”作为落后国家和地区追赶战略的理论，产生过重要的作用和影响力，但是该理论所倡导的产业分工结构属于典型的垂直型分工，本质上是一种追赶模式而不是创新模式，处于雁阵低梯级的国家在国际分工中始终处于不利地位，发展中国家将只能跟在

---

① 张孝锋.产业转移的理论与实证研究[D].南昌大学博士学位论文，2006年6月，第58页.

发达国家后面调整并逐步升级产业结构，而不可能赶上发达国家①。

负的环境外部性的存在是产业转移负面影响的表现。而存在巨大环境风险的污染密集产业的转移一般也遵循"雁行形态模式"。世界银行曾对钢铁、非金属制品、工业化学产品、纸浆及纸张、非金属矿物等五个污染密集产业的转移情况进行过考察。通过分析美国、欧洲、日本、拉丁美洲、亚洲新兴工业化国家和地区、东亚发展中国家在这些产业部门产品的进出口比率，发现20世纪70年代这些污染密集产业产品的进出口比率大幅上升，而中国台湾、新加坡、韩国和中国香港等亚洲新兴工业化国家和地区的比率大幅下降。十多年以后，这些重污染产业产品的进出口比率大幅下降的情况又在中国大陆及其他东亚发展中国家出现②。而在历史上，美国、西欧一些老牌发达国家在经济发展中都出现过重污染的阶段，日本在第二次世界大战后初期较早地承接了来自美国的产业转移(其中也包括一些污染密集产业)。这些都说明了，污染密集产业转移也遵循着"发达国家—新兴工业化国家和地区—发展中国家"这样一个梯次转移的"雁行形态模式"。

与国际产业转移相似，国内区际产业转移也遵循着"雁行形态模式"。我国目前已经形成以长三角、珠三角、环渤海为首的三个区域"雁阵"，在总体上又形成东部发达地区为首的大"雁阵"。在这种形势下，资本、技术等生产要素由产业梯度分布中处于较高一级的区域转向较低的区域。特别是鉴于各区域比较优势差异、发达区域自身经济转型升级等原因，以资本为纽带进行的产业转移往往集中在能耗较高、污染较重的产业或产业环节中，生产要素在欠发达区域的这些领域中重新组合，形成新的生产能力和产业规模，最终环境外部性也发生了转移。而且，原先发达地区承接的来自发达国家的产业转移，也会流出转向其他地区，原先存在的环境外部性也因此可能会再次发生转移。可以说，考虑生态因素之后，产业转移的发生从根本上说则要取决于要素成本和环境成本共同决定的比较优势的差异和变化，而环境外部性的转移也基于这种区域比较优势的变迁而发生。

### (三) 产业和环境外部性转移的动力

20世纪70年代，日本一桥大学小岛清(Kiyoshi Kojima)教授提出了著名的边际产业扩张理论。根据该理论认为："对外直接投资应该从本国(投资国)已经处于或即将陷于比较劣势的产业(可称为边际产业，这也是对方国家具有显在或潜在比较优势的产业)依次进行。"一国应对具有比较优势的产业实行专业化，同时要将自己的经营资源从本国那些已经失去或即将失去比较优势的产业即边际产业中撤出，并通过对外直接投资将其转移到在这些边际产业具有或潜在具有比较优势的国家中去。投资国在转出边际产业的同时，可以逐渐消除这些产业生产成本在母国的劣势，可以促进本国产业结构的优化和升级，被投资国获得自身经济发展所需的资金、技术和管理经验。总之，概括起来"边际产业扩张论"的基本主张就是：对外直接投资应该从投资国的处于比较劣势的边际产业同时也

---

① 车维汉."雁行形态"理论研究评述[J].世界经济与政治论坛，2004(3).

② 世界银行政策研究报告.绿色工业——社区、市场和政府的新职能[M].北京：中国财政经济出版社，2001年版，第234-240页.

是被投资国具有或潜在具有比较优势的产业开始依次进行①。

这一理论在一定程度上也支持了区域间的产业转移。根据小岛清的“边际产业扩张论”，发达国家和地区对发展中国家直接投资的对象应该以边际产业为主。同样，一国范围内的发达区域向欠发达区域转移的主要原因也是其自身具有比较劣势的边际产业。产业级差以及生产要素在区域间的自由流动只是区际产业转移的必要条件，而不是充分条件。尽管产业转移的动力是产业利益差②，但这种利益差从根本上说是基于比较优势的差异而存在的。产业是否转移以及向何处转移，取决于产业的向外转移是否能带来比在本区域生产更大的利益，这种利益导向决定了产业转移的区位选择。边际产业在原区域具有比较劣势，而在承接区域则具有或潜在具有比较优势，这个差异使产业的转移所需的利益导向应运而生。

在我国东部沿海地区，较高的经济发展水平带来生产要素的高价格，使生产经营成本上升。许多产业包括大量的污染密集产业或产业环节，在这些地区至少存在两个方面的成本压力。一是传统的生产要素成本上升的压力，具体来说包括：土地使用成本、劳动力成本、公共设施使用成本、商务成本，等等；二是来自环境方面的成本。许多发达区域的环境标准更加严格，或者国家的环境标准得到了更加严格地执行，这样企业就需要为减少污染承担一定的代价，形成环境成本压力。在面临区域产业竞争的背景下，传统要素成本压力和环境成本压力的合力，使污染较重的产业或产业环节逐渐在发达地区丧失比较优势，甚至处于比较劣势的地位，逐渐沦为边际产业。与之相对应，我国广大中西部欠发达地区在资源禀赋、市场规模、技术水平与发达地区存在巨大差异。一方面经济发展总体上还处于较低水平，居民总体上生活水平也不高，土地、劳动力等生产要素价格总体上并不高；另一方面，环境规制及执行较为宽松，企业生产经营过程中对环境的外部成本内部化的程度远低于发达地区。所以在我国大多数区域的产业成长利益格局中，包括许多污染密集产业在内的第二产业仍居于主导地位。尽管随着工业化的进展、产业结构不断升级、技术水平不断提高，情况会有所改变，但是在当前及今后相当一段时期内污染较重的产业或产业环节在许多欠发达地区仍具有比较优势。这种因比较优势差异而引起的产业成长利益格局的不一致，为区域间转移包括污染密集产业在内的边际产业提供了动力。总之，比较优势的差异和变化是产业转移并伴随环境外部性转移的根本动力源。

## 第二节　产业转移与环境规制

关于产业转移与环境规制关系的研究，国内外学者一般是围绕“污染天堂”假说进行的，这一假说有着非常丰富的理论研究支持，在实证研究上也是众多学者关注的热点。关于“污染天堂”假说，尽管在现实中，发展中国家污染产业的相对增长也提供了一定的证

① 小岛清. 对外贸易论[M]. 天津：南开大学出版社，1987 年版，第 426-450 页.

② 张孝锋. 产业转移的理论与实证研究[D]. 南昌大学博士学位论文，2006 年 6 月，第 58 页.

明,但关于该假说成立与否的争论却一直没有停止过。目前这种争论主要集中在实证研究领域关于假说的成立与否,以及环境规制是否是污染产业向发展中国家转移的主因的问题上。而且,在一国范围内区域间的产业转移是否会形成“污染天堂”也同样需要进行理论和实际的验证。但无论如何,环境规制与资本流动、产业转移的领域和方向都有着密切的关系。

## 一、关于“污染天堂”假说的研究和争论

“污染天堂”(Pollution Heaven)假说又称“污染避难所”假说,探讨的是环境外部性以国际贸易和投资为途径的跨国转移问题。关于这一假说的相关理论分析,比较有影响力和理论解释力的有两国模型和多国模型两种研究模式。前者以 Long 和 Siebert(1991)、Markusen 等人(1993)为代表,后者以 Copeland 和 Taylor(1994)为代表。在 Long 和 Siebert 建立的模型中,有两个国家,市场是完全竞争的,只有劳动和资本两种生产要素,生产部门只有一个且会产生污染。该模型的基本思想是:由于生产会污染环境,一个国家的政府会采取较严格的环境管制(在 Long 和 Siebert 的模型中以征收排污税来体现)。这种管制使本国的资本收益率下降,在资本自由流动的条件下,由于另一国没有实施环境管制的国家的资本收益率较高,资本会从本国流向另一国,直到两国资本的边际收益率相等为止。Long 和 Siebert 最终得出结论,认为严格的环境管制有着明显的效果,是降低本国资本收益率,使资本流向国外的重要原因①。这为解释污染密集产业从发达国家流向发展中国家提供了较早的理论依据,在模型中没有实施环境管制或环境管制较松的国家,则有可能会成为“污染天堂”,从而承受了因产业转移而带来的环境外部性。

在 Markusen、Morey 和 Olewiler 的模型中,也是两个国家,但市场是不完全竞争的,企业的生产是规模报酬递增的,且两个国家都以征收环境税的方式进行环境管制。他们的基本思想是,如果产业部门的污染非常严重(或者可以理解为两国对环境污染的容忍力都较低),两国都会征收高环境税,即通过抬高环境标准的方式将该产业的企业驱逐出市场;如果产业部门的污染不严重(或者将之理解为两国对环境污染的忍受力都较高),则两国都会竞相降低环境标准,以吸引外来投资,在规模报酬递增的规律下以便获取越来越多的收益,从而产生“触底竞赛”(Race to the Bottom)效应②。该模型给我们的启示是:宽松的环境规制是造成环境外部性的外在原因。发达国家一般对环境污染的容受程度较低,往往采取严格的环境标准,迫使其污染密集产业向外转移,而发展中国家,环境规制较松,市场竞争的压力使企业尽可能减少环境开支,而政府为了发展本国经济的需要,也竞相降低环境标准,在稳住本国企业的同时吸收外资,这样就使发达国家的污染密集产业得以转移进来。

Copeland 和 Taylor 的南北模型(South-North Model),是一个多国一般均衡模型。模

---

① N. Long and H. Siebert, 1991, Institutional Competition versus Exante Harmonization: The Case of Environmental Policy [J]. Journal of Institutional and Theoretical Economics, (147), P296-311.

② J. R. Markusen, E. R. Morey and N. Olewiler, 1993, Environmental Policy When Market Structure and Plant Locations are Endogenous [J]. Journal of environmental Economics and Management, (24).

型中，全世界的国家分为北方(发达国家)和南方(发展中国家)两部分，产品按照产出的污染程度进行分类，环境污染是全球性的问题，而且全球生态环境是纯公共品。通过运用模型对自由贸易、排污权交易制度、要素价格、国际环境协议等问题进行研究，Copeland 和 Taylor 指出：如果自由贸易能够使要素价格均等化，世界范围内的污染总量不变，但是发展中国家污染密集产业规模将扩大(污染水平也因此而上升)，发达国家清洁产业规模将扩大。如果自由贸易不能使要素价格趋于均等，自由贸易将会使世界污染总量水平增加，同时发达国家污染水平降低，而发展中国家污染水平增加。此外，自由贸易是否会对全世界的污染水平构成负面影响，取决于各国间的收入分配状况①。Copeland 和 Taylor 的结论告诉我们，自由贸易条件下发展中国家污染密集产业的规模终将扩大，在资本自由流动的条件下，还会承接发达国家的污染密集产业转移，从而成为"污染的天堂"；即使在各国收入水平相似的条件下，自由贸易不会扩大整个世界的污染，但是发展中国家的污染水平也将上升；自由贸易和国际投资将使环境污染跨越国界，给发展中国家带来外部影响。

关于"污染天堂"假说的可靠性验证，国内外学者主要是围绕一个国家环境规制与国际资本流动的关系问题，以及污染密集产业转移的根本动因问题展开的，但分析结果却存在着差异。Robinson(1988)、Low 和 Yeats(1992)、Mani 和 Wheeler(1999)、Smarzynska 和 Wei(2001)、Xing 和 Kolstad(2002)等多位学者的研究都支持了"污染天堂"假说的存在性。20 世纪 80 年代，Robinson 就已经对 1973—1982 年美国进出口商品的污染含量进行检验，发现进口产品的污染含量高于出口产品，这表明，美国作为发达国家更倾向于从其他国家(特别是发展中国家)进口污染密集产品，而其本国倾向于生产并出口清洁产品。这就为"污染天堂"假说提供了早期的经验支持②。Low 和 Yeats 运用显示性比较优势(即一国某产业产出品总额占世界该产业产出品总额的比率大于 1，那么该国在这一产业上具有明显的比较优势)对部分发达国家和发展中国家五个污染程度最高的行业指数变化进行研究③，结果表明，污染密集产业确实存在迁移现象，相对于非污染密集产业而言，发展中国家在污染密集产业方面具有明显的比较优势，但是随着时间的推移，这种比较优势会逐渐降低，污染密集产业会随着这些国家经济的发展而出现向外转移的趋势④。Main 和 Wheeler 以 OECD 国家、亚洲(不包括日本)和拉丁美洲国家的污染与非污染密集产业产出比率和进出口比率为研究对象，通过对 1960—1995 年这段时间的数据进行检验，发现 OECD 国家污染与非污染密集产业的产出比率持续下降，污染密集产业的进口与出口比率却逐年上升，而拉丁美洲国家和亚洲的发展中国家情况则恰恰相反，即污染与非污染密

---

① B. R. Copeland and M. S. Taylor, 1994, North-South Trade and the Environment [J]. Quarterly Journal of Economics, 109: P755-787.

② H. D. Robinson, 1988, International Pollution Abatement the Impact on the Balance of Trade[J]. Canadian Journal of Economics, 21: P187-199.

③ Low 和 Yeats 依据的是美国环境保护署(Environmental Protection Agency，简称 EPA)公布的五个产业，包括钢铁业、非铁金属业、炼油业、冶金制造业和造纸业。

④ P. Low and A. Yeats, 1992, Do dirty industries migrate? In: Low, P. (Ed.) [J]. International Trade and Environment, World Bank, Washington, DC.

集产业的产出比率上升，而污染密集产业产品出口比率下降。而造成这一结果的最重要的原因在于发达国家日趋严格的环境规制，迫使污染密集产业向环境规制较宽松的发展中国家转移[①]。Smarzynska 和 Wei 对转轨国家跨国公司的环境污染数据进行分析，研究 FDI 与东道国环境管制的关系，特别是把转轨国家普遍存在的官员腐败问题与环境管制的松紧程度结合起来进行考虑，也找到了外资向转轨国家转移污染的证据[②]。Xing 和 Kolstad 对从美国流出的资本和东道国的环境政策的关系进行检验，发现如果发展中国家环境管制较松，则更能吸引来自美国的直接投资，反之则吸引力大大减小；而且发展中国家吸引美国投资的领域恰恰就是污染密集产业，而东道国环境管制的松紧程度对进入发展中国家比较清洁产业的 FDI 影响很小[③]。这些研究都为"污染天堂"假说的存在提供了有力的支持。

也有许多学者的研究表明"污染天堂"假说并不成立。Tobey 在划分污染密集产业的基础上，通过实证研究，认为全世界污染密集产业产品的贸易总额，并没有受到环境规制的影响，从而找不到支持"污染天堂"假说的证据[④]。Beghin 和 Potier 通过经验分析证明，贸易自由化并没有引起污染密集产业转移，发展中国家也没有专门从事污染密集产业的生产[⑤]。Eskeland 和 Harrison 运用从美国流向国外的 FDI 的面板数据进行检验，也认为"污染天堂"假说是不成立的，甚至相对于美国这个发达国家来说，国外企业生产的污染程度在某些方面还要低一些[⑥]。Grether 和 Melo 通过考察 52 个国家的 5 个污染密集产业 1981—1998 年间的数据，发现有关计量分析的结果也同样不支持"污染天堂"假说。他们还解释了原因，认为由于通常情况下各个国家尤其是发达国家对污染密集产业产品的贸易壁垒较高，污染密集产业转移到发展中国家后，生产的产品的出口将受到限制，所以发达国家并不倾向于向发展中国家转移污染密集产业[⑦]。

综上所述，无论"污染天堂"存在与否，该假说是否成立，但是其理论基础都源于传统的国际贸易理论，主要是用来解释发达国家和发展中国家贸易关系中的环境污染问题。结合以上学者研究可以看出，"污染天堂"指的是在国际贸易和投资体系中，单方面提高自身环境标准的国家将会使该国企业丧失竞争力，环境标准相对较低的国家的企业将会因此而赢得竞争优势，从而使环境标准高的国家的污染密集产业的企业将生产转移到环境

---

① M. Mani and D. Wheeler, 1999, In Search of Pollution Havens? Dirty Industry in the World Economy, 1960-1995. In: Fredriksson Per G. (Ed.), Trade, Global Policy, and the Environment [Z]. World Bank Discussion paper, no. 402, Washington, DC.

② B. K. Smarzynska and S. J. Wei, 2001, Pollution Havens and Foreign Direct Investment: Dirty Secret or Popular Myth? [Z]. Working Paper of World Bank.

③ C. D. Kolstad and Y. Xing, 2002, Do Lax Environmental Regulations Attract Foreign Investment? [Z]. University of California Santa Barbara—Department of Economics 28-98, working paper.

④ J. Tobey, 1990, The effects of Domestic Environmental Policies on Patterns of World Trade: An Empirical Test[J]. Kyklos, Vol. 43, Fasc. 2.

⑤ J. Beghin and M. Potier, 1997, Effects of Trade Liberalisation on the Environment in the Manufacturing Sector [M]. The World Economy, Blackwell Publishing, vol. 20(4), P435-456, 07.

⑥ G. S. Eskeland and A. E. Harrison, 2003, Moving to greener pastures? Multinationals and the pollution haven hypothesis[J]. Journal of Development Economics, Elsevier, vol. 70(1), P1-23, February.

⑦ J. Melo and J. M. Grether, 2003, Globalization and Dirty Industries: Do Pollution Havens Matter? [J]. CEPR Discussion Papers 3932.

标准相对较低的国家，而环境标准较低的国家则会成为国外污染密集产业借以落脚的“污染天堂”。通常情况下，发达国家环境标准较高，发展中国家环境标准较低，所以“污染天堂”假说常被用来解释南北贸易关系中发展中国家的环境问题和 FDI 对发展中东道国的环境外部性问题。它所探讨的核心问题是，在经济全球化条件下，国家间的要素流动和世界贸易规模的扩大，是否会使污染密集产业从发达国家向发展中国家转移，环境外部性问题是否会以国际产业转移为载体跨越国界。而“污染天堂”假说究竟成立与否，需要客观上进行验证。无论如何，实证研究毕竟是为验证理论假说的可靠性服务的，需要大量数据和信息的支持。由于具体环境不同，各种经济变量自身的特点决定其信息获取的难易程度不同，不同国家和地区统计制度和手段、口径的差异，对污染密集产业认定标准的不同，不同国家和地区不同时期经济、社会发展状况不同导致污染密集产业的情况也是动态变化的，加之不同学者的研究视角和分析方法上的差别，尤其是国际贸易和投资对环境的影响是方方面面的，只能有选择地将部分因素考虑进来，所以得出的结论必然出现差异。

## 二、环境规制与污染密集产业的转移

有许多研究表明，环境规制和污染密集产业转移有着相关性。例如，Gray 和 Walter 发现在西欧环境标准影响着化学工业的投资转移①。Judy 认为在开放经济中，资本的国际流动受国家间环境标准差异的影响，污染密集产业倾向于从标准高的国家转移到标准低的国家，这样环境污染就会跨国转移②。从本质上说，“污染天堂”假说也揭示了环境规制与污染密集产业转移的关系。为了进一步说明问题，这里在 Temurshoev(2006)③模型的基础上，进一步阐明“污染天堂”假说理论。

如图 2.1 所示，$X$ 和 $Y$ 分别表示污染密集产业产品和清洁产业产品，$P_p$和 $P_r$分别表示发展中国家和发达国家国内两种产品的相对价格曲线，$P_w$表示发生自由贸易后的世界市场价格曲线。$K$ 表示环境污染程度，且 $K$ 的大小由 $X$ 产量的大小决定，假定生产单位污染产品的污染程度是 $k$，故而我们可以得出：$K=kX$。

从图 2.1 中可以看出，$P_p$曲线相对于 $P_r$曲线更为陡峭，说明发展中国家在污染密集产业 $X$ 上具有比较优势，发达国家在清洁产业 $Y$ 上由比较优势。在发生自由贸易之前，发展中国家生产 $X_{p0}$单位污染产品和 $Y_{p0}$单位清洁产品，发达国家生产 $X_{r0}$单位污染产品和 $Y_{r0}$单位清洁产品。在自由贸易的条件下，发达国家和发展中国家各自发挥比较优势，前者扩大清洁产业生产规模并向发展中国家出口清洁产品，同时缩减污染密集产业生产规模；后者扩大污染密集产业生产规模并向发达国家出口污染产品，同时缩减清洁产业生产规模。最终，自由贸易导致发达国家的清洁产品产量扩大到 $Y_{r1}$，环境污染程度也由原来的 $K_{r0}$下

---

① H. Gray and I. Walter, 1983, Investmentrelated Trade Distortions in Petrochem icals [J]. Journal of World trade Law, (17): P283-307.

② D. Judy, 1992, Trade and the Environment: A Surveyof the Literature [Z]. World Bank Discussion Paper.

③ U. Temurshoev, 2006, Pollution Haven Hypothesis or Factor Endowment Hypothesis: Theory and Empirical Examination for the US and China [Z]. Charles University CERGE-EI Working Paper Series, March.

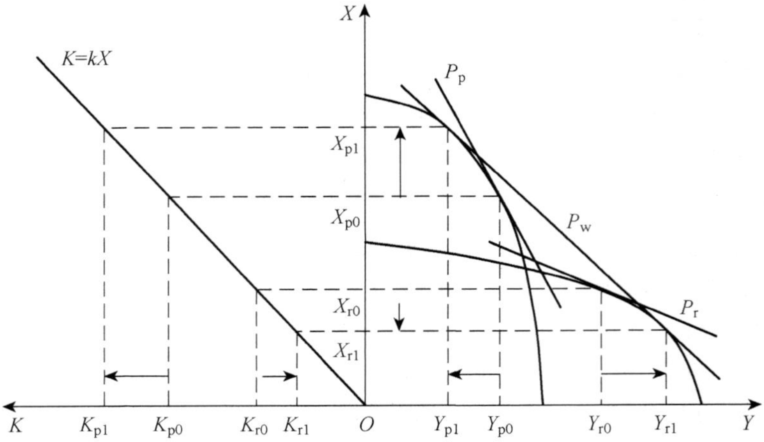


**图 2.1　自由贸易条件下的"污染天堂"**

资料来源：Umed. Temurshoev, Pollution Haven Hypothesis or Factor Endowment Hypothesis: Theory and Empirical Examination for the US and China. Charles University CERGE-EI Working Paper Series, March 2006.

降到 $K_{r1}$，相比而言，发展中国家的污染产品的产量扩大到 $X_{p1}$，环境污染程度由原来的 $K_{p0}$ 上升到 $K_{p1}$，从而沦为"污染天堂"。

图 2.1 反映的是自由贸易条件下环境污染的转移，如果将生产要素在国际间的流动考虑进来，则发展中国家污染密集产业生产规模的扩大，除了依靠本国其他产业部门的要素转移到污染密集产业部门以外，来自发达国家的生产要素转移也是重要的途径。在"污染天堂"假说中，由于严格的环境规制，发达国家自身环境标准较高，往往倾向于将污染密集产业转移到环境规制较松、环境标准相对较低的发展中国家，使其成为发达国家转移污染密集产业的"污染天堂"。这是环境外部性跨越国界的一种体现。

在发达国家，严格的环境规制（如较高的环境税率）和社会公众对环境污染问题的广泛关注，使污染企业生产活动导致的环境污染这种外部性被内部化了（或者内部化的程度非常大），企业的生产成本因污染治理成本或者环境税而上升；而且污染密集产业一般都属于非技术密集型产业，由于劳动力、土地等传统生产要素成本的上升，发达国家在这些产业上除环境成本以外的正常生产成本相对于发展中国家也缺乏竞争优势；这两方面作用的合力使污染密集产业与其在发达国家生产，不如转移到发展中国家更有优势。从比较优势理论的角度来看，发展中国家由于环境规制比较宽松，厂商无须为治理环境污染耗费太多的成本，而且劳动力、土地等生产要素成本较低，易于形成在发展污染密集产业上的比较优势。在经济全球化条件下，国家间的要素流动和世界贸易规模的扩大，促成了污染密集产业在比较优势存在差异的国家之间发生转移，从而使环境污染这种外部性以投资或贸易为途径跨越国界发生转移，承接污染密集产业国家转移的发展中国家也因此逐渐沦为"污染天堂"。

"污染天堂"因产业转移或国际贸易而形成，归根结底在于环境规制和比较优势的差异。尽管环境规制不是污染密集产业转移的充分条件，但毫无疑问环境规制的存在使环境污染的负外部性尽可能得到内部化，造成厂商成本或者利益的变化。当这与劳动力、土地等生产要素成本的差异形成合力后，就促进了国家之间比较优势差异的扩大，加速了污染密集产业的国际转移。由于环境规制对企业资源配置方式产生了影响，从而改变了其经济绩效，也会使厂商需要作出反应，比如可以通过创新技术或者环境管理方式来增加收益。但是创新或是存在不确定性，或是厂商会在转移生产和创新之间作出权衡，这两种情况也会使污染密集产业的转移成为可能性较大的选择之一。

## 三、环境规制与区际产业转移的环境外部性

环境规制所带来的污染控制成本增加是产业发生转移的动因之一。例如，美国、日本等发达国家在工业化期间，在石油加工、造纸和金属冶炼等部门产业中，污染控制费用甚至达到了企业全部成本的 1/4～1/3，日本已将 60％以上的污染密集产业转移到东南亚和拉美国家，美国也转移了 39％以上①。产业转移涵盖了污染密集产业的转移。与国际产业转移相似，对于一国范围内的区际产业转移来说，环境规制的地区差异成为“转移”的重要诱因。区域的禀赋结构差异以及由此引起的比较优势差异是形成产业结构差异的基础。通常，欠发达地区基础设施相对薄弱，制度环境较弱，环境规制不健全或者执行不到位，在缺乏区域协调的前提下，环境外部性没有得到内部化或者内部化程度远远不够。这种情况下，环境成本的差异成为影响企业区域布局的重要因素，这使得“低环境标准”或相对宽松送的环境规制成为区域比较优势的组成部分。这种比较优势实际上是外部性没有得到弥补的前提下，使价格发生扭曲，环境资源的价值得不到体现或没有受到足够重视，从而得不到有效配置，市场的失灵最终得不到有效解决。

在环境规制存在区域差异的条件下，环境的外部性往往会随着产业的区际梯度转移而发生跨界转移。站在可持续发展的角度看，规制相对宽松的区域所形成的比较优势本质上说是一种“弱比较优势”。在一定时期内，“弱比较优势”的存在会使这些区域在某些产业领域产生竞争力。这存在两种情况，一种是环境治理成本较高的污染密集产业，在这些区域因宽松的规制而具备的比较优势；另一种则是有一定污染但治理成本相对较低的产业，在这些区域因土地、劳动力等其他要素成本也比较低或某种资源比较丰裕，而共同形成的比较优势。无论何种情况，都会形成污染在区域间的转移，从而使部分区域可能成为“污染天堂”。但对于第一种情况而言，这种比较优势更加“脆弱”。随着生态环境破坏的不断加重以及资源的耗竭，这些产业所面临的压力会越来越大，生态赔偿或者环境治理投入会出现不断加大的趋势，最终区域因环境成本差异而形成的比较优势会逐渐减弱乃至丧失。对于第二种情况，这些污染治理成本相对较低的产业在承接区域内因环境规制宽松而形成的比较优势也会受到削弱，比较优势的强弱将会越来越取决于其他要素的成本。

---

① 曾凡银，郭羽诞.绿色壁垒与污染产业转移成因及对策研究[J].财经研究，2004(4).

对于欠发达地区来说，如果产品的出口是以资源的掠夺性开发和生态环境的破坏为代价，区际产业转移所带来的环境外部性的转移将会表现在这样几个方面：首先，资源开采过程中的损失和产品生产所造成的环境成本将由这些地区承担。其次，如果发达地区从事附加值较高且相对清洁的产业或产业环节，而附加值相对较低且污染较重的产业或生产环节在产业承接地生产，在这种区域分工下的区际贸易中，欠发达地区环境恶化的同时，无疑利润空间也比较狭小。再者，当欠发达地区承接了产业转移之后，在国际贸易中就替代了原先发达地区的角色；本国的欠发达地区大量生产和出口低附加值且高污染的产品，而发达国家向本国出口高附加值的产品，但污染却保留在本国的欠发达地区。最后，欠发达地区的经济发展进入大量生产、大量消耗、大量废弃的状态，加之对废弃物管理方法和处理技术相对落后，容易导致大量废弃物和有害物质因地理条件或气候因素跨境转移，从而出现环境外部性的空间扩散。这些从根源上说，是环境规制差异而引发的环境负外部性的区际转移，使环境风险随产业要素的空间转移而发生移动。

## 第三节　产业转移的生态效应

产业转移会给承接地带来很大的环境负外部性，但是从辩证的角度看问题，它对当地环境外部性也有着正向效应，所以需要从正负两个方面去剖解、分析，并要针对研究的对象(特定的地区)做出总体上的判断。而且，绝大多数的外部性问题是在时间和空间两个维度上同时展开的，只不过有的在时间性上更突出一点，有的在空间性上更突出一点①。而产业转移的环境外部性则在空间和时间两个维度上都很突出。

### 一、Grossman 和 Krueger 的分析框架与产业转移环境外部效应

#### (一) 关于 Grossman 和 Krueger 贸易—环境分析框架的研究

学术界关于国际贸易和产业转移环境效应的研究，一般都是在 Grossman 和 Krueger 的贸易—环境分析框架下，从正负两个方面进行的。在 Grossman 和 Krueger 的分析框架中，贸易对环境的影响被分解成三种效应：规模效应(scale effect)、结构效应(composition effect)和技术效应(technique effect)。贸易对一国的环境影响是这三个效应共同作用的结果，其中，规模效应是负向的环境外部效应，指的是贸易自由化使经济规模扩大，厂商扩大生产增加了对环境资源的压力，在产业结构和生产技术不变的条件下，除非有严格的环境规制，否则经济规模扩大将会增加污染排放和自然资源的使用，使环境受破坏。技术效应是正向的环境外部效应，是指贸易自由化带来的生产技术的交流和环境技术的溢出会减少生产对环境的负作用。结构效应对环境的外部效应是正是负取决于一国所具有

① 赵时亮. 代际外部性与不可持续发展的根源[J]. 中国人口. 资源与环境，2003(4).

的比较优势，而这种比较优势与经济发展阶段紧密相关。自由贸易条件下，各国会分工生产具有比较优势的产业产品，生产要素会逐渐流向这些产业部门，这些部门的规模将会扩大，使其他部门的规模出现收缩的趋势，从而引起产业结构的变化，进而使污染的排放和对自然资源的使用都发生变化，这就是结构效应。贸易对一国的环境影响是这三个效应共同作用的结果①。Grossman 和 Krueger 的分析框架，在以后不断得到扩展和深化，Runge (1993)②、Panayotou (2000)③、Wheeler (2001)④、Antweiler、Copel 和 Taylor (2001)⑤等许多学者都在这一理论体系下做出了自己的贡献。基于 Grossman 和 Krueger 贸易对环境外部性三种效应的研究思路，一些学者开始研究 FDI 对发展中东道国的环境影响。

Panayotou 认为，尽管 FDI 对当地的环境效应符合环境库兹涅茨曲线规律，即 FDI 使经济规模扩大，人们收入增加，由于人们更愿意保护环境并进行相应的投入，环境质量终究会得到提高；但如果经济发展还没有达到一定程度，个人收入水平还处在环境库兹涅茨曲线"转折点"的左半边，则污染密集产业和资源密集产业的生产将会长期持续下去，FDI 在这段时期反而会给自然环境造成极大的损害⑥。世界银行的一份研究报告也认为，FDI 的进入会促进东道国经济增长，扩大当地经济规模，增加工业污染物的排放，使环境更加恶化⑦。FDI 对环境的技术效应是指外商直接投资，即使是进入污染密集产业的 FDI，也会增强市场竞争，迫使当地企业改进技术和管理，通过示范效应、人员培训等各种方式给发展中东道国带来较为先进的技术和管理手段，从而有利于提高生产效率和减少环境污染。Haddad 和 Harrison 通过研究以 FDI 为传导的 4 种清洁技术的扩散效应，并进行大量的案例分析，发现跨国公司和当地企业的技术合作有利于加强环境管制和提高环境保护能力⑧。Eriksen 和 Hansen 也通过实证分析，认为一些跨国公司的技术溢出效应明显，有利于东道国的环境保护⑨。Grey 和 Brank 也认为，跨国公司由于广泛建立和推广 TNCs

---

① G. M. Grossman and A. B. Krueger, 1991, Environmental Impacts of a North American Free Trade Agreement, in P. M. Garber ed., The Mexico-U. S. Free Trade Agreement [M]. Cambridge, MIT Press.

② C. F. Runge, 1993, Trade liberalization and environmental quality in agriculture [J]. International Environmental. Affairs, Vol. 5, No. 2, P95-128.

③ T. Panayotou, 2000, Economic Growth and the Environment[Z]. Center for International Development, Harvard University, CID Working Paper No. 56, July.

④ D. Wheeler, 2001, Racing to the Bottom? Foreign investment and air pollution in developing countries [J]. Journal of Environment and Development, 10 (3), P225-245.

⑤ W. Antweiler, B. R. Copeland and M. S. Taylor, 2001, Is Free Trade Good for the Environment? [J]. American Economic Review, vol. 91(4), P877-908.

⑥ T. Panayotou, 1997, Demystifying the environmental Kuznets Curve: Turning a black box into a policy tool [J]. Environmental and Development Economics, 2(4): P465-486.

⑦ World Bank, 2000, Is Globalization Causing a Race to the Bottom Environmental Standard? [Z]. PREM Economic Policy Group and Development Economics Group.

⑧ M. Haddad and J. Harrison, 1993, Are there positive spillovers from direct foreign investment? Evidence from panel data for Morocco [J]. Journal of Development Economics, 42: P51-74.

⑨ J. Eriksen and M Hansen, 1999, Environmental Aspects of Danish Foreign Direct Investment in Developing Countries. Managing the Environment in an Open Economy [Z]. Copenhagen: Copenhagen: Business School, Cross Border Environmental Management Project.

(全球控制),为东道国的企业提供了学习类似环境管理技术的机会,加速发展中国家的企业实行 ISO14001 环境管理体系①。FDI 对环境的结构效应指的是,外商直接投资通过影响甚至改变发展中东道国的经济结构,来对其环境产生外部效应。Borregaard 和 Dufey 通过对拉丁美洲部分国家采矿业的 FDI 进行考察,发现就结构效应而言,FDI 的进入导致智利铜矿生产和出口增加,尽管这会使国际通行的价格下降,但是对于智利而言,铜矿生产和出口的增加相对于本国自己冶炼铜,对环境的污染要小一些②。Jie He 通过对中国 FDI 和工业二氧化硫排放量的数据进行实证检验,得出了另外一种结论,即外资的进入与工业污染呈正相关的结论,其中由于 FDI 的进入导致的经济增长和结构转换带来的环境污染增加,超出了 FDI 的环境正效应③。除以上三个主要的效应以外,一些学者还找出了 FDI 对发展中东道国其他方面的效应。如:Gentry 通过对投资于墨西哥制造业部门的 44 个外商企业(大部分是美国企业)为案例进行研究,结果发现 FDI 存在正的技术效应,使资源利用效率大大提高,而这源于墨西哥政府对外国投资者的环境管制④。这说明了,发展中国家的环境管制会对 FDI 的环境外部效应产生影响。反过来,FDI 的环境外部性也会促使发展中东道国改进环境政策、措施、标准的制定和实施。这就是 FDI 的环境管制和政策效应。

我国的学者也在这一框架下对 FDI 的环境外部性进行研究。徐鹤,陈海英和廖卓玲认为,通常情况下,FDI 的技术效应对环境是有正外部性的。但在有些情况下,也会出现相反的结果。发达国家 FDI 的高科技、高效率也有可能会导致该商品的社会必要劳动时间减少,产品价格下降,引起发展中东道国市场需求上涨,从而引发了新一轮规模效应。该轮规模效应给环境带来的负效应可能抵消或超过高技术给环境带来的正效应⑤。戴荔珠、马丽和刘卫东指出,FDI 可以促进专业化分工,导致各国发挥自己的资源禀赋优势参与国际竞争,推动自身经济结构的转变。它可能加速一个国家的产业结构由以重污染产业为主体的产业结构向较轻污染产业为主体的产业结构转变,使其环境得到巨大改善;也可能促使一个国家不恰当地利用其资源优势,过度发展资源密集型产业和污染严重的产业,造成或加重环境的恶化;结构效应的正负取决于不同产业的相对发展。通常情况下,这些污染密集产业的转移使接受转移的发展中国家的产业结构,越来越偏向重污染产业为主体的产业结构,给当地的生态环境带来巨大的负外部性。另外,FDI 对发展中东道国

---

① K. Grey and D. Brank, 2002, Environmetal Issues in Policy-based Competition for Investment: a Literature Review [J]. ENV/EPOC/GSP.

② N. Borregaard and A. Dufey, 2002, Environmental effects of foreign investment versus domestic investment. in the mining sector in Latin-America [EB/OL]. World Resources Institute and CIPMA, www.oecd.org/dataoecd/45/21/1819617.pdf.

③ J. He, 2005, Environmental impacts of international trade: the case of industrial emission of Sulfur Dioxide ($SO_2$) in Chinese provinces[J]. Working Papers with number 20057, CERDI.

④ B. Gentry, 1999, Foreign Direct Investment and the Environment: Boon or Bane? [R]. OECD Foreign Direct Investment and the Environment.

⑤ 徐鹤,陈海英,廖卓玲.外商直接投资与我国环境安全研究综述[J].中国地质大学学报(社会科学版),2007(7).

的环境外部效应还包括社会责任效应①。

总之，Grossman 和 Krueger 的分析框架为辩证地看待贸易和投资对发展中东道国的环境外部效应提供了可供参考的理论依据，但是从实证检验的层面上看，由于采用的方法、选取的样本和数据以及研究视角的不同，不同学者所得出的结论也不同。国内外的众多学者就贸易和投资对发展中东道国的环境问题从不同的视角进行了有益的探讨，已有的这些研究成果，为今后的进一步研究探讨奠定了基础，提供了许多有益的启示。

## （二）Grossman 和 Krueger 框架下产业转移的环境效应

实际上，FDI 是产业转移特别是国际产业转移的重要渠道。已有的研究表明，Grossman 和 Krueger 的贸易—环境分析框架被广泛应用于国际产业转移的环境外部性研究中。同样对于研究一国范围内区际产业转移的环境外部性，也可以借鉴这一框架的分析方法。当区域之间存在产业级差、技术水平差异、环境规制差异、要素禀赋差异、区域分工，特别是在工业化进程中区际差别和城乡二元特征明显的条件下，区域间的产业转移以及与之紧密相关的区际贸易和投资，必然会对产业承接地的生产规模、技术水平、经济结构产生巨大的影响，这势必会使产业转移的环境外部性因这些方面的影响而出现不同的效应。在区际产业转移条件下，贸易—环境分析框架下的三种效应也被赋予了特定的含义。

规模效应指的是产业转移导致承接地经济规模扩大、污染排放增加。承接发达地区的产业转移一定程度上弥补了这些地区资本的不足，带动了区际贸易，刺激了就业，甚至引入了当地原先没有的产业，这些都导致了承接地的经济活动的扩大，随着贸易和投资规模的不断扩张，自然资源的使用和环境污染物的排放呈现上升趋势。这种环境外部效应是一种负面的效应，在不考虑经济结构变化和技术溢出的条件下，这种效应使产业转移与环境质量呈负相关关系。

结构效应指的是产业转移导致承接地经济结构变化和环境质量改变。产业转移改变了承接地的经济结构，使各部门的相对规模发生变化，各部门内部以及各部门之间的资源使用模式也相应发生变动。在生产规模不变的条件下，如果发达地区的投资进入的是环境污染比较严重的产业部门，则经济结构的改变会导致环境质量的恶化；如果投资进入的是服务业等无污染的部门，甚至是进入环保产业部门，则经济结构的变化会导致环境质量的改善。区际产业转移的经济结构效应与承接地的经济发展阶段紧密相关。一般情况下，一个地区在经济发展早期和起飞阶段，经济结构将由农业或轻纺工业为主向以重化工业为主转变，此时外来投资往往会更多地会流入污染较重的传统产业部门；当一国经济处于发达的阶段，经济结构以第三产业为主，此时外来投资往往会更多地会流入服务业等无污染部门，国民经济中重污染部门的比重呈现缩小的趋势。对于污染密集产业的区际转移来说，实际上是欠发达区域经济发展还处于工业化进程没有完成的阶段，区外的污染密集产业以投资为途径大量进入，引起经济结构中污染产业部门比重增加。所以，污染密集

① 戴荔珠，马丽，刘卫东. FDI 对地区资源环境影响的研究进展评述[J]. 地球科学进展，2008(1).

产业转移的结构效应为负[①]。

技术效应指的是产业转移导致承接地本区域企业的技术进步，使环境污染减少。相对于欠发达地区来说，这些发达地区的企业资金相对雄厚，生产技术相对先进，环境管理相对科学，人才优势也较明显，所以产业转移到承接地的同时，也会带来较为先进的生产工艺、先进的环境管理手段，等等。承接地企业通过模仿学习、人员流动、合作等手段学习先进的技术和经验，这有利于降低环境污染水平。所以一般认为，技术效应往往是正向的环境外部效应。

以上这三种外部效应，综合决定了区际产业转移对承接地的环境外部效应。根据Grossman和Krueger的理论，结合经济发展的一般规律，当一地区的经济发展处于工业化早期或者中期阶段时，污染较重产业或产业环节比较容易转入，规模效应、结构效应和技术效应都会产生不同的影响和表现，对此要运用适当的研究方法，充分地考虑承接地的实际情况，将这三种效应综合起来，从整体上进行判断。

## 二、产业转移环境外部性的空间维度

在了解产业转移环境总体外部效应的基础上，还需要从空间维度去了解其具体表现和影响程度。因为产业转移的环境负效应在空间上还存在着外溢效应。环境外部性存在着空间维度。通常所研究的外部性，以空间意义上的外部性居多。在不考虑时间维度的前提下，产业转移的环境外部性，伴随着产业要素的流向，特别是以污染密集产业转移为载体，跨越边界，影响承接地的环境。由于我国区域发展的不平衡，原先承接国际产业转移的外部性还将随着FDI的区域运动而发生空间上的转移。

跨越国界和一国范围内的跨区域的环境外部性都属于“跨界外部性”(Transboundary Externality)的范畴。区域产业转移的环境外部性主要是跨越区域边界。外部性的一个重要的方面是通过选择某种策略，使风险在时间和空间上转移[②]。如果产业转移对承接地的环境外部效应以负效应为主，那么基于区际产业转移的跨界环境外部性就很可能会带来环境风险在空间上的移动和扩散，污染密集产业或污染较重的产业环节转移带来的环境外部性是这种跨界外部性最直接的体现。

区域产业转移的环境外部性，以产业自身的运动而发生移动。各区域之间环境规制存在差异，对国家环境标准的执行和监督力度也存在差异，这为发达地区的污染企业为逃避其本区域比较严格的环境规制提供了便利，损害了承接地的生态利益。从环境成本转

---

① 污染密集产业转移固然是一定经济发展阶段中出现的现象，但是人们并不能无视其对环境的破坏作用，更不等坐等经济发展到一定阶段后，这种状况自动消失。原因是，一则污染密集产业转移在其存在的历史阶段内(根据1995年我国第三次工业普查的资料显示，从20世纪80年代出现这种状况开始到现在，污染密集产业转移的现象已经存在二十多年，而且目前还在继续，甚至规模还在扩大)，会对当代人的生存、健康产生威胁；二则生态环境的承载力是有限的，一定历史阶段的过度污染一旦突破一定的界限，生态系统无法恢复，这种影响将是长远的；三则我国是幅员辽阔，经济发展不平衡的发展中大国，污染密集产业从国外转移到某些地区之后，还有可能继续向其他区域转移，这样污染密集产业转移对我国来说就会在区域之间持续下去。所以对于这种一定历史阶段下的现象不可掉以轻心。

② 李寿德，柯大纲.环境外部性起源理论研究述评[J].经济理论与经济管理，2000(5).

移的角度来看，在污染较重的产业或产业环节从一个区域转移到另一个区域的过程中，原先受限制或淘汰的技术、工艺、设备、生产环节甚至整个企业转移到承接地，致使其资源使用量和污染废弃物随之增多，在承接地对有害物质的管理体制不完善以及处理方法、技术落后的情况下，造成污染控制不当，导致环境成本跨越国界发生空间转移。此外，基于产业转移的跨界环境外部性还包含这样一些内容：

第一，跨区域的环境外部性关系到多个利益主体。基于产业转移的跨界环境外部性表现为环境污染在区域之间发生空间转移。在转移过程中，所涉及空间的社会主体都会受到影响，这必然牵涉到方方面面的利益关系。各地区、各利益主体由于受影响程度不同、空间位置不同、利益相关性存在差别，在面对产业转移带来的环境外部性时，所作出的反应也是不相同的。企业与企业之间，地方与地方之间，部门与部门之间的利益之争，使得对产业转移带来的环境跨界污染的治理很难实现集体行动和一致行动。

第二，环境外部性都有一定的空间范围，产业转移的环境外部性空间转移也是在一定范围内的，不能无限扩大。环境问题是由人类社会生产、消费活动的外部性所导致的资源配置不当引起的。从空间的角度可以将环境问题分为区域性的和全球性的。区域性环境问题的范围限定在污染的外部性影响所能达到的最远边界，是一个边界相对模糊、外部性影响相对封闭的区域。比如大气污染，一个城市及其郊区作为一个相对封闭的区域；水污染，可将一个流域作为一个相对封闭的区域。一个国家或一个行政区域可以依据污染物的扩散状况和自然地理状况划分为若干个环境区域单元①。产业转移的环境外部性问题，属于环境问题的一种，虽然跨越边界，但也是在一定地理空间内发生的，不可能脱离实体空间而无限扩大。

第三，产业转移环境外部性的空间转移是以生态利益分配的扭曲为代价的。环境供给是以某个特定的受益地区或空间利益归属为鲜明特征的。当出现环境供给的实施主体和受益主体不一致的情况时，如上下游产业间、同一流域内上下游区域间、有贸易关系的区域（国家）之间常会发生环境利益冲突，实际上是因环境租金的不合理转移或分配造成的。在存在跨区域污染（或环境效益溢出）的邻近地区之间也会发生环境租金的转移。一定区域内的主体可以通过对外贸易无偿获得来自区域外的环境服务（环境供给）②。从这个意义上说，由于发达地区和欠发达地区之间对环境管制的严格程度不同，环境成本在环境管制较宽松的区域不能体现或者较少体现出来，污染严重的企业（产业）向环保要求低、环境成本更低的区域迁移，以此来获得环境规制差异所引起的环境租金，同时将污染留在了承接地，使这两种类型的区域在实际获得的生态利益上不平衡，这便是基于区际产业转移的跨界环境外部性。

## 三、产业转移环境外部性的时间维度

一种观点认为，根据环境库兹涅茨曲线理论，从长期来讲贸易对环境的作用是正的，

---

① 张春楠. 论区域环境管制与治理[J]. 生产力研究，2001(4).

② 丁晓玲，宋洁尘. 析西电东送背景下区域环境利益分配的扭曲[J]. 重庆工商大学学报（西部论坛），2005(8).

短期内的负面影响将会随着收入的增长慢慢消失。[1] 但是如果考虑环境影响的代际效应，情况将大为不同，有些环境的污染和破坏，其影响是深远的，甚至无法弥补。所以，需要以区际产业转移为切入点，从时间维度和负外部性的角度，去进一步分解我国伴随区际产业转移而发生的环境外部性的代际效应。

## （一）代际外部性相关理论

代际外部性（Intergenerational Externality）是在传统的外部性理论基础上发展起来的。代际外部性问题主要是要解决人类代际之间行为的相互影响，尤其是要消除前代对后代、当代对后代的不利影响。可以把这种外部性称为"当前向未来延伸的外部性"[2]。代际外部性最关键的两个概念就是代际公平和代际效率。所谓代际公平指的是代与代之间资源或者权利的分配以及这种分配所依赖的标准的公平性[3]。在一定的程度上，代际公平甚至可以被看作当代人向将来各代传递足够数量和质量的资源的一种伦理责任[4]。所谓代际效率指的是经济达到一种在没有损害其他各代人的前提下不可能改善一代或者一代以上人的福利的状态[5]。这实际上是将帕累托最优的概念引入代际外部性中。

代际外部性理论的一个重要特色就是引入了经济学中动态分析的模型和方法。其中最常用的就是世代交叠模型的应用。早在20世纪60年代，Diamond就提出了世代交叠模型（Overlapping Generations Model），将消费者分成不同代际，研究在既定约束条件下的经济主体跨期最优化问题[6]。Barro（1974）和Becker（1974）等许多学者也都研究了代际储蓄和消费行为及其相关的问题。Lezear（1983）则建立了研究代际外部性的一般模型，并初步提出了代际外部性的相关估计技术和方法[7]。这些早期的代际性问题的研究，为环境代际外部性问题的研究起到了重要的作用。例如：John等人最早在世代交叠模型中讨论环境外部性和资本积累问题。他们将政府分为短期政府和长期政府，短期政府制定政策内在化代内外部性，并在经济和环境的稳态下说明了各因素对经济和环境的影响；而长期政府可以内在化代内和代际环境外部性，同时动态无效率可以通过政府的财政政策进行调整[8]。John和Pecchenino把环境作为影响产出和福利的全球公共品，并在此基础上发展了国际和代际环境外部性的模型。通过研究，他们认为国际合作允许各国发挥自身在环

① G. M. Grossman and A. B. Krueger, 1991, Environmental Impacts of a North American Free Trade Agreement, in P. M. Garber ed., The Mexico-U. S. Free Trade Agreement [M]. Cambridge, MIT Press.

② 沈满洪，何灵巧. 外部性的分类及外部性理论的演化[J]. 浙江大学学报（人文社会科学版），2002(1).

③ E. Brown-Weiss, 1990, In Fairness to Future Generation [J]. Environment, 32, P. 7-31.

④ I. S. Ferguson, 1996, Sustainable Forest Management [M]. Oxford University Press, Australia.

⑤ T. Sandler and V. K. Smith, 1976, Intertemporal and Intergenerational Pareto Efficiency [J]. Journal of Environmental Economics and Management, 1976, 2, P. 151-159.

⑥ A. P. Diamond, 1965, National Debt in a Neoclassical Growth Model [J]. American Economic Review, 55: P1126-1150.

⑦ E. Lazear, 1983, Intergenerational Externalities [J]. The Canadian Journal of Economics, Vol. 16, No. 2, May, P. 212-228.

⑧ 转引自：宋冬林，赵新宇. 引入资源税的世代交叠模型及其改进[J]. 吉林大学社会科学学报，2007(3).

境方面的比较优势，但是这会造成环境恶化，利他的短期协定是考虑协定的长期效果的。旨在保护环境的国际协定应该既要有一个考虑静态外部性（static externality）的国际视角，也要有考虑子孙后代利益的代际视角。而在现实中，国际环境协定的真正受益者是发达国家，由于缺乏对代际外部性的考虑，必然在实际上损害了环境①。

### （二）产业转移环境外部性的代际效应

应该说，环境外部性的一种重要表现方式就是现在经济活动中产生的作用由未来人口承担②。这就是代际环境外部性，是一种从时间上发生转移的外部性。基于区际产业转移的许多环境外部性不仅仅对当代人产生影响，也对子孙后代有着深远的影响，即存在着代际效应。

生态环境是人类赖以生存和发展的物质基础。"高投入、高耗能、高污染"的发展模式和"先污染、后治理"传统工业化道路，过度地消耗了自然资源，对生态环境造成的压力过大，使经济、社会和环境的协调、持续发展的基础受到破坏，虽然换得了当代经济的快速增长，却危及后代人的生存和发展。一般情况下，当代人会从自然环境中获得较大的收益，并将环境成本中的相当一部分转移给子孙后代。代际环境外部性从根本上说源自处于不同代人之间的依存关系，特别是后代对前代的依存关系。因为，前一代人的经济行为决定着后代人所能继承到的资源数量和生态环境容量，而且后代人是无法参与或者影响当代人的行为决策的。当代人常常牺牲后代人的福利换取今天的繁荣，这实际上就是当代人强加给后代人的环境外部性，而且这种外部性往往是负的。

代际外部性的存在会导致代际主体之间成本或收益的外溢，损害代际之间的公平性；行为外部性导致了成本或收益的外溢，造成了"交易内部人"与"交易外部人"之间的成本收益的不对称；从资源代际配置的角度看，代际外部性不利于资源代际配置的代际公平与可持续发展；资源消费过程中代际外部性问题的本质和表现是影响资源代际配置的代际公平与可持续发展的关键③。在今天，区际产业转移渐成一种趋势，随之而来的一种空间视角下环境外部性的跨界转移。但是接纳污染较重产业或产业环节的欠发达地区为了自身经济福利的改善，对其环境风险没有足够的重视，不惜牺牲环境福利，包括后代人的福利。其导致的生态破坏、环境污染、资源枯竭等问题，不仅仅是空间上环境外部性的转移，也是代际之间环境福利的不公平分配。如果说基于区际产业转移的跨界环境外部性，是在空间上经济发展水平不同的地区之间的外部性转移，那么它导致的代际环境外部性，就是欠发达地区为了当代的繁荣而遗留给后代人的负外部性。这也是产业转移跨界环境外部性在时间上的延续，而且由于代际外部性的累积效应，其影响会存在很长时间，甚至影响几代人的利益。

---

① A. A. John and R. A. Pecchenino, 1997, International and Intergenerational Environmental Externalities [J]. The Scandinavian Journal of Economics, Vol. 99, No. 3, Sep, P371-387.

② 李寿德，柯大纲. 环境外部性起源理论研究述评[J]. 经济理论与经济管理，2000(5).

③ 郭晓，夏洪胜. 代际外部性问题与可持续发展关系研究[J]. 郑州大学学报(哲学社会科学版)，2007(4).

# 第四节　产业转移生态效应的原因和治理

外部性的一般理论为解释和探求环境外部性产生的原因和治理的手段，提供了坚实的基础。同样，研究区际产业转移环境负外部性的成因和治理方法，除了要了解其环境外部性的特征，以及污染密集产业转移的固有规律以外，也需要以外部性的一般理论为基础进行研究。

## 一、产业转移环境外部性产生原因的相关理论

关于环境外部性产生的原因，一直以来学术界有多种解释。其相关理论为解释产业转移环境外部性的产生原因提供了一般性的理论基础。总的来说，包括以下几个方面。

第一，生态环境的公共物品性质。生态环境具有不可分割性和非竞争性这两个公共品特性。从不可分割性来看，任何个人都不可能排他地消费公共产品。由于自然环境所具有的这种不可分割性，使得这种公共物品在被使用的过程中，无法杜绝“搭便车”的行为。环境保护者或者环境公共品供给者无法获得足够的收益，以弥补自己的成本；而环境需求者为了节约成本，又不愿意让别人了解自己对环境公共物品的真实需求状况；这样是私人成本或收益与社会成本或收益不一致，便产生外部性。从非竞争性角度来看，由于环境公共品在消费过程中，具有非竞争性，私人在对自然环境进行污染时，并不影响他人也进行污染，所以这种非竞争性往往也会成为环境外部性产生的根源之一。

第二，经济活动的分散性。这根源于经济人的自利行为。即人们在从事自身的经济活动时，尽可能满足自身的需要，而不会自觉地将社会成本考虑进来。环境外部性之所以存在，就在于无论是在市场经济还是在计划经济中，经济活动都是分散进行的，各经济主体在利益上有其相对独立性。由于有意识地增加外部成本同其私人内部成本的降低紧密相连，或者有时还出于生产过程中某些便利的考虑，因而各个厂商通常只考虑内部成本与效益，忽视了企业的社会责任①。

第三，市场失灵。一般认为是外部性的存在造成了市场失灵，但是市场失灵通常也被解释为外部性的产生原因之一。产权不安全或根本不存在，无市场、薄市场与市场竞争不足，交易成本过高，不确定性和短视计划等严重的市场失灵现象的存在②，使得市场不能有效配置资源，造成环境恶化和自然资源使用的低效率。也就是说，生产企业仅仅只从自己

---

① 崔宇明，常云昆. 环境经济外部性的内部化路径比较分析[J]. 开发研究，2007(3).

② Panayotou 将市场失灵总结为九个方面，包括有产权不安全或不存在、无市场、薄市场(thinmarket)、市场竞争不足、外部郊应、公共物品、交易费用、不确定性、短视计划。详见：Panayotou T，1993，Empirical Tests and Policy Analysis of Environmental Degradation at Different Stages of Economic Development [J]. ILO Technology and Employment Programme Working Paper，WP238 (Geneva).

的内部成本和收益出发，作出最优的经济决策，在没有严格环境规制的条件下，无须承担消除对其外界造成的不利影响的成本，这样私人成本小于社会成本，企业的产量往往高于将环境成本考虑在内的社会最优产量。环境外部性的存在使市场机制不能实现最有效率的资源配置，私人经济福利的最大化是以社会环境福利的损失为代价的。

第四，政府失灵。市场失灵所引起的环境外部性成为政府介入的理由。由于环境问题的复杂性和环境的公共物品性质，以政府为主导来减少由市场机制引发的失败，已成为解决环境问题的普遍主张。但是政府干预并不是万能的。由于政府未干预、政府政策失灵、政府干预政策的低效率或高成本引起政府失灵①，使环境外部性也难以得到彻底解决。如何克服政府的环境政策失灵和环境管理失灵成为环境外部性治理问题中的重要环节。

第五，贫困的原因。土壤侵蚀、森林减少和水资源枯竭等环境退化问题是贫困国家和地区贫困加剧的原因之一。而贫困地区的环境常常易受损害，贫困地区的环境资源是正常情况下生存的必需条件，但在经济困难时期又是重要的收入补充来源。这种相互影响可能导致贫困、环境退化以协同方式相互影响。制度失灵和贫困这两个环境退化的原因是相互联系的。贫困问题使环境问题雪上加霜，甚至有可能导致环境的不可逆，即环境问题产生以后要经过长久的年代才能恢复或不可恢复，这意味着社会将为之承担长期的成本②。

除以上原因以外，还有学者从生产率的不完全性、时空转移、良心效应、"囚徒困境"等角度解释环境外部性的根源③。这些理论提供了环境外部性根源的一般解释，针对我国区际产业转移的环境外部性，还要结合产业转移的特殊条件加以考虑。并且有些关于环境外部性起因的解释还需要进一步论证，如：关于时空转移，从表面上看，由于前代的人把环境风险留给后代人，外区域的人把环境风险转移给本区域，这才导致了环境外部性，但从根本上说分散性才是造成环境外部性时空转移的根源。正是由于本区域或本代的人只从自身利益出发，忽视外区域或子孙后代的利益，才把环境外部性在时空上进行转移。时空转移是环境外部性的表现形式，而不是根本原因。

## 二、产业转移环境外部性治理手段的相关理论

一般认为环境外部性的治理手段主要有"庇古手段""科斯手段"及政府直接管制三种方式。西方经济理论针对环境外部性这三种治理手段的相关理论，为我们探索产业转移环境外部性的治理措施提供了必要的研究基础和有益启示。但还必须注意的是，政府的协调功能不容忽视，特别是针对一国范围内的区际产业转移，政府在区域间发挥其协调功能也是有效应对其环境外部性的重要途径。

---

① 朱国伟. 环境外部性的经济分析[D]. 南京农业大学博士学位论文，2003年4月，第31-34页.

② 转引自：李寿德，柯大纲. 环境外部性起源理论研究述评[J]. 经济理论与经济管理，2000(5).

③ 具体内容参看：李寿德，柯大纲. 环境外部性起源理论研究述评[J]. 经济理论与经济管理，2000(5).

### （一）“庇古手段”

“庇古手段”是一种“调节市场”型的环境政策，它是在现有的市场基础上，通过征收各种环境税费、取消对环境有害的补贴和建立押金制度等，来解决环境问题。这种“调节市场”型的环境政策是以福利经济学家庇古的理论为基础的。该理论核心思想是：环境污染是经济活动中出现的外部不经济现象，它会导致完全竞争条件下的资源配置偏离帕累托最优状态，因此，应由政府给外部不经济确定一个合理的负价格，由制造外部不经济性的企业承担全部外部费用①。这种手段是政府直接干预的表现。

实行“庇古手段”有许多优点：第一，使企业拥有了一定的自主权。每个企业可以根据自己的边际控制成本在减排污治理与排污缴费之间进行选择，有利于激励企业实行清洁生产。第二，可以降低政府的监督、管理成本。从政府管理的角度讲，政府不再干涉企业具体的生产决策，只是确定企业从事的经济活动是否会导致污染，污染的量是多少。所以，政府用于环境监督管理的费用降低了。第三，排污收费是国家的财政收入，可以用于清洁生产补贴和建设公共的污染治理设施。② 但是实行“庇古手段”也会存在一些问题。第一，排污费征收标准的制定必须以对边际私人纯收益和边际外部成本的测算为前提条件。由于信息不对称，政府难以事先确定排污标准和相应的最优排污费率，导致资源的错误配置。第二，企业只要达到政府规定的排污标准，就没有进一步的动力去减少排放量。由于排放总量的限制，还会限制新企业的进入，影响经济效益。第三，增加了政府“寻租”的可能，政府还须承担制定法规政策、维护制度实施的管理成本和确定最优排放标准所需的信息搜集成本等。

### （二）“科斯手段”

“科斯手段”是政府利用市场机制间接干预的表现，包括私人和约和明确产权。比如排污权交易就是“明确产权”的体现。所谓排污权交易是指在污染物排放总量控制指标确定的条件下，政府赋予每个企业一定的排放污染的权利（即排污权，这种权利通常以排污许可证的形式表现），各个企业根据自身的条件相互买卖排污权，最终实现低成本污染治理。

排污权交易制度的理论基础是科斯定理，即只要财产权是明确的，并且其交易成本很小或者为零，则无论开始将财产权赋予谁，市场均衡的最终结果都是有效率的。虽然假定交易成本为零是不现实的极端情况，但实际上当交易成本为正时，只要能够进行市场交易，资源配置也会得到改善。但必须看到排污权交易制度本身也存在缺陷，主要体现在：第一，当事人双方在通过市场进行交易时，搜集有关信息、进行谈判、订立契约并检查、监督契约实施都需要花费成本。第二，科斯定理还涉及产权界定问题，权利配置有多种可能结构，各种结构不仅都需要社会成本，而且其社会成本有差异，这就产生了权利配置的社

---

① 曼昆．经济学原理[M]．北京：中国人民大学出版社，1998年版，第38-42页．

② 崔宇明，常云昆．环境经济外部性的内部化路径比较分析[J]．开发研究，2007(3)．

会选择过程和社会成本最低化问题①。第三，排污权本身是一种特殊的商品，但排污权与普通商品所遵循的供给曲线不一样。随着经济的发展，企业的总量会不断增加，越来越多的企业会需要排污权。与此同时，随着社会的进步，人们对环保的要求会不断提高，排污总量应不断被削减，如果清洁生产的技术进步相对滞后或技术使用的成本很高，排污权将变得越来越昂贵，实力较小的企业将无法生存，影响经济的发展。

在这些缺陷当中，最为关键的是产权问题。从产业转移的生态问题来说，首先要解决的是生态产权方面的制度安排。生态产权具有一般财产权利的一些特征，比如经济主体凭借产权对生态环境的占有、使用、支配、收益等。但是生态产权也有一定的非排他性，也就是说有一定的公共物品性质，产权边界容易模糊。因此生态产权极易受到损害，运用"科斯手段"治理产业转移的环境外部性，前提就是要健全生态产权制度，这是排污权交易、生态补偿等重要措施得以实施的基础性制度安排。

### （三）政府直接管制

政府管制是弥补市场失灵的重要方式，如果说征收"庇古税"是政府运用经济手段的一种间接管制，那么在基于公众利益需要时，政府运用法律法规和行政手段进行环境保护并对生产企业的污染进行控制，就属于政府的直接管制手段。换句话说，政府在环境问题上的直接管制就是政府凭借其法定的权利对社会经济主体（主要是企业）的经济活动所施加的某种限制和约束，直接规定被管制者的行为或污染排放的限度。政府实施直接管制的目的是为了消除环境负外部性的影响，以弥补市场失灵，确保微观经济的有序运行，实现社会福利的最大化。直接管制的手段包括制定环境标准、公布禁令、设定许可、监督检查、行政处罚和行政裁决，等等。这些措施相对于"庇古手段"和"科斯手段"来说，更为严厉一些。其中，设定环境标准是最普遍的一种管制方式。

环境标准又称之为污染排放标准，是政府在调查研究的基础上，针对所辖地域范围的生态环境承载力和社会经济发展情况，规定各类型企业、单位所允许的污染排放限度，并对超过标准的企业、单位进行经济的或法律上的惩罚。环境标准是对厂商排放污染物的法律限制，是对厂商生产过程中对外在环境产生的副外部性进行内部化的一种措施。厂商为了避免经济甚至行政、刑事上的处罚，就必须增加污染治理成本（如增添治污设备，采用先进工艺等），以使自身的污染排放量控制在政府允许的范围内。

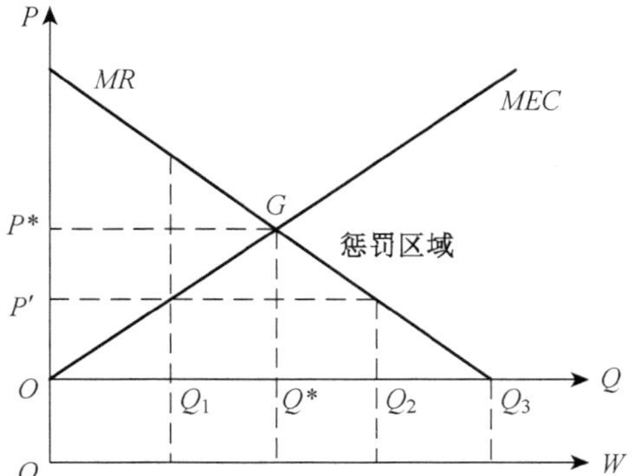

**图 2.2　环境标准与污染治理**

如图 2.2 所示，$P$ 表示价格，$Q$ 表示数量，$W$ 表示污染水平，既定的污染水平与既定的产量相对应；为了便于分析，假定厂商的边际生产成本为 0；$MEC$ 表示边际环境成本，即多生产一单位

① 卢周来．与一位人文学者谈科斯定理[J]．书屋，2002(4)．

产品而转嫁给环境的厂商未承担的成本，这样边际社会成本就等于 $MEC$；$MR$ 为生产的边际收益，$MR$ 曲线是一条向下倾斜的曲线。$G$ 点为 $MEC$ 曲线与 $MR$ 曲线的交点，它所对应的社会最优产量和最优污染水平分别为 $Q^*$ 和 $W^*$ 。在 $G$ 点左边，厂商产量控制在最优产量以下，环境污染程度较轻微，污染所造成的边际社会成本小于边际收益。在 $G$ 点右边，厂商产量控制在最优产量以上，环境污染程度较严重，污染所造成的边际社会成本大于边际收益。所以政府通常会以最优产量 $Q^*$ 所对应的污染水平 $W^*$ 作为环境标准，如果厂商违反了政府的标准，政府则对其实施惩罚（比如罚款），这样在 $G$ 点右边的区域就成了对违规厂商的"惩罚区域"。

如果厂商是根据自身利润最大化目标进行产量决策的，即按照边际收益与私人边际成本相等的原则进行生产，那么厂商的产量上升为 $Q_3$，对环境的污染大大超出最优污染水平，达到 $W_3$ 所代表的水平。这时的厂商将面临政府的严厉惩罚。惩罚给厂商带来的成本如果足够的大，厂商为避免受惩罚就会通过安装控制污染的设备，采用更先进的工艺等方式，减少污染排放量，从而使环境受破坏的程度减轻。当然，无论何种方式减少污染，其减少污染的成本一定必须要低于生产的平均成本，否则企业无利可图就会退出所在行业。从另外一个角度来看，政府的管制也会使一些条件较差，技术、设备相对落后，污染严重的企业逐渐被淘汰掉。

总而言之，政府直接管制是消除环境外部性的一种重要手段，设定环境标准也是当今世界各国治理环境问题广泛采用的重要方式。但是我们也要看到，政府直接管制是在政府作用充分有效的情况下，当"政府失灵"现象出现时，这种方式的效能将会大大降低，所以在实施政府直接环境管制中，应注意克服政府的缺陷。

### （四）区域协调

当经济运行出现"市场失灵"时，人们往往倾向于选择政府规制或干预来解决问题。而当政府运作也出现"政府失灵"时，市场在资源配置中的基础作用，以及其对经济主体的激励机制又会被强调。市场和国家在经济发展中实际都扮演着重要的角色，市场应该作为资源配置的基本机制，但政府也必须发挥积极的作用，以对促进产业升级和多样化的投资行为进行协调①。同样，在治理环境问题这样的外部性问题时，以市场作用机制为基础的方式或手段固然重要，但政府的协调作用也是必不可少的。

尽管区际产业转移和国际产业转移都是产业在空间上的移动和跨境，但是国与国之间是难以协调的。整个世界的治理存在相应的国际秩序、国际组织和国际规则，但实践中就当今国际上的许多重大问题而言，国家之间很难达成一致或者形成某种"协调"，例如国际气候谈判等。当今世界，由于国际贸易的迅速发展，资本的跨国流动以及技术和信息的国际传递，国与国之间的相互依赖性越来越强。但是，民族国家在世界经济中仍居于主导地位。各个国家首先是从本国的根本利益出发来决定其内外政策。国际法往往只能在力量均衡的国际环境下发挥作用，而很多情况下国际协调的结果更依赖于各国的国家力量

---

① 林毅夫. 新结构经济学[M]. 北京大学出版社，2012 年，第 5 页.

对比。在这种情况下，国际产业转移的环境外部性问题就很难通过某种国际协调来加以解决。发达国际转出“边际产业”主要是从自身的环境保护和比较优势的变化出发。而承接产业转移的发展中国家则更多的是在保护生态环境与发展经济(提高生活水平)之间做出权衡和选择。当然，国与国之间的监督有时会比一国范围内各区域间的监督更加明显，从而有利于环境的保护，例如在国际上跨国的河流往往较少受到污染，或得到较好治理，因为污染容易引起国际纠纷。但是产业转移与直接的污染有明显不同的地方在于，产业转移引起生态问题的同时还连带着承接国自身的经济利益，现实的结果往往是生态环境被牺牲掉。

在一国范围内，各区域都在一个中央政府的治理之下，通常区域之间协调的难度要小于国际协调的难度。只要政府体系是行之有效的，政府便可以有作为，在区域之间的协调中发挥积极作用。因而，区际产业转移所引发的生态问题除了市场手段和政府管制以外，还可以通过区域协调的方式加以解决。这种协调包括多个层次。首先，中央政府要对全国的产业政策有一个宏观的思考，尤其是针对各大区域的发展水平和发展阶段发挥不同的产业政策的因势利导作用，以使区域发展与生态保护相协调，既要避免市场调节的盲目性，也要避免各区域在政绩考核的指挥棒下对产业转移的恶性竞争。其次，中央政府要协调区域与区域之间的生态利益和经济利益，各区域的地方政府之间也可以通过“联席会议”等方式实现区域间的协调。再者，政府系统对于改善生态环境产生的正外部性要有补偿和激励机制，这无论是对于中央政府还是地方政府都是如此。最后，政府系统还要努力协调企业与企业之间、企业与居民之间的生态利益和经济利益。

## 三、关于产业转移环境外部性治理的进一步思考

环境灾难的现实危险性威胁着人类文明本身的存在，对环境问题的讨论已经超出了科学讨论的范围，其涉及政治、经济、道德和文化等社会生活主要方面①。在我国，区际产业梯度转移的生态效应也同样涉及方方面面。我国的区际产业转移与国际产业转移的生态环境问题有相似性，但也有实质上的差异。过去，发达国家向外转移产业，污染随之转出，但中国的区际产业转移发生在国内，并且通过跨界效应(水体、空气)又会影响到各个地方。鉴于我国区际产业梯度转移的生态问题的特殊性和复杂性，要真正地治理这种外部性，其治理的路径绝不可能只是采用单一的方式和手段，而是应当有系统的治理措施，综合运用各种理论和实践方法。

治理我国区际产业梯度转移的生态效应，首先要充分考虑我国现阶段的经济发展特征。尤其是对于我国生产力格局面临调整和区域发展仍不平衡、不协调的现实要予以充分考虑。既不能因为生态问题的存在而“因噎废食”，直接限制产业转移这一必然的经济现象，也不能只考虑经济效益对生态破坏听之任之，更不能无视产业升级的客观规律，教条地从生态需要出发盲目淘汰传统产业，不顾本区域的现实条件试图直接跨进所谓的产

① 李新.经济全球化的发展及其矛盾[J].学术月刊，2001(6).

业发展的高级形态。针对区际产业梯度转移的生态效应,围绕我国经济发展的现实和长远需要,应针对来自我国经济、社会、文化等多方面的原因,结合这种生态问题在空间上和时间上的特征,采取相应的治理对策。

## 本章小结

产业转移的环境外部性本质上是跨境外部性的一种体现,是一种经济力量对另外一种经济力量跨越边界的"非市场性影响",是环境风险随着产业要素的空间转移而发生的移动,甚至在时间上也存在着影响。产业级差和区域比较优势的差异是区际产业转移环境外部性的基础和动力。环境规制的区际差异使因产业转移而发生的环境风险转移存在制度上的空间,而污染产业的大规模转移使"污染天堂"的出现成为可能。Grossman 和 Krueger 贸易—环境分析框架为分析区际产业梯度转移的生态效应提供了理论基础,而这种外部效应实际上存在着时间和空间两种维度。生态环境的公共物品性质、经济活动的分散性、市场失灵、政府失灵以及贫困等原因是造成区际产业梯度转移产生生态效应的原因。治理这种外部性,无论是"庇古手段""科斯手段"还是政府直接管制都是能够发挥一定作用的方式。而面对产业的区际转移和国际产业转移不同的是,区域协调成为可能,这将为治理区际产业转移生态效应提供了另外一条可供尝试的路径。鉴于我国区际产业梯度转移的生态问题的特殊性和复杂性,其治理的路径应当有系统的治理措施,综合运用各种理论和实践方法。

# 第三章　我国工业布局变化和产业梯度转移的整体状况

产业转移是我国实现生产力合理布局和区域协调发展的重要途径。近些年来，产业转移的趋势越来越明显，传统意义上的欠发达区域工业的比重不断上升，而发达地区工业的比重相对下降。由于区域发展的差异和不平衡性，区际产业梯度转移呈现加速度特征，且逐渐进入“高峰”阶段。

# 第一节　全国工业生产分布的总体变化情况

我国工业生产的布局区际差异明显，传统意义上东部发达区域作为经济重心，集中了大部分的工业。近些年，随着国家生产力布局的调整、区域协调发展的促进和经济发展区域经济转型升级的需要，产业在各区域间转移的趋势不断增强。这里，从东、中、西几大区块以及长三角、珠三角和环渤海三大经济圈入手，根据工业销售产值、工业增加值、工业品产量等指标，对我国现阶段的生产力布局和产业转移呈现的趋势进行分析。

## 一、三大经济区块工业生产规模和比重的变化

一般而言，根据经济发展梯度的差异，总体上可以将我国各省、自治区、直辖市划分成东、中、西三大经济区块。其中，东部地区包括北京、天津、辽宁、河北、上海、江苏、浙江、福建、广东、海南共十一个省市，中部地区包括山西、吉林、黑龙江、安徽、江西、河南、湖北、湖南共八个省，西部地区包括内蒙古、广西、重庆、四川、贵州、云南、西藏、陕西、甘肃、青海、宁夏、新疆共十二个省市区（本书暂不将港、澳、台地区列入研究范围）。传统意义上，东部沿海地区是我国经济相对发达的区域，也是我国工业生产主要集中的地区。但是近些年来，特别是“十五”末期以来，随着国家生产力布局的调整，区域协调发展的推进，以及各省市区各种发展战略的推进，我国工业生产的空间格局渐渐发生一些变化。

这里主要采用工业增加值指标来描述工业生产规模①。如表 3.1 所示，自 2005 年到 2015 年，我国工业增加值从 77 230.78 亿元增加到 236 506 亿元。到“十二五”末期的工业

**表 3.1　2005—2015 年我国三大区块工业增加值（亿元）**

| | 2005 年 | 2007 年 | 2009 年 | 2011 年 | 2013 年 | 2015 年 |
|---|---|---|---|---|---|---|
| 全国* | 77 230.78 | 110 534.88 | 135 239.95 | 188 470.15 | 210 689.42 | 236 506.0 |
| 全国** | 85 708.17 | 123 495.58 | 157 497.39 | 231 507.67 | 267 514.18 | 278 498.74 |
| 东部 | 54 479.92 | 75 904.56 | 93 621.29 | 129 194.4 | 146 792.73 | 154 443.07 |
| 中部 | 19 040.78 | 28 355.85 | 37 287.84 | 59 196.52 | 69 012.08 | 72 389.33 |
| 西部 | 12 187.47 | 19 235.17 | 26 588.26 | 43 116.75 | 51 709.37 | 51 666.34 |

数据来源：根据国家统计局网站（http://www.stats.gov.cn/）公布数据计算得出。

注：* 表示国家统计局公布的历年全国工业增加值数据，** 表示根据各省、自治区、直辖市数据加总计算的历年全国工业增加值数据。

① 根据国家统计局公布的数据，2005 年至 2015 年各年份全国工业增加值的数据，并不等于各省、自治区、直辖市工业增加值数据之和，这里基于研究的需要，特别是需要计算各个区工业增加值的比重，故而在国家统计局公布的各省、自治区、直辖市工业增加值数据的基础上，计算历年全国的工业增加值和各区块、各经济圈工业增加值，并在此基础上计算历年各区块、各经济圈的比重。

生产规模几乎是“十五”末期的三倍。与此同时，全国各大经济区块的工业增长规模也都实现了成倍数地扩张。尽管东部地区始终集中了最多的工业生产，但很显然中部和西部地区扩张的速度快于东部地区。东部地区的工业生产增加值，2015 年达到 154 443.07 亿元，增长到 2005 年的近三倍，但是中部和西部的工业生产增加值到 2015 年均增长到 2005 年的四倍左右。从工业增加值数量上看，“十五”末期和“十一五”初期，中部和西部的工业生产规模之和，大约是东部地区的六成左右。但到“十二五”末期，中部和西部的工业生产规模之和已接近东部地区的水平，而且还有进一步反超的趋势。

从三大区块工业生产增加值占全国的比重来看，也反映出类似的态势。如图 3.1 所示，2005 年东部地区工业生产的增加值占全国的 63.56%，此后逐年下降，到 2015 年降至 55.47%，11 年间累计下降 8.09 个百分点。其基本态势是，从“十五”末期到“十一五”前期每年大约下降 1 个百分点；从“十一五”后期至“十二五”初期下降速度加剧，每年均下降 1.5 个百分点以上；进入“十二五”以后，下降速度开始放缓，但整体比重减小的趋势并未得到改变。与东部地区截然相反的是，中部和西部地区工业增加值占全国的比重呈持续增加态势。中部地区从 2005 年占全国的 22.22%上升到 2015 年的 25.98%，共上升 3.76 个百分点。西部地区上升的速度更快，从 14.22%上升到 18.55%，上升幅度超过 4 个百分点，自“十五”末期以来其所占比重几乎每年都以 0.5 以上甚至 1 个以上的百分点在增加，直至“十二五”中期上升的速度才有所放缓。

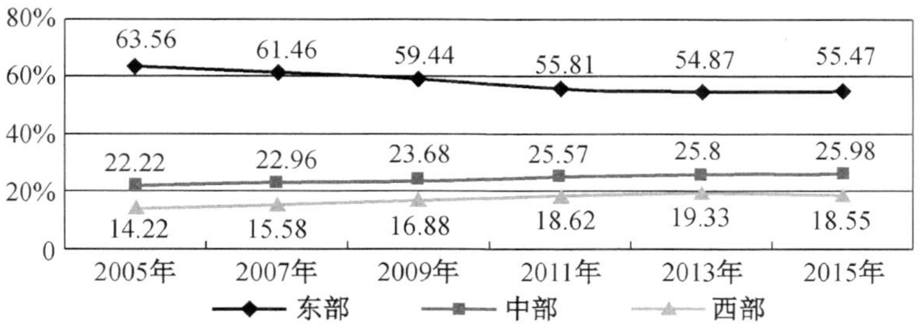


数据来源：根据国家统计局网站（http://www.stats.gov.cn/）公布数据计算得出。

**图 3.1　2005—2015 年我国三大区块工业增加值比重**

可见，单从工业生产布局的角度看，我国整体水平都上升的前提下，东部、中部和西部三大经济区块的差异在缩小，反映在工业生产布局上有向西梯度转移的趋向，尤其是“十五”末期到“十二五”末期的 11 年时间里，东部比重持续下降，其间无一年反弹，中部和西部比重持续上升，两者之间形成鲜明对比，产业西向转移的态势已露端倪。

## 二、沿海三大经济圈工业生产规模和比重的变化

包括长江三角洲经济圈、珠江三角洲经济圈、环渤海经济圈在内的三大经济圈，是我国经济增长最重要的三个极点，长期以来也集聚了全国主要的工业生产。从 2005 年至 2015 年，三大经济圈的工业生产规模都有不同程度的扩大，长三角经济圈工业增加值从

19 821.74 亿元增加到 52 376.23 亿元;珠三角经济圈从 10 489.73 亿元增加到30 259.49 亿元;环渤海经济圈从 21 189.65 增加到 60 142.68 亿元。

**表 3.2　2005—2015 年沿海三大经济圈工业增加值(亿元)**

| | 2005 年 | 2007 年 | 2009 年 | 2011 年 | 2013 年 | 2015 年 |
|---|---|---|---|---|---|---|
| 长三角经济圈 | 19 821.74 | 27 350.40 | 32 391.90 | 44 172.23 | 49 217.36 | 52 376.23 |
| 珠三角经济圈 | 10 489.73 | 14 942.91 | 18 091.56 | 24 649.60 | 27 426.26 | 30 259.49 |
| 环渤海经济圈 | 21 189.65 | 29 436.12 | 37 730.82 | 52 222.44 | 60 142.68 | 60 501.28 |

数据来源:根据国家统计局网站(http://www.stats.gov.cn/)公布数据计算得出。
注:长三角经济圈采用的是上海、浙江、江苏两省一市的数据,珠三角经济圈采用的是广东省的数据,环渤海经济圈采用的是北京、天津、河北、辽宁、山东三省两市的数据。

但如果考虑三大经济圈在全国工业生产中的比重,就会发现各经济圈的比重都有不同程度的下降。如图 3.2 所示,珠三角经济圈工业生产占全国的比重由 2005 年的12.24% 下降到 10.87%,下降 1.37 个百分点;环渤海经济圈从 24.72%下降到 21.72%,下降了 3 个百分点;长三角经济圈下降幅度最大,从 23.13%降至 18.81%,下降了 4.32 个百分点。

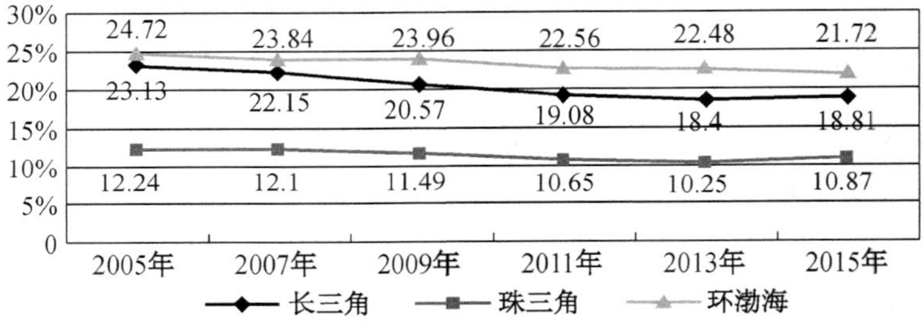


数据来源:根据国家统计局网站(http://www.stats.gov.cn/)公布数据计算得出。

**图 3.2　2005—2015 年沿海三大经济圈工业增加值比重**

从时间节点上看,沿海三大经济圈工业生产比重主要是在“十一五”期间下降幅度较大。最为突出的是长三角经济圈,仅 2009 年底到 2011 年底一年就下降了近 1.5 个百分点。陈耀和陈钰在研究 2005 年至 2009 年数据的基础上,认为“十一五”期间是国家加大区域协调发展布局力度、各地区积极推进工业化和城镇化进程、工业在地域空间上的分布格局发生了显著变化的时期,这一时期区际产业转移步伐在加快①。尽管本章仅仅只是对工业增价值这一指标进行分析,分析的结论尚不能完全佐证这一论断。但从总体上看,三大经济圈是我国经济最为发达的区域,其涵盖的绝大部分地区已进入工业化后期。包括北京、上海、杭州、广州、深圳、大连等主要中心城市在内的许多地区,已构建或正在构建以金融、信息服务、文化创意、商贸等服务业为主体的现代产业体系,节能环保、新一代信息技术、生物医药、高端装备制造、新能源与新材料等战略性新兴产业正方兴未艾,以互联网经济为代表的新经济形态不断涌现,新技术、新产业、新模式、新业态层出不穷。随着土地资

① 陈耀,陈钰.我国工业布局调整与产业转移分析[J].当代经济管理,2011(10).

源的日趋紧张，一些地区甚至不断“腾笼换鸟”，为新兴产业发展腾出空间，即使是这些地区的传统产业也在不断改造升级甚至走向高新化。这些可以说都是形成工业生产在全国比重下降的现实压力，客观是也是推进区域间发生产业转移的潜在动力源。

## 三、重工业分布的整体变化

在我国目前的工业化进程中，重工业所占比重总体上仍呈上升趋势。如表 3.3 所示，2005 年我国重工业销售产值为 170 373.4 亿元，在 2014 年达到 1 092 197.99 亿元。与此同时，全国东部、中部、西部三大区块都呈现快速增长的态势。其中，东部地区从 118 923.52 亿元增加到 465 823.78 亿元，增长约 3 倍；中部地区从 31 466.5 亿元增加到 171 066.81，增长 4 倍以上；西部地区从 19 983.4 亿元增加到 108 410.62 亿元，也增长 4 倍以上。

**表 3.3　2005—2014 年我国三大区块重工业销售产值(亿元)**

| | 2005 年 | 2007 年 | 2009 年 | 2011 年 | 2014 年 |
|---|---|---|---|---|---|
| 全国 | 170 373.4 | 280 879.74 | 378 699.91 | 595 407.26 | 745 301.19 |
| 东部 | 118 923.52 | 191 713.28 | 251 475.82 | 373 029.75 | 465 823.78 |
| 中部 | 31 466.5 | 54 318.2 | 76 360.16 | 134 920.6 | 171 066.81 |
| 西部 | 19 983.4 | 34 848.28 | 50 863.96 | 87 456.93 | 108 410.62 |

数据来源：根据国研网和《中国工业统计年鉴 2015》数据计算得出。

注：由于我国关于重工业的统计只到 2012 年，故 2014 年的数据是根据采矿业、石油加工/炼焦和核燃料加工业、化学原料和化学制品制造业、橡胶和塑料制品业、非金属矿物制品业、黑色金属冶炼和压延加工业、有色金属冶炼和压延加工业、金属制品业、通用设备制造业、专用设备制造业、汽车制造业、铁路/船舶/航空航天和其他运输设备制造业、电气机械和器材制造业、计算机/通信和其他电子设备制造业这 14 个产业的数据汇总得出(以下均同此)。

从重工业整体来看，东部地区仍占绝对优势，但中部和西部地区增长速度明显快于东部地区。这种增长速度的差异也正逐渐改变着我国重工业分布的格局。如图 3.3 所示，2005 年东部地区重工业占全国的比重接近七成，到 2009 年四年间降低 3.39 个百分点，到 2014 年又降至 62.5%。与此同时，中部和西部地区相对地位上升，相对于 2005 年，2014

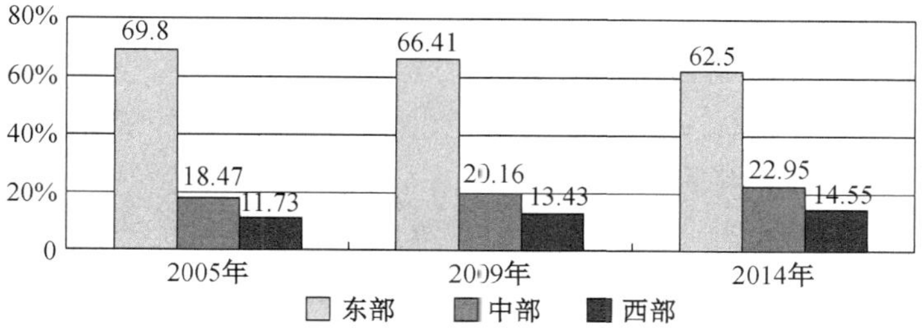


数据来源：根据国研网和《中国工业统计年鉴 2015》数据计算得出。
注：比重是根据重工业销售产值计算得出。

**图 3.3　2005—2014 年我国三大区块重工业比重**

年时中部地区比重上升了 4.48 个百分点，西部地区上升了 2.82 个百分点。可以说，在重工业领域东部、中部、西部三大区块显著“东重西轻”的格局，已经有所改变，而且这种变化的趋势随着中部和西部地区工业化进程的推进，尤其是区际产业梯度转移的发生，将会得到进一步的强化。

## 第二节 三大流域和沿海地区工业生产分布的变化情况

从总体上看，我国工业生产在东、中、西三大经济区块的布局中，已经发生了较大的变化，未来这一变化随着产业的区际转移还有进一步扩大的趋势。从流域经济的角度看，流域经济作为国民经济大系统中的子系统，是国家经济社会发展战略的重要组成部分。在一个流域经济系统中，上中下游之间，不同区段之间，既有着较高的关联度和整体性，也存在资源禀赋、产业基础、自然环境、社会发展程度等方面的差异。而且往往流域的范围越大，这种差异性越明显。从一个整体的角度看，流域经济系统要与外界经济系统存在着资金、信息、技术、人才等各种要素的交流。从系统内部各个区段来看，尤其是在差异性较大的流域范围内，各个区段之间、上中下游之间的要素交流通常也是非常频繁的。而且，通常流域也是个完整的生态环境系统，流域内不同区段之间、不同地区之间在生态上相互依存度极高，上游对下游、干流对支流的影响格外明显。因此，在流域范围内的产业转移造成的生态效应也是非常突出的。本节在这里运用相关经济指标，着重考察长江流域、黄河流域、泛珠三角区域、沿海及东北地区工业生产分布的变化情况①。

### 一、长江流域工业生产分布的变化

长江流域作为世界第三大流域，横跨东部、中部、西部三大经济区块。其流域范围内，上游、中游、下游受区位条件、自然条件、经济发展基础、政策法规、历史文化等多种因素的影响，经济发展水平差异较大，产业结构层次、人才、资金、技术、基础设施等方面的差异性、复杂性非常显著。流域内位于最东端的长三角地区，是我国经济最为发达、产业发展水平最高的区域之一；中游地区既有武汉、长沙这样的经济相对发达的区域，也有广大比较落后的区域；下游地区总体上经济发展水平也较为落后。这种情况为产业在流域内部的区际转移积累了巨大的“势能”。近些年来，在长江流域经济系统中，产业在下游往中上游区域转移的趋势日益明显。加之，长江中上游地区承接流域外产业转移的能力也在日渐增强，这些因素都势必加速长江流域工业生产空间分布上的变化。

根据表 3.4 的数据可知，从 2005 年至 2015 年的 11 年间，整个长江流域的工业生产规

① 本章这里对各流域做上、中、下游的划分，并对沿海地区做适当划分，主要是为了研究的需要，这与国家统计局将全国分成八大经济区域的划分不完全一致。

模呈现快速扩张的状态,但是中游和上游的发展速度明显快于下游地区。下游的长三角经济圈的工业增加值从 19 821.74 亿元增长到 52 376.23 亿元,增长了 1.64 倍;而中游的安徽、江西、湖南、湖北四省从 7 966.85 亿元增长到 38 661 亿元,增长了 3.85 倍;下游的四川、贵州、云南、重庆也从 5 696.92 亿元增长到 23 760.44 亿元,增长了 3 倍以上。在 2005 年时,长江下游地区的工业生产是中游地区和上游地区总和的近 1.5 倍,长江流域工业生产的重心明显在下游地区(即东部)。但在整个"十一五"期间,这一差距在不断缩小,到 2011 年中游地区和上游地区的工业生产之和已非常接近下游地区。到"十二五"初期出现反超的情况,而到 2015 年中游地区和上游地区的工业生产之和已经大大超出下游地区。这说明了,长江流域的工业生产重心开始有向西移动的趋向。

**表 3.4　2005—2015 年长江流域三大区段工业增加值(亿元)**

| | 2005 年 | 2007 年 | 2009 年 | 2011 年 | 2013 年 | 2015 年 |
|---|---|---|---|---|---|---|
| 长江下游 | 19 821.74 | 27 350.40 | 32 391.90 | 44 172.23 | 49 217.36 | 52 376.23 |
| 长江中游 | 7 966.85 | 12 207.99 | 17 264.36 | 29 134.65 | 35 894.80 | 38 661.00 |
| 长江上游 | 5 696.92 | 8 601.07 | 11 936.48 | 19 005.01 | 23 282.30 | 23 760.44 |

数据来源:根据国家统计局网站(http://www.stats.gov.cn/)公布数据计算得出。
注:长江下游采用的是长三角,即上海、浙江、江苏两省一市的数据;长江中游采用的是安徽、江西、湖南、湖北四省的数据,长江上游采用的是四川、贵州、云南、重庆三省一市的数据。

单从工业增加值的量上来看,长江流域的三个经济区段工业生产在全国的相对地位也正发生着相应的变化。长江下游的工业增加值在 2005 年占全国的比重,接近 1/4,但到"十一五"末期比重不足 1/5,到"十二五"末期比重则进一步下降。而中游和上游地区则发生了相反的情况,中游地区工业增加值占全国的比重 11 年间增加了 4.58 个百分点,上游地区尽管是西部地区也增加了近两个百分点。

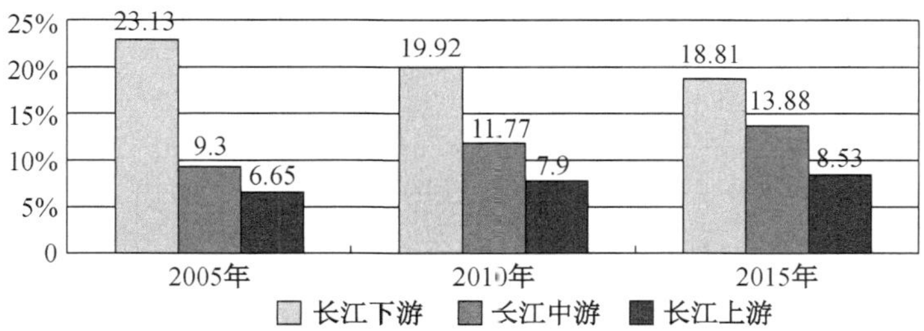


数据来源:根据国家统计局网站(http://www.stats.gov.cn/)公布数据计算得出。

**图 3.4　2005—2015 年长江流域三大区段工业增加值占全国比重**

根据以上分析,无论是工业增加值的数量还是其占全国的比重,长江中上游地区,特别是中游地区在工业生产领域的重要性在不断增加。这也反映了我国工业生产在长江流域所出现的逆自然地理梯度的向西转移的趋势。作为以长江为纽带的经济系统,在产业呈现明显的梯度层次分布的前提下,相对发达的东部下游地区与中上游地区之间不断加强交流与合作。下游地区以各种生产要素的区际流动为依托，向西进行经济延伸和渗透，促进整个流域经济系统的生产力布局调整和产业的高度化。伴随着上海、杭州等下游中心城市产业结构的升级和转型，以及长三角城市带向西辐射功能的发挥，在可以预见的未来，武汉、长沙、成都、重庆等长江中上游城市工业生产中心的地位将会不断得到强化。但也必须看到，来自流域以外的产业转移也在加快长江流域工业生产重心"西移"的步伐。

## 二、黄河流域工业生产分布的变化

黄河流域是我国仅次于长江流域的第二大流域，也是同样横跨我国东部、中部、西部三大经济带。在黄河流域经济系统内，下游地区和中上游地区之间也存在着较大的经济梯度差异，各区段在产业技术水平上也同样存在着较大的落差。黄河流域下游的经济发达区域也同样在推进产业向外的转移。特别是流域内经济最为发达的北京地区，已经建立起以服务业为主导的产业结构体系，2006 年，北京第三产业增加值占地区 GDP 的比重就已超过 70%；而到 2015 年，这一比重继续增加到 79.66%，同年工业增加值仅占16.12%[①]。近些年，北京也在不断向外进行产业转移。除此之外，黄河下游其他经济发达地区以及黄流域以外的经济发达区域，与黄河中上游地区之间存在着产业的转移。

在黄河流域经济系统中，总的来说也出现了类似长江流域的工业生产重心向西偏移的趋向。如图 3.5 所示，2005 年至 2015 年这十一年间，黄河流域东部的下游地区工业增加值占全国的比重下降了近 3 个百分点以上，黄河中游比重上升了 3.05 个百分点，而黄河上游地区所占比重十一年间略有下降。这说明黄河流域承接下游地区和流域外地区工业生产转移的更多是中游地区，上游所能承接的产业转移相对有限。从时间跨度上看，发生转移较多的主要是在"十一五"期间，而"十二五"期间，下游地区比重仅下降 0.75 个百分点。

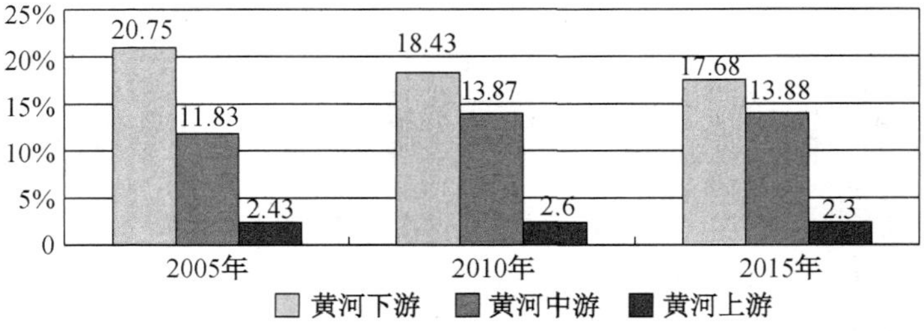


数据来源：根据国家统计局网站(http://www.stats.gov.cn/)公布数据计算得出。

**图 3.5　2005—2015 年黄河流域三大区段工业增加值占全国比重**

① 数据来源：根据国家统计局网站(http://www.stats.gov.cn/)公布数据计算得出。

黄河流域经济系统中，工业生产重心西向转移的趋势通过三大区段工业增加值数值的变化也有所反映。如表 3.5 所示，黄河下游地区工业增加值在 2015 年达到 49 230.46 亿元，是 2005 年时的 2.77 倍；同年，黄河中游地区和上游地区的工业增加值分别达到 38 646.31亿元和 6 392.4 亿元，分别是 2005 年的 3.81 倍和 3.07 倍。从增长的速度看，显然中游和上游地区均快于下游地区。2005 年，黄河流域下游地区工业增加值是中游地区和上游地区之和的 1.46 倍，到 2015 年两者已经比较接近。尽管与长江流域相比，黄河流域在工业生产上"东重西轻"的特征更加明显，但工业生产重心向西转移的趋势日益显著。特别是黄河中游地区，2015 年工业增加值已经达到下游地区的 78.13%。按照这样的发展趋势，黄河流域的中游和下游地区在工业领域单从生产规模的角度看，其总和完全可能在将来超过下游地区。

**表 3.5　2005—2015 年黄河流域三大区段工业增加值(亿元)**

| | 2005 年 | 2007 年 | 2009 年 | 2011 年 | 2013 年 | 2015 年 |
|---|---|---|---|---|---|---|
| 黄河下游 | 17 787.85 | 24 543.67 | 30 805.19 | 41 525.90 | 47 632.41 | 49 230.46 |
| 黄河中游 | 10 142.20 | 15 976.42 | 21 423.73 | 32 868.80 | 37 445.33 | 38 646.31 |
| 黄河上游 | 2 079.72 | 3 190.18 | 3 750.25 | 6 252.67 | 7 164.52 | 6 392.4 |

数据来源：根据国家统计局网站(http://www.stats.gov.cn/)公布数据计算得出。

注：黄河下游采用的是北京、天津、河北、山东两省两市的数据；黄河中游采用的是山西、陕西、河南、内蒙古三省一区的数据，黄河上游采用的是甘肃、青海、宁夏、新疆两省两区的数据，这里新疆尽管从自然地理上划分不属于黄河流域，但一则靠近黄河上游，二则与甘肃等省同属大西北地区，故而列入黄河上游经济区块。

另外，还需注意的是，从"十一五"末期和"十二五"末期的数据看，在黄河流域中，中上游特别是中游地区承接下游河流域外的产业转移有放缓的迹象。一则，流域之中产业结构处于最高层次且经济较为发达的北京地区，其服务业已经超过经济总量的 3/4，工业不足 1/5，向外进行产业转移的潜力逐渐减弱。二则，下游地区的河北省总体上的经济发展水平在东部属于比较低的地区，2015 年人均 GDP 只有 40 255 元，大大低于全国平均水平，远低于周边的北京、天津和山东，也低于黄河中游的陕西和内蒙古。而且河北是工业大省，第二产业占国民经济的比重接近一半，工业产值比重偏大，是国民经济的支柱产业。2015 年仅钢材的产量就达到 2.52 亿吨，位居全国首位，焦炭产量也达到了 5 480 万吨。因而，河北一定程度上在近些年扮演的是承接发达地区(尤其是北京等地)产业转移的角色，这势必会影响中游乃至上游对产业转移的承接。三则，在一些经济相对发达的省份内部，还有比较落后的县市也在承接来自本省相对发达县市的产业转移，这也会对整个流域系统的产业转移构成影响。当然，还必须看到，随着下游大部分省市经济结构的调整和产业结构的逐步升级，整个黄河流域系统内的大规模产业转移仍存在较大的空间；随着中上游地区投资环境和基础设施的不断改善，承接流域外产业转移仍有较广阔的前景。

## 三、泛珠三角区域工业生产分布的变化

泛珠三角区域是以珠江流域为核心加上外围区域的经济系统，包括福建、江西、湖南、

广东、广西、海南、四川、贵州、云南，共八省一区。其中，福建、广东两个省在泛珠三角区域经济系统中属于经济较为发达的区域。江西、湖南、四川、云南、贵州五个省环绕南部沿海地区，同时这五个省也是长江流域和泛珠三角区域重叠的区域。海南省虽然属于东部地区，但实际上海南经济发展水平与福建、广东有较大差距，2015 年海南人均 GDP 仅为 40 818元，低于全国平均水平，甚至低于地处中部的湖南省，因此海南也属于泛珠三角区域的边缘地区。

与长江流域、黄河流域依据流域区段形成上游、中游、下游的经济层次不同，泛珠三角区域在流域层次上呈现明显的"核心"和"边缘"的空间特征。处于"核心"的南部沿海地区(尤其是广东省)是我国经济最为发达的区域之一，产业结构区内的最高层级，而"边缘"五省总体上属于中西部欠发达区域，处于承接产业转移的位置。结合克鲁格曼的"核心—边缘"结构理论，在"核心—边缘"的经济系统中，在经济发展的第一阶段，由于产业的集聚机制，产业从边缘区向核心区转移；在经济发展的第二阶段，随着核心区企业过度集中，企业间的激烈竞争产生了市场拥挤效应，在此作用下，产业分散力推动了生产要素和产业由核心区向边缘区转移①。

从工业生产的区域分布来看，改革开放以后，广东、福建等沿海地区经济得到快速发展，逐渐拉开与周边地区的差距，成为较高经济梯度的区域。这使得除海南以外的南部沿海地区成为泛珠三角区域的核心地域。随着沿海经济的进一步发展，在资源环境约束、劳动力成本上升、出口受国际经济大环境影响等各种因素的作用下，许多产业逐渐失去比较优势，经济结构也面临着转型升级，而服务业在国民经济中的比重也在不断上升，因而许多产业向外转移的趋势日益明显。而处于泛珠三角区域边缘的省份则处于承接广东产业转移的有利位置。

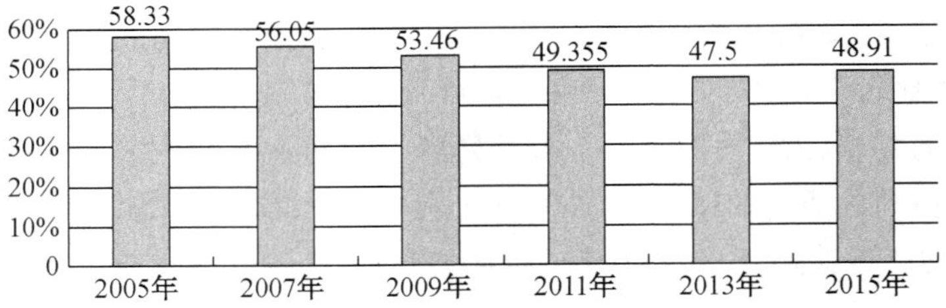


数据来源：根据国家统计局网站(http://www.stats.gov.cn/)公布数据计算得出。

**图 3.6　2005—2015 年广东、福建工业增加值在泛珠三角区域比重**

从 2005 年至 2015 年，福建省的工业增加值从 2 801.88 亿元增加到 10 820.22 亿元，广东省的工业增加值则从 10 489.73 亿元增加到 30 259.49 亿元。② 虽然福建和广东两省的工业增加值快速上升，但是这两个省工业生产在泛珠三角区域中的份额在逐年下降。如图 3.6 所示，2005 年福建、广东两省的工业增加值占泛珠三角区域的 58.33，到 2009 年

① 杜传忠，刘英基.区际产业分工与产业转移研究[M].经济科学出版社，2013 年 9 月，第 105-108 页.

② 数据来源：根据国家统计局网站(http://www.stats.gov.cn/)公布数据整理和计算。

降至53.45%，到2015年已低至48.91%，十一年的时间里下降近10个百分点，以平均每年近一个百分点的速度下降。

从另一个侧面，也可以看出四川、湖南等泛珠三角区域边缘省份在承接产业转移的同时，工业生产的规模和份额都在快速上升。虽然，这些省份承接的产业有许多来自长三角等其他发达区域。但毫无疑问，在泛珠三角区域范围内，这些"边缘"省份和福建、广东这样的"核心"省份存在着区域上的分工和协作，同时随着基础设施和网络信息条件的日渐完备，加之国家和地方产业政策和区域发展政策的推动，"核心"和"边缘"之间的经济联系日益密切，特别是"边缘"省份正越来越多地吸收来自"核心"省份的产业要素和管理经验。

## 四、沿海各大区块及东北地区工业生产分布的变化

与研究长江流域和黄河流域东西跨度工业布局的变化不同，对沿海及东北地区的研究主要针对的是南北跨度工业布局的变化。总体上看，沿海及东北地区集中了我国最多的工业生产，我国的经济重心也在沿海地区。近年来，尽管增长速度慢于其他区块，但总体上还是维持了一定速度的增长。如表3.6所示，从2005年至2015年，东北地区工业增加值由2005年的7 462.04亿元增加到2013年的23 633.96亿元，到2015年又有所下降，降至21 436.64亿元，总的来看11年间仍增长1.87倍。从2005年至2015年，北部沿海地区工业增加值从17 787.85亿元增加到49 230.46亿元，增长1.77倍；东部沿海地区工业增加值从19 821.74亿元增加到52 376.23亿元，增长1.64倍；南部沿海地区工业增加值从13 468.53亿元增加到41 565.56亿元，增长2.09倍。单从工业增加值的数量来看，纵贯我国南北的这几个区块之间的变化趋势并不明显。当然如果将沿海地区每一个区块内部的发展梯度差异，以及整个沿海各地区的发展梯度差异考虑进来（例如，北京、上海、广东和福建、辽宁、河北、山东的差异），地区之间变化程度将会有所增加。

**表3.6　2005—2015年沿海各大区块和东北地区工业增加值(亿元)**

| | 2005年 | 2007年 | 2009年 | 2011年 | 2013年 | 2015年 |
|---|---|---|---|---|---|---|
| 东北地区 | 7 462.04 | 10 390.09 | 13 529.96 | 20 849.13 | 23 633.96 | 21 436.64 |
| 北部沿海 | 17 787.85 | 24 543.67 | 30 805.19 | 41 525.90 | 47 632.41 | 49 230.46 |
| 东部沿海 | 19 821.74 | 27 350.40 | 32 391.90 | 44 172.23 | 49 217.36 | 52 376.23 |
| 南部沿海 | 13 468.53 | 19 118.04 | 23 498.57 | 32 799.73 | 37 432.69 | 41 565.56 |

数据来源：根据国家统计局网站(http://www.stats.gov.cn/)公布数据计算。

注：东北地区采用的是辽宁、吉林、黑龙江三省的数据，北部沿海采用的是北京、天津、河北、山东两省两市的数据，东部沿海采用的是上海、江苏、浙江两省一市的数据，南部沿海采用的是福建、广东、海南三省的数据。

从这几个区块在全国工业分布版图来看，其相对位置总体上有所下降。如图3.7所示，自2005年以来，各区块工业增加值占全国的比重均有不同程度地下降。尤其是东部沿海和北部沿海，下降速度明显快于其他区块。就沿海地区而言，由于处于全国经济发展

的最高梯度和产业体系的最高层级，在工业化进程达到一定阶段后出现向外转移的情况，这是其在全国工业生产中比重逐步下降的重要原因。在沿海几个经济相对发达的区块，加上东北地区，相比而言，东北地区工业增长速度近年来有所下降，但吉林和黑龙江两省经济梯度相对较低，承接区外产业转移的空间和潜力较大。在沿海省市中也存在大量的产业转移，但这种转移主要是沿海各省中发展梯度相对较低的区域承接外区域的产业转移，以及本省范围内发达区域向欠发达区域的转移。例如，江苏省苏南地区向苏北地区的产业转移，上海向江北的南通等地进行产业转移，北京向河北省进行产业转移，等等。

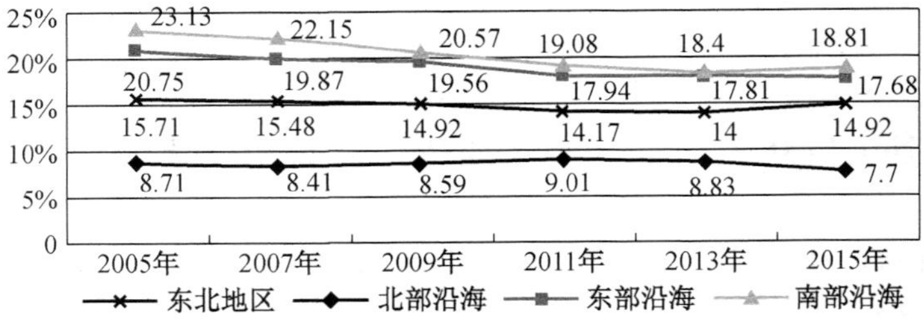


数据来源：根据国家统计局网站（http://www.stats.gov.cn/）公布数据计算得出。

**图 3.7　2005—2015 年沿海各区块和东北地区工业增加值占全国比重**

## 第三节　现阶段区际产业梯度转移的总体特征

在产业转移的作用下，当前我国各区域工业布局的调整态势将越来越明显。根据前两节的研究，在分析东部、中部、西部三大区块，长三角、珠三角、环渤海三大经济圈，以及全国主要的流域和沿海地区国内工业布局变化的基础上，可以明显看出我国工业生产在空间布局上正由东部向中部和西部转移，由发达区域向欠发达区域扩散。各行业由较集中的布局开始向较分散的布局转变，许多行业的生产重心发生了移动。区域之间产业梯度转移的一些特征也将越来越显著。

### 一、产业转移的普遍性

我国已进入工业化的中后期，部分沿海地区地区进入工业化后期阶段，大多数地区处于工业化中期阶段，还有少数地区处于工业化初期阶段。随着工业化进程的进一步推进，全国大多数地区的工业化程度将会继续提升，大规模地转出产业和大范围地承接产业将在这一过程中形成有力对接，区域间的产业转移无论是在行业范围上还是在区域范围上都将展现出前所未有的普遍性。

#### （一）对行业集中度的考察

行业集中度通常用来考察某一行业的市场结构的集中程度。一些学者也采用该指标考察行业的空间分布集中程度。例如陈耀和陈钰就利用行业集中度(CR5)指标考察了我国各工业行业2009年的区域分布的集中程度，通过分析他们认为我国的重化工业主要分布在沿海和沿江地区，对我国主要水体构成严重的环境威胁①。本章在此，借鉴该方法，运用行业集中度(CR5)指标对我国2005年和2015年的工业行业区域分布的集中度进行对比分析，在此基础上判断各个行业发生区际转移的整体情况。

如表3.7所示，与2005年相比，2015年全国大多数行业的行业集中度都有所下降。在可比较的23个行业中②，有17个行业的分布集中度是下降的，这当中石油和天然气开采业、黑色金属矿采选业、非金属矿采选业、农副食品加工业、食品制造业、纺织业、纺织服装/鞋/帽制造业、造纸及纸制品业、通用设备制造业、电气机械及器材制造业、通信设备/计算机及其他电子设备制造、仪器仪表及文化/办公用机械制造业，共12个行业的集中度下降幅度在5%以上；有一个行业即烟草制品业集中度没有变化；只有五个行业的集中度是上升的。在可比较的所有制造业行业中，有12个行业的行业集中度呈下降态势，有一个行业的集中度没有变化，只有四个行业的集中度是上升的。这说明，我国大多数工业行业呈现出由较集中的布局向较分散的布局转变的趋势。大多数行业的生产正逐渐从过去传统的生产中心向其他地区转移。

**表3.7　2005年和2015年各行业分布的集中度对比(CR5)**

| 行业 | 年份 | CR5 | 地区 |
|---|---|---|---|
| 煤炭开采和洗选业 | 2015年 | 0.61 | 山西、内蒙古、陕西、山东、贵州 |
| | 2005年 | 0.64 | 山西、山东、河南、内蒙古、河北 |
| 石油和天然气开采业 | 2015年 | 0.58 | 陕西、黑龙江、新疆、天津、内蒙古 |
| | 2005年 | 0.66 | 黑龙江、山东、新疆、陕西、天津 |
| 黑色金属矿采选业 | 2015年 | 0.54 | 河北、辽宁、内蒙古、四川、天津 |
| | 2005年 | 0.59 | 河北、辽宁、山东、山西、内蒙古 |
| 有色金属矿采选业 | 2015年 | 0.66 | 河南、山东、内蒙古、陕西、江西 |
| | 2005年 | 0.62 | 山东、河南、陕西、湖南、云南 |
| 非金属矿采选业 | 2015年 | 0.42 | 湖北、山东、河南、广东、四川 |
| | 2005年 | 0.54 | 山东、河南、江苏、浙江、湖北 |
| 其他采矿业 | 2015年 | 0.90 | 内蒙古、山东、湖南、广西、吉林 |
| | 2005年 | — | — |

① 陈耀，陈钰．我国工业布局调整与产业转移分析[J]．当代经济管理，2011(10)．

② 鉴于数据可得性以及《中国工业统计年鉴》不同年份的统计口径的差异，本章这里共有23个行业可以进行2005年和2015年的比较。

（续表）

| 行业 | 年份 | CR5 | 地区 |
|---|---|---|---|
| 农副食品加工业 | 2015 年 | 0.47 | 山东、河南、湖北、江苏、吉林 |
| | 2005 年 | 0.56 | 山东、河南、广东、江苏、辽宁 |
| 食品制造业 | 2015 年 | 0.45 | 河南、山东、广东、天津、福建 |
| | 2005 年 | 0.50 | 山东、广东、河南、内蒙古、河北 |
| 饮料制造业 | 2015 年 | 0.48 | 贵州、湖北、河南、山东、广东 |
| | 2005 年 | 0.50 | 山东、四川、广东、江苏、浙江 |
| 烟草制品业 | 2015 年 | 0.49 | 云南、上海、湖南、湖北、广东 |
| | 2005 年 | 0.49 | 云南、湖南、上海、广东、江苏 |
| 纺织业 | 2015 年 | 0.69 | 山东、江苏、浙江、河南、广东 |
| | 2005 年 | 0.77 | 江苏、浙江、山东、广东、福建 |
| 纺织服装、鞋、帽制造业 | 2015 年 | 0.67 | 江苏、广东、浙江、山东、福建 |
| | 2005 年 | 0.79 | 江苏、浙江、广东、山东、福建 |
| 皮革、毛皮、羽毛（绒）及其制品业 | 2015 年 | 0.67 | 福建、广东、河南、浙江、河北 |
| | 2005 年 | — | — |
| 木材加工及木、竹、藤、棕、草制品业 | 2015 年 | 0.54 | 山东、江苏、广西、吉林、福建 |
| | 2005 年 | — | — |
| 家具制造业 | 2015 年 | 0.59 | 广东、山东、浙江、河南、四川 |
| | 2005 年 | — | — |
| 造纸及纸制品业 | 2015 年 | 0.58 | 山东、广东、江苏、浙江、河南 |
| | 2005 年 | 0.68 | 山东、广东、浙江、江苏、河南 |
| 印刷业和记录媒介的复制 | 2015 年 | 0.52 | 广东、山东、江苏、河南、安徽 |
| | 2005 年 | — | — |
| 文教体育用品制造业 | 2015 年 | 0.70 | 广东、山东、江苏、福建、浙江 |
| | 2005 年 | — | — |
| 石油加工、炼焦及核燃料加工业 | 2015 年 | 0.48 | 山东、辽宁、广东、江苏、河北 |
| | 2005 年 | 0.46 | 辽宁、山东、广东、上海、浙江 |
| 化学原料及化学制品制造业 | 2015 年 | 0.58 | 山东、江苏、广东、浙江、湖北 |
| | 2005 年 | 0.59 | 江苏、山东、广东、浙江、上海 |
| 医药制造业 | 2015 年 | 0.50 | 山东、江苏、河南、吉林、广东 |
| | 2005 年 | 0.46 | 山东、江苏、浙江、广东、上海 |

（续表）

| 行业 | 年份 | CR5 | 地区 |
| --- | --- | --- | --- |
| 化学纤维制造业 | 2015 年 | 0.88 | 江苏、浙江、福建、山东、四川 |
|  | 2005 年 | 0.81 | 浙江、江苏、山东、福建、河南 |
| 橡胶和塑料制品业 | 2015 年 | 0.59 | 山东、广东、江苏、浙江、河南 |
|  | 2005 年 | — | — |
| 非金属矿物制品业 | 2015 年 | 0.49 | 河南、山东、广东、江苏、湖北 |
|  | 2005 年 | — | — |
| 黑色金属冶炼及压延加工业 | 2015 年 | 0.51 | 河北、江苏、山东、天津、河南 |
|  | 2005 年 | — | — |
| 有色金属冶炼及压延加工业 | 2015 年 | 0.50 | 山东、河南、江西、江苏、广东 |
|  | 2005 年 | — | — |
| 金属制品业 | 2015 年 | 0.60 | 江苏、山东、广东、河北、浙江 |
|  | 2005 年 | — | — |
| 通用设备制造业 | 2015 年 | 0.59 | 江苏、山东、浙江、广东、河南 |
|  | 2005 年 | 0.67 | 江苏、浙江、山东、上海、广东 |
| 专用设备制造业 | 2015 年 | 0.57 | 山东、江苏、河南、湖南、广东 |
|  | 2005 年 | 0.56 | 山东、江苏、广东、浙江、河南 |
| 交通运输设备制造业* | 2015 年 | 0.43 | 江苏、山东、广东、湖北、上海 |
|  | 2005 年 | 0.44 | 广东、江苏、上海、吉林、山东 |
| 电气机械及器材制造业 | 2015 年 | 0.65 | 江苏、广东、山东、浙江、安徽 |
|  | 2005 年 | 0.76 | 广东、江苏、浙江、山东、上海 |
| 通信设备、计算机及其他电子设备制造 | 2015 年 | 0.69 | 广东、江苏、山东、上海、四川 |
|  | 2005 年 | 0.81 | 广东、江苏、上海、北京、天津 |
| 仪器仪表及文化、办公用机械制造业 | 2015 年 | 0.71 | 江苏、山东、广东、浙江、河南 |
|  | 2005 年 | 0.77 | 广东、江苏、浙江、上海、北京 |
| 工艺品及其他制造业 | 2015 年 | 0.46 | 浙江、江苏、福建、广东、四川 |
|  | 2005 年 | — | — |
| 废弃资源和废旧材料回收加工业 | 2015 年 | 0.62 | 广东、安徽、浙江、广西、天津 |
|  | 2005 年 | — | — |
| 电力、热力的生产和供应业 | 2015 年 | 0.42 | 广东、山东、江苏、浙江、北京 |
|  | 2005 年 | 0.44 | 广东、浙江、江苏、山东、河北 |

（续表）

| 行业 | 年份 | CR5 | 地区 |
|---|---|---|---|
| 燃气生产和供应业 | 2015 年 | 0.45 | 广东、四川、江苏、浙江、北京 |
| | 2005 年 | — | — |
| 水的生产和供应业 | 2015 年 | 0.51 | 广东、浙江、江苏、山东、四川 |
| | 2005 年 | — | — |

数据和资料来源：根据 2016 年和 2006 年《中国工业统计年鉴》数据整理和计算得出。

注：(1)行业集中度均根据各行业销售产值计算。(2)2005 年时，铁路、船舶、航空航天和其他运输设备制造业与汽车制造业两项没有分开，而是归为“交通运输设备制造业”进行统计。故而本表将 2015 年的铁路、船舶、航空航天和其他运输设备制造业与汽车制造业合并成“交通运输设备制造业”，再计算集中度。2015 年时，汽车制造业的 CR5 是 0.43，江苏、山东、广东、湖北、吉林是排前五位的地区；铁路、船舶、航空航天和其他运输设备制造业的 CR5 是 0.50，江苏、山东、浙江、重庆、天津是排前五位的地区。

再看在各行业中(即可进行 2005 年和 2015 年比较的 23 个行业)工业销售产值排名前五位的省、自治区、直辖市的情况，在 2005 年时，除了采掘业的几个行业以外，在大多数行业中排名前五位的主要集中在山东、江苏、浙江、上海、广东、辽宁等东部省市。到 2015 年时，情况发生改变，河南、安徽、四川、湖北、重庆、湖南、吉林等许多中西部省份在越来越多的行业中进入前五位。例如，安徽在 2005 年时没有在一个行业上进入前五位，到 2015 年时在电器机械及器材制造业、废弃资源和废旧材料回收加工业两个行业中进入前五位；河南省在 2005 年时有 8 个行业进入前五，到 2015 年时有 10 个行业进入前五位；四川省进入前五位的行业也从 2005 年时的 1 个增加到 2015 年时的 4 个；湖北省则从 1 个增加到 6 个。对于东部沿海省市来说，情况分成以下三类：(1)北京、上海、浙江、辽宁等省市跌出许多行业的前五位。例如，上海在 2005 年时有 9 个行业的工业销售产值占全国的前五位，到 2015 年时仅有两个行业进入前五。北京到 2015 年时在制造业行业已无任何一个行业处于全国前五位。(2)山东、江苏、广东依旧保持全国工业大省的地位，但是部分行业中的地位开始受到中西部省份的冲击，例如在医药制造业，河南、吉林两省崛起；在专用设备制造业、饮料制造业等领域，贵州、湖北、湖南、河南等省地位明显提升。(3)福建、河北等省工业生产地位有所提升。这两个省相对北京、上海、广东而言，经济发展梯度相对较低，也不同程度地在承接来自区外的产业转移。陈耀和陈钰通过对比 2005 年和 2009 年沿海三大经济圈在各行业的份额变化，认为在东部沿海地区，产业转移总体上呈现出由南部向北部的“北上”趋势①。而河北、福建，相对于北京、上海、广东而言总体上地理位置偏北，本章通过产业集中度对比得出的结论总体上与之相一致。

除了这 23 个可对比的行业之外，其他的十多个行业中，安徽、江西、重庆、湖南、吉林等多个中西部或者北方省市也在多个行业跻身前五位，这说明在我国大多数工业行业中，尽管东部地区目前仍占优势，但这种优势地位有减弱的趋势。无论是行业还是区域，产业的大规模转移普遍发生于我国的大多数地区。

① 陈耀，陈钰. 我国工业布局调整与产业转移分析[J]. 当代经济管理，2011(10).

## （二）对主要工业品生产的考察

从布、硫酸、钢材、水泥、汽车、微型计算机等主要工业产品的实际产量来看，从“十一五”到“十二五”中期这段时间也出现了区域间的明显变化。本章在这里选取了东部地区的北京、上海、广东，中部的安徽、河南，以及西部的四川、新疆，对2005年和2013年两年的数据进行考察和对比。

如表3.8所示，北京、上海、广东在这样的轻工业品生产上无论是生产规模还是占全国的比重都呈大幅度下降的态势；从2005年到2013年，上海由25.27亿米锐减到1.58亿米，从占全国比重在5%以上的重要产布地区变为比重极小的地区，北京和广东也都不同程度地下降。而中西部省区，除新疆以外，安徽、四川、河南产量显著增加，其中四川省产量增长了1.25倍，占全国比重也上升较快。原油、发电量等能源领域的生产上，中西部四省区总体上呈快速扩大的状态，而东部三省市除广东的发电量有所增加外，其余无论是产量还是比重都呈现萎缩态势。硫酸、乙烯、化肥、化学纤维等化工行业中，北京全部呈大幅萎缩状；上海在这四个行业中只有乙烯产量有所增加，其余全部下降，而且四个行业占全国的比重全部下降；东部三省市只有广东省除了乙烯产量和占全国的比重大幅下降外，其余三个产业均呈现产量有所上升但占全国的比重全部下降的状态；中西部四省区在这四个行业中，只有四川省的化肥产量略有下降，总体上或是产量上升但是比重略有下降，或是产量和比重均上升，其中又以新疆最为突出，在四个行业中的产量和占全国的比重都出现了大幅度的上升。水泥、钢材、汽车、钢材三个重工业行业中，就汽车产业而言，除了北京和安徽比重略有下降外，其余地区比重均有不同程度地上升；而所有七个省市区的产量均大幅度上升；其中北京上升了2.4倍，上海上升了3.7倍，广东上升了近4倍，安徽省上升了近2倍，河南上升了10.8倍，四川上升了近16倍，新疆尽管生产规模很小，但也上升了8.1倍。就水泥产业而言，东部三省市比重全部下降，即使是产量也只有广东略有上升，其余都在下降；而中西部四省区比重都有不同程度的上升，而产量均上升数倍。就钢材行业而言，除北京生产大幅萎缩以外，其余省、自治区、直辖市均有不同程度地上升，但中西部四省区上升的速度显然快于上海和广东。在微型计算机行业中，东部三省市之和超过全国的三分之一，虽然比重有所下降，但在产量上优势明显，中西部省区中的安徽和四川异军突起，其中安徽省产量从4.27万台上升到了671.8万台；四川省从0.36万台的极小生产规模一举跃升到了5 916.2万台，在产业格局中从微不足道发展成为产量占全国六分之一以上的强省，仅次于上海，位居全国第二。

通过以上分析可知，“十一五”和“十二五”前三年，就整个工业生产而言，东部省市仍占优势，例如汽车、微型计算机、乙烯等行业，如果将河北、山东、江苏等东部工业大省考虑进来，这种优势会更加明显。但也必须看到中西部地区在许多行业上呈现快速发展，在汽车、计算机等行业上尤为突出，甚至在部分重工业行业上和化工行业上已经有超越东部地区的态势，这说明我国工业领域向西转移的大趋势日益明显，产业在区域间转移的普遍性日益显著。

表 3.8 全国及部分省、自治区、直辖市主要工业品产量及比重变化

| | 全国 | | 北京 | | 上海 | | 广东 | |
|---|---|---|---|---|---|---|---|---|
| | 2005 年 | 2013 年 | 2005 年 | 2013 年 | 2005 年 | 2013 年 | 2005 年 | 2013 年 |
| 原油(万吨) | 18 135.29 | 20 946.87 | — | — | 25.27<br>0.139% | 7.24<br>0.035% | 1 470.03<br>8.106% | 1 291.78<br>6.167% |
| 布(亿米) | 484.39 | 882.66 | 0.43<br>0.089% | 0.04<br>0.005% | 25.27<br>5.217% | 1.58<br>0.179% | 40.41<br>8.342% | 36.3<br>4.113% |
| 硫酸(万吨) | 4 544.66 | 8 122.60 | 5.23<br>0.115% | 0.1<br>0.001% | 33.32<br>0.733% | 19.5<br>0.240% | 172.64<br>3.799% | 282.94<br>3.483% |
| 乙烯(万吨) | 755.54 | 1 622.60 | 99.05<br>13.110% | 72.3<br>4.456% | 160.44<br>21.235% | 212<br>13.065% | 56.17<br>7.434% | 238.3<br>14.686% |
| 化肥(万吨) | 5 177.86 | 7 036.96 | 4.2<br>0.081% | — | 3.14<br>0.061% | 2.1<br>0.030% | 39.34<br>0.760% | 45.74<br>0.650% |
| 化学纤维(万吨) | 1 664.79 | 4 121.94 | 0.93<br>0.056% | 0.1<br>0.002% | 49.78<br>2.990% | 47.8<br>1.160% | 39.91<br>2.397% | 56<br>1.359% |
| 水泥(万吨) | 106 884.79 | 241 613.60 | 1 183.80<br>1.108% | 901.54<br>0.373% | 1 045.21<br>0.978% | 750.58<br>0.311% | 8 228.92<br>7.699% | 13 429.40<br>5.558% |
| 钢材(万吨) | 37 771.14 | 106 762.20 | 966.29<br>2.558% | 219<br>0.205% | 2 108.63<br>5.583% | 2 322.80<br>2.176% | 1 415.79<br>3.748% | 3 384.50<br>3.170% |
| 汽车(万辆) | 570.49 | 2 211.72 | 58.7<br>10.289% | 199.95<br>9.040% | 48.45<br>8.493% | 226.9<br>10.259% | 40.22<br>7.050% | 199.93<br>9.040% |
| 微型计算机(万台) | 8 084.89 | 33 660.98 | 649.57<br>8.034% | 1 141.10<br>3.390% | 2 176.17<br>26.917% | 8 101.30<br>24.067% | 1 664.12<br>20.583% | 2 028.68<br>6.027% |
| 发电量(亿千瓦小时) | 25 002.60 | 53 975.86 | 213.35<br>0.853% | 335.82<br>0.622% | 733.97<br>2.936% | 959.51<br>1.778% | 2 278.59<br>9.113% | 3 964.80<br>7.346% |

（续表）

| | 安徽 | | 河南 | | 四川 | | 新疆 | |
|---|---|---|---|---|---|---|---|---|
| | 2005 年 | 2013 年 | 2005 年 | 2013 年 | 2005 年 | 2013 年 | 2005 年 | 2013 年 |
| 原油（万吨） | — | — | 507.16<br>2.797% | 476.51<br>2.275% | 13.92<br>0.077% | 22.36<br>0.107% | 2 406.43<br>13.269% | 2 792.47<br>13.331% |
| 布（亿米） | 6.66<br>1.375% | 10.91<br>1.236% | 23.65<br>4.882 7% | 38.91<br>4.408% | 7.93<br>1.637% | 17.84<br>2.021% | 1.34<br>0.277% | 0.79<br>0.090% |
| 硫酸（万吨） | 202.54<br>4.457% | 590.92<br>7.275% | 124.76<br>2.745 7% | 380.04<br>4.679% | 319.41<br>7.028% | 604.12<br>7.438% | 12.29<br>0.270% | 53.19<br>0.655% |
| 乙烯（万吨） | — | — | 19.16<br>2.536% | 30.1<br>1.855% | — | — | 26.14<br>3.460% | 131.9<br>8.129% |
| 化肥（万吨） | 235.49<br>4.548% | 277.27<br>3.940% | 421.12<br>8.133% | 488.64<br>6.944% | 518.28<br>10.010% | 473.7<br>6.732% | 101.35<br>1.957% | 361.77<br>5.141% |
| 化学纤维（万吨） | 11.36<br>0.682% | 32.7<br>0.793% | 39.73<br>2.386% | 53.8<br>1.305% | 26.56<br>1.595% | 91.5<br>2.220% | 5.42<br>0.326% | 55.9<br>1.356% |
| 水泥（万吨） | 3 352.56<br>3.137% | 12 191.88<br>5.046% | 6 487.18<br>6.069% | 16 782.03<br>6.946% | 4 480.19<br>4.192% | 13 947.15<br>5.773% | 1 245.47<br>1.165% | 5 190.32<br>2.148% |
| 钢材（万吨） | 1 198.96<br>3.174% | 3 138.60<br>2.940% | 1 338.96<br>3.545% | 4 255.20<br>3.986% | 1 172.20<br>3.103% | 2 785.20<br>2.609% | 322.93<br>0.855% | 1 395.30<br>1.307% |
| 汽车（万辆） | 34.25<br>6.004% | 100.65<br>4.551% | 3.43<br>0.601% | 40.63<br>1.837% | 4.76<br>0.834% | 80.49<br>3.640% | 0.11<br>0.019% | 1<br>0.045% |
| 微型计算机（万台） | 4.27<br>0.052 8% | 671.8<br>1.996% | 0.42<br>0.005% | — | 0.36<br>0.004% | 5 916.20<br>17.576% | — | — |
| 发电量（亿千瓦小时） | 648.41<br>2.593% | 1 965.76<br>3.642% | 1 414.68<br>5.658% | 2 861.77<br>5.302% | 1 018.77<br>4.075% | 2 597.33<br>4.812% | 310.11<br>1.240% | 1 611.69<br>2.986% |

数据来源：根据国家统计局网站（http://www.stats.gov.cn/）公布数据计算得出。

## 二、"重工业"仍占重要地位的产业转移

### (一)"重工业化"的现状

根据塞尔奎因和钱纳里的划分,当第一产业比重降低到20%以下,且第二产业比重在GDP结构中比重最大时,为工业化中期阶段;当第一产业比重再降到10%以下,且第二产业比重达到峰值以后,进入稳定状态且有下降态势,则进入工业化后期阶段。另外,通常人们也会将人均GDP达到10 000美元以上且非农产业增加比重达到95%以上的地区,划入后工业化阶段。根据中国社科院《中国工业发展报告2014》,我国当前已步入工业化后期阶段。2015年,我国第一产业占GDP的比重只有8.9%,第三产业占比在三次产业中最高,为50.2%,第二产业占比从2006年至今已呈现逐年下降趋势,到2015年,第二产业占比下降到40.9%,大大低于第三产业,工业更是只占34.3%[①]。从这里看,我国总体上进入了工业化的后期阶段。但如果从全国各个地区来看,由于区域经济发展的不平衡,各地区所处的工业化阶段显然差异很大。按照这些标准,目前只有北京、上海等极少数地区进入后工业化阶段,相当一部分东部沿海省份已进入工业化后期阶段,但绝大部分中西部省份尚处在工业化中期阶段或工业化中期向后期迈进的阶段,个别地区甚至处在工业化初期阶段。

根据2015年的数据,全国有16个省、自治区、直辖市农业比重在10%以上,另有两个省比重接近10%。其中除了河北和海南外,其余均属于中西部地区。2015年全国有16个省、自治区、直辖市第二产业在GDP结构中比重最大,其中包括山东、福建这两个相对发达的东部沿海省份,其余为中西部地区。即使是东部地区也有相当一部分地区还没有进入工业化后期,例如江苏北部、山东西南部、河北省、辽宁和福建的西部,等等。在第三产业占GDP比重较大的省、市、自治区中,只有北京、上海、广东真正进入比较发达的状态,其余如甘肃、西藏尚处在工业化中期或初期向中期过渡的阶段;海南尽管属于东部,但人均GDP低于全国平均水平,农业比重全国最高;黑龙江农业比重达17.5%,第二产业比重仅有31.8%[②]。由此可见,考虑到区域发展的差异,我国大部分地区还处在工业化的中后期。

通常,在工业化中期以后,重化工业的比重将不断增大,到工业化后期以后又会开始下降。鉴于我国当前所处的发展阶段,目前的工业化对重化工业依赖仍然很大。如图3.8所示,近些年来全国重化工业的比重仍然较高。2005年,我国重工业销售产值占工业销售产值的比重为69%,其后虽有所波动,但总体上仍在上升,2012年重工业所占比重相对2005年增加了2.42个百分点。到2014年时,黑色金属冶炼和压延加工业、有色金属冶炼和压延加工业、金属制品业、通用设备制造业、专用设备制造业等14个产业的比

① 数据来源:根据《中国统计年鉴2016》公布数据整理得出。

② 数据来源:根据国家统计局网站(http://www.stats.gov.cn/)公布数据整理得出。

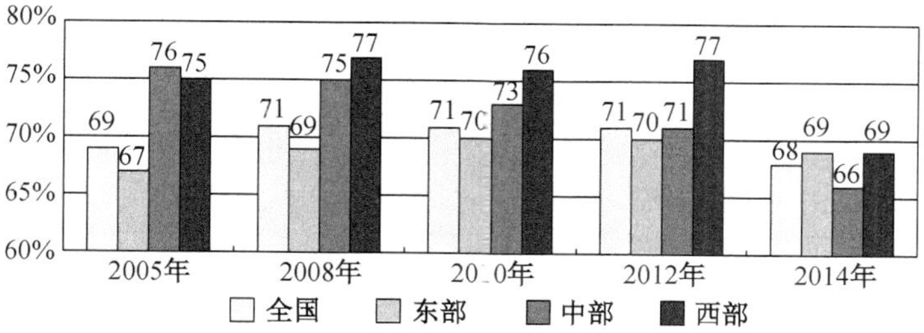


数据来源：根据国研网数据和《中国工业统计年鉴 2015》数据计算得出。
注：(1)根据重工业销售产值占本地区全部工业销售产值之比计算得出。
(2)2014年数据采取和表 3.3 一样的统计口径。

**图 3.8　2005—2014 年全国三大区块重工业占地区工业的比重**

重仍然很高①。在全国东部、中部、西部三大区块中，重工业在工业领域仍占主导地位，无论是全国水平，还是东部、中部、西部三大区块，重工业都占到绝对比重。

需要注意的是，近年来，在全国各地重工业占工业的比重仍然普遍比较高的情况下，工业化程度较高的东部地区整体上看，重工业的比重与中西部基本持平，这说明东部地区工业体系相对健全，轻重工业发展相对均衡一些。而其他地区尽管工业占全国的比重不高，但工业化进程中往往更倾向于重工业优先发展。当然，这也与中西部地区自然资源相对丰富紧密相关，依托资源、能源的重化工业易于得到发展，在承接产业转移的过程中，这些领域往往更受青睐。

## (二) 重工业占重要地位的产业梯度转移

在全国，重工业占重要地位的现状与大范围、大规模的区际产业梯度转移相伴随。由于近些年来，全国各地重工业化程度和趋势存在差异，这一定程度上也与各区域之间的产业转移相关联。如果站在一个较长的时间段动态地来看，如表 3.9 所示，从 2005 年到 2012 年这八年间，东部各省市重工业比重虽有波动，但基本上维持了上升趋势，其中浙江上升幅度最大，上升了 6.7 个百分点；中部省份全部呈下降趋势，其中吉林省下降幅度最大，下降了 8.7 个百分点；西部省份除甘肃时升时将呈波动态势外，其余均呈上升趋势，其中重庆上升幅度最大，上升了 5.2 个百分点。2014 年以后，重工业比重仍然较大，除个别东部地区外，陕西、甘肃、重庆等西部地区格外突出。

这种状况若将产业转移的因素考虑进来，至少可以说明：全国产业在空间上“由东向西”转移的过程中，东部沿海地区保留甚至继续发展了大量的重化工业。东部沿海地区向外转出的产业中既有重化工业，也有轻纺工业，但轻纺工业被中部地区承接的相对较多，而重化工业更多地进入到西部地区，且多为和能源、矿产、原材料紧密相关的领域。在“重

① 即采矿业、石油加工/炼焦和核燃料加工业、化学原料和化学制品制造业、橡胶和塑料制品业、非金属矿物制品业、黑色金属冶炼和压延加工业、有色金属冶炼和压延加工业、金属制品业、通用设备制造业、专用设备制造业、汽车制造业、铁路/船舶/航空航天和其他运输设备制造业、电气机械和器材制造业、计算机/通信和其他电子设备制造业共 14 个产业。

表 3.9　2005—2014 年部分省份重工业销售产值占工业销售产值比重变化

| | 2005 年 | 2006 年 | 2007 年 | 2008 年 | 2009 年 | 2010 年 | 2011 年 | 2012 年 | 2014 年 |
|---|---|---|---|---|---|---|---|---|---|
| 北京 | 83.43% | 84.86% | 84.64% | 84.14% | 84.22% | 85.65% | 84.99% | 85.00% | 62.37% |
| 上海 | 75.51% | 77.27% | 77.91% | 78.22% | 78.19% | 79.20% | 79.17% | 78.23% | 79.62% |
| 浙江 | 54.11% | 56.35% | 57.09% | 58.57% | 58.09% | 59.42% | 61.20% | 60.85% | 59.50% |
| 广东 | 59.70% | 61.57% | 61.83% | 61.83% | 61.18% | 62.03% | 62.15% | 62.47% | 69.89% |
| 吉林 | 79.91% | 78.67% | 77.92% | 75.07% | 73.97% | 74.18% | 72.57% | 71.54% | 63.15% |
| 安徽 | 71.40% | 72.35% | 71.65% | 72.89% | 70.51% | 70.47% | 68.58% | 67.58% | 67.24% |
| 湖南 | 69.90% | 71.09% | 71.77% | 71.17% | 70.13% | 71.17% | 72.45% | 69.43% | 67.10% |
| 江西 | 71.16% | 72.39% | 72.42% | 71.23% | 69.07% | 70.36% | 71.04% | 69.31% | 66.65% |
| 陕西 | 82.90% | 84.73% | 84.89% | 85.92% | 84.50% | 85.06% | 85.20% | 85.06% | 76.09% |
| 甘肃 | 88.80% | 89.98% | 90.33% | 89.56% | 88.71% | 89.25% | 89.37% | 87.41% | 75.66% |
| 贵州 | 78.21% | 79.21% | 80.47% | 79.99% | 78.49% | 79.26% | 79.5% | 79.46% | 62.09% |
| 重庆 | 66.41% | 66.80% | 67.41% | 68.03% | 69.40% | 70.62% | 71.62% | 71.64% | 79.02% |

数据来源：根据国研网和《中国工业统计年鉴 2015》数据计算得出。

工业化”的进程中，西部地区除四川、重庆、陕西等少数地区以外，大多数地区相对中部地区工业基础更加薄弱，大部分西部省份所能承接到的产业转移，有相当大的部分或是直接进入与重化工业紧密相关的矿产、能源领域，或是进入在能源、矿产、原材料基础上发展的重化工业领域，而真正进入技术含量、加工程度较高的行业领域的则偏少。尽管也有个别地区情况开始有所变化，但总体上的态势并没有得到根本扭转。例如，新疆 2014 年招商引资区外到位资金(不含石油、外资)4 103.16 亿元，但其中轻工业项目资金只有 179.35 亿元，非石油工业项目到位资金达到 2 441.11 亿元，但主要是在全国 19 省市产业援疆的背景下实现。另外，当年新疆吸引石油企业到位资金 645 亿元，仍占到区外到位资金总资金量的 13.6%①。从工业品产量来看，与中部地区的河南省相比，2013 年新疆只是在石油、天然气等能源产品以及乙烯、化学纤维、初级形态的塑料、烧碱等少数化工产品超过河南省，而大多数制造行业均大大落后。汽车产量仅有一万辆，不到河南的 1/40，布的产量约为河南的 1/49，纱的产量为河南的 1/15，拖拉机产量只有河南的 1/85，纯碱产量为河南的 1/50，硫酸产量为河南的七分之一，在家电、通信设备等产业领域，新疆目前还是空白。可见，新疆的产业基础和产业技术水平要真正实现质的飞跃还需要一个过程。

① 资料来源：根据中国行业研究网(http://www.chinairn.com)公布数据资料整理计算得出。

**表 3.10　2013 年甘肃、安徽两省部分行业实际利用境内省外资金比较**

| 甘肃 | | | 安徽 | | |
|---|---|---|---|---|---|
| 行业 | 到位资金（亿元） | 到位资金占比 | 行业 | 到位资金（亿元） | 到位资金占比 |
| 有色冶金 | 110.69 | 2.46% | 冶金 | 163.0 | 2.4% |
| 装备制造 | 165.43 | 3.67% | 装备制造 | 1 099.6 | 16.2% |
| 石油化工 | 197.6 | 4.39% | 化工 | 473.2 | 7.0% |
| 建材及新材料 | 267.73 | 5.94% | 建材 | 171.8 | 2.5% |
| 农产品加工 | 238.31 | 5.29% | 农产品加工 | 380.8 | 5.6% |
| 生物医药 | 58.13 | 1.29% | 纺织服装 | 265.3 | 3.9% |
| 采矿业 | 492.45 | 10.93% | 家电及电子信息 | 718.3 | 10.6% |
| 能源 | 944.76 | 20.97% | 非金属矿物制品业 | 114.0 | 1.7% |
| — | — | — | 金属制品业 | 171.8 | 2.5% |
| — | — | — | 采矿业 | 102.4 | 1.5% |

资料来源：根据安徽省合作交流办公室网站和甘肃省经济合作局网站公布的资料整理得出。

这里再以甘肃和安徽两省为例进行比较分析。2013 年甘肃省人均 GDP 为 24 297 元，三次产业之比为 14.0∶45.0∶41.0；安徽省人均 GDP 31 684 元，三次产业之比为 12.3∶54.6∶33.1①，安徽省的经济发展水平和工业化水平略高于甘肃省，但甘肃省重工业在工业中的比重要明显高于安徽省。2013 年，甘肃省招商引资过程中实际利用境内省外资金 4 423.76 亿元，位居西北五省区之首，也是西部地区承接产转移较多的省份；安徽省 2013 年共实际利用境内省外资金 6 796.7 亿元，位居中部各省之首，由于地理位置靠近长三角，因而是承接上海、江苏、浙江产业转移较多的省份。

根据表 3.10 显示的数据资料，甘肃和安徽两省同为承接产业转移大省，但两省承接的领域差异较大。从实际利用境内省外资金这一指标来看，除了冶金，甘肃省在采矿业、能源、建材等领域远远超过安徽省，而安徽省则在装备制造、家电及电子信息领域承接产业转移的优势明显。安徽省在化工领域也吸引了大量的省外资金，但安徽的化工涵盖油漆、油墨、涂料、塑料、日用化工品等多个领域，其中日用化工等一些领域属于轻工业范畴；而甘肃省则主要是石油化工。此外，安徽省在纺织服装和部分新兴产业的承接上也有较大优势。

综合表 3.9 和表 3.10 的数据资料，可以看出虽然西部地区重化工业在工业中比重较大，但从较大的范围来看，中部和西部两大区块受区位条件、经济发展基础、资源禀赋等因素影响，在承接产业转移的过程中，存在明显的差异。除重庆、四川、陕西以外的大多数西部地区相对于中部地区而言，其产业发展和对产业转移的承接对于真正增强产业技术实力的作用仍然有限。

---

① 数据来源：根据甘肃、安徽两省当年的《国民经济和社会发展统计公报》数据整理得出。

## 三、第二产业仍是产业转移的主要领域

有学者认为,区际产业转移可以分为“扩张性产业转移”和“衰退性产业转移”两种。前者是指发达地区的企业为了寻求更大的盈利空间而向外进行投资,这种产业的转移不会显著改变产业转出地区的产业结构;后者是指发达地区在产业结构面临优化升级时,对产业结构进行调整而造成的转移,这种转移往往更易于区域间的经济协同发展①。实际上,从我国当前的产业布局和各地区的产业结构来看,这种衰退性产业转移无论对于发达的东部沿海地区,还是欠发达的中西部地区,都是产业结构升级所需要的。由于经济发展梯度的差异,对于东部沿海来说相对落后的产业往往是中西部地区发展经济,推动工业化进程所需要的。

根据世界大多数发达国家的经济发展历程,产业结构升级演进遵循着由第一产业占主导地位转向第二产业占主导地位,再进一步转向第三产业占主导地位的规律。结合当前我国所处的阶段,一方面东部沿海发达地区正逐渐向第三产业占主导地位的产业结构过渡,另一方面中西部大多数地区已经逐步转向第二产业占主导地位的产业结构。在这种情况下,毫无疑问,第二产业在这一波区际产业转移的浪潮中,扮演着十分重要的角色。从中部和西部各地近几年所承继的产业转移来看,大多数项目仍在第二产业领域。从各地引入的实际到位境内省外资金这一指标来看,2012 年吉林省引入的境内省外资金中,流入第二产业的占 58.16%;2013 年云南省流入第二产业的资金境内省外资金占 56%;甘肃省为 58.27,安徽省则更是高达 63.2%;四川省在当年前三季度引入的省外资金中,流入第二产业的也达到了 50.97%的比重;河南省虽然只有 47%,但是也大大超过第一产业和第三产业的比重。整个中西部地区只有重庆等少数地区第二产业在承接产业转移的比重明显下降,虽然比重已被第三产业超越,但其第二产业吸引的省外资金无论是数量还是比例仍然不可忽视。2013 年重庆市第二产业吸引到的省外资金超过两千三百亿,占当年吸引省外资金总数的 39%,其中所包含的制造业仍然是重庆承接产业转移的支柱领域之一②。

过去,东部沿海地区凭借率先开放的先机、优越的区位条件和较好的经济基础,率先发展并推进工业化进程。经过几十年的以工业化为主导方向的发展之后,在达到一定阶段后,第二产业大多数行业已近饱和,传统的发展方式已无太大空间,客观上需要进一步升级产业结构。这一方面是基于参与国际竞争、占据价值链高端、获得世界经济秩序更多的话语权、主导权的需要,另一方面则是遇到资源、环境的现实约束。现代服务业、战略性新兴产业以及传统产业的高新化,将成为东部地区的方向。这必然迫使东部沿海地区淘汰落后的产能,不断向外转出低端的产业或产业环节(基本上都属于第二产业范畴),使依靠劳动投入、资源投入、政策倾斜的发展模式,转向依靠科技创新、制度创新、服务能级提

① 杜传忠,刘英基.区际产业分工与产业转移研究[M].经济科学出版社,2013 年 9 月,第 9 页.

② 数据来源:根据各地区人民政府网站、合作交流办公室网站、商务厅网站、经济合作局网站、招商局网站、招商合作局网站、统计局网站的数据整理、计算得出。

升的发展模式。

而对于中西部地区来说，在国家迫切需要实现区域经济均衡发展的大形势下，特别是在国家西部大开发战略、中部崛起战略和振兴东北老工业基地战略的推动下，如何改变落后面貌，推进工业化进程，变资源优势为产业技术优势，并进一步实现产业结构的合理化，也成为现实需求。根据产业结构升级的一般规律，中西部地区经过几十年的积累和发展，也进入了工业化的快速推进时期。东部沿海地区转出的产业或产业环节，与中西部地区的承接需求相对接，形成了我国工业化进程在更广阔范围的延续和推进。

当然，国民经济三次产业都存在空间转移的现象。中西部地区近年来承接产业转移也出现了新的动向，那就是越来越重视产业结构的合理化，在招商引资过程中，已经由过去片面重视第二产业，转向兼顾其他产业，开始逐步重视承接新兴产业和服务业的转移。例如，在2013年，重庆在利用的省外资金中，第三产业占到56.3%，第二产业特别是制造业引进的省外资金开始下降；安徽省吸引的省外资金中，第三产业比重为34%，而根据2014年1至11月的数据，第三产业比重也上升到了35.1%；甘肃省在新材料、信息技术、生物医药等新兴行业的招商引资也有所突破[①]。但也需要看到，一者，在承接产业转移的过程中，承接第三产业的转移已经占主导的地区在中西部现阶段还很少，第二产业当前在我国的区际产业转移中仍占主导地位；二者在许多东部沿海地区正逐步构建以服务业和新兴产业为主导的现代产业体系的背景下，在服务业和新兴产业这些领域的向外产业转移，往往更多的是基于合理布局、拓宽市场、扩大盈利空间等目的的“扩张性产业转移”，例如，重庆、新疆等许多地区第三产业吸引的省外资金中房地产业占相当大的比重；三者，即便是新兴产业的转移，在现实中往往容易被转出的也是高耗能、高污染的生产环节（如多晶硅行业）。

## 四、产业转移进入“高峰”阶段

### （一）规模快速扩张

随着我国区际产业转移规模的不断扩大，目前已进入“高峰”阶段。这里通过近几年河北、安徽、四川等十四个省、自治区、直辖市引入的实际到位境内省外资金[②]来说明。结合表3.11数据，从2007年到2013年七年间，河北省实际利用的省外资金从805.3亿元，增加到7 127.0亿元，增长了7.85倍；吉林省从756.9亿元，增加到5 279.9亿元，增长了近6倍；安徽省属于中部地区承接产业转移起步较早的地区，2007年利用的实际到位省外资金就已达到2 160.9亿元，到2013年增加到6796.7亿元，增长了2.15倍，而2014年前

① 资料来源：根据重庆市统计信息网、安徽省合作交流办公室网站和甘肃省经济合作局网站公布数据、资料整理、计算得出。

② 关于境内省外资金，各地区说法不一，有的地区称之为“域外资金”，有的地区称之为区外资金，而且统计口径也有一定差异，但大部分地区指的都是来自国境范围内本省、自治区、直辖市以外的投资。为了便于研究，都统称为境内省外资金。

11个月就达到了7 430.0亿元，增长速度明显加快；湖南在这期间也增长了1.8倍，江西从2010年到2013年四年间翻了一番，2014年相对于2013年又增长了17.6%。西部地区总体上看，承接产业转移起步较晚，但近几年发展迅猛，增长速度上已经反超中部地区。四川属于西部起步较早的地区，2007年时已接近两千亿元，略低于安徽省，但到2013年已达8 697.5亿元，大大超过安徽，位居中西部各省、市、区之首。云南省在这七年间增长了6.4倍，加上2014年已连续三年每年增长千亿元以上；贵州省到2013年为止也已连续三年每年增长千亿元以上，目前已达到5 000亿元以上的规模；重庆七年间增长了近13倍，甘肃更是增长了21倍多，即便是工业基础非常薄弱的青海到2013年也已达到近500亿元的规模；其他地区的增长速度也十分惊人。

**表3.11　近年来部分省、自治区、直辖市实际到位境内省外资金(亿元)**

| 年份 | 2007 | 2008 | 2009 | 2010 | 2011 | 2012 | 2013 | 2014 | 主要来源地 |
|---|---|---|---|---|---|---|---|---|---|
| 河北 | 805.3 | 1 185.7 | 1 485 | 1 949.8 | 3 763.7 | 5 076.3 | 7 127.0 | — | 京、津、浙、粤、苏 |
| 吉林 | 756.9 | 1 222.4 | 1 656.0 | 2 209.8 | 3 134.0 | 3 872.6 | 5 279.9 | — | 京、辽、津 |
| 安徽 | 2 160.9 | 3 226.5 | 4 639.7 | 6 863.7 | 4 179.7 | 5 283.2 | 6 796.7 | 7 430.0 | 浙、苏、沪、京、粤 |
| 湖南 | 1 052.8 | 1 230.2 | 1 443.0 | 1 733.1 | 2 086.0 | 2 465.6 | 2 883.9 | — | 粤、浙、京、闽、沪 |
| 江西 | — | — | — | 1 927.4 | 2 579.0 | 3 189.5 | 3 861.0 | 4 540.5 | 粤、浙、闽、湘、鄂 |
| 重庆 | 430.0 | 842.8 | 1 468.0 | 2 638.3 | 4 919.8 | 5 914.6 | 6 007.2 | — | 京、粤、川、浙、沪 |
| 四川 | 1 972.8 | 2 998.2 | 4 063.7 | 5 336.4 | 4 536.2 | 7 795.3 | 8 697.5 | — | 渝、京、粤、浙、苏 |
| 云南 | 533 | 772 | 1 019 | 1 300 | 1 370.4 | 2 560.1 | 3 968.0 | 5 008.3 | 京、浙、川、粤、闽 |
| 贵州 | — | — | — | 992.1 | 2 580.3 | 3 857.0 | 5 017.0 | — | 京、粤、苏、沪 |
| 新疆 | 636.1 | 795.9 | 956.3 | 1 231.6 | 1 940.8 | 2 737.8 | 4 327.8 | 4 103.2 | 鲁、浙、川、京、苏 |
| 宁夏 | 297.1 | 421.6 | 690.3 | 826.9 | 1 082.9 | 1 378.0 | 1 500.4 | — | — |
| 青海 | 131.4 | 129.0 | 143.6 | 186.2 | 289.1 | 347.0 | 481.2 | — | 浙、京、内蒙、苏 |
| 陕西 | 555.2 | 815.6 | 1 407.1 | 2 291.7 | 2 815.7 | 3 467.9 | 4 185.7 | — | 粤、京、浙、鲁、沪 |
| 甘肃 | 199.4 | 292.4 | 290.8 | 793.8 | 1 222.6 | 2 710.6 | 4 423.8 | — | 京、浙、苏、粤、陕 |

数据和资料来源：根据各地区各年《国民经济和社会发展统计公报》、人民政府网站、合作交流办公室网站、商务厅网站、经济合作局网站、招商局网站、招商合作局网站、统计局网站的数据和资料收集、整理和计算得出。

注：(1)安徽省2011年和2012年统计口径为1亿元以上在建省外投资项目数据，2014年为前11个月的数据。(2)江西省统计口径为5 000万元以上项目数据。(3)云南省2011年数据为"前三季度"数据，2014年为前11个月的数据。(4)新疆、宁夏、青海、陕西四省区的数据，是根据历年《甘肃省招商引资项目完成情况分析报告》提供的招商引资到位资金数据，再减去这各省区实际利用外资数据或者实际利用外商直接投资数据得出。新疆2014年的数据为不含石油项目的资金。

## (二) 空间范围不断扩大

全国大范围特别是中西部地区普遍地加速引入省外资金，说明区际产业转移的"热烈”程度。这些地区实际到位的境内省外资金不仅增长速度惊人，而且从资金的来源地来看，近几年向外输出省外资金的地域范围产生了一些新特点：

第一，北京、上海、广东、浙江、江苏等省份依旧保持向外投资大省(市)的同时，更多的地区加入向外大规模投资的行列。山东、天津、辽宁等更多地东部地区也日渐成为资金的重要输出地。

第二，一些中西部省份之间的相互投资渐渐成为一种趋势。当然，这种投资发生在地理位置相邻或相近的地区之间往往更多。例如，湖北和湖南成为江西省外资金的重要来源地，四川是云南和重庆省外资金的重要来源地。中西部地区之间的投资既存在本地企业向外发展以寻求更大利润空间的这种“扩张性产业转移”，也存在经济梯度相对较高的地区向经济梯度更低的地区的转移。

第三，中西部地区招商引资由过去单向对口个别或一些发达地区，转向越来越注重面向全国各地。例如，安徽省过去主要是承接长三角的产业转移，近几年越来越重视引进京津、珠三角和其他地区的投资。根据 2014 年前 11 个月吸引的实际到位的省外资金数据，山东、湖北、河北、河南等省均进入该省资金来源地的前十位。

第四，东部发达省份为了寻求本省经济的平衡发展，也日益注重本省范围内的产业转移。例如，江苏省不断加强苏南地区向苏北地区的产业转移，广东省也越来越重视珠三角城市群向粤北欠发达地区的产业转移。

### (三) 承接产业转移进入高潮

全国范围的区际产业转移无论是增速上还是空间范围的扩散上，无论是在广度上还是在深度上，都呈现出“高峰”的特征。欠发达区域由于其禀赋结构的特征，决定了其产业结构的变迁从承接外区域产业转移入手更为有效，并通过区际或国际贸易出口具有本区域现阶段比较优势的产品。在各地区的工业化进程中，产业的承接地和转出地呈现出明显的不平衡，即承接地的数量远远大于转出地的数量，加之东南亚、南亚甚至非洲一些国家和地区也在积极采取措施吸引我国东部沿海地区的产业转移，这使得我国许多地区在承接产业转移上的竞争也十分激烈。为了在承接产业转移的浪潮中取得相对有利的地位，各个省、自治区、直辖市也竞相采取各种方式吸引投资和产业转移，主要包括：

第一，各类“承接产业转移示范区”不断涌现。为了加快推进区际产业转移，截止到 2012 年末，国家共批准了安徽皖江城市带、广西桂东、重庆沿江、黄河金三角(跨山西、陕西和河南)、湘南、湖北荆州共六个国家级承接产业转移示范区。其中，皖江城市带示范区，范围包括安徽省内的长江流域，包括合肥、芜湖、安庆、马鞍山等九个城市，设立之初主要是对接长三角地区的产业转移。湖南设立了主要面向珠三角地区的湘南承接产业转移示范区，包括了衡阳、郴州、永州三个市。湖北设立了荆州国家级承接产业转移示范区，主体为荆州市全境，辐射带动荆门、仙桃、潜江、天门四个市。在这之后，国家又陆续批复了一批国家级示范区，例如，在甘肃省设立了以兰州和白银为核心的兰白经济区作为西部地区的又一个国家级承接产业转移示范区，在宁夏回族自治区设立了银川—石嘴山承接产业转移示范区。除国家级示范区外，各种省级、地市级甚至县级的示范区近几年也是层出不穷。可以说几乎每个省、自治区、直辖市或是设有承接产业转移示范区或已制定关于示范区的方案、计划。

第二，相关招商活动、区域合作此起彼伏。为了推进承接产业转移的工作，许多地区召开了各种形式的招商洽谈会、项目推介会，等等。例如，甘肃省每年举办“中国兰州投资贸易洽谈会”，大大促进了甘肃省承接产业转移的工作，仅2012年的第18届会议就从甘肃省外引进项目七百多个，签约金额达到4 610亿元①。河南省每年举办“中国(河南)国际投资贸易洽谈会”，主要围绕本省经济发展战略、承接产业转移开展投资项目洽谈，在2014年的第八届会议上，仅承接的产业转移项目就有200个，合同利用境外省外资金2 178亿元。② 诸如此类的会议在各个省、自治区、直辖市都呈现方兴未艾的态势，此外还有各种地市级、县级的洽谈会，两个地区之间或者多个地区之间的、各类“园区”之间的定期或不定期的招商会议、论坛、合作协议也是“遍地开花”。许多地区还主动出击，派出各类高层次高规格的党政代表团、企业代表团、投资贸易代表团分赴北京、上海、广东、福建、江苏、浙江、山东等沿海发达地区进行招商推介，积极吸引各类产业项目。

第三，纷纷设立专门的领导机构。许多地区都将招商引资、承接产业转移纳入党委和政府工作的重点，纷纷成立专门领导机构、领导小组，或是协调问题、主推招商工作，或是把产业转移作为日常工作，建立了部门联席会议制度，定期开会、推进工作，并制定了各种各样关于推进承接产业转移的“指导意见”“实施方案”。各地的发改委、招商局、商务厅、合作交流办公室、经济技术合作局等机构也都发挥各自的在承接产业转移中的工作，并积极主动地与全国各地特别是经济较为发达的区域进行合作对接。有些地区还将招商引资和承接产业转移工作纳入政府绩效考核的重点，甚至作为部分单位和部门的“一把手工程”来抓。

第四，越来越重视承接产业转移的研究工作和信息发布。为了保持本地区在承接产业转移浪潮中的特色和优势，几乎各地区都在加强相关领域的研究工作，力争找准本区域的比较优势，突出产业发展特色和承接的重点领域。例如，新疆就在《国务院关于中西部地区承接产业转移的指导意见》指导下，分析本地的能源保障优势、资源优势、区位优势、政策和机遇优势等，明确提出要将能源、有色金属、化工、纺织、绿色食品等领域列为招商引资和承接产业转移的重点领域。广西壮族自治区利用桂东承接产业转移示范区距离广东较近的区位优势以及容易与之形成产业互补的优势，明确了机械、建材、陶瓷、食品、轻纺、制药等领域作为承接珠三角产业转移的重点，并且已经形成了相关领域的产业集群。各地区还积极利用互联网等信息平台，发布各类“承接产业转移指导目录”“招商项目”，例如，河南省在2014年就发布了共计3 000条的招商引资项目清单；同时许多地区还定期或不定期发布关于承接产业转移的数据、资料，以便于本地区承接产业转移的研究和宣传工作。

第五，各地针对承接产业转移积极开展相关配套工作。各地区的配套工作主要有“载

① 资料来源：“中国兰州投资贸易洽谈会”官方网站，http://www.lanzhoufair.gov.cn/。

② 朱殿勇，刘亚辉，王延辉.第八届中国(河南)国际投资贸易洽谈会开幕[N].河南日报，2014-04-02.

体配套”“政策配套”“人力配套”等。“区域经济工业化、工业经济园区化、园区经济特色化、特色经济集群化”成为广大欠发达地区尤其是中西部地区产业发展的方向。各类示范区都将园区作为承接产业转移的基础性配套工作。围绕这一平台和载体的建设，各地区都在加强园区的规划管理、统筹用地，围绕交通、通信、能源、相关生活设施等基础性领域加强建设，以提高对所承接项目或产业要素的接纳能力。除园区建设这样的“载体配套”外，各地为了在承接产业转移上处于有利位置，还纷纷在政策上进行配套。包括税收、金融、信息服务、项目审批等在内的各方面政策，都积极改进，各种优惠也不断出现，以利于吸引区外的产业项目进入。比环境、比政策俨然已成为欠发达地区招商引资的重要竞争手段。为了促进本地区的就业和解决工业发展的劳动力和技术人才短缺问题，许多地区还制定方案，采取包括技能培训、人才引进在内的各种措施，积极进行“人力配套”。

## 本章小结

现阶段，我国工业布局已经发生了较大的变化，从东部、中部、西部三大区块以及沿海三大经济圈的情况来看，我国工业生产出现西移的态势；从长江、黄河、泛珠三角以及沿海地区的来看，我国工业生产呈现显著的“逆流而上”的西移和北移的趋势。产业在区域间的转移无疑在其中发挥了无可替代的作用。区际产业梯度转移逐渐成为我国生产力布局调整和促进区域经济协同发展的重要手段。无论是国家层面，还是地方层面都在积极采取措施，推进产业转移。无论从转移的资金规模还是空间范围来看，区际产业转移在我国已经进入“高峰”阶段，包括设立承接产业转移示范区、加强园区建设、促进农村富余劳动力转移、加强区域合作等各种方式在内的推进产业转移的措施，正在如火如荼地进行着。而在当下的工业化阶段中，重工业化是大多数地区产业发展的普遍趋势，第二产业仍是区际产业梯度转移的重要领域，这种“转移”对我国生态环境产生的影响不容忽视。

# 第四章　“污染天堂”假说在区际产业梯度转移中的验证

“污染天堂”假说最初探讨的是国际产业转移对发展中国家和地区生态环境的影响。在一国范围内的区际产业梯度转移中，经济社会发展的不平衡是产业发生转移的前提。通常，经济发达区域与经济欠发达区域在环境标准或者环境规制的执行方面存在差异。根据第三章的分析，我国当前正逐渐进入产业转移的高峰阶段，许多产业特别是工业各行业在经济发达区域与经济欠发达区域之间的梯度转移越来越频繁，欠发达区域之间竞争产业转移的态势也是愈演愈烈。在这种情况下，许多欠发达区域是否会成为区际产业转移条件下的“污染天堂”，成为不可回避的现实问题。本章这里通过污染密集产业的空间转移方向、全国整体的污染格局演变及其与产业转移的关系，以及其他方面的研究，来判断“污染天堂”假说在我国现阶段大规模区际产业转移的背景下是否成立。

# 第一节　污染密集产业空间转移的方向

在区域间的产业梯度转移中，污染密集产业对于生态环境的负外部性最为明显和突出。高能耗、高污染的产业往往也最容易被经济发达区域转出，欠发达地区容易承接到的往往也是这些产业。因而了解污染密集产业梯度转移的状况、方向和态势，是研究区际产业转移生态效应的重要基础。

## 一、污染密集产业的界定

### （一）界定的标准和方法

关于污染密集产业，目前尚无权威认定。2007 年 5 月 27 日，国务院发布《第一次全国污染源普查方案》（以下简称《方案》），将 11 个重污染行业作为工业污染源的一项重点考察范围，包括造纸及纸制品业、农副食品加工业、化学原料及化学制品制造业、纺织业、黑色金属冶炼及压延加工业、食品制造业、电力/热力的生产和供应业、皮革/毛皮/羽毛（绒）及其制品业、石油加工/炼焦及核燃料加工业、非金属矿物制品业、有色金属冶炼及压延加工业。2010 年 9 月 14 日，环境保护部在《上市公司环境信息披露指南》（征求意见稿）中，将火电、钢铁、水泥、电解铝、煤炭、冶金、化工、石化、建材、造纸、酿造、制药、发酵、纺织、制革和采矿业列入重污染行业。可见，关于污染密集产业目前政府只是在一些文件中有所表述，并没有统一的认定范围和明确的认定标准，而且不同部门对“行业”的表述与“国民经济行业分类”中对行业的表述也不完全一致，在数据的收集上存在统计口径的差异。

学术界关于污染密集产业也存在多种认定方法和认定范围。通常，国际上确定污染密集产业的方法有两种。一种是污染成本法，即根据污染治理成本占整个产业总成本的比重大小来确定范围。这种方法使用的前提条件是能够获取各产业污染治理成本的详细数据，以此来对产业的环境污染形成间接的反映。而这些详细的数据，很显然只有在环境规制严格且统计体系健全的发达国家和地区才能够获得。对于环境规制较松或者统计体系不完整的国家和地区，或是企业在环境污染治理方面的投资不足甚至没有，或是没有统计完整的环境治理数据信息，因而产业的真实污染水平难以衡量。我国现阶段虽已有一定程度的环境规制，但各地区差异较大，总体上环境投资和执行力度与发达国家和地区还存在较大的差异，因而不适用这种方法。

另一种是单位产值排放强度法，即通过计算各产业单位产值的污染物排放水平，并以此为依据来界定污染密集产业。这种方法比较能够直观地反映产业对自然环境的污染状况，且单位产值的排放水平的相关数据也比较容易获得，因此更适用于我国现阶段的情况。赵细康（2003）基于这种思路设计了一套确定污染密集产业的方法①。这种方法计算了各产业单位产值的污染物排放强度，其基本思想具有一定的科学性、合理性，因而一些学者也借鉴此方法界定污染密集产业的范围。例如彭文斌和邝嫦娥(2014)就是按照赵细康的方法，界定了八大污染产业，即采掘业、非金属矿物制品业、黑色金属冶炼及压延加工业、造纸及纸制品业、化学原料及化学制品制造业、化学纤维制造业、电力煤气及水生产供应业②。本章也借鉴赵细康(2003)的方法，同时结合研究需要进行适当改进，具体步骤如下：

(1) 计算各产业单位产值工业污染物的排放值 $UE_{ij}$。

$$UE_{ij} = E_{ij}/O_i \tag{4.1}$$

式中，$E_{ij}$ 为产业 $i(i=1,\ 2,\ \cdots,\ m)$ 主要污染物 $j(j=1,\ 2,\ \cdots,\ n)$ 的污染排放量，$O_i$ 为各产业的全部规模以上企业工业销售产值。

鉴于相关统计年鉴不同年份的调查对象有一定变动，通过考察一定时间段内的平均水平的污染强度，更能反映各产业之间污染强度的变化情况。这里采用计算几何平均数的方式，以求更能体现各产业单位产值污染排放水平的变化规律。这样式(4.1)就变为：

$$\overline{UE_{ij}} = \frac{\sqrt[t]{\prod_t E_{ij}^t}}{\sqrt[t]{\prod_t O_i^t}} \tag{4.2}$$

式中，$t$ 为观察年份$(t=1,\ 2,\ \cdots,\ h)$，$E_{ij}^t$ 为 $t$ 年 $i$ 产业 $j$ 污染物的排放量，$Q_i^t$ 为 $t$ 年某产业 $i$ 的产值，$\overline{UE_{ij}}$ 为污染物 $j$ 在整个观察期间的平均污染排放量。

(2) 对 $\overline{UE_{ij}}$ 进行极差的标准化。

$$UE_{ij}^{\varepsilon} = \frac{\overline{UE_{ij}} - \min(\overline{UE_j})}{\max(\overline{UE_j}) - \min(\overline{UE_j})} \tag{4.3}$$

式中，$UE_{ij}^{\varepsilon}$ 为 $j$ 指标的标准化值。max 和 min 分别表示最大值和最小值。

(3) 计算各产业的污染排放强度系数 $\gamma_i$。

$$\gamma_i = \frac{1}{n}\sum_{j=1}^{n} UE_{ij}^{\varepsilon} \tag{4.4}$$

(4) 再计算各产业污染排放强度系数的均值 $\bar{\gamma}$，并将 $\gamma_i$ 与之进行比较，即

$$\gamma_i^* = \gamma_i - \bar{\gamma} \tag{4.5}$$

$\gamma_i^*$ 大于 0 说明该产业的污染水平超出各产业污染的平均水平，为污染密集行业，值越大表明污染越严重。负值表明该行业的污染水平低于各行业污染的平均水平，为污染程度较轻的产业，且绝对值越大，表明污染程度越轻微。

---

① 赵细康. 环境保护与产业国际竞争力[M]. 北京：中国社会科学出版社，2003 年 5 月，第 216-218 页.

② 彭文斌，邝嫦娥. 基于环境规制和公众参与的污染产业转移问题研究[M]. 上海：上海三联书店，2014 年 7 月，第 36-40 页.

使用上述方法，需要注意的是：其一，国民经济的行业分类每隔一段时间就会有所变化，2001年之前、2001年至2011年之间以及2011年之后都存在一些变化，如果按间隔时间太长的过去的分类，统计口径上的差异会偏大；其二，各产业的生产技术水平是在不断变化的，每过一段时间其污染物排放强度也会有所变化，因而污染密集产业的分类时所采用的基期数据，每隔几年就可以适度更新了。其三，就是采用的基期数据未必越新越好，这里要充分考虑到政策环境等因素，通常尽可能选择一段政策变化不大的时期作为基期进行研究。

此外，单纯地按照各产业的单位产值污染物排放强度系数来划分，仍然存在一些不足。一是计算的是各产业各种污染排放的综合系数，各产业相对具体的污染特征容易被忽略掉，比如有的产业工业废水和固体废物排放量很小，因而其总的排放强度系数偏小，但其工业废气的排放量很大，是形成雾霾等环境污染的重要来源，像这种产业在界定时就容易被遗漏。二是有些产业虽然排放强度系数不大，但由于其产业规模大，客观上污染排放规模也非常大，也是造成环境污染的重要来源，很显然这一类产业在界定时是需要根据产业的具体情况具体分析的。三是个别产业尽管排放强度系数很高，但是其产业规模极小，污染排放规模极小，在我国环境污染的来源中几乎可以忽略不计，因而在研究时可以将之剔除。

鉴于此，本章这里还将根据每种污染排放物（工业废气、工业固体废物和工业废水）2007—2012年①累计排放量排名前几位的产业，以及各产业的污染特征、产业规模、污染规模，对原有依据单位产值污染物排放强度系数来界定的污染密集产业，进行补充和调整。

### （二）污染密集产业的选定

依据以上方法，根据各年《中国环境统计年鉴》《中国工业经济统计年鉴》和《中国统计年鉴》的相关数据，进行测算，得出表4.1。表中，$UE^{\varepsilon}_{i1}$、$UE^{\varepsilon}_{i2}$、$UE^{\varepsilon}_{i3}$分别表示工业废气、工业固体废物和工业废水单位产值污染排放水平的标准化值。

**表4.1　各行业污染排放强度系数表**

| 行　业 | $UE^{\varepsilon}_{i1}$ | $UE^{\varepsilon}_{i2}$ | $UE^{\varepsilon}_{i3}$ | $\gamma_i$ | $\gamma_i^*$ |
|---|---|---|---|---|---|
| 煤炭开采和洗选业 | 0.025 662 | 0.169 522 | 0.120 357 | 0.105 18 | 0.001 3 |
| 石油和天然气开采业 | 0.022 572 | 0.001 928 | 0.018 035 | 0.014 178 | −0.089 702 |
| 黑色金属矿采选业 | 0.101 877 | 0.889 124 | 0.084 881 | 0.358 627 | 0.254 747 |
| 有色金属矿采选业 | 0.029 872 | 1.000 781 | 0.295 723 | 0.442 125 | 0.338 245 |
| 非金属矿采选业 | 0.071 561 | 0.102 999 | 0.066 578 | 0.080 38 | −0.023 501 |
| 其他采矿业 | 0.628 915 | 0.364 741 | 0.828 519 | 0.607 392 | 0.503 511 |

① 这里之所以选择2007年至2012年作为基期，是因为2012年11月召开了党的十八大，这是中国生态文明建设的重要历史节点。选择2007年至2012年的数据进行研究，尽可能靠近这些工业产业排放的“自然实验”，污染物排放的数据更能体现产业自身的污染程度。如果把数据的研究延伸到2013年以后，由于前后政策变化大，影响对污染密集产业的科学界定。

（续表）

| 行业 | $UE_{i1}^{\varepsilon}$ | $UE_{i2}^{\varepsilon}$ | $UE_{i3}^{\varepsilon}$ | $\gamma_i$ | $\gamma_i^*$ |
|---|---|---|---|---|---|
| 农副食品加工业 | 0.024 931 | 0.007 661 | 0.107 554 | 0.046 716 | −0.057 165 |
| 食品制造业 | 0.048 109 | 0.006 537 | 0.115 253 | 0.056 633 | −0.047 247 |
| 饮料制造业 | 0.056 028 | 0.013 14 | 0.198 213 | 0.089 127 | −0.014 753 |
| 烟草制品业 | 0.016 904 | 0.000 981 | 0.005 29 | 0.007 725 | −0.096 155 |
| 纺织业 | 0.027 418 | 0.003 241 | 0.216 87 | 0.082 51 | −0.021 371 |
| 纺织服装、鞋、帽制造业 | 0 | 0.000 345 | 0.026 542 | 0.008 962 | −0.094 918 |
| 皮革、毛皮、羽毛(绒)及其制品业 | 0.004 791 | 0.000 979 | 0.078 788 | 0.028 186 | −0.075 694 |
| 木材加工及木、竹、藤、棕、草制品业 | 0.066 765 | 0.003 772 | 0.011 884 | 0.027 474 | −0.076 406 |
| 家具制造业 | 0.008 102 | 0.000 344 | 0.002 32 | 0.003 589 | −0.100 292 |
| 造纸及纸制品业 | 0.183 82 | 0.029 294 | 1 | 0.404 371 | 0.300 491 |
| 印刷业和记录媒介的复制 | 0.004 983 | 0.000 416 | 0.005 931 | 0.003 777 | −0.100 104 |
| 文教体育用品制造业 | 0.000 231 | 0 | 0.003 685 | 0.001 305 | −0.102 575 |
| 石油加工、炼焦及核燃料加工业 | 0.142 735 | 0.015 46 | 0.059 977 | 0.072 724 | −0.031 156 |
| 化学原料及化学制品制造业 | 0.142 745 | 0.045 753 | 0.160 431 | 0.116 309 | 0.012 429 |
| 医药制造业 | 0.038 682 | 0.004 023 | 0.110 479 | 0.051 061 | −0.052 819 |
| 化学纤维制造业 | 0.122 558 | 0.009 23 | 0.205 682 | 0.112 49 | 0.008 61 |
| 橡胶和塑料制品业 | 0.024 537 | 0.001 289 | 0.009 829 | 0.011 885 | −0.091 995 |
| 非金属矿物制品业 | 0.758 541 | 0.021 535 | 0.021 968 | 0.267 348 | 0.163 468 |
| 黑色金属冶炼及压延加工业 | 0.580 294 | 0.087 54 | 0.055 501 | 0.241 112 | 0.137 231 |
| 有色金属冶炼及压延加工业 | 0.214 041 | 0.038 595 | 0.022 448 | 0.091 695 | −0.012 185 |
| 金属制品业 | 0.035 061 | 0.002 733 | 0.034 658 | 0.024 151 | −0.079 73 |
| 通用设备制造业 | 0.008 456 | 0.001 139 | 0.003 936 | 0.004 51 | −0.099 37 |
| 专用设备制造业 | 0.014 309 | 0.000 922 | 0.005 571 | 0.006 934 | −0.096 946 |
| 交通运输设备制造业 | 0.018 231 | 0.001 225 | 0.007 956 | 0.009 137 | −0.094 743 |
| 电气机械及器材制造业 | 0.002 288 | 0.000 076 | 0 | 0.000 788 | −0.103 092 |
| 通信设备、计算机及其他电子设备制造业 | 0.014 25 | 0.000 306 | 0.010 92 | 0.008 492 | −0.095 389 |

（续表）

| 行　业 | $UE_{i1}^{s}$ | $UE_{i2}^{s}$ | $UE_{i3}^{s}$ | $\gamma_i$ | $\gamma_i^*$ |
|---|---|---|---|---|---|
| 仪器仪表及文化、办公用机械制造业 | 0.011 586 | 0.000 376 | 0.011 992 | 0.007 985 | −0.095 896 |
| 工艺品及其他制造业 | 0.006 464 | 0.000 747 | 0.015 107 | 0.007 439 | −0.096 441 |
| 废弃资源和废旧材料回收加工业 | 0.006 983 | 0.006 064 | 0.011 659 | 0.008 235 | −0.095 645 |
| 电力、热力的生产和供应业 | 1.000 002 | 0.158 372 | 0.086 479 | 0.414 951 | 0.311 071 |
| 燃气生产和供应业 | 0.046 729 | 0.004 847 | 0.014 211 | 0.021 929 | −0.081 951 |

数据来源：根据《中国环境统计年鉴》2008—2013、《中国工业统计年鉴》2008—2013各年数据整理计算得出。

注：(1)在2011年新的行业划分标准出台之前，铁路、船舶、航空航天和其他运输设备制造业与汽车制造业两项没有分开，而是归为"交通运输设备制造业"进行统计，本表无论各年均按"交通运输设备制造业"计算。(2)关于橡胶制品业和塑料制品业，《中国环境统计年鉴2013》将两者归为橡胶和塑料制品业进行统计，《中国环境统计年鉴2012》只公布了橡胶制品业的数据，其余各年又分开进行统计，本表为了保持口径一致，统一归为"橡胶和塑料制品业"。(3)水的生产和供应业由于缺乏2012年工业废气和工业固体废物的排放数据，故无法计算，加之该行业近几年污染排放量小，这里未将其列入研究范围。

根据表4.1的数据，$\gamma_i^*$ 大于0的行业共有10个，即煤炭开采和洗选业、黑色金属矿采选业、有色金属矿采选业、造纸及纸制品业、化学原料及化学制品制造业、化学纤维制造业、非金属矿物制品业、黑色金属冶炼及压延加工业、电力/热力的生产和供应业、其他采矿业。

再将各产业的污染特征、产业规模和污染规模等因素考虑进来。如表4.2所示，通过考察三大工业污染物2007—2012年累计排放量前八位的行业，并将这些行业与前面所选的十个行业求并集，共得出16个污染密集产业。其中，其他采矿业污染排放强度系数很高，但由于其产业规模很小，2012年时全年的销售产值只有22.83亿元，占全部产业的份额不到四十万分之一，相当于其他采掘业的几百分之一，而且其工业污染的排放量总量也非常小，这里在研究时将其剔除。而通信设备/计算机及其他电子设备制造业、交通运输设备制造业则恰恰相反，这两个行业产业规模很大，从2012年的工业销售产值指标来看，分别是国民经济的第一大产业和第四大产业，占全部产业的份额都在7%以上，但从其排放的污染物看，仅仅只是工业废气排放分列第八位和第七位，并且仅相当于排在第六位的一半左右，与排在前三位的行业相比更是只有几十分之一，因而也不应将这两个产业列入污染密集产业之列。

**表4.2　三大工业污染物2007—2012年累计排放量前八位的行业**

| 排放物 | 行　　业 |
|---|---|
| 工业废气 | 造纸及纸制品业、石油加工/炼焦及核燃料加工业、化学原料及化学制品制造业、非金属矿物制品业、黑色金属冶炼及压延加工业、交通运输设备制造业、通信设备/计算机及其他电子设备制造业、电力/热力的生产和供应业 |

（续表）

| 排放物 | 行　　业 |
|---|---|
| 工业固体废物 | 煤炭开采和洗选业、黑色金属矿采选业、有色金属矿采选业、化学原料及化学制品制造业、非金属矿物制品业、黑色金属冶炼及压延加工业、有色金属冶炼及压延加工业、电力/热力的生产和供应业 |
| 工业废水 | 煤炭开采和洗选业、农副食品加工业、纺织业、造纸及纸制品业、石油加工/炼焦及核燃料加工业、化学原料及化学制品制造业、黑色金属冶炼及压延加工业、电力/热力的生产和供应业 |

资料来源：根据《中国环境统计年鉴》各年数据整理得出。

这样，通过以上计算和分析，现阶段我国污染密集产业共包含13个行业，分别是：煤炭开采和洗选业、黑色金属矿采选业、有色金属矿采选业、造纸及纸制品业、化学原料及化学制品制造业、化学纤维制造业、非金属矿物制品业、黑色金属冶炼及压延加工业、电力/热力的生产和供应业、农副食品加工业、纺织业、有色金属冶炼及压延加工业、石油加工/炼焦及核燃料加工业。这13个行业中除电力/热力的生产和供应业以及三个采矿业行业以外，其余的九个行业均属于制造业。

## 二、近年来我国污染密集产业的总体情况

污染密集产业涉及采矿、制造、能源等国民经济重要的领域。尽管污染严重，但从经济贡献的角度看，在我国工业化进程中，污染密集产业扮演着不可或缺的角色。如表4.3所示，2005年13个污染密集产业工业销售产值达120 608.3亿元，占整个工业产业销售产值的48.8%①。其中，有九个行业销售产值在5 000亿元以上，五个行业在万亿元以上，而黑色金属冶炼及压延加工业则达两万亿元以上。从吸纳的就业人数来看，13个产业2005年共吸收了1 844万人就业，占全部工业从业人员的45.9%，占全国就业人员的16.2%②。其中，纺织业、煤炭开采和洗选业、非金属矿物制品业等七个产业吸纳就业人员数都在百万以上。

进入"十二五"时期以后，随着工业化进程的进一步推进，特别是在这过程中全国各地在产业结构上普遍偏好重化工业的趋势加重，由于污染密集产业大多数属于重化工业或与之相关的矿产能源领域，国民经济对污染密集产业的依赖程度进一步加深。2014年，13个污染密集产业的销售产值增加到519 026.06亿元。虽然，吸纳就业人员虽占比有所下降，但仍占全部工业从业人员的38.2%③，从业人员数量保持增加，达3 813.91万，且仍占相当大的比重。而且，污染密集产业的销售产值相对于2005年大大增加，占整个工业产

① 数据来源：根据《中国工业统计年鉴2006》数据计算得出。

② 同上。

③ 数据来源：根据《中国劳动统计年鉴2015》数据计算得出。

业的份额为 47.5%[①],几乎占据工业领域的“半壁江山”。在这些行业中,销售产值达万亿元以上的有 10 个,3 万亿元以上的有 8 个,黑色金属冶炼及压延加工业和化学原料及化学制品制造业都在 7 万亿元以上,分列所有工业行业的第三位和第二位,而农副食品加工业、石油加工/炼焦及核燃料加工业、非金属矿物制品业、有色金属冶炼及压延加工业、电力/热力的生产和供应业但从销售产值来看也都居于工业行业的前十位。这说明,污染密集产业的经济贡献在近些年是呈增加态势的。

**表 4.3　2005 和 2014 年污染密集产业各行业销售产值和从业人数**

| | 2005 年 | | 2014 年 | |
|---|---|---|---|---|
| | 销售产值(亿元) | 从业人员(万人) | 销售产值(亿元) | 从业人员(万人) |
| 煤炭开采和洗选业 | 5 630.4 | 346.7 | 26 025.16 | 439.9 |
| 黑色金属矿采选业 | 960.1 | 17.6 | 9 331.05 | 28.0 |
| 有色金属矿采选业 | 1 118.7 | 30.6 | 6 348.32 | 33.2 |
| 农副食品加工业 | 10 405.6 | 108.5 | 63 595.75 | 160.7 |
| 纺织业 | 12 408.2 | 280.3 | 37 704.25 | 202.6 |
| 造纸及纸制品业 | 4 063.31 | 59.0 | 13 774.99 | 70.6 |
| 石油加工、炼焦及核燃料加工业 | 11 887.0 | 55.2 | 40 802.63 | 65.2 |
| 化学原料及化学制品制造业 | 16 035.9 | 213.1 | 82 352.92 | 254.7 |
| 化学纤维制造业 | 2 564.3 | 20.7 | 7 157.88 | 25.4 |
| 非金属矿物制品业 | 8 966.2 | 214.1 | 58 239.63 | 227.6 |
| 黑色金属冶炼及压延加工业 | 21 035.9 | 187.2 | 71 026.51 | 239.3 |
| 有色金属冶炼及压延加工业 | 7 786.9 | 79.2 | 46 154.64 | 117.9 |
| 电力、热力的生产和供应业 | 17 746.0 | 231.8 | 56 512.33 | 265.1 |
| 合　计 | 120 608.3 | 1 844.0 | 519 026.06 | 3 813.91 |

数据来源:根据 2006 年和 2015 年《中国工业统计年鉴》《中国劳动统计年鉴》整理得出。

可见,在工业化进程完成之前,以重化工业为主力包括采矿、能源在内的污染密集产业是经济发展的重要支柱。根据世界上大多数发达国家的历史经验,在完成工业化之后,这些产业往往是向外转移的。同样,在一国范围内,发达地区进入后工业化时代或工业化后期以后,污染密集产业的比重会逐渐减小;而欠发达地区由于所处的经济发展阶段还比较初级,推进工业化并实现产业结构升级,就不可避免地承接产业转移,而区域经济在一定发展阶段对这些污染密集产业的依赖程度,又决定了其在区际产业转移中的所扮演的重要角色。

① 数据来源:根据《中国工业统计年鉴 2006》数据计算得出。

## 三、污染密集产业的转移方向及其与"污染天堂"假说的一致性

随着我国产业区际转移的大趋势，污染密集产业也同样在其中发生空间上的转移。鉴于我国欠发达地区经济发展的水平和工业化所处的阶段，以及污染密集产业本身在工业化进程中的经济贡献，污染密集产业由发达地区向欠发达地区转移几乎成为难以逆转的趋势。

### (一) 污染密集产业各行业在三大区块的结构变化

2005 年，东部、中部、西部三大区块污染密集产业的工业销售产值分别为 79 539.82 亿元、25 153.81 亿元和 15 914.68 亿元，所占比重分别为 66%、21%和 13%，东部地区是中部和西部之和的近两倍；到 2014 年三大区块污染密集产业的规模都在扩大，工业销售产值分别达到 294 257.45 亿元、135 892.37 亿元和 88 876.2 亿元，但东部地区所占比重已经下降到 56.7%，中部和西部地区分别上升到 26.2%和 17.1%，中部和西部地区之和已越来越接近东部地区①。

**表 4.4　2005—2014 年污染密集产业工业销售产值的区域结构**

| 地区 | 东部占比 | | | 中部占比 | | | 西部占比 | | |
|---|---|---|---|---|---|---|---|---|---|
| 行业 | 2005 年 | 2014 年 | 增减 | 2005 年 | 2014 年 | 增减 | 2005 年 | 2014 年 | 增减 |
| 煤炭开采和洗选业 | 30.7% | 25.0% | −5.7% | 50.85% | 36.88% | −13.97% | 18.45% | 38.12% | 19.67% |
| 黑色金属矿采选业 | 61.82% | 55.8% | −6.02% | 21.36% | 22.84% | 1.48% | 16.82% | 21.36% | 4.54% |
| 有色金属矿采选业 | 35.94% | 25.27% | −10.67% | 35.83% | 44.97% | 9.14% | 28.22% | 29.76% | 1.54% |
| 农副食品加工业 | 63.11% | 48.2% | −14.91% | 22.64% | 36.5% | 13.86% | 14.25% | 15.29% | 1.04% |
| 纺织业 | 85.72% | 74.3% | −11.42% | 9.50% | 19.5% | 10% | 4.79% | 6.21% | 1.42% |
| 造纸及纸制品业 | 77.82% | 67.21% | −10.61% | 15.42% | 22.0% | 6.58% | 6.75% | 10.79% | 4.04% |
| 石油加工、炼焦及核燃料加工业 | 64.51% | 63.85% | −0.66% | 21.64% | 16.17% | −5.47% | 13.85% | 19.98% | 6.13% |
| 化学原料及化学制品制造业 | 72.1% | 67.27% | −4.83% | 16.41% | 21.19% | 4.78% | 11.5% | 11.54% | 0.04% |
| 化学纤维制造业 | 87.5% | 89.88% | 2.38% | 9.48% | 5.66% | −3.82% | 3.02% | 4.45% | 1.43% |
| 非金属矿物制品业 | 67.73% | 48.85% | −18.88% | 21.39% | 35.35% | 13.96% | 10.89% | 15.8% | 4.91% |
| 黑色金属冶炼及压延加工业 | 67.8% | 62.89% | −4.91% | 19.37% | 20.68% | 1.31% | 12.83% | 16.43% | 3.6% |

① 数据来源：根据 2006 和 2015 年《中国工业统计年鉴》相关数据计算、整理得出。

（续表）

| 地区 | 东部占比 | | | 中部占比 | | | 西部占比 | | |
|---|---|---|---|---|---|---|---|---|---|
| 行业 | 2005 年 | 2014 年 | 增减 | 2005 年 | 2014 年 | 增减 | 2005 年 | 2014 年 | 增减 |
| 有色金属冶炼及压延加工业 | 48.78% | 43.68% | −5.1% | 27.87% | 34.27% | 6.4% | 23.34% | 22.04% | −1.3% |
| 电力、热力的生产和供应业 | 61.11% | 56.35% | −4.76% | 22.07% | 21.52% | −0.55% | 16.83% | 22.13% | 5.3% |

数据来源：根据 2006 和 2015 年《中国工业统计年鉴》相关数据计算、整理得出。

具体到每个行业，如表 4.4 所示，在 13 个污染密集产业中，相对于 2005 年，2014 年东部地区除化学纤维制造业所占比重略有上升外，其他 12 个行业都呈下降趋势。其中有色金属矿采选业、农副食品加工业、纺织业、造纸及纸制品业和非金属矿物制品业下降幅度最大，都下降了 10%以上。而中部和西部地区情况则明显相反。中部地区有四个行业是下降的，有 9 个行业是上升的，下降的行业主要集中在产业规模相对较小的行业，而产业规模相对较大的农副食品加工业、非金属矿物制品业等上升幅度都很大。西部地区更是仅有有色金属冶炼及压延加工业这一个行业略微下降，幅度只有 0.95 个百分点，其他 12 个行业都在上升。这说明，我国污染密集产业总体上也在由东部发达区域向中西部欠发达区域梯度转移。

## （二）污染密集产业在八大经济区域的分布变化

再具体到各个经济区域中。这里以全国八大经济区域为研究对象，根据国家统计局的划分，全国八大经济区域中，东北地区包括辽宁、吉林、黑龙江，北部沿海包括北京、天津、河北、山东，东部沿海包括上海、江苏、浙江，南部沿海包括福建、广东、海南，黄河中游包括山西、内蒙古、河南、陕西，长江中游包括安徽、江西、湖北、湖南，西南地区包括广西、重庆、四川、贵州、云南，大西北地区包括西藏、甘肃、青海、宁夏、新疆。如表 4.5 所示，通

**表 4.5　2005—2014 年八大经济区域重污染产业工业销售产值的占比变化**

| | 2005 年 | 2009 年 | 2014 年 |
|---|---|---|---|
| 东北地区 | 8.45% | 8.62% | 8.21% |
| 北部沿海 | 24.46% | 24.25% | 23.64% |
| 东部沿海 | 25.05% | 21.01% | 18.15% |
| 南部沿海 | 11.03% | 10.20% | 9.91% |
| 黄河中游 | 12.21% | 14.34% | 14.47% |
| 长江中游 | 7.90% | 10.80% | 13.50% |
| 西南地区 | 7.13% | 7.97% | 8.80% |
| 大西北地区 | 2.97% | 2.80% | 4.24% |

数据来源：根据 2006、2010 和 2013 年《中国工业统计年鉴》相关数据计算、整理得出。

过比较2005年、2009年和2014年三个年份全国八大经济区域污染密集产业的工业销售产值占比变化来看，我国污染密集产业的区际转移的方向一目了然。

三个沿海区域属于经济发达区域，其污染密集产业比重也是比较高的，但从2005年到2014年比重逐渐下降。其中，涵盖上海、江苏、浙江的东部沿海地区下降速度最快，十年间下降了6.9个百分点，南部沿海也降低了1.12个百分点。北部沿海地区的污染密集产业产值十年间下降了0.82个百分点，下降速度并不快，主要是其境内的区域间梯度差异较大，河北与北京等地区经济发展水平差异大，其区域经济对涉及钢铁、水泥等行业的黑色金属冶炼及压延加工业、非金属矿物制品业等污染密集产业依赖度较高，山东虽是经济大省但其经济对造纸、化工、石油、冶金、农副食品加工等重污染领域依赖程度较大。

反观其他五个经济区域，它们都属于中西部欠发达区域，从2005年到2014年污染密集产业比重无一例外都呈上升趋势。其中黄河中游和长江中游上升最快，前者到2014年时比重已接近东部沿海地区，伴随着污染密集产业转移的加剧，大有反超的可能；后者十年间比重增长了5.6个百分点，是增幅最大的区域，其比重也已超过了涵盖珠三角在内的南部沿海地区。而西南地区虽然增长幅度有限，但十年间持续增长，其污染密集产业的比重也已接近南部沿海。在这五个区域中，只有大西北地区到2009年比重略有下降，但到2014年又较大幅度上升，其整体趋势也还是上升的。

### （三）污染密集产业在各省、市、自治区的分布变化

从2005年至2014年这十年间，虽然我国13个污染密集产业的工业销售产值逐年增加，各地区污染密集产业的生产规模也都有不同程度的增大，但各地区污染密集产业占全国的比重发生了很大的变化。如表4.6所示，13个污染密集产业的区域分布变化情况来看，目前污染密集产业分布的重心仍在东部沿海地区，但比重有下降的趋势。在东部沿海各省市中，只有天津、福建、山东、海南的比重略有上升外，包括广东、江苏、浙江等工业大省在内的其余7个省市的比重都在下降，其中下降幅度比较大的地区是广东（降1.79%）、浙江（降2.83%）、上海（降2.53%）和江苏（降1.55%）。

**表4.6　2005—2014年全国各省市区污染密集产业工业销售产值比重**

| 东部 | | | | 中部 | | | | 西部 | | | |
|---|---|---|---|---|---|---|---|---|---|---|---|
| 地区 | 2005年 | 2014年 | 趋势 | 地区 | 2005年 | 2014年 | 趋势 | 地区 | 2005年 | 2014年 | 趋势 |
| 北京 | 2.14% | 1.37% | — | 山西 | 3.43% | 2.46% | — | 内蒙古 | 1.84% | 2.87% | + |
| 天津 | 1.97% | 2.26% | + | 吉林 | 1.38% | 1.85% | + | 广西 | 1.33% | 2.14% | + |
| 河北 | 6.40% | 5.62% | — | 黑龙江 | 1.66% | 1.37% | — | 重庆 | 0.80% | 1.08% | + |
| 辽宁 | 5.41% | 4.99% | — | 安徽 | 2.09% | 3.16% | + | 四川 | 2.75% | 3.15% | + |
| 上海 | 4.18% | 1.65% | — | 江西 | 1.60% | 3.09% | + | 贵州 | 0.92% | 1.15% | + |

（续表）

| 东部 | | | | 中部 | | | | 西部 | | | |
|---|---|---|---|---|---|---|---|---|---|---|---|
| 地区 | 2005 年 | 2014 年 | 趋势 | 地区 | 2005 年 | 2014 年 | 趋势 | 地区 | 2005 年 | 2014 年 | 趋势 |
| 江苏 | 12.37% | 10.82% | － | 河南 | 5.68% | 7.01% | ＋ | 云南 | 1.33% | 1.28% | － |
| 浙江 | 8.50% | 5.67% | － | 湖北 | 2.57% | 3.94% | ＋ | 西藏 | 0.013% | 0.013% | 持平 |
| 福建 | 2.65% | 3.24% | ＋ | 湖南 | 2.45% | 3.31% | ＋ | 陕西 | 1.26% | 2.13% | ＋ |
| 山东 | 13.95% | 14.39% | ＋ | | | | | 甘肃 | 1.33% | 1.15% | － |
| 广东 | 8.19% | 6.40% | － | | | | | 青海 | 0.26% | 0.36% | ＋ |
| 海南 | 0.19% | 0.27% | ＋ | | | | | 宁夏 | 0.45% | 0.58% | ＋ |
| | | | | | | | | 新疆 | 0.92% | 1.21% | ＋ |
| 总和 | 65.95% | 56.68% | － | 总和 | 20.86% | 26.19% | ＋ | 总和 | 13.20% | 17.13 | ＋ |

数据来源：根据 2006 年和 2015 年《中国工业统计年鉴》相关数据计算、整理得出。
注："＋"表示增加趋势，"－"表示减少趋势。

与之对应，中部和西部地区情况则相反。从 2005 年至 2014 年，中部地区除了山西和黑龙江污染密集产业比重略有下降以外，其余 6 个省比重都在上升，其中上升幅度比较大的地区是江西（升 1.49%）、湖北（升 1.37%）、河南（升 1.33%）和安徽（升 1.07%）；西部地区除西藏没有变化和甘肃、云南略有下降以外，其他 8 个省市自治区都在上升，其中上升幅度比较大的地区是内蒙古（升 1.03%）、陕西（升 0.87%）和广西（升 0.81%）。可见，地理位置偏北和偏西地区污染密集产业比重上升，和地理位置偏东、偏南地区污染密集产业比重下降的趋势非常明显。

## （四）我国污染密集产业转移与"污染天堂"假说的一致性

无论是从各行业的区域结构来看，还是从各个经济区域、各个省市区的产业比重变化来看，我国污染密集产业在区域空间上向西转移和向北转移的趋势非常明显。这和第三章所分析的我国整体上产业区际梯度转移的空间方向是一致的，与我国经济发展区域间的梯度差异也大体上是一致的。"污染天堂假说"理论认为，污染密集产业往往会在自由贸易的条件下，发达国家和地区流向发展中国家和地区。从我国的现实出发，污染密集产业所包含的 13 个行业，在我国现阶段的国民经济中经济作用非常重要，污染密集产业的转移也是我国区际产业梯度转移的重要组成部分。由于经济发展区域不平衡的存在，导致发达地区与欠发达地区的并存，在产业区际转移的过程中，污染密集产业从发达地区流向欠发达地区。不考虑其他因素，单从污染密集产业转移的空间方向上看，至少说明在我国范围内，区际产业梯度转移出现了和"污染天堂假说"理论最初所描绘的国际产业转移相一致的情形。

## 第二节　区际产业梯度转移条件下“污染天堂”的形成

“污染天堂”假说在我国的区际产业梯度转移中是否成立，不仅仅要看污染密集产业转移的方向，更要站在整个产业梯度转移的背景下，从环境污染的空间分布格局的变化来进行分析。

### 一、主要污染物排放的空间格局演变

目前我国的污染物中废气和固体废物主要是由工业源造成，其他来源相对较少。而废水排放以及与水污染相关的污染物中，农业源和城镇生活来源占相当比重，根据《中国环境统计年鉴 2015》，2014 年废水排放中城镇生活源约占三分之二，氨氮排放中农业源占三分之一以上；但工业源仍占相当比重，占比近三分之一，仍是水环境治理的重要领域。故而，这里通过考察工业“三废”以及所包含的主要污染物质排放的空间分布变化，来分析我国工业污染转移的趋势、方向。

#### (一) 工业“三废”排放的分布变化

近些年来，随着工业化进程的推进，我国大多数污染物排放的总量在不断攀升。根据近几年环境保护部公布的相关数据，2014 年，我国工业废气排放量达到 694 190.4 亿立方米，是 2005 年的 2.5 倍以上；工业固体废物排放量达到 325 620 万吨，是 2005 年的两倍以上；只有工业废水的排放量有所减少，2014 年排放量为 2 053 430 万吨，比 2005 年减少 377 691万吨。[①] 尽管总量在增加，但随着我国区域之间产业梯度转移的加剧，尤其是工业产业的转移，主要污染物排放的空间分布格局也产生了相应的变化。

如图 4.1 所示，近年来我国东部地区无论是工业废气、固体废物、工业废水三种污染物排放占全国的比重都在下降，而中部和西部地区总体上则呈上升态势。就工业废气而言，2005 年东部地区排放占全国的 53%，到 2014 年下降到了 46%，相比之下中部地区占比上升了 1 个百分点，西部地区占比更是上升了六个百分点。就另外两种污染物而言，中部地区固体废物的排放略有下降，但工业废水的排放大幅上升；西部地区工业废水的排放有所下降，但固体废物的排放大幅上升；而东部地区这两种污染物的排放所占比重都在下降。整体上说，我国工业污染物的排放有由东向西转移的趋势，这与我国工业生产分布所发生的转移态势基本一致。

再具体到八大经济区域。如表 4.7 所示，三个沿海经济区域总体上污染排放呈下降趋势，东部沿海和南部沿海的三种污染物排放占全国的比重都在下降，甚至在个别污染物上比重下降速度还比较快；北部沿海地区工业废气排放的比重下降速度较快，固体废物排

① 数据来源：根据 2006 年和 2015 年《中国环境统计年鉴》相关数据整理、计算得出。

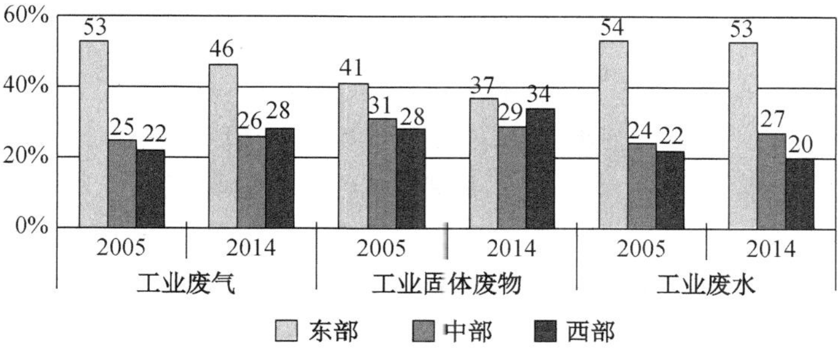


数据来源:根据 2006 年和 2015 年《中国环境统计年鉴》相关数据计算、整理得出。

**图 4.1　2005 和 2014 年三大区块工业"三废"排放结构**

**表 4.7　2005—2014 年八大经济区域工业"三废"排放量比重**

| 区域 | 工业废气 | | | 工业固体废物 | | | 工业废水 | | |
|---|---|---|---|---|---|---|---|---|---|
| | 2005 年 | 2014 年 | 趋势 | 2005 年 | 2014 年 | 趋势 | 2005 年 | 2014 年 | 趋势 |
| 东北地区 | 11.56% | 8.08% | — | 11.83% | 12.26% | + | 7.87% | 8.51% | + |
| 北部沿海 | 21.85% | 19.76% | — | 20.69% | 19.62% | — | 12.61% | 15.43% | + |
| 东部沿海 | 15.50% | 14.35% | — | 7.61% | 5.34% | — | 22.21% | 19.39% | — |
| 南部沿海 | 7.92% | 7.28% | — | 5.05% | 3.38% | — | 15.22% | 14.00% | — |
| 黄河中游 | 17.71% | 17.77% | + | 21.8% | 23.95% | + | 9.19% | 12.31% | + |
| 长江中游 | 9.95% | 11.90% | + | 13.58% | 11.60% | — | 13.67% | 14.53% | + |
| 西南地区 | 10.94% | 12.65% | + | 15.77% | 14.50% | — | 16.49% | 12.11% | — |
| 大西北地区 | 4.82% | 7.45% | + | 3.66% | 9.35% | + | 2.75% | 3.72% | + |

数据来源:根据 2006 年和 2015 年《中国环境统计年鉴》相关数据计算、整理得出。
注:"+"表示增加趋势,"—"表示减少趋势。

放的比重也略有下降,只有工业废水的排放上比重有较大幅度上升,这主要是其所涵盖的河北、山东两省在上升,尤其是山东省作为全国的工业大省,其境内造纸、化工、农副食品加工等行业在全国占比较大,并且其一省废水排放所占比重就增加了 3.04 个百分点,是北部沿海地区废水排放增加的主要部分,而北京、天津的废水排放都在下降。

其他五个地区中,黄河中游和大西北地区在三种污染物的排放上都呈上升趋势,大西北地区废气排放占比上升了 2.63 个百分点,固体废物排放占比上升了 5.69 个百分点,黄河中游地区废水排放占比上升了 3.12 个百分点。长江中游地区在工业废气和工业废水排放的占比都上升较快,但在固体废物排放上占比有所下降。东北地区工业废水排放占比增加,而工业废气排放和固体废物占比减少;西南地区则是工业废气排放占比在增加,固体废物排放占比略有下降,工业废水排放占比下降较快,主要是其涵盖的四川和重庆两地下降幅度大,而云南和贵州占比都在快速上升。全国八大经济区域,总体上看,2014 年相对于2005年时，经济较发达的沿海经济区域污染排放的占比在下降，而欠发达的中西部区域上升的领域多于下降的领域。

除了相对比重之外，从工业“三废”排放的绝对量上看，也存在类似的情况。如表4.8所示，从2005年到2014年，在全国工业废气和固体废物排放都快速上升的情况下，北京在这两种污染物的排放量上前者略有上升，后者大幅下降；上海工业废气排放量只是略有上升，固体废物排放下降；浙江和广东都在上升，但两种污染物排放的增长都只有约一倍左右。而其他地区情况则截然不同，东部地区经济发展梯度相对较低的河北省固体废物排放增加了1.5倍以上；中部地区承接产业转移的大省安徽省工业废气排放增加了3倍以上，固体废物排放增加了近两倍；江西、河南、陕西等省的增长速度也都明显快于沿海经济发达地区。值得关注的是，西北地区的省份在这两种污染物排放量上的增长极其快速，例如，新疆维吾尔族自治区这两种污染物分别增长了3.93倍和5.03倍；青海省固体废物2005年时只排放了649万吨，但到了2014年就增加到了12 423万吨，增长了18.14倍①，其固体废物排放规模不仅超过了安徽、陕西等中西部工业大省，甚至还远远超过了广东、浙江等传统工业强省。

**表4.8　2005—2014年全国及部分省市区工业“三废”排放量变化**

| 区域 | 工业废气(亿立方米) | | 工业固体废物(万吨) | | 工业废水(万吨) | |
|---|---|---|---|---|---|---|
| | 2005年 | 2014年 | 2005年 | 2014年 | 2005年 | 2014年 |
| 全国 | 268 988 | 694 190 | 134 449 | 325 620 | 2 431 121 | 2 053 430 |
| 北京 | 3 532 | 3 569 | 1 238 | 1 021 | 12 813 | 9 174 |
| 上海 | 8 482 | 13 007 | 1 964 | 1 925 | 51 097 | 43 939 |
| 浙江 | 13 025 | 26 958 | 2 514 | 4 542 | 192 426 | 149 380 |
| 广东 | 13 447 | 29 794 | 2 896 | 5 665 | 231 568 | 177 554 |
| 河北 | 26 518 | 72 732 | 16 279 | 41 928 | 124 533 | 108 562 |
| 吉林 | 4 939 | 9 451 | 2 457 | 4 944 | 41 189 | 42 192 |
| 安徽 | 6 960 | 29 233 | 4 196 | 12 000 | 63 487 | 69 580 |
| 江西 | 4 379 | 15 613 | 7 007 | 10 821 | 53 972 | 64 856 |
| 河南 | 15 498 | 39 629 | 6 178 | 15 917 | 123 476 | 128 048 |
| 四川 | 8 140 | 20 054 | 6 421 | 14 246 | 122 590 | 67 577 |
| 陕西 | 4 916 | 16 543 | 4 588 | 8 682 | 42 819 | 36 163 |
| 青海 | 1 370 | 6 439 | 649 | 12 423 | 7 619 | 8 214 |
| 新疆维吾尔族 | 4 485 | 22 116 | 1 295 | 7 790 | 20 052 | 32 799 |

数据来源：根据2006年和2015年《中国环境统计年鉴》相关数据计算、整理得出。

① 数据来源：根据2006年和2015年《中国环境统计年鉴》相关数据计算得出。

2005 年到 2014 年这 10 年间，全国工业废水的排放总量是下降的。上海、北京、浙江、广东等东部地区的排放量也呈下降趋势，但大多数中西部地区排放量仍然呈上升态势，如江西、安徽、河南、新疆。在中西部地区，只有四川等少数地区出现了大幅下降的情况。四川省的工业废水排放 10 年间下降了近一半，但也要看到同期该省的工业废气排放量从 8 140亿立方米上升到 20 054 亿立方米，增加了 1.46 倍，而固体废物产生量则增加了一倍以上，整体上看四川省的污染排放规模仍在扩大。

## （二）工业"三废"所含主要污染物排放的分布变化

从工业废气、废水和固体废物所含的二氧化硫（$SO_2$）、化学需氧量（COD）、氨氮、危险废物等污染物质的排放情况来看，东部地区作为工业的重心仍然是排放比重最大的地区，但是中西部地区随着工业生产所占比重的上升，在这些污染物质的排放上比重日趋增加。

如表 4.9 所示，东部地区二氧化硫、化学需氧量和氨氮三种污染物的排放比重都在下降，而中部和西部地区比重相对上升。其中，COD 和氨氮排放分布变化较大，10 年间东部地区下降了 19 个百分点，而西部地区则上升了 19.3 个百分点；氨氮排放上，东部地区下降了 18.6 个百分点，与之对应中部地区上升了 10 个百分点，西部地区上升了 10.3 个百分点。

**表 4.9　2005—2014 年三大区块部分工业"污染成分"排放比重变化**

| | $SO_2$ | | | COD | | | 氨氮 | | |
|---|---|---|---|---|---|---|---|---|---|
| | 2005 年 | 2012 年 | 2014 年 | 2005 年 | 2012 年 | 2014 年 | 2005 年 | 2012 年 | 2014 年 |
| 东部 | 39.5% | 36.4% | 35.8% | 55.5% | 37.0% | 36.5% | 53.0% | 34.8% | 34.4% |
| 中部 | 27.0% | 27.4% | 27.4% | 26.4% | 27.0% | 26.1% | 24.4% | 34.4% | 32.7% |
| 西部 | 33.5% | 36.2% | 36.8% | 18.1% | 36.0% | 37.4% | 22.6% | 30.8% | 32.9% |

数据来源：根据各年《中国环境统计年鉴》相关数据计算、整理得出。

当然，化学需氧量和氨氮全国工业源的排放总量近年来下降较快。但需要指出的是，这里仅讨论排放量，暂不考虑治理情况。这一段时期治理的加强，废水中这些物质排放量确实有所减少，但排放量的比例与相关产业生产的比重紧密相关，这几年工业规模全国各地都是扩大的，中西部地区比重增加，与工业生产比重增加是一致的，也与第三章所发现的区际产业梯度转移方向是一致的。而且，在工业转移的过程中，所产生的污染物远不止这几种物质。

再看工业固体废物中危险废物排放的分布变化情况。如表 4.10 所示，2005 年全国工业危险废物的排放量是 339 万吨，经过"十一五"时期和"十二五"初期，随着工业化的快速推进，工业生产规模快速扩张，危险废物排放量剧增，到 2012 年时已达 3 465.2 万吨，是 2005 年的 10 倍有余，到 2014 年才有所降低。这一期间，全国大多数地区危险废物排放都在增长，但并不平衡。在东部地区主要是山东省排放量全国最大，2014 年排放量达 709.8

万吨[①]；若扣除该省，其他东部地区整体占全国的比重实际是大幅下降的。

**表 4.10　2005—2014 年全国及部分中西部地区"危险废物"排放情况（万吨）**

| | 2005 年 | 2007 年 | 2009 年 | 2012 年 | 2014 年 |
|---|---|---|---|---|---|
| 全国 | 339.0 | 1 079.0 | 1 429.9 | 3 465.2 | 3 633.5 |
| 吉林 | 1.4 | 50.0 | 57.5 | 71.2 | 104.9 |
| 湖南 | 10.8 | 45.2 | 53.9 | 267.5 | 260.6 |
| 四川 | 1.8 | 15.4 | 83.4 | 110.4 | 133.4 |
| 云南 | 2.7 | 16.9 | 50.4 | 208.0 | 240.0 |
| 青海 | 0 | 75.0 | 83.5 | 404.3 | 325.7 |
| 新疆 | 3.8 | 64.3 | 85.4 | 444.2 | 319.3 |
| 六省区合计 | 20.5 | 266.8 | 414.1 | 1 505.6 | 1 383.9 |
| 六省区合计占全国比重 | 6.0% | 24.7% | 29.0% | 43.4% | 38.1% |

数据来源：根据各年《中国环境统计年鉴》相关数据计算、整理得出。

除山东省之外，全国工业危险废物排放增长速度最快的地区是吉林、湖南、四川、云南、青海、新疆，共六个省区。这六个省区的排放总量从 2005 年的 20.5 万吨剧增到 2012 年的 1 505.6 万吨，增长了 70 多倍，增速远远超过全国平均水平；直至 2014 年，吉林、湖南、四川、云南仍在快速增加。2012 年时，新疆维吾尔族自治区工业危险废物排放量从 3.8 万吨增加到 444.2 万吨，在全国仅次于山东省，2014 年也有 319.3 万吨；青海省在 2006 年之前排放量是"0"，而到 2012 年时也到达了 404.3 万吨，2014 年则为 325.7 万吨。这六个省区占全国的比重也从 6%增加到 2012 年时的 43.4%，大大超过三个东部工业大省广东、江苏、山东之和，2012 年这三省经济总量占全国的比重超过四分之一，工业增加值占全国的比重达 29%，工业增加值是这六省区的 2.23 倍。虽然，2014 年有所降低，但是占全国的比重仍高达 38.1%。造成这种情况的一个很重要原因，就在于这六省区近些年大量承接了容易产生危险废物的造纸、化工、冶金等污染密集行业。产业梯度转移带来的污染转移由此"可见一斑"。

## 二、当前污染密集产业的污染情况和空间特征

本章所界定的污染密集产业是工业污染的"主力军"，既是目前我国国民经济的重要组成部分，又在现阶段的区际产业转移中扮演重要角色。从近年来的各种数据和资料来看，污染密集产业及其污染的空间分布越来越向偏重中西部等欠发达地区。以水环境污染物为例，如表 4.11 所示，2014 年排放工业废水以及相关污染物最多的行业是造纸和纸

① 数据来源：《中国环境统计年鉴 2015》。

制品业、化学原料及化学制品制造业、纺织业、农副食品加工业、黑色金属冶炼和压延加工业、煤炭开采和洗选业、石油加工/炼焦和核燃料加工业、金属制品业，这些行业除金属制品业以外，其余都属于本章所界定的污染密集产业。这些行业过去多集中于广东、浙江、江苏、山东、上海等东部工业大省（市）、强省（市），但现在这些行业在广西、河南、云南、新疆、内蒙古、宁夏、甘肃、湖南、河北等中西部省区或东部发展梯度较低的省份越来越多地分布。

**表 4.11　2014 年水环境污染物主要排放行业和地区情况**

| 污染物 | 行　业 | 主要地区 | 主要地区排放量 | 主要地区占比 |
| --- | --- | --- | --- | --- |
| 工业废水 | 造纸和纸制品业 | 广东、山东、浙江、河北、河南 | 15.4 亿吨 | 48.8% |
| | 化学原料及化学制品制造业 | 江苏、山东、辽宁、河南、湖北 | 11.4 亿吨 | 43.4% |
| | 纺织业 | 浙江、江苏、广东、山东、福建 | 16.3 亿 | 83% |
| | 煤炭开采和洗选业 | 河南、山东、贵州、山西、重庆 | 8.0 亿吨 | 55.1% |
| 工业废水化学需氧量 | 造纸和纸制品业 | 广东、广西、宁夏、湖南、河北 | 21.2 万吨 | 44.3% |
| | 农副食品加工业 | 云南、广西、甘肃、黑龙江、河北 | 20.1 万吨 | 45.6% |
| | 化学原料及化学制品制造业 | 江苏、湖北、内蒙古、湖南、山东 | 11.6 万吨 | 34.4% |
| | 纺织业 | 浙江、广东、江苏 | 15.1 万吨 | 63.2% |
| 工业废水氨氮 | 化学原料及化学制品制造业 | 湖南、湖北、新疆、甘肃、江苏 | 3.0 万吨 | 45.3% |
| | 农副食品加工业 | 黑龙江、河北、河南、吉林、山东 | 0.6 万吨 | 34.6% |
| | 纺织业 | 浙江、广东、江苏 | 1.1 万吨 | 64.7% |
| | 造纸和纸制品业 | 河北、山东、广东、湖南、广西 | 0.7 万吨 | 45.8% |
| 工业废水石油类排放 | 石油加工、炼焦和核燃料加工业 | 山西、内蒙古、河南、河北、新疆 | 1 554.6 吨 | 60.8% |
| | 化学原料及化学制品制造业 | 陕西、湖南、江苏、湖南、山东 | 813.2 吨 | 36.9% |
| | 黑色金属冶炼和压延加工业 | 新疆、江苏、江西、山西、云南 | 1 088.4 吨 | 50.6% |
| | 煤炭开采和洗选业 | 贵州、山西、河南、安徽、青海 | 941.7 吨 | 47.4% |
| 工业废水挥发酚 | 石油加工、炼焦和核燃料加工业 | 山西、内蒙古 | 768.4 吨 | 68.7% |
| | 化学原料及化学制品制造业 | 山西、江苏 | 53.4 吨 | 50.9% |
| 工业废水氰化物 | 石油加工、炼焦和核燃料加工业 | 山西、河北、内蒙古、河南、宁夏 | 48.5 吨 | 76.1% |
| | 化学原料和化学制品制造业 | 湖南、河南、江苏、安徽、湖北 | 23.0 吨 | 58.7% |

（续表）

| 污染物 | 行　业 | 主要地区 | 主要地区排放量 | 主要地区占比 |
|---|---|---|---|---|
| 工业废水氰化物 | 黑色金属冶炼和压延加工业 | 山西、新疆、河南、广西、湖北 | 21.6 吨 | 63.5% |
| | 金属制品业 | 广东、江苏、浙江 | 15.7 吨 | 86.8% |

资料和数据来源：根据环境保护部《2014 年环境统计年报》数据和资料整理、计算得出。
注：表中数据和资料均由环境保护部根据各行业、各地区重点调查企业得出。

在造纸和纸制品业，河南、河北成为废水排放量较大的地区；在化学原料及化学制品制造业，湖北、河南是废水排放量较大的地区；而在煤炭开采和洗选业，河南、山东、贵州、山西、重庆五省共排放废水 8 亿吨，占全国的 55.1%。具体到化学需氧量、氨氮、石油类排放、挥发酚、氰化物等水环境污染物领域，情况则更加突出。例如，在农副食品加工业的化学需氧量排放上，云南、广西、甘肃、河北、黑龙江占全国的 45.6%，全部为中西部省区或东部发展梯度较低的省份；在黑色金属冶炼和压延加工业的石油类排放上，新疆、江苏、江西、山西、云南占全国的一半以上，大部分为中西部省区；在石油加工/炼焦和核燃料加工业挥发酚的排放上，山西和内蒙古占全国的 68.7%；在化学原料及化学制品制造业领域，湖南、湖北、新疆、甘肃、江苏氨氮排放占全国的 45.3%，前四名均为中西部省区；石油类排放山西、内蒙古、河南、河北、新疆、贵州、安徽、青海等中西部省区都是排放量较大的地区。

再看空气污染物以及危险废物各行业各地区的排放情况。如表 4.12 所示，化学原料及化学制品制造业、造纸和纸制品业、电力/热力生产和供应业、非金属矿物制品业、黑色金属冶炼及压延加工业等行业是这两大类污染物排放最多的行业，这些行业也都属于污染密集产业。而且在这一领域中，东部沿海地区只有山东、江苏、辽宁等少数省份排放量较大，而四川、新疆、内蒙古、云南、安徽等中西部省份已然成为主要的排放区域。例如，废碱、废酸、石棉废物、有色金属冶炼废物等危险废物，主要由造纸和纸制品业、化学原料和化学制品制造业、非金属矿采选业、有色金属冶炼和压延加工业这四个行业产生，除山东、江苏外，湖南、新疆、青海、四川、云南、广西、安徽、内蒙古、河南这九个中西部省区是主要的排放区域。电力/热力生产和供应业、黑色金属冶炼及压延加工业，非金属矿物制品业这三个污染密集产业产生了全国 65.9%的二氧化硫、84%的氮氧化物和 76%的烟(粉)尘，这当中除辽宁、山东、江苏等东部省分外，山西、内蒙古、安徽、河南、新疆等中西部省区都是排放的重要区域。

**表 4.12　2014 年工业污染物主要排放行业和地区情况**

| 污染物 | | 排放量 | 主要行业及排放量（或所占比例） | 排放量大的地区及所占比例 |
|---|---|---|---|---|
| 工业危险废物 | 废碱 | 608.2 万吨 | 化学原料和化学制品制造业 103.0 万吨，造纸和纸制品业 462.4 万吨 | 山东 374.4 万吨，湖南 131.8 万吨，共占 83.2% |

（续表）

| 污染物 | | 排放量 | 主要行业及排放量<br>（或所占比例） | 排放量大的地区及所占比例 |
| --- | --- | --- | --- | --- |
| 工业危险废物 | 石棉废物 | 561.7 万吨 | 非金属矿采选业 561.4 万吨 | 青海 290.0 万吨，新疆 271.4 万吨，共占 99.9% |
| | 废酸 | 549.4 万吨 | 化学原料和化学制品制造业 416.2 万吨 | 四川 91.2 万吨，江苏 68.3 万吨，云南 67.3 万吨，广西 59.1 万吨，安徽 51.0 万吨，共占 61.3% |
| | 有色金属冶炼废物 | 391.3 万吨 | 有色金属冶炼和压延加工业 362.4 万吨 | 云南 132.3 万吨，内蒙古 70.3 万吨，广西 33.3 万吨，湖南 29.7 万吨，河南 20.5 万吨，共占 73.1% |
| | 无机氰化物 | 246.8 万吨 | 化学原料和化学制品制造业 58.8 万吨，有色金属冶炼和压延加工业 111.2 万吨 | 山东 184.3 万吨，占 74.7% |
| | 废矿物油 | 152.9 万吨 | — | 陕西 30.9 万吨，辽宁 29.8 万吨，山东 21.1 万吨，新疆 19.6 万吨，共占 66.4% |
| 工业废气污染物 | 二氧化硫 | 1 740.4 万吨 | 电力/热力生产和供应业、黑色金属冶炼及压延加工业、非金属矿物制品业共占 65.9% | 电力、热力生产和供应业中内蒙古、山东、山西和辽宁占 35.3%，非金属矿物制品业中河南、山东、江西和四川占 32.2%，黑色金属冶炼及压延加工业中河北、四川、河南和山西占 39.7% |
| | 氮氧化物 | 1 404.8 万吨 | 电力/热力生产和供应业、非金属矿物制品业、黑色金属冶炼及压延加工业共占 84.0% | 电力/热力生产和供应业中内蒙古、山东、江苏和河南占 31.4%，非金属矿物制品业中安徽、山东、河北和河南占 28.8%，黑色金属冶炼及压延加工业中河北、山东、辽宁和江苏占 46.5% |
| | 烟（粉）尘 | 1 456.1 万吨 | 非金属矿物制品业，电力、热力生产和供应业，黑色金属冶炼及压延加工业共占 76.0% | 电力/热力生产和供应业中内蒙古、山西、黑龙江和辽宁占 41.6%，非金属矿物制品业中安徽、河北、山东和河南占 31%，黑色金属冶炼及压延加工业中河北、山东、辽宁和山西占 44.9% |

资料和数据来源：根据环境保护部《2014 年环境统计年报》相关资料和数据整理得出。

注：表中数据和资料均由环境保护部根据各行业、各地区重点调查企业得出。

## 三、“污染天堂”的形成

通过以上污染密集产业污染物排放的情况可以看出，虽然我国工业分布目前东部沿海地区仍是重心，山东、江苏、广东等传统工业强省仍是污染物排放量比较大的区域，但随着工业生产分布的变化，尤其是污染密集产业分布的变化，安徽、湖南、河南、四川、新疆、内蒙古等许多中部和西部的省区在工业化的进程中，逐渐成为许多污染物排放的主要区域。这当中，工业产业的区际梯度转移，尤其是污染密集产业的转移，无疑发挥了重要的作用。

我国污染密集产业"西移"和"北移"的趋势日益明显。随着东部沿海发达地区产业升级和环境规制的日趋严格，许多落后产能逐渐转移到中西部地区，地理位置偏西和偏北的省份日益成为污染密集产业的"避难所"。现阶段我国工业污染物排放的空间分布，发生了与工业产业分布尤其是污染密集产业空间分布相类似的变化趋势。这说明，产业的转移同时也带来了污染的转移。

相对于发达地区，欠发达地区的工业发展往往是以更大的污染为代价，污染增长往往超出工业增长的速度。例如，由于地理位置相邻，安徽承接了来自浙江、江苏、上海等地的大量产业转移。以 2012 年为例，当年安徽的工业增加值是 8 025.84 亿元，浙江是 15 338.02亿元，浙江是安徽的近两倍，但当年除了工业废水排放量上浙江是安徽的两倍多以外，工业废气排放量是安徽的 80.8%，固体废物排放量更是只有安徽的 37.7%[①]。

更何况，2012 年浙江的污染密集产业工业销售产值在全国的占比，仍是安徽的近两倍[②]，这说明即便同样是污染密集产业，两个省份各自所拥有的产业环节也不相同。青海省 2012 年工业增加值只有 895.89 亿元，仅占到全国的 0.45%，但其固体废物的排放量占到全国的 3.82%，其中危险废物排放量全国第三，占全国的 11.7%[③]。

总之，在现阶段区际产业转移的大趋势下，我国中西部地区在承接产业转移的过程中，也逐渐成为污染排放的重点区域，许多污染密集产业越来越多地进入到这些地区。自东部沿海许多地区在承接国际产业转移时沦为"污染天堂"之后，我国许多欠发达区域，也正形成区际产业转移背景下的新的"污染天堂"。

## 第三节　区域梯度差异与"污染天堂"假说

根据"污染天堂"假说理论，在其他成本都相同的前提下，国家或地区之间发生的污染密集产业的转移主要由于它们之间环境规制的差异。从我国的现实来看，造成工业产业的区际转移尤其是污染密集产业的转移的因素，包括区域产业结构、经济技术水平等多个方面，但环境规制的区域差异也是不可回避的重要因素。本节将从"污染天堂"假说理论出发，重点分析我国各个地区之间环境规制的差异，并对其他方面的梯度差异进行考察。

---

① 数据来源：根据 2013 年《中国环境统计年鉴》相关数据计算得出。

② 根据 2013 年《中国环境统计年鉴》《中国工业统计年鉴》相关数据计算得出。

③ 数据来源：根据 2013 年《中国环境统计年鉴》《中国工业统计年鉴》相关数据计算得出。

## 一、环境规制的区域梯度差异

环境规制作为保护生态环境的各项政策和措施，尽管在全国有统一的相关政策和规定，但各地的具体执行情况有差别，而且各地区的地方性环境规制也是有差异的。

描述各地区环境规制的梯度差异，目前常用的是计算环境规制强度的方法。例如，彭文斌和邝嫦娥就运用各个产业的废气治理设施运行费用和废水治理设施运行费用之和，除以工业总产值，得出 18 个产业的环境规制弨度表，并将这些产业分成环境规制高强度组、中强度组和低强度组①。

但更全面地描述各个地区的环境规制差异，这里不仅要考虑工业污染物的治理强度，还要考虑环境投资、城乡环境治理情况、能耗等指标。通过更多的环保指标，并运用系统聚类分析法，以达到更准确地将全国各省、自治区、直辖市进行分类的目的。

### （一）指标选取

如表 4.13 所示，为构建区域环境规制差异的指标体系，共选取单位 GDP 能耗、工业废气治理强度、工业废水治理强度、环境污染投资占 GDP 比重、城市生活垃圾无害化处理率、农村累计改水受益率共六个指标，并将根据这六个指标的数据进行聚类。

其中，单位 GDP 能耗指标，各地区统计口径并不一致，有的地区甚至没有公布，为了口径的一致，均采用地区能源消费总量除以地区 GDP 计算得出。

工业废气治理强度和工业废水治理强度反映的是工业污染物的治理情况，用工业废气治理设施运行费用和工业废水治理设施运行费用，分别除以工业废气和工业废水的排放量计算得出。

环境污染投资占 GDP 比重反映了各地环境治理的投入情况，城市生活垃圾无害化处理率和农村累计改水受益率两个指标，反映了各地区城乡环境保护的大体现状。

**表 4.13　2012 年②全国各地区经济发展和环境治理相关指标**

| 地区 | 单位 GDP 能耗（吨标准煤/万元） | 工业废气治理强度（元/万立方米） | 工业废水治理强度（元/吨） | 环境污染投资占 GDP 比重 | 城市生活垃圾无害化处理率 | 农村累计改水受益率 |
|---|---|---|---|---|---|---|
| 北京 | 0.40 | 26.92 | 5.59 | 1.92% | 99.1% | 100% |
| 天津 | 0.64 | 28.53 | 6.66 | 1.22% | 99.8% | 100% |
| 河北 | 1.14 | 19.29 | 4.49 | 1.83% | 81.4% | 97.67% |

① 彭文斌，邝嫦娥. 基于环境规制和公众参与的污染产业转移问题研究[M]. 上海：上海三联书店，2014 年 7 月，第 33-35 页.

② 和本章第一节界定污染密集产业一样，这里也选择 2012 年作为研究对象。因为区际产业的梯度转移已经持续十多年，而 2012 年 11 月召开的党的十八大是中国生态文明建设的重要历史节点，故而选择尽可能靠近当前又比较能代表大多数年份各地环境治理情况的 2012 年进行研究。

（续表）

| 地区 | 单位GDP能耗（吨标准煤/万元） | 工业废气治理强度（元/万立方米） | 工业废水治理强度（元/吨） | 环境污染投资占GDP比重 | 城市生活垃圾无害化处理率 | 农村累计改水受益率 |
|---|---|---|---|---|---|---|
| 山西 | 1.60 | 18.20 | 5.36 | 2.71% | 80.3% | 91.36% |
| 内蒙古 | 1.25 | 21.23 | 3.00 | 2.8% | 91.2% | 98.88% |
| 辽宁 | 0.95 | 19.05 | 2.98 | 2.75% | 87.2% | 96.99% |
| 吉林 | 0.79 | 14.33 | 2.06 | 0.87% | 45.8% | 100% |
| 黑龙江 | 0.93 | 12.32 | 4.00 | 1.59% | 47.6% | 99.56% |
| 上海 | 0.56 | 30.31 | 7.08 | 0.66% | 83.6% | 99.99% |
| 江苏 | 0.53 | 46.15 | 4.09 | 1.22% | 95.9% | 98.73% |
| 浙江 | 0.52 | 41.32 | 2.87 | 1.08% | 99% | 97.56% |
| 安徽 | 0.66 | 15.71 | 3.11 | 1.92% | 91.1% | 96.52% |
| 福建 | 0.57 | 20.73 | 1.52 | 1.13% | 96.4% | 97.65% |
| 江西 | 0.56 | 22.45 | 2.33 | 2.44% | 89.1% | 100% |
| 山东 | 0.78 | 25.16 | 2.90 | 1.48% | 98.1% | 99.64% |
| 河南 | 0.80 | 16.13 | 1.67 | 0.71% | 86.4% | 95.21% |
| 湖北 | 0.79 | 18.17 | 1.92 | 1.28% | 71.5% | 99.38% |
| 湖南 | 0.76 | 19.29 | 1.84 | 0.86% | 95% | 91.44% |
| 广东 | 0.51 | 33.48 | 2.79 | 0.46% | 79.1% | 98.81% |
| 广西 | 0.70 | 9.86 | 1.65 | 1.46% | 98% | 79.89% |
| 海南 | 0.59 | 28.35 | 4.43 | 1.57% | 99.9% | 97.02% |
| 重庆 | 0.81 | 24.26 | 2.61 | 1.64% | 99.3% | 98.94% |
| 四川 | 0.86 | 19.58 | 4.06 | 0.75% | 88.3% | 93.63% |
| 贵州 | 1.44 | 25.24 | 2.49 | 1.01% | 91.9% | 80.30% |
| 云南 | 1.01 | 24.59 | 2.83 | 1.28% | 82.7% | 91.55% |
| 西藏 | — | 14.93 | 1.88 | 0.57% | — | — |
| 陕西 | 0.74 | 18.72 | 2.44 | 1.25% | 88.5% | 96.27% |
| 甘肃 | 1.24 | 14.85 | 1.91 | 2.15% | 41.7% | 94.21% |
| 青海 | 1.86 | 15.56 | 1.63 | 1.27% | 89.2% | 87.69% |

（续表）

| 地区 | 单位 GDP 能耗（吨标准煤/万元） | 工业废气治理强度（元/万立方米） | 工业废水治理强度（元/吨） | 环境污染投资占 GDP 比重 | 城市生活垃圾无害化处理率 | 农村累计改水受益率 |
|---|---|---|---|---|---|---|
| 宁夏 | 1.95 | 22.20 | 2.45 | 2.38% | 70.6% | 95.51% |
| 新疆 | 1.58 | 13.44 | 3.22 | 3.4% | 78.7% | 92.37% |

数据来源：根据《中国统计年鉴 2013》《中国环境统计年鉴 2013》《中国能源统计年鉴 2013》相关数据整理、计算得出。

## （二）各地区环境规制差异的聚类

根据以上六个指标，对表 4.13 的数据（即 2012 年数据）进行聚类。由于西藏地区部分指标的数据缺失，因而只对其他 30 个省、自治区、直辖市的环境规制进行分类。可以根据需要，结合样本的数量和特征分成二至四类，甚至更多类。选用离差平方和方法（即 Ward 联接法），以平方 Euclidean 距离作为区间度量标准。这样，可以得到凝聚状态表，即表 4.14，根据该表，所分的类数不同，则所分的结果不同。

**表 4.14　分成 2～4 类时各地区所属的类别**

| 地区 | 4 类 | 3 类 | 2 类 | 地区 | 4 类 | 3 类 | 2 类 |
|---|---|---|---|---|---|---|---|
| 1. 北京 | 1 | 1 | 1 | 16. 河南 | 2 | 2 | 2 |
| 2. 天津 | 1 | 1 | 1 | 17. 湖北 | 2 | 2 | 2 |
| 3. 河北 | 2 | 2 | 2 | 18. 湖南 | 2 | 2 | 2 |
| 4. 山西 | 3 | 3 | 2 | 19. 广东 | 1 | 1 | 1 |
| 5. 内蒙古 | 2 | 2 | 2 | 20. 广西 | 4 | 2 | 2 |
| 6. 辽宁 | 2 | 2 | 2 | 21. 海南 | 1 | 1 | 1 |
| 7. 吉林 | 3 | 3 | 2 | 22. 重庆 | 2 | 2 | 2 |
| 8. 黑龙江 | 3 | 3 | 2 | 23. 四川 | 2 | 2 | 2 |
| 9. 上海 | 1 | 1 | 1 | 24. 贵州 | 4 | 2 | 2 |
| 10. 江苏 | 1 | 1 | 1 | 25. 云南 | 2 | 2 | 2 |
| 11. 浙江 | 1 | 1 | 1 | 26. 陕西 | 2 | 2 | 2 |
| 12. 安徽 | 2 | 2 | 2 | 27. 甘肃 | 3 | 3 | 2 |
| 13. 福建 | 2 | 2 | 2 | 28. 青海 | 4 | 2 | 2 |
| 14. 江西 | 2 | 2 | 2 | 29. 宁夏 | 3 | 3 | 2 |
| 15. 山东 | 2 | 2 | 2 | 30. 新疆 | 3 | 3 | 2 |

同时，还可以得到树状图，即图 4.2。通过该图可以直观地观测系统聚类的全过程。

根据图 4.2,确定阈值为 15,则可以将样本分为两类;确定阈值为 13,则可以将样本分为三类;确定阈值为 11,则可以将样本分为四类。

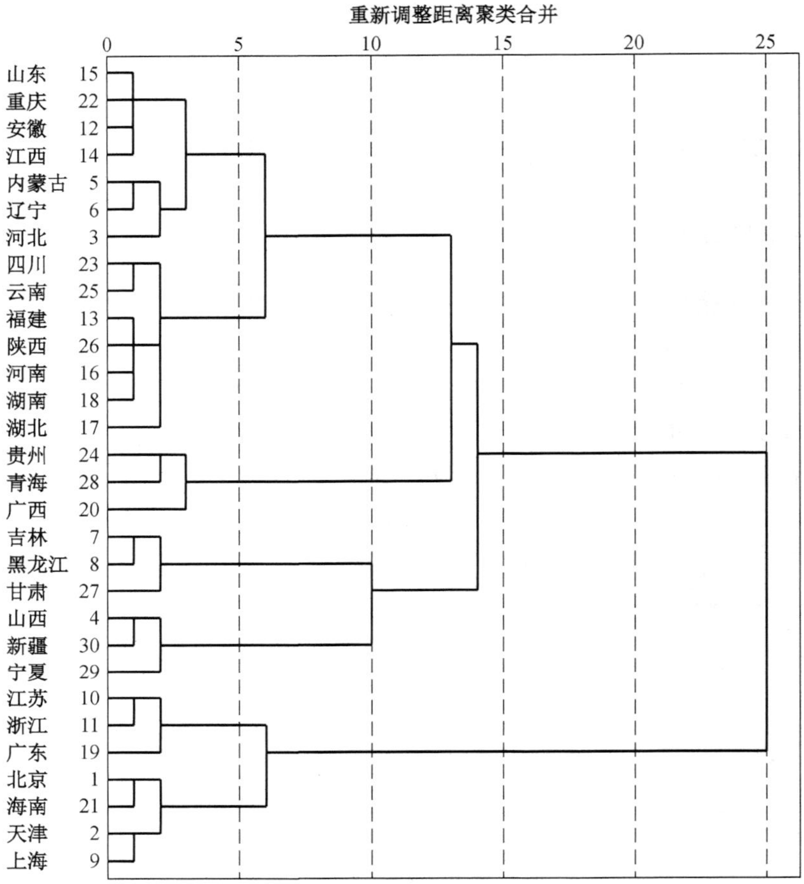


**图 4.2 各地区环境规制差异系统聚类树状图**

## (三)我国各地区环境规制差异的梯度特征

根据研究的需要,将 30 个样本分为三类,可以更便于描述不同类别的特征,这样就得到表 4.15。根据聚类的结果,北京、天津、上海等 7 个省市属于环境规制一类地区,河北、内蒙古、辽宁等 17 个省市区属于二类地区,山西、吉林等 6 省区属于三类地区。

**表 4.15 30 个地区环境规制分成四类时的系统聚类结果**

| 类别 | 地　区 | 地区个数 |
| --- | --- | --- |
| 第一类 | 北京、天津、上海、江苏、浙江、广东、海南 | 7 |
| 第二类 | 河北、内蒙古、辽宁、安徽、福建、江西、山东、河南、湖北、湖南、重庆、四川、云南、陕西、广西、贵州、青海 | 17 |
| 第三类 | 山西、吉林、黑龙江、甘肃、宁夏、新疆 | 6 |

从我国环境污染和生态破坏的状况以及各种环境事件频发的情况来看，我国各地区整体上环境规制并不严格。但相对而言，在这三个类中，第一类地区多为沿海经济发达省市，整体上属于向外转移产业的地区，环境治理投入较大，环境规制较为严格。第二类地区主要由中西部承接产业转移大省和部分沿海工业大省组成，在日趋严重的环境污染威胁下，环境保护措施和力度有所加强，环境规制逐渐开始趋向严格，但不及一类地区。第三类地区主要由东北和西北省区组成，承接产业转移也有一定规模，但不及第二类的许多地区，从许多环境治理相关指标来看，环境规制相对二类地区又次之。

聚类的结果显示，我国各地区环境规制存在明显的区域差异和梯度特征，这与我国的经济发展梯度也大体一致。一类地区只有海南经济发展水平较低，但海南正致力于推进国际旅游岛建设，因此环境规制相对严格，且农业占比较高，工业污染程度较低，其他六省市则一直是我国的经济重心和产业转出地。二类地区和三类地区中的大多数省市区都属于承接产业转移的大省或者沿海的工业大省，经济发展水平总体上与一类地区有明显差异，环境规制也处于较低的梯度。

## 二、经济技术和产业结构的区域梯度差异

一个区域产业的发展终究要符合本地区的比较优势。比较优势的动态变化以及区域间比较优势的差异，具体表现为要素成本、技术条件、资本积累、基础设施、软环境等方面的变化和差异，这些都有可能成为产业发生区际转移的动能。而区域间经济发展水平和产业结构的梯度差异，实际上在为产业的转移蓄积势能。从我国东部、中部、西部三大区块的发展情况来看，经济技术和产业机构的梯度差异非常明显，这使产业的转移势所必然。

第一，经济发展水平梯度差异巨大。居民人均可支配收入这一指标既可以反映一地区居民的实际经济收入，也可以反映出地区经济发展的实际水平。如表 4.16 所示，2015 年，全国居民人均可支配收入为 2.2 万元。北京、上海这一指标均在 4.8 万元以上，是全国水平的两倍多，是甘肃、贵州等省的近三倍。天津、浙江、江苏、广东也都在 2.5 万元以上，是大多数中西部省份的 1.5 倍至两倍。除了这六省市以外，只有山东、福建、内蒙古等沿海省份或资源大省略高于全国平均水平，其余都偏低。东南沿海省份中，只有海南省处于相对较低水平，但也高于大多数中西部省市区。西北地区和西南地区的水平又大大低于其他地区，新疆、甘肃、贵州、云南等省区尤其明显，甘肃省甚至只有全国平均水平的 61.3%。

**表 4.16　2015 年各地区居民人均可支配收入(元)**

| 地区 | 人均可支配收入 | 地区 | 人均可支配收入 | 地区 | 人均可支配收入 |
|---|---|---|---|---|---|
| 北京 | 48 458.0 | 安徽 | 18 362.6 | 陕西 | 17 395.0 |
| 天津 | 31 291.4 | 福建 | 25 404.4 | 广西 | 16 873.4 |

(续表)

| 地区 | 人均可支配收入 | 地区 | 人均可支配收入 | 地区 | 人均可支配收入 |
|---|---|---|---|---|---|
| 上海 | 49 867.2 | 江西 | 18 437.1 | 贵州 | 13 696.6 |
| 江苏 | 29 538.9 | 山东 | 22 703.2 | 青海 | 15 812.7 |
| 浙江 | 35 537.1 | 河南 | 17 124.8 | 山西 | 17 853.7 |
| 广东 | 27 858.9 | 湖北 | 20 025.6 | 吉林 | 18 683.7 |
| 海南 | 18 979.0 | 湖南 | 19 317.5 | 黑龙江 | 18 592.7 |
| 河北 | 18 118.1 | 重庆 | 20 110.1 | 甘肃 | 13 466.6 |
| 内蒙古 | 22 310.1 | 四川 | 17 221.0 | 宁夏 | 17 329.1 |
| 辽宁 | 24 575.6 | 云南 | 15 222.6 | 新疆 | 16 859.1 |

数据来源:根据《中国统计年鉴 2016》数据整理得出。
注:当年全国居民人均可支配收入为 21 966.2 元,西藏地区为 12 254.3 元。

第二,从工业化程度和产业结构的变化来看,全国各地区也有很大的梯度差异。如表 4.17 所示,2005 年至 2015 年全国整体上处于一个工业化推进的过程,第二、三产业占比之和上升 8 个百分点,同时第三产业逐渐超过第二产业比重。在这一大形势下,北京、上海处于全国工业化水平的最高端,第三产业远远超过其他产业占比之和;天津、江苏、浙江、广东虽然第二产业比重仍然较大,但也都出现第三产业比重逐渐增加,超过第二产业占比,说明这些地区也都处于工业化程度较高的水平。山东作为沿海工业大省,第二产业比重大幅下降,第三产业比重大幅上升,但从产业结构上看与这六省市还存在一定的差距。其他地区绝大多数都呈现出第一产业比重大幅下降,第二产业比重上升的趋势,在承接产业转移规模较大的地区中第二产业比重上升趋势尤为明显。例如,从 2005 年至 2015 年,安徽省第二产业比重上升 8.4 个百分点,第一产业下降 6.8 个百分点;湖南省第二产业比重上升 4.4 个百分点,第一产业下降 8.1 个百分点①。海南省一直是第一产业比重最大的地区,但也下降了 10.5 个百分点,第二产业比重略有下降,第三产业上升幅度较大。

**表 4.17　2005 年和 2015 年各地区三次产业之比**

| 地区 | 2005 年 | 2015 年 | 地区 | 2005 年 | 2015 年 |
|---|---|---|---|---|---|
| 北京 | 1.4 : 29.5 : 69.1 | 0.6 : 19.7 : 79.7 | 湖北 | 16.6 : 43.1 : 40.3 | 11.2 : 45.7 : 43.1 |
| 天津 | 3.0 : 55.5 : 41.5 | 1.3 : 46.6 : 52.2 | 湖南 | 19.6 : 39.9 : 40.5 | 11.5 : 44.3 : 44.1 |
| 上海 | 0.9 : 48.6 : 50.5 | 0.4 : 31.8 : 67.8 | 重庆 | 15.1 : 41.0 : 43.9 | 7.3 : 45.0 : 47.7 |

① 一些中西部省份在 2012 年、2013 年时第二产业比重达到最大,近两年开始下降,第三产业比重逐渐上升,这也是工业化推进到一定程度后的反映,但是与沿海发达地区相比差距仍然是很明显的,并不意味着承接产业转移的步伐放缓。例如,河南省 2013 年第二产业占比为 55.4%,2015 年只有 48.4%,但是第二产业的增加值从 2013 年的 16 742.90亿元增加到 17 917.37 亿元,而根据商务部资料,2015 年仅 1 至 5 月份河南工业和信息化领域承接产业转移引进资金就达 671.06 亿元。

（续表）

| 地区 | 2005 年 | 2015 年 | 地区 | 2005 年 | 2015 年 |
|---|---|---|---|---|---|
| 江苏 | 8.0：56.6：35.4 | 5.7：45.7：48.6 | 四川 | 20.1：41.5：38.4 | 12.2：44.1：43.7 |
| 浙江 | 6.6：53.4：40.0 | 4.3：46.0：49.8 | 云南 | 19.3：41.2：39.5 | 15.1：39.8：45.1 |
| 广东 | 6.4：50.7：42.9 | 4.6：44.8：50.6 | 陕西 | 11.9：50.3：37.8 | 8.9：50.4：40.7 |
| 海南 | 33.6：24.6：41.8 | 23.1：23.7：53.3 | 广西 | 22.4：37.1：40.5 | 15.3：45.9：38.8 |
| 河北 | 14.9：51.8：33.3 | 11.5：48.3：40.2 | 贵州 | 18.6：41.8：39.6 | 15.6：39.5：44.9 |
| 内蒙古 | 15.1：45.5：39.4 | 9.1：50.5：40.5 | 青海 | 12.0：48.7：39.3 | 8.6：49.9：41.4 |
| 辽宁 | 11.0：49.4：39.6 | 8.3：45.5：46.2 | 山西 | 6.3：56.3：37.4 | 6.1：40.7：53.2 |
| 安徽 | 18.0：41.3：40.7 | 11.2：49.7：39.1 | 吉林 | 17.3：43.6：39.1 | 11.4：49.8：38.8 |
| 福建 | 12.8：48.7：38.5 | 8.2：50.3：41.6 | 黑龙江 | 12.4：53.9：33.7 | 17.5：31.8：50.7 |
| 江西 | 17.9：47.3：34.8 | 10.6：50.3：39.1 | 甘肃 | 15.9：43.4：40.7 | 14.1：36.7：49.2 |
| 山东 | 10.6：57.4：32.0 | 7.9：46.8：45.3 | 宁夏 | 11.9：46.4：41.7 | 8.2：47.4：44.5 |
| 河南 | 17.9：52.1：30.0 | 11.4：48.4：40.2 | 新疆 | 19.6：44.7：35.7 | 16.7：38.6：44.7 |

数据来源：根据 2006 年和 2016 年《中国统计年鉴》数据整理得出。

注：2005 年全国三次产业之比为 12.6：47.5：39.9，西藏为 19.1：25.3：55.6；2015 年全国三次产业之比为 4.6：41.6：53.7，西藏为 9.6：36.7：53.8。

第三，技术创新的区域梯度差异也非常显著。如表 4.18 所示，从有效发明专利的数量和新产品出口额来看，北京、天津、上海、浙江、江苏、广东、山东属于第一梯队。全国其他地区就发明专利而言，只有安徽、湖南数量较多；就新产品出口额而言，只有福建、河南较高。而海南、青海、吉林、黑龙江、甘肃、宁夏、新疆等地区在这方面相对而言处于较低的梯度。

**表 4.18　2015 年各地区发明专利和新产品出口额**

| 地区 | 有效发明专利数（件） | 新产品出口额（万元） | 地区 | 有效发明专利数（件） | 新产品出口额（万元） |
|---|---|---|---|---|---|
| 北京 | 23 749 | 2 438 988 | 湖北 | 16 965 | 1 939 520 |
| 天津 | 17 422 | 11 308 812 | 湖南 | 19 087 | 5 096 888 |
| 上海 | 30 815 | 10 798 363 | 重庆 | 6 328 | 10 731 971 |
| 江苏 | 85 485 | 58 104 240 | 四川 | 17 601 | 1 508 088 |
| 浙江 | 31 642 | 37 286 842 | 云南 | 4 605 | 198 914 |
| 广东 | 177 047 | 74 841 360 | 陕西 | 7 506 | 1 030 964 |

（续表）

| 地区 | 有效发明专利数(件) | 新产品出口额(万元) | 地区 | 有效发明专利数(件) | 新产品出口额(万元) |
|---|---|---|---|---|---|
| 海南 | 1 378 | 153 505 | 广西 | 3 731 | 457 673 |
| 河北 | 7 740 | 3 268 926 | 贵州 | 4 096 | 473 911 |
| 内蒙古 | 2 175 | 571 053 | 青海 | 271 | 890 |
| 辽宁 | 10 372 | 3 430 873 | 山西 | 4 468 | 1 583 621 |
| 安徽 | 28 568 | 4 665 204 | 吉林 | 2 649 | 405 640 |
| 福建 | 12 424 | 11 022 029 | 黑龙江 | 3 351 | 353 881 |
| 江西 | 4 765 | 2 165 579 | 甘肃 | 1 884 | 507 159 |
| 山东 | 33 785 | 17 948 132 | 宁夏 | 908 | 259 931 |
| 河南 | 11 305 | 28 730 299 | 新疆 | 1 553 | 43 523 |

注:(1)表中数据均为规模以上工业企业的情况。(2)当年全国有效发明专利数为 573 765 件,西藏为 90 件;全国新产品出口额为 291 326 776 万元,西藏未统计。

数据来源:根据《中国统计年鉴 2016》数据整理得出。

## 三、区域梯度差异与“污染天堂”的关系

造成产业转移的因素主要有资源环境约束、要素成本上升、梯度差异、技术创新等①。所有这些因素,归根结底也可以说是区域间差异的体现。通过以上分析可以看出,我国各地区在环境规制、经济发展水平、产业结构、技术创新等方面存在着显著的梯度差异,而且环境规制的梯度差异与其他方面的梯度差异总体上一致。也就是说在我国各个地区中,经济技术和产业结构水平高的地区,环境规制也相对更加严格。

就环境规制的梯度而言,处于第一梯队的省市基本上都属于长三角、珠三角和环渤海三个经济重心地区。这些地方过去长期的工业发展和粗放型的增长方式,引起制造业的过度集聚并对资源环境形成巨大压力,生态恶化和资源紧张渐渐成为制约进一步发展的瓶颈和影响居民生活质量提升的障碍。转变经济发展方式,调整产业发展战略,升级产业结构,成为必然。这些地区普遍出现第三产业比重上升,逐渐超过第二产业的比重,同时向外转出比较优势逐渐丧失的产业或产业环节,而这当中日趋严格的环境规制成为促使产业转移的重要因素。处于第二梯队和第三梯队的地区,总体上属于承接产业转移的地区,环境规制的严格程度与第一梯队有差距,但随着资源的耗竭和环境污染的加剧,以及人们发展理念的转变和环保意识的增强,环境规制也将会逐渐得到加强。

根据第一节和第二节的分析,从污染密集产业的转移方向和工业污染空间分布的动

① 杜传忠,刘英基.区际产业分工与产业转移研究[M].经济科学出版社,2013 年 9 月,第 198-206 页.

态变化来看，我国大规模的区际产业转移带来的一个结果就是“污染天堂”的形成，并且产业转移和污染转移的状况也与我国各地区环境规制的梯度差异基本相符。客观上说，造成“污染天堂”的区际产业转移，是多种因素形成的，既有环境规制的区域差异所带来的环境成本差异，也有经济技术和产业结构梯度差异所带来的劳动力、土地等其他成本的差异和地方发展政策的差异。从我国的实际情况出发，直接带来“污染天堂”的区际产业转移，与环境规制的差异相关，也很大程度上取决于各地区工业化的进程和发展阶段的差异。但不可否认，环境规制的梯度差异无疑为“污染天堂”的产生提供了必要的“空间”。

“污染天堂”假说理论认为，在自由贸易条件下，各地产品价格差异很小，产业是否选择区位重置主要取决于生产成本，而且在其他成本都相同的前提下，环境标准或环境规制差异形成的环境成本成为产业区位选择的首要因素。尽管其他成本都相同的前提在现实中很难出现，但毫无疑问随着我国生态环境恶化的加剧，尤其是经济发达区域的资源环境矛盾日益突出，环境规制以及由此带来的环境成本正成为促使产业转移越来越重要的因素。

## 本章小结

“污染天堂”假说在我国的区际产业转移中是否成立，一看污染密集产业转移的空间方向，二看整个产业梯度转移导致的环境污染的空间格局演变，三看环境规制差异等其他方面区域差异的状况。从本章的分析来看，污染密集产业的转移方向出现了与“污染天堂”假说所描述的国际产业转移相一致的情形，由于环境污染的转移与产业转移相伴随，在区际产业转移中造成了“污染天堂”的形成。由于各地区存在显著的环境规制梯度差异，而且经济发展水平、技术水平和产业结构的梯度差异与之大体一致，这为“污染天堂”的存在提供了空间。

如果从影响因素的角度来看，无疑 Grossman 和 Krueger 的分析框架为区域产业转移生态效应在理论上的分解提供了基础，即系统地分析包括规模效应、结构效应和技术效应在内的区际产业转移的三个生态效应。这可以为后续的研究提供相应的依据。值得关注的是，未来一段时期，我国的生态环境问题仍将十分突出。产业的区际转移和大多数区域产业的发展所造成的环境污染和资源消耗，短期内难以得到根本扭转。

# 第五章　区际产业梯度转移生态和经济效应的综合分析

但从区域经济平衡发展和改善人民生活水平的需要出发，区际产业转移既是我国现阶段经济发展的一大特征，也是不可阻挡的一大趋势。产业发展和生态文明建设两者皆不可偏废，对于区际产业转移，其生态效应和经济效应都不容忽视。本章主要是通过借鉴 Grossman 和 Krueger 的分析框架，综合分析我国现阶段区际产业转移生态效应和经济效应，为寻求产业转移和生态文明建设的协同推进提供必要的依据。

## 第一节　区际产业梯度转移对生态环境的规模效应

从 Grossman 和 Krueger 的思路出发，分析区际产业转移带来的生态效应，首先要分析其规模效应，着重分析产业转移造成承接地经济活动增加所带来的对生态环境的外部效应。

### 一、规模效应的内涵

从经济增长的环境效应来看，经济活动的水平或者国民经济的规模，是决定一个国家或者地区环境和自然资源状态的重要因素之一①。也就是说，当经济活动扩张后，势必会引起对资源消耗的增加和污染排放规模的扩大。Grossman 和 Krueger 所指的规模效应原本是指自由贸易带来经济规模扩大从而增加对环境的压力②，本质上看也是经济活动扩张的结果。

产业转移使一定区域内的经济活动更加密集，改善了当地的分工和协作体系，逐渐使经济规模扩大。从区际产业转移的角度看，这在本质上是生产能力在空间上的配置和整合，并通过区域经济系统逐次展开。③ 当工业产业转移到另一个区域后，使承接地工业生产规模扩大，而导致工业污染物排放增加，从而产生污染的规模效应。同时在产业转移过程中，会引致更大范围甚至全国工业整体生产规模产生扩大的趋势，这显然也会使工业污染的规模扩大。从外部性的角度看，污染规模效应实际上是负的外部效应。其实质是生产要素在区域间发生转移或者产业的空间布局发生变化，污染物排放和资源消耗在产业承接地不断攀升，并带来污染空间格局的变化，使区域自身工业生产扩大的同时，给社会和生态环境带来巨大的成本。当然，规模效应并非不可避免，关键在于治理是否能够跟上，而这现实中往往更多地取决于技术和制度的因素。

### 二、规模效应的表现

根据第三章的分析，我国几乎在全国土范围内发生了大规模的产业转移，并且在工业化进程中随着工业生产规模的不断扩大，作为产业转移的承接地，比如中西部地区、位于东部的一些相对落后的区域，其工业生产的规模都持续扩张到了一定的程度。而根据第四章的分析，无论从污染物的排放量来看，还是从污染密集产业的情况来看，在这些区域工业污染的规模也已快速上升到了一定程度，并且还有持续增加的趋势，而且随着污染密

① 潘家华. 持续发展途径的经济学分析[M]. 社会科学文献出版社，2007 年 5 月，第 33 页.

② G. M. Grossman and A. B. Krueger, 1991, Environmental Impacts of a North American Free Trade Agreement, in P. M. Garber ed., The Mexico-U. S. Free Trade Agreement[M]. Cambridge, MIT Press.

③ 杜传忠，刘英基. 区际产业分工与产业转移研究[M]. 经济科学出版社，2013 年 9 月，第 8 页.

集产业的转移和扩张，污染的规模和程度都被大大加剧了。从第三章表3.1和图3.1中可以看出，我国区际产业梯度转移和工业生产空间格局的这种趋势。而第四章表4.6和图4.1也已经初步显示这种规模效应的存在。“污染天堂”效应的验证也揭示了区际产业梯度转移带来的工业生产规模的扩大和污染规模的扩大，这恰恰也说明了污染的规模效应。这里从中西部地区污染密集产业的发展情况和工业污染物的情况做进一步的说明。

**表5.1　2005—2014年中西部地区污染密集产业和工业污染物的变化**

| 年份 | 2005年 | 2007年 | 2009年 | 2012年 | 2014年 |
|---|---|---|---|---|---|
| 污染密集产业工业销售产值(亿元) | 41 955.31 | 71 603.04 | 96 574.88 | 194 112.84 | 224 768.57 |
| 占比 | 35.58% | 37.93% | 39.60% | 42.81% | 43.31% |
| 工业废气排放(亿立方米) | 126 976 | 196 343 | 223 675 | 348 509 | 372 014.4 |
| 占比 | 47.21% | 50.58% | 51.29% | 54.84% | 53.59% |
| 工业废水排放(万吨) | 1 109 772 | 1 144 385 | 1 108 434 | 1 036 324 | 960 257 |
| 占比 | 45.65% | 46.40% | 47.29% | 46.77% | 46.76% |
| 固体工业废物排放(万吨) | 79 362 | 106 034.1 | 122 367.5 | 205 978.74 | 204 664 |
| 占比 | 59.03% | 60.37% | 60.00% | 61.95% | 62.85% |

数据来源：根据国研网、《中国环境统计年鉴》各年相关数据整理、计算得出。

如表5.1所示，根据第四章对污染密集产业的分类，从2005年至2014年，我国中西部地区在黑色金属矿采选业、有色金属矿采选业、造纸及纸制品业、化学原料及化学制品制造业、化学纤维制造业等13个污染密集产业的销售产值从41 955.31亿元增加到了224 768.57亿元，10年时间扩张了近五倍。中西部地区的重污染产业销售产值占全国的比重也从35.58%上升到了43.31%，10年时间上升了近8个百分点。这说明，随着工业生产越来越偏重中西部地区，污染密集产业的布局也越来越偏重于中西部地区。从近些年来中西部地区招商引资的项目来看，污染密集产业也成为吸纳产业转移的重要领域。例如，纺织、化工、造纸甚至冶金行业都发生了大量的转移。

在工业生产规模特别是污染密集产业规模扩大的同时，污染物的产生也越来越多地偏重中西部地区。从工业废水的排放情况来看，从2005年到2014年，全国工业废水的排放量呈现出相对较快的下降趋势，2007年时全国排放量为2 466 493万吨，2014年时降到了2 053 430万吨。但同一时期，中西部地区工业废水的排放量只有小幅下降，而占全国的比重也有所上升。再看工业废气和固体工业废物的排放，中西部地区出现了大幅度的增加；在这10年时间里，工业废气排放增长了近两倍，占全国比重增加了6.38个百分点；固体工业废物产生量增长了1.6倍，占全国比重增加了3.82个百分点。由此可见，在工业产业区际梯度转移的作用下，经济规模扩大带来了污染规模的明显扩大。

## 三、进一步的说明

从目前的情况来看，尽管有些产业由于产能过剩，开始面临压缩，但是整体上看，我国维持较快的经济发展速度和庞大的经济体量所产生的对工业生产的庞大需求，使得“规模”还是相当大。而且，由于我国整体上工业化还没有完成，工业化水平的区域差异较大，在产业转移的作用下，许多地区的工业生产规模保持扩大的态势，在工业技术水平和技术装备取得根本性的改善之前，工业污染的规模效应便呈现出来。再加上，工业化推动人们的生产、生活方式发生改变，工业化条件下的城市生活、农业生产都会造成污染规模的扩大，这些与工业产业转移形成的污染相叠加，给我国生态环境的压力可想而知。

更何况，即使是在东部地区，相对发达地区和相对落后地区之间所存在的这种区际产业转移所造成的因经济规模扩大而带来的污染的规模效应，与中西部地区所发生的情况如出一辙，一些地区因工业急剧扩张对生态环境的破坏十分惊人，如河北省、江苏北部的一些地区。更加令人担忧的是，一些经济体量比较小、生态重要性强且生态脆弱程度高的地区如西藏、青海等地，工业污染的规模扩大了。例如，自 2007 年至 2013 年这七年间，西藏自治区工业废气排放从 13 亿立方米增加到 170.4 亿立方米，增长了 12.1 倍；固体工业废物从 5.5 万吨，增加到了 383 万吨，增长了 68.6 倍[①]；尽管从体量上看并不大，但增长速度惊人。很大程度上这与沿海和内地企业的进入有很大关系，工业发展取得了进步，态势良好，但其中所带来的环境外部性问题不能不引起警惕。

# 第二节　区际产业梯度转移对生态环境的结构效应

经济结构显然也是影响国家或区域生态环境的重要因素之一。分析区际产业转移带来的生态效应，从分析经济结构的变化所带来的环境外部性入手，当然也是全面解析问题的重要前提。

## 一、结构效应的内涵

Grossman 和 Krueger 所指的结构效应，是在自由贸易条件下，国际分工导致生产要素流向各国具有比较优势的产业部门，使得产业结构发生改变，对生态环境的影响程度也随之发生改变[②]。应该说，结构效应与规模效应是紧密相连的，是经济结构的改变带来一

---

① 数据来源：《中国环境统计年鉴》各年相关数据整理、计算得出。

② G. M. Grossman and A. B. Krueger, 1991, Environmental Impacts of a North American Free Trade Agreement, in P. M. Garber ed., The Mexico-U. S. Free Trade Agreement[M]. Cambridge, MIT Press.

定空间范围或者一定产业部门经济活动的扩大的结果。从区际产业转移的角度看，其对生态环境的结构效应指的是，在贸易畅通的条件下，由于各个区域都会分工生产本区域具有比较优势的产品，产业转移使生产要素流向这些有比较优势的产业部门，致使区域内原有的生产外部性的程度和结构发生改变。

通常，经济结构效应未必总是负的外部效应，在不同的经济发展阶段，情况则明显不同。当经济发展水平较高，工业化进程推进到较高阶段后，或是向外转出产业，或是引入相对较为高端的产业或产业环节，因而结构效应为正。而在经济发展水平相对较低且工业化正在快速推进时，承接的往往是发达地区不再具有比较优势的产业或产业环节，而且承接的规模越来越大，此时工业产业在经济结构中的比重快速上升，结构效应往往为负。

并且，结构效应往往存在一种“惯性”，这主要在于工业产业的集聚性。由于产业集群可以带来外部经济和范围经济，深化专业分工，降低交易费用等，从而加强企业的竞争力和强化集群所在区域的竞争优势①。区域承接产业转移之后，这些企业更易于发生集聚，以至于在承接地形成集群，更加细化的分工、更完善的相关产业生态体系、更大的规模经济和范围经济，在比较优势的“存续期”内，越来越多的生产要素集聚到产业集群中，使集群的规模越来越大。因而，区域内承接的产业在初期造成对经济结构的影响后，在此后的集聚效应作用下，强化了经济结构的改变，工业污染的排放和资源的消耗都发生了变化，从而使产业转移对生态环境的结构效应得到强化。当然，这种强化，既有可能是正外部效应的强化，也有可能是负外部效应的强化。

## 二、结构效应的表现

从第三章的分析中，可以看出在区际产业梯度转移的作用下我国工业生产在布局上越来越偏重中西部地区。同时，在中西部地区的经济结构中工业所占比重相对而言大大增加。从 2005 年至 2014 年，是我国工业化快速推进的时期，工业生产规模快速扩张，但是在全国 GDP 的结构中，工业增加值的比重总体上是呈下降趋势的。如表 5.2 所示，工业在全国经济中所占比重只是在 2006 年和 2010 年略有反弹，到 2014 年时仅为 39.2%，相对 2005 年下降了近 4 个百分点。

**表 5.2　2005—2014 年我国中西部地区工业在经济中所占比重**

| | 2005 年 | 2006 年 | 2007 年 | 2008 年 | 2009 年 | 2010 年 | 2011 年 | 2012 年 | 2013 年 | 2014 年 |
|---|---|---|---|---|---|---|---|---|---|---|
| 全国 | 43.1% | 42.3% | 43.8% | 43.4% | 40.7% | 49.6% | 45.9% | 41.9% | 40.5% | 39.2% |
| 中部 | 40.8% | 42.3% | 42.9% | 44.4% | 43.1% | 45.5% | 46.7% | 45.5% | 44.4% | 42.1% |
| 西部 | 34.7% | 37.2% | 38.2% | 39.6% | 39.7% | 42.2% | 43.0% | 42.0% | 40.7% | 38.7% |

数据来源：根据各年《中国统计年鉴》数据计算、整理得出。

① 刘艳.西部地区承接产业梯度转移研究[J].改革，2004(6).

但是中部地区和西部地区的情况则与全国整体情况有所不同。这两大区块的 GDP 结构中,工业增加值所占比重从 2005 年至 2011 年均呈快速上升趋势。只是到 2012 年和 2013 年才开始有所下降。但是总体来看,仍然比全国平均水平要高。中部地区工业在经济中的比重,2014 年比同年的全国水平高出近 3 个百分点。西部地区工业在经济中的比重,也高于 2005 年时的水平。

**表 5.3　2005—2014 年我国中部和西部污染密集产业在工业中所占比重**

| | 2005 年 | 2006 年 | 2007 年 | 2008 年 | 2009 年 | 2010 年 | 2011 年 | 2012 年 | 2013 年 | 2014 年 |
|---|---|---|---|---|---|---|---|---|---|---|
| 全国 | 47.75% | 47.62% | 47.47% | 47.55% | 45.49% | 45.73% | 46.96% | 49.83% | 48.91% | 47.5% |
| 中部 | 60.98% | 60.10% | 59.52% | 58.52% | 54.08% | 52.65% | 52.77% | 56.30% | 54.44% | 52.2% |
| 西部 | 62.41% | 63.75% | 63.32% | 62.77% | 59.50% | 59.14% | 59.63% | 60.42% | 58.91% | 56.3% |

数据来源:根据《中国统计年鉴 2014》和国研网数据计算、整理得出。
注:这里的比重是依据污染密集产业的销售产值占整个工业的销售产值的比重计算得出。

但如果将污染密集产业的转移考虑进来,则情况又会有所不同。如表 5.3 所示,2005 年,全国污染密集产业占工业的比重为 47.75%,但中部地区比重为 60.98%,西部地区比重为 62.41%,中部和西部地区污染密集产业的比重远远高于全国总体水平。在区际产业梯度转移中,污染密集产业扮演了重要角色,东部地区相关领域的企业和资金不断进入中部和西部地区,使中部和西部地区相关领域的生产规模、企业数量、从业人数都在快速增加。但是从比重上看,从 2005 年到 2014 年这 10 年里,全国污染密集产业占工业的比重总体上比较平稳。而中部和西部地区污染密集产业的比重则出现了较大幅度的下降,其中中部地区下降到 52.2%。降低了 8.78 个百分点,西部地区下降到 56.3%,降低了 6.11 个百分点。

总体上看,结构效应显得稍复杂。从整个工业结构看,中西部地区的工业比重在增加,但工业中污染密集产业比重有所减少。由于全国工业化进程中,"重工业化"倾向比较明显,中部和西部的许多地区矿产资源丰富、地域广袤,钢铁、冶金、煤炭的比重一直就偏大,以重化工业为主的污染密集产业一直在这些地区中占有较大的比重。在区际产业梯度转移的作用下,也有许多从东部地区转移进来的大量其他领域的工业产业,以及中西部地区近年来第三产业的快速发展,使经济结构发生变化。但是必须看到,工业的规模特别是污染密集产业的规模仍在扩大,污染的总量和对生态环境的压力继续在增加。

## 三、进一步的说明

由于我国工业化进程仍未完成,发达地区正依托创新和产业升级改造产业体系,欠发达地区则在继续推进传统意义上的工业化,因而在承接来自发达地区的产业转移时,由于本地区在土地供给、商务成本、劳动力成本等方面的客观条件,传统的工业产业成为吸收转移过来的产业要素最多的领域。再加上,环境规制相对宽松,企业的环境成本和环境责任相对较低,因而在这些地区产业结构发生变化的同时,污染的排放和对自然资源的使用情况都发生了显著的变化。

鉴于各地区工业发展普遍偏向重化工业，污染密集产业的生产布局越来越偏向欠发达地区，虽然从表 5.3 的数据看，在中部和西部地区的工业结构中污染密集产业比重有减少趋势，但是如果从地区结构上看，中部和西部地区大部分地区污染密集产业占全国的比重都在增加(第四章表 4.4 和 4.6 的数据验证了这一点)，这显然也会加剧这种结构效应。在全国服务业比重都在上升的大背景下，中西部地区工业在经济结构中的占比近几年也有所下降，但是在产业要素的迁移过程中，既有大量的污染密集产业进入，也有更多其他工业产业的进入，结构上的变化趋势，尚未带来整个污染格局的改观。

## 第三节 区际产业梯度转移对生态环境的技术效应

技术效应也是生态效应的重要组成部分。技术水平的变化自然也是产业转移带来的必然结果，这势必会造成对生态环境的影响，因此全面分析区际产业梯度转移的生态效应，对技术效应的分析必不可少。

### 一、技术效应的内涵

在贸易自由化的条件下，商品的贸易也伴随生产的国际分工和技术的传播、外溢，这使技术水平得以提升，显然有助于减少经济活动对环境的副作用。这实际上也是 Grossman 和 Krueger 所指的技术效应的体现。产业转移在产业要素流动的作用下，生产的布局发生变化带来区域分工的调整。因此，产业转移对生态环境的技术效应指的就是，由于产业要素的转移，带来技术外溢效应，使产业承接地参与分工并强化分工地位的同时，其区域整体产业技术水平得以提高，从而对生态环境产生影响。

从今天国际产业转移的实践来看，FDI 的技术溢出效应使发展中国家在承接产业转移时获得了较为先进的生产技术，甚至包括环保技术，这成为诸多影响发展中国家生态环境因素中的一个有利因素。从我国的情况来看，许多研究表明，大量的 FDI 进入以后，带来了相对先进的技术和装备，产生了技术外溢效应，有利于改善生态环境。所以通常认为，技术效应是正向的生态环境效应。但是从我国区际产业转移的情况来看，则需要具体问题具体分析。与发达国家向发展中国家转移产业不同的是，我国区域间经济发展水平差异虽大，但是由于受到经济发展阶段和国家整体技术水平的制约，技术效应究竟是正是负也需要视客观条件而论。例如，在一片保持原生态的区域引入工业化项目，在环境治理未能跟进的条件下，工业化程度提高了，技术水平也可以说是质的飞跃，但是生态环境却因此会遭到破坏。

### 二、技术效应的表现

一般认为，产业转移使承接地的技术水平提高，有助于生态改善，但是实际情况往往更为复杂。这里以河北、安徽、吉林、四川、陕西、甘肃、新疆等几个承接区际产业转移规模较大的省区为例来进行说明。仅在2013年,这几个省区所吸收的境内省外资金都在4 000亿元以上,可以说产业转移对于本省的工业投资和经济发展有着非常重要的作用①。鉴于这一点,这里通过分析部分地区的单位GDP能耗、单位工业增加值废气排放强度两个指标来说明。比如,安徽省2013年全省全社会固定资产投资额为18 621.9亿元,其中制造业固定资产投资为7 272.9亿元,而当年该省吸收的境内省外资金高达6 796.7亿元,其中冶金、装备制造、化工、建材、农产品加工、纺织服装、家电及电子信息、非金属矿物制品业和金属制品业九个行业实际利用的境内省外资金达到3 557.8亿元。甘肃省2013年全省全社会固定资产投资额为6 527.9亿元,其中制造业固定资产投资为1 110.4亿元,而当年该省吸收的境内省外资金高达4 423.8亿元,其中有色冶金、装备制造、石油化工、建材及新材料、农产品加工、生物医药和能源七个行业实际利用的境内省外资金达到1 982.7亿元②。可见,承接产业转移在这些省份工业化进程中的地位和作用,也可以说是这些省份经济得以发展的重要推动力。

**表5.4 2005—2013年部分省份单位GDP能耗(吨标准煤/万元)**

| | 2005年 | 2006年 | 2007年 | 2008年 | 2009年 | 2010年 | 2011年 | 2012年 | 2013年 |
|---|---|---|---|---|---|---|---|---|---|
| 北京 | 0.80 | 0.76 | 0.71 | 0.66 | 0.61 | 0.54 | 0.50 | 0.48 | 0.43 |
| 上海 | 0.88 | 0.87 | 0.83 | 0.80 | 0.73 | 0.74 | 0.70 | 0.69 | 0.66 |
| 江苏 | 0.92 | 0.89 | 0.85 | 0.80 | 0.76 | 0.72 | 0.68 | 0.67 | 0.63 |
| 浙江 | 0.9 | 0.86 | 0.83 | 0.78 | 0.74 | 0.69 | 0.66 | 0.64 | 0.62 |
| 广东 | 0.79 | 0.77 | 0.75 | 0.72 | 0.68 | 0.66 | 0.63 | 0.62 | 0.57 |
| 河北 | 1.96 | 1.90 | 1.84 | 1.73 | 1.64 | 1.56 | 1.47 | 1.43 | 1.35 |
| 吉林 | 1.65 | 1.59 | 1.52 | 1.44 | 1.21 | 1.11 | 1.05 | 0.99 | 0.86 |
| 安徽 | 1.21 | 1.17 | 1.13 | 1.08 | 1.02 | 0.91 | 0.84 | 0.82 | 0.79 |
| 四川 | 1.53 | 1.50 | 1.43 | 1.38 | 1.34 | 1.23 | 1.17 | 1.10 | 0.96 |
| 陕西 | 1.48 | 1.43 | 1.36 | 1.28 | 1.17 | 1.04 | 0.98 | 0.95 | 0.88 |
| 甘肃 | 2.26 | 2.20 | 2.11 | 2.01 | 1.86 | 1.75 | 1.67 | 1.64 | 1.59 |
| 新疆 | 2.11 | 2.09 | 2.03 | 1.96 | 1.93 | 1.85 | 1.93 | 2.10 | 2.26 |

数据来源:根据国研网、wind资讯相关数据整理、计算得出。
注:各年GDP数据按2005年价格计算。

然而,在产业转移带来技术进步和工业发展的同时,从区际产业转移对生态环境影响的技术效应的角度来看,并没有产生对生态环境的明显的正向作用。如表5.4所示,总体上看,大部分地区单位GDP的能耗水平都在下降,这反映全国生产技术水平上升,即使是

① 参看第三章表3.11。
② 数据来源:根据国研网、安徽省合作交流办公室网站和甘肃省经济合作局网站公布的数据资料整理、计算得出。

中西部地区，大部分省份单位GDP的能耗水平从2005年到2013年都发生了大幅度的下降。除去服务业比重上升等结构性因素，以外，主要在于环境规制趋于严格和技术水平上升的因素。虽然，在这期间我国整体的污染水平在上升，但主要是经济规模扩张速度更快的结果。需要注意的是，各地区GDP能耗整体水平下降并不均衡，与北京、上海、广东等东部沿海地区相比，这些河北省和中西部地区的产业转移承接大省能耗水平要高出许多，这说明这些地区的产业技术水平与东部地区差距仍然很大，尤其是西北地区承接产业转移较多的新疆维吾尔族自治区，单位GDP能耗在这期间起伏不定，甚至还一度反弹，2013年每万元GDP能耗为2.26吨标准煤，竟然高于2005年。

再看单位工业增加值废气排放的情况。如表5.5所示，从2005年到2013年，东部地区的北京单位工业增加值的废气排放都出现了大幅度的降低，浙江也出现了较大幅度的下降，上海和广东也有不同程度的降幅。东部省份中只有江苏出现了小幅的上升，其中一个重要原因在于，江苏省内出现了较为发达的苏南地区和欠发达的苏北地区之间的产业转移。而在这几个承接产业转移大省的单位工业增加值的废气排放强度普遍远远高于东部地区，当然区域之间的差异也是比较大的。其中，吉林和四川出现了较大幅度的下降，陕西出现了小幅下降，尽管如此，仍远远高于北京、上海、广东等地区。安徽出现了小幅上升，河北、甘肃、新疆三个省区原本排放强度就大，还出现了大幅度的上升，尤其是新疆维吾尔族自治区从2005年的46 640.5标立方米/万元，迅速上升到2013年的99 358.2标立方米/万元，增幅超过100%。

**表5.5　2005—2013年部分省份单位工业增加值废气排放强度(标立方米/万元)**

| | 2005年 | 2006年 | 2007年 | 2008年 | 2009年 | 2010年 | 2011年 | 2012年 | 2013年 |
|---|---|---|---|---|---|---|---|---|---|
| 北京 | 20 690.8 | 25 232.0 | 24 399.5 | 20 026.6 | 18 431.2 | 16 918.3 | 16 174.6 | 9 819.8 | 10 078.2 |
| 上海 | 20 539.9 | 20 315.1 | 18 435.4 | 18 775.4 | 18 156.0 | 19 806.4 | 19 527.5 | 19 028.6 | 18 305.6 |
| 江苏 | 21 636.5 | 22 728.3 | 18 866.9 | 18 247.1 | 17 275.7 | 18 021.1 | 255 616 | 23 344.4 | 21 869.0 |
| 浙江 | 20 513.9 | 20 106.7 | 20 413.8 | 18 871.2 | 18 866.4 | 18 042.3 | 19 813.1 | 17 836.7 | 16 815.3 |
| 广东 | 12 828.6 | 11 017.0 | 11 667.3 | 12 586.2 | 12 717.2 | 11 745.9 | 13 851.4 | 11 327.4 | 11 056.9 |
| 河北 | 56 842.0 | 72 051.5 | 78 946.0 | 59 264.8 | 71 247.9 | 72 003.5 | 86 259.0 | 67 366.2 | 72 135.4 |
| 吉林 | 36 211.3 | 32 506.3 | 28 438.0 | 28 799.6 | 26 125.8 | 25 612.8 | 28 450.2 | 23 025.1 | 19 547.1 |
| 安徽 | 38 274.4 | 40 834.0 | 51 425.4 | 52 270.5 | 40 361.1 | 38 640.4 | 54 594.0 | 46 013.2 | 38 808.8 |
| 四川 | 32 211.1 | 34 202.1 | 62 147.6 | 30 557.8 | 26 377.7 | 31 728.1 | 30 719.6 | 25 758.4 | 20 883.4 |
| 陕西 | 31 642.6 | 28 977.9 | 28 680.9 | 36 032.7 | 22 897.4 | 37 836.9 | 36 694.2 | 29 740.3 | 29 111.1 |
| 甘肃 | 61 971.4 | 602 385 | 63 373.9 | 56 567.7 | 31 016.0 | 49 636.3 | 94 650.9 | 91 804.0 | 75 480.4 |
| 新疆 | 46 640.5 | 46 572.1 | 50 175.3 | 48 650.2 | 54 262.0 | 65 299.6 | 76 492.3 | 93 912.8 | 99 358.2 |

数据来源：根据国研网、中国统计年鉴和中国环境统计年鉴各年相关数据整理、计算得出。

注：(1)单位工业增加值废气排放强度，是通过计算地区工业废气排放总量与工业增加值之比得出的。(2)各年工业增加值数据按2005年价格计算。

从这些指标可以看出，产业转移所带来的对生态环境的技术效应并未出现通常Grossman和Krueger理论框架中所指的正向的效应，而是在各个地区产生了不同的效果。这反映了我国国内区际产业转移与国际产业转移对于生态环境在技术效应上的差异。这种差异实际上要受区域间的发展水平差异的影响。由于各个地区所处的工业化阶段不同，承接的产业转移项目差异很大，有些地区承接的项目在工业产业技术水平上升的同时，反而污染和资源消耗更加严重，而有些地区工业技术水平对生态环境也有正向作用的一面，但是也夹杂着地方环境规制执行程度、省内产业转移等多种因素的影响。

### 三、进一步的说明

区际产业转移对生态环境的技术效应，毕竟与国家整体的经济、社会发展阶段紧密相关。鉴于我国现在所处的阶段，虽然在部分领域产业技术水平在国际上较为先进，但整体上与发达国家相比还比较落后。发达地区在实际中往往转移出去的是本区域不再有比较优势或比较优势正在衰退的产能，在欠发达地区越来越多地布局的产业技术水平总体上很有限。尽管承接产业转移是落后地区加快工业化和迅速提升技术水平的有效途径，但是在一个地区的产业发展达到一定的高度之前，产业转移所带来的技术手段和设备更多的是加剧污染和资源耗竭。参加区际产业转移的企业以内资为主。尽管一些外资企业也加入我国的区际产业转移，也有一些比较先进的环保技术和生产技术发生转移，但规模有限，即便相对内资企业技术较为先进一些，毕竟也只是发达地区难以生存的被淘汰的相对落后的产能，其对生态环境产生的压力却是不争的事实。所以，我国区际产业转移的技术效应对生态环境而言，尚不能武断地就认为是正向的环境外部效应。

必须指出的是，在东、中、西三大区块的产业转移中，虽然有一定程度的高新技术产业转移，这在客观上有助于带动技术水平的提高，但所占比重有限，带动作用也很有限，而且这还要考虑具体的产业环节。从整体上看，向外转出产业的东部沿海发达地区的技术水平仍然远远高于承接产业转移的地区，当我国工业化水平进一步提升之后，东部地区转出产业的技术水平不断上升，区际产业转移的技术效应也会发生一些变化。

## 第四节　生态效应与经济效应的综合分析

产业转移会造成对生态环境的影响，但同时又是存在于经济体中的必然现象，无论是对于发达地区的转型升级，还是对于欠发达地区的经济进步，都有着实际的意义。因此，有必要对区际产业转移的生态效应与经济效应做一个综合的分析。

### 一、区际产业梯度转移生态效应的整体分析

客观地说，区际产业梯度转移时所产生的生态环境效应，是规模效应、结构效应和技

术效应综合的结果。由于我国当前所处的发展阶段以及特有的国情，其表现与国际贸易和国际投资所带来的环境效应又有所差别。从规模效应上来看，在我国经济快速发展和工业化快速扩张的阶段里，这种因经济规模特别是工业生产规模迭速扩张所带来的环境污染和资源消耗的规模扩张，速度是惊人的。2011 年时，中国的工业产值就已经超过美国成为世界第一，而且这几年规模还在持续快速扩大。尽管化解产能过剩，加大环保投入等方面也都开始有了一定的进步，但是直到目前为止高投入、高污染、高排放的生产模式并没有发生根本性的改变。即使是在东部沿海地区，除了极少数地区以外，无论是从单位工业增加值的排放强度上，还是产业结构等指标上，都取得了一定的进步，但是总体上经济发展方式也没有得到根本转变，更不要说中西部地区。

而在区际产业梯度转移的作用下，这种生态上的规模效应得到了强化。产业在转移之后，在承接地继续存在并发展。在相对粗放的产业发展方式没有得到根本改变之前，高耗能、高污染的工业企业在更大的空间范围扩散，并在时间上产生更加持久的影响，导致产业承接地的生态环境问题迅速凸显。一方面，相对发达的产业转出地的生态环境并未从根本上得到改善，另一方面相对落后的产业承接地又陷入“污染天堂”的境地。虽然中西部地区工业的结构中污染密集产业的比重略有减少，但是在全国普遍重工业化的态势下，从空间分布结构来看，污染密集产业却又是越来越偏向欠发达地区。再加上，工业产业在中西部地区经济结构中的突出地位，这些都使区际产业转移对于生态环境的结构效应也很显著。但是这种结构效应显然是在经济规模扩大的基础上产生的。从技术效应的角度来看，一则在我国的区际产业转移中，以内资为主，有较强技术外溢效应的 FDI 占比有限，并且也并不是说 FDI 就没有负的环境外部性；二则传统的工业产业是发生转移的主体；三则产业转移的承接地各自的情况千差万别，因此技术效应的表现也不尽相同；因而技术效应对生态环境的正向作用并不明显。反倒是，由于生产规模和结构的改变，其带来的结果必然是使总的排放量和环境破坏在不断增加。因而，从对规模效应、结构效应和技术效应三者的综合分析来看，我国区际产业梯度转移对于生态环境的负外部效应是十分显著的。近年来，在我国中西部地区以及位于东部的欠发达地区，频频发生环境事件，恰恰就是明证。

## 二、区际产业梯度转移的经济效应分析

产业转移是现代经济运行中无法回避的一种现象，其对经济发展的作用也是显而易见的。许多学者的研究也都证实了这一点。例如，王燕玲和林峰认为，保持和提升产业竞争优势的要求，消除来自发达国家和发展中国家双重压力的要求，以及开拓市场空间的要求，是东部产业向西部转移的动因，西部地区应抓住国际和东部地区进行产业转移的时机，并结合自身的有利条件，大力发展加工制造业①。杜传忠和刘英基认为，产业转移对于推进区域产业分工和区域产业结构优化升级有着重要意义，东部沿海地区推动部分产业

① 王燕玲，林峰. 西部地区应积极承接东部地区产业转移[J]. 经济问题探索，2005(2).

向中西部地区转移，既能使东部沿海地区产业升级并塑造新兴产业的成长空间，又能有效利用中西部地区的资源和劳动力优势。在产业转移中，东部地区雄厚的资金、先进的技术和管理经验和中西部的地区的低劳动力成本和丰富资源相结合，保持了我国产业发展的活力，有助于促进区际产业分工和产业转移，以实现区域协同发展，对于推进经济发展转方式意义也很重要①。

无论是从学术研究层面，还是从实践层面，产业转移在推动区域协调发展、促进区域分工、推进产业升级和结构优化等方面的作用都是有目共睹的。但从经济效应的层面看，就发生在我国的区际产业梯度转移而言，无论是对于作为产业转出地的东部沿海地区，还是对于作为产业承接地的中西部地区和位于东部的欠发达地区，产业转移都发挥了无可替代的作用。

在产业转移中，转出产业的发达地区，可以腾出空间和资源发挥创新引领以及对接海外的作用；承接产业转移的欠发达地区，在加速工业化的同时，使所拥有的资源、人口等要素越来越深入地纳入全球化的生产分工协作体系中，并使自身的市场与区外乃至海外的市场相对接。从这一方面看，区际产业的梯度转移最大的作用在于，使各个区域参与分工，真正地消除地域分割，将各个区域更大程度地联结成一个充满活力的“经济共同体”。无论是东部地区，还是中西部地区，在区际产业转移的作用下，可以实现更加紧密的分工和协作，并共同参与到国际生产体系中，从而实现国民财富的持续创造。

而且从更直观的层面上看，区际产业转移的经济效应对于产业转移的承接地表现更加突出。以中部地区②为例，河南、湖南、安徽和江西等省都是在大量承接产业转移的条件下，工业快速发展，经济迅速崛起。根据《人民日报》报道，正是基于当地经济社会发展所取得的显著成就，国务院颁布的《促进中部地区崛起规划（2016—2025 年）》中提出了“一中心、四区”战略定位，其中一中心即全国重要先进制造业中心③。难以想象，如果没有区际产业转移在其中发挥作用，如果不是这些年在承接产业转移的基础上夯实工业产业技术基础，中部崛起战略也好，先进制造业中心也罢，可能都将无从谈起。当然，产业转移对承接地的经济效应还可以从许多方面进行分析。由于许多直接因产业转移带来的具体经济数据无法获得，故而接下来这里主要通过一个相关经济指标间接说明区际产业转移的作用。

首先，它为欠发达地区带来了更多的资金支持。如表 5.6 所示，通过全社会固定资产投资额、工业固定资产投资额、规模以上工业企业资产和吸收的产业转移资金对比，可以看出从 2007 年至 2013 年，随着区际产业转移的规模越来越大，河北、安徽、四川等几个承接产业转移的大省中，吸收的产业转移资金（即境内省外资金）的速度远远快于当地投资额、资本形成总额和工业企业资产的增长速度。尤其是这些省份，工业在经济中是最为重要的经济部门，吸收的境内省外资金主要进入工业领域。由此可见，承接产业转移已经成

① 杜传忠，刘英基. 区际产业分工与产业转移研究[M]. 经济科学出版社，2013 年 9 月，第 4-5 页.

② 这里仅指山西、河南、湖北、湖南、安徽和江西六个省份。

③ 李心萍. 中部定位先进制造业中心[N]. 人民日报，2016-12-10.

为这些省份最为重要的工业投资来源，也已经越来越成为当地经济发展最为重要的资金来源之一。

**表 5.6　2007—2013 年部分地区投资额、工业企业资产与产业转移资金(亿元)**

| 年份 | | 2007 年 | 2008 年 | 2009 年 | 2010 年 | 2011 年 | 2012 年 | 2013 年 |
|---|---|---|---|---|---|---|---|---|
| 河北 | 全社会固定资产投资 | 6 884.7 | 8 866.6 | 12 269.8 | 15 083.4 | 16 389.3 | 19 661.3 | 23 194.2 |
| | 工业固定资产投资 | 3 113.3 | 4 179.8 | 5 335.7 | 5 902.3 | 6 705.0 | 8 629.4 | 10 257.4 |
| | 资本形成总额 | 6 761.3 | 8 369.0 | 9 264.8 | 11 037.4 | 13 890.4 | 15 244.6 | 16 386.2 |
| | 规模以上工业企业资产 | 13 721.6 | 17 261.8 | 20 662.7 | 24 943.8 | 29 687.6 | 33 567.2 | 36 040.2 |
| | 吸收境内省外资金 | 805.3 | 1 185.7 | 1 485 | 1 949.8 | 3 763.7 | 5 076.3 | 7 127.0 |
| 吉林 | 全社会固定资产投资 | 3 651.4 | 5 038.9 | 6 411.6 | 7 870.4 | 7 441.7 | 9 511.5 | 9 979.3 |
| | 工业固定资产投资 | 1 643.0 | 2 327.8 | 3 137.0 | 3 916.0 | 3 601.7 | 4 698.1 | 4 824.6 |
| | 资本形成总额 | 3 880.0 | 5 415.3 | 6 074.5 | 7 192.1 | 8 206.9 | 9 136.2 | 9 708.1 |
| | 规模以上工业企业资产 | 6 024.6 | 7 525.2 | 8 525.1 | 10 196.2 | 11 898.9 | 13 897.0 | 15 257.9 |
| | 吸收境内省外资金 | 756.9 | 1 222.4 | 1 656.0 | 2 209.8 | 3 134.0 | 3 872.6 | 5 279.9 |
| 安徽 | 全社会固定资产投资 | 5 087.5 | 6 747.0 | 8 990.7 | 11 542.9 | 12 455.7 | 15 425.8 | 18 621.9 |
| | 工业固定资产投资 | 1 796.7 | 2 419.5 | 3 347.9 | 4 611.7 | 5 378.4 | 6 462.3 | 7 611.5 |
| | 资本形成总额 | 3 419.7 | 4 383.0 | 4 914.2 | 6 171.5 | 7 725.0 | 8 855.8 | 9 919.0 |
| | 规模以上工业企业资产 | 7 873.2 | 10 122.2 | 12 171.7 | 15 930.3 | 19 148.7 | 22 797.7 | 25 168.1 |
| | 吸收境内省外资金 | 2 160.9 | 3 226.5 | 4 639.7 | 6 863.7 | 4 179.7 | 5 283.2 | 6 796.7 |
| 湖南 | 全社会固定资产投资 | 4 154.8 | 5 534.0 | 7 703.4 | 9 663.6 | 11 880.9 | 14 523.2 | 17 841.4 |
| | 工业固定资产投资 | 1 259.3 | 1 798.4 | 2 588.5 | 3 525.4 | 4 371.3 | 5 472.7 | 6 875.8 |
| | 资本形成总额 | 4 034.8 | 5 564.4 | 6 773.4 | 8 780.8 | 10 913.4 | 12 488.8 | 14 001.6 |
| | 规模以上工业企业资产 | 6 832.0 | 8 856.2 | 10 175.1 | 13 039.0 | 15 473.4 | 17 784.3 | 19 031.6 |
| | 吸收境内省外资金 | 1 052.8 | 1 230.2 | 1 443.0 | 1 733.1 | 2 086.0 | 2 465.6 | 2 883.9 |
| 四川 | 全社会固定资产投资 | 5 639.8 | 7 127.8 | 11 371.9 | 13 116.7 | 14 222.2 | 17 040.0 | 20 326.1 |
| | 工业固定资产投资 | 1 624.3 | 2 223.9 | 3 339.0 | 3 805.7 | 4 302.4 | 4 793.3 | 5 383.9 |
| | 资本形成总额 | 5 185.5 | 6 811.1 | 7 696.6 | 9 219.9 | 11 067.7 | 12 496.0 | 13 494.6 |
| | 规模以上工业企业资产 | 11 690.2 | 15 589.5 | 18 042.6 | 22 564.8 | 26 113.6 | 30 362.9 | 34 729.2 |
| | 吸收境内省外资金 | 1 972.8 | 2 998.2 | 4 063.7 | 5 336.4 | 4 536.2 | 7 795.3 | 8 697.5 |

（续表）

| 年份 | | 2007 年 | 2008 年 | 2009 年 | 2010 年 | 2011 年 | 2012 年 | 2013 年 |
|---|---|---|---|---|---|---|---|---|
| 陕西 | 全社会固定资产投资 | 3 415.0 | 4 614.4 | 6 246.9 | 7 963.7 | 9 431.1 | 12 044.6 | 14 884.2 |
| | 工业固定资产投资 | 910.9 | 1 305.2 | 1 811.2 | 2 234.7 | 2 769.3 | 3 380.4 | 4 151.6 |
| | 资本形成总额 | 3 329.8 | 4 736.2 | 5 447.2 | 6 834.3 | 8 487.3 | 9 915.2 | 11 038.4 |
| | 规模以上工业企业资产 | 7 494.0 | 9 905.9 | 12 119.3 | 14 688.7 | 17 234.6 | 20 591.2 | 22 443.1 |
| | 吸收境内省外资金 | 555.2 | 815.6 | 1 407.1 | 2 291.7 | 2 815.7 | 3 467.9 | 4 185.7 |
| 甘肃 | 全社会固定资产投资 | 1 304.2 | 1 712.8 | 2 353.0 | 3 158.3 | 3 965.8 | 5 145.0 | 6 527.9 |
| | 工业固定资产投资 | 321.7 | 401.4 | 521.2 | 657.6 | 948.7 | 1 310.4 | 1 564.0 |
| | 资本形成总额 | 1 322.5 | 1 958.5 | 1 916.0 | 2 343.5 | 2 872.3 | 3 298.1 | 3 775.9 |
| | 规模以上工业企业资产 | 3 712.4 | 4 497.5 | 5 290.5 | 6 487.4 | 7 665.0 | 9 146.0 | 10 159.4 |
| | 吸收境内省外资金 | 199.4 | 292.4 | 290.8 | 793.8 | 1 222.6 | 2 710.6 | 4 423.8 |
| 新疆 | 全社会固定资产投资 | 1 850.8 | 2 260.0 | 2 725.5 | 3 423.2 | 4 632.1 | 6 158.8 | 7 732.3 |
| | 工业固定资产投资 | 810.1 | 917.4 | 960.4 | 1 230.7 | 1 801.5 | 2 329.4 | 2 593.4 |
| | 资本形成总额 | 2 089.8 | 2 229.7 | 2 549.8 | 3 371.2 | 4 162.3 | 5 792.2 | 7 192.5 |
| | 规模以上工业企业资产 | 4 336.3 | 5 652.6 | 6 438.1 | 7 912.0 | 9 305.0 | 11 669.2 | 14 238.0 |
| | 吸收境内省外资金 | 636.1 | 795.9 | 956.3 | 1 231.6 | 1 940.8 | 2 737.8 | 4 327.8 |

数据来源：根据国研网和各地区各年《国民经济和社会发展统计公报》、人民政府网站、合作交流办公室网站、商务厅网站、经济合作局网站、招商局网站、招商合作局网站、统计局网站的数据和资料收集、整理和计算得出。

注：(1)这里的工业固定资产投资指的是采矿业与制造业固定资产投资之和。这里的(2)安徽省 2011 年和 2012 年统计口径为 1 亿元以上在建省外投资项目数据。(3)新疆、陕西两省区的数据，是根据历年《甘肃省招商引资项目完成情况分析报告》提供的招商引资到位资金数据，再减去这各省区实际利用外资数据或者实际利用外商直接投资数据得出。

其次，产业转移对承接地的经济增长可以起到很大的促进作用。“无农不稳，无工不富，无商不活”，这已成为自政府到民间普遍的共识。从现阶段的情况来看，推动中西部地区经济增长最重要的经济部门仍然是工业部门。随着产业要素的流入，大量资金的进入，中西部地区工业化进程大大加快，这对于经济增长的作用不言而喻。如表 5.7 所示，在快速的工业化背景下，中西部的 GDP 至 2014 年已经达到了 305 621.96 亿元，占全国的比重已达到 47.46%，相对于 2005 年增加了 4.42 个百分点。尽管这种变化并不能完全归功于区际产业转移，但是在工业仍是最重要的经济部门的背景下，在工业领域投资最重要的来源要依赖产业转移资金的前提下，承接产业转移对于加快中西部地区经济增速的作用是不容忽视的。

**表 5.7　2005—2014 年中西部地区的 GDP 及其占全国的比重**

| 年份 | 2005 年 | 2006 年 | 2007 年 | 2008 年 | 2009 年 |
|---|---|---|---|---|---|
| GDP(亿元) | 80 630.86 | 94 313.22 | 114 542.25 | 139 228.80 | 153 416.79 |
| 占比 | 43.04% | 42.98% | 42.39% | 43.57% | 43.95% |
| 年份 | 2010 年 | 2011 年 | 2012 年 | 2013 年 | 2014 年 |
| GDP(亿元) | 186 554.05 | 227 859.66 | 255 813.37 | 282 367.07 | 305 621.96 |
| 占比 | 45.17% | 46.57% | 47.34% | 47.44% | 47.46% |

数据来源:根据《中国统计年鉴 2015》和国研网数据计算、整理得出。

再者,有助于提高居民的生活水平和增加社会财富。产业转移带来了资金等产业要素相对自由的流动,使之在区域间得到更加合理的配置,对于承接当地来说,就业、税收等方面的改善自不必多言。而其中对于居民生活水平的改善和社会财富的累积效应也是值得关注的。如表 5.8 所示,从居民消费水平和居民存款余额两个指标来看,自 2005 年至 2015 年,河北、安徽、四川等几个承接产业转移的大省的居民生活水平都得到了快速的提升,社会财富的累积也已达到一定的程度。虽然,这样一种数据上的变化不能简单地全部归为产业转移的结果,但是同样作为正处在工业化快速推进时期的区域,而且承接区际产业转移又是推动工业化最重要的动力。区际产业转移在其中的作用不言自明。

最后,区际产业转移加快了城市化进程。同样,从表 5.8 的数据来看,河北、安徽、四川等省份的城镇人口占比的增速是非常快速的,从 2005 年至 2015 年,除了原本城市化水平就相对较高的吉林省以外,其余七个省区城镇人口占比都增加了 10 个以上的百分点,几乎一年增加一个百分点。尽管这些地区的城市化水平还不能和东部沿海发达地区相比,但正在加速推进中。显然,承接产业转移推进了工业化,工业化又推进了城市化,一方面大量就业人口从农业向工业的转移,另一方面工业化推进了基础设施和城市管理等软硬条件的改善,尤其是为承接产业转移各地兴办的各类产业转移示范区、工业园区等,都使城市化的进程大大加快。这无疑表明了区际产业发生梯度转移,对于我国各个地区全面迈向现代化的积极意义。

**表 5.8　2005—2015 年部分省份消费、收入和城市化水平**

| | | 2005 年 | 2007 年 | 2009 年 | 2011 年 | 2012 年 | 2013 年 | 2014 年 | 2015 年 |
|---|---|---|---|---|---|---|---|---|---|
| 河北 | 居民消费水平(元) | 4 311 | 5 674 | 7 193 | 9 550.5 | 10 749.4 | 11 557 | 12 171.3 | 12 829.1 |
| | 居民存款余额(亿元) | 7 084.0 | 8 922.4 | 13 551.1 | 17 824.3 | 20 665.1 | 23 357.2 | 25 690.1 | — |
| | 城镇人口占比 | 37.69% | 40.25% | 43.74% | 45.60% | 46.80% | 48.12% | 49.33% | 51.33% |
| 吉林 | 居民消费水平(元) | 5 135 | 6 675 | 8 410 | 10 810.8 | 12 276.3 | 13 676 | 13 663.0 | 14 630.0 |

（续表）

| | | 2005 年 | 2007 年 | 2009 年 | 2011 年 | 2012 年 | 2013 年 | 2014 年 | 2015 年 |
|---|---|---|---|---|---|---|---|---|---|
| 吉林 | 居民存款余额（亿元） | 2 798.1 | 3 186.8 | 4 614.4 | 5 835.3 | 6 875.1 | 7 745.3 | 8 556.7 | — |
| | 城镇人口占比 | 52.52% | 53.16% | 53.32% | 53.40% | 53.70% | 54.20% | 54.81% | 55.31% |
| 安徽 | 居民消费水平（元） | 3 888 | 5 278 | 6 829 | 10 054.7 | 10 977.7 | 11 618 | 12 944.0 | 13 941.0 |
| | 居民存款余额（亿元） | 3 508.7 | 4 546.5 | 6 619.5 | 9 233.6 | 11 178.6 | 12 924.9 | 14 599.4 | — |
| | 城镇人口占比 | 35.50% | 38.70% | 42.10% | 44.80% | 46.50% | 47.86% | 49.15% | 50.50% |
| 湖南 | 居民消费水平（元） | 4 894 | 6 240 | 7 929 | 10 546.9 | 11 739.5 | 12 920 | 14 384.0 | 16 288.8 |
| | 居民存款余额（亿元） | 4 092.1 | 5 321.7 | 7 809.8 | 10 584.8 | 12 578.3 | 14 539.7 | 16 413.6 | — |
| | 城镇人口占比 | 37.00% | 40.45% | 43.20% | 45.10% | 46.65% | 47.96% | 49.28% | 50.89% |
| 四川 | 居民消费水平（元） | 4 130 | 5 259 | 6 863 | 9 902.6 | 11 280.2 | 12 485 | 13 755.0 | 14 774.0 |
| | 居民存款余额（亿元） | 5 902.7 | 7 450.9 | 11 575.2 | 16 147.3 | 19 438.3 | 22 597.3 | 25 312.5 | — |
| | 城镇人口占比 | 33.00% | 35.60% | 38.70% | 41.83% | 43.53% | 44.90% | 46.30% | 47.69% |
| 陕西 | 居民消费水平（元） | 3 594 | 5 272 | 7 069 | 10 053.5 | 11 852.2 | 13 206 | 14 812.0 | 15 363.3 |
| | 居民存款余额（亿元） | 3 534.0 | 4 278.4 | 6 743.8 | 9 172.1 | 10 770.0 | 12 249.4 | 13 428.9 | — |
| | 城镇人口占比 | 37.23% | 40.62% | 43.50% | 47.30% | 50.02% | 51.31% | 52.57% | 53.92% |
| 甘肃 | 居民消费水平（元） | 3 453 | 4 274 | 5 284 | 7 492.6 | 8 542.0 | 9 616 | 10 678.0 | 11 867.7 |
| | 居民存款余额（亿元） | 1 586.7 | 1 915.0 | 3 026.9 | 4 231.4 | 5 050.1 | 5 878.5 | 6 674.7 | — |
| | 城镇人口占比 | 30.02% | 32.25% | 34.89% | 37.15% | 38.75% | 40.13% | 41.68% | 43.19% |
| 新疆 | 居民消费水平（元） | 3 847 | 4 890 | 5 990 | 8 895.0 | 10 675.1 | 11 401 | 12 435.0 | 13 683.8 |
| | 居民存款余额（亿元） | 1 816.4 | 2 054.9 | 3 050.8 | 4 421.9 | 5 281.8 | 5 884.5 | 6 187.7 | — |
| | 城镇人口占比 | 37.15% | 39.15% | 39.85% | 43.54% | 43.98% | 44.47% | 46.07% | 47.23% |

数据来源：根据《中国统计年鉴》各年数据整理得出。
注：居民存款余额指标用的是城乡居民储蓄存款余额数据。

## 三、综合分析区际产业梯度转移的生态效应与经济效应

亚当·斯密曾经指出:"劳动生产力最大的改进,以及劳动在任何地方运作或应用中所体现的技能、熟练和判断的大部分,似乎都是劳动分工的结果。""交换能力引起劳动分工,而分工的范围必然总是受到交换能力的限制,换言之,即受到市场范围的限制。"①从这一角度看,在现代经济系统中,财富的真正源泉在于分工协作,尤其是全球化的生产分工协作体系。创新和产业升级在本质上是诞生新的分工并使原有的协作体系更加细致和高效。这其中,产业转移使分工突破了原有地域和市场范围的限制,使生产要素在更大范围流动,以区域分工乃至国际分工,促进了更大范围协作体系的产生,从而使人类创造财富的能力大大提高。

作为世界上最大的发展中国家,经过改革开放以来的努力,中国尽管已经取得了经济建设的巨大进步,但是客观地说,发展水平与发达经济体差距仍然很大。如图 5.1 所示,2015 年,中国的人均 GDP 为 7 925 美元,虽然远远高于印度、泰国等经济体,但是仍然比世界平均水平低 2 071 美元,仅为美国、德国、英国、日本等发达经济体的七分之一至四分之一,甚至也低于巴西、马来西亚等发展中经济体。因而发展的任务仍然很重,如何夯实实体经济根基,跨越"中等收入陷阱",到"十三五"末完成"两个翻一番"的任务,并逐步进入高收入经济体行列,成为当下中国经济发展的首要目标。

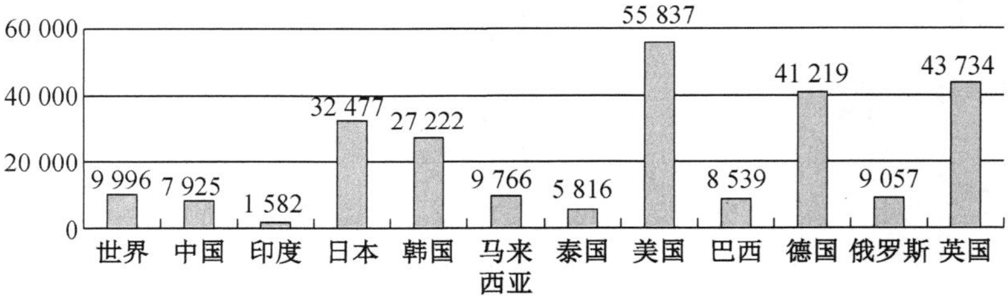


数据来源:根据《中国统计年鉴 2016》数据整理得出。

**图 5.1　2015 年中国与其他国家人均 GDP 对比(单位:美元)**

再看我国经济发展的区域梯度差异情况,经过这些年在区域协调发展上的努力,欠发达地区的经济发展水平和人民生活水平提高仍然很快。但客观上讲,区域间的差异仍然很大。如表 5.9 所示,截至 2015 年,无论是从经济总量、城镇和农村人均可支配收入,还是从财政收入、固定资产投资、社会消费品零售、货物进出口量等指标来看,区域之间的差距仍然非常大。东部地区作为我国经济的重心聚集了大部分经济资源,经济发展水平相对较高,而其他地区明显要落后很多。更何况,东部地区还包含着河北、苏北、鲁西南、粤北等经济相对落后的省份或地区,如果将这些地区考虑进来,实际上发达地区和欠发达地区的经济梯度差异会更大。

① 亚当·斯密,杨敬年译. 国富论[M]. 陕西人民出版社,2001 年 1 月,第 7-22 页.

表 5.9　2015 年东、中、西部及东北地区国民经济发展主要指标

| 指标 | 全国 | 东部 | | 中部 | | 西部 | | 东北 | |
|---|---|---|---|---|---|---|---|---|---|
| | | 绝对数 | 占全国比重 | 绝对数 | 占全国比重 | 绝对数 | 占全国比重 | 绝对数 | 占全国比重 |
| 总人口(年末)(万人) | 137 462 | 52 519 | 38.3% | 36 488 | 26.6% | 37 131 | 27.1% | 10 947 | 8.0% |
| 国内(地区)生产总值(亿元) | 685 506 | 372 983 | 51.6% | 146 950 | 20.3% | 145 019 | 20.1% | 57 816 | 8.0% |
| 城镇居民人均可支配收入(元) | 31 195 | 36 691 | — | 26 810 | — | 26 473 | — | 27 400 | — |
| 农村居民人均可支配收入(元) | 11 422 | 14 297 | — | 10 919 | — | 9 093 | — | 11 490 | — |
| 地方一般公共预算收入(亿元) | 83 002 | 46 466 | 56.0% | 14 799 | 17.8% | 17 214 | 20.7% | 4 523 | 5.4% |
| 地方一般公共预算支出(亿元) | 150 336 | 63 446 | 42.2% | 31 735 | 21.1% | 43 435 | 28.9% | 11 719 | 7.8% |
| 全社会固定资产投资额(亿元) | 562 000 | 232 107 | 41.7% | 143 118 | 25.7% | 140 417 | 25.2% | 40 806 | 7.3% |
| 房地产开发投资额(亿元) | 95 979 | 49 673 | 51.8% | 19 122 | 19.9% | 21 709 | 22.6% | 5 475 | 5.7% |
| 社会消费品零售总额(亿元) | 300 931 | 155 489 | 51.8% | 62 635 | 20.9% | 55 124 | 18.4% | 27 079 | 9.0% |
| 货物进出口总额(亿美元) | 39 530 | 32 727 | 82.8% | 2 536 | 6.4% | 2 909 | 7.4% | 1 358 | 3.4% |
| 货运量(亿吨) | 417.6 | 149.2 | 36.6% | 118.4 | 29.0% | 110.6 | 27.1% | 299.8 | 7.3% |
| 邮电业务总量(亿元) | 28 425 | 15 522 | 54.6% | 5 160 | 18.2% | 6 040 | 21.2% | 1 703 | 6.0% |

数据来源：根据《中国统计年鉴 2016》数据整理得出。
注：这里东部地区不包括辽宁省，中部地区仅指山西、河南、安徽、湖南、湖北、江西六省。

“十三五”期间是我国全面建设小康社会的决胜阶段，这就必然要求推动国民经济持续健康发展，实现区域协调发展。因此，鉴于其所存在的巨大经济效应，以及在塑造要素有序自由流动、减少区域经济差异上的作用，区际产业梯度转移不但是经济发展到一定阶段的必然现象，未来还将继续发挥作用，而且由于区域间的经济梯度差异仍然很大，可以判断未来区际产业梯度转移的空间还很大，还将继续为我国经济的进一步发展做出“贡献”。

当然协调发展并不仅仅只是经济层面的协调，还包括生态与经济的协调。党的十八届五中全会提出了协调发展理念，并指出：“推动区域协调发展，主体功能约束有效、基本公共服务均等、资源环境可承载的区域协调发展新格局。”可见，区域协调发展是以生态和

经济相协调为基础的。对于区际产业转移所存在的生态效应和经济效应需要“一分为二”看待。即产业转移是必然的现象，对于区域经济协调发展和我国经济整体的转型升级是必要的，但同时对其存在的生态问题也需要有足够的重视，尽可能克服这一问题，以消除环境外部性，以实现“既要青山绿水，又要金山银山”的目标。换句话说，不能只是简单地对区际产业转移的生态效应和经济效应比较大小，而是发挥其正面的经济效应的同时，也要努力消除其负面的生态效应。例如，青海三江源是长江、黄河和澜沧江的源头汇水区，作为三个重要水系的源头，在全国生态环境系统中有着无可替代的作用。根据2014年进行的《三江源区生态资产核算与价值评估》项目，三江源区生态存量价值量为14万亿元①。那么是否意味着可以向三江源地区转移一批大型产业项目，只要收益超过其生态存量价值量？显然这是不可以的，很多时候生态环境破坏所带来的灾难性后果是无法用金钱计算的。

需要指出的，即使是发达地区，其产业体系向高端迈进仍有一个相当的过程，新兴产业的发展和传统产业的升级不可能一蹴而就，工业污染的减少仍需一段时间。因此，区际产业梯度转移生态效应的治理，是一个长期的艰巨的工程。推进区际产业梯度转移，不能以破坏生态环境和资源耗竭为代价。产业转移的空间范围、污染处理、技术装备、环境标准、环保投入等方面的因素都要考虑在内，并且其生态效应在空间和时间两个维度上的表现和影响也需要进行充分了解，以便为更好地治理寻求依据。

## 本章小结

借鉴Grossman和Krueger的分析框架，区际产业梯度转移的生态效应可以分解为规模效应、结构效应和技术效应。结合我国国情和发展阶段的特征，这三个效应各有其特殊的表现。但是综合这三效应来看，在我国经济快速发展和工业化快速扩张的阶段里，高投入、高污染、高排放的生产模式并没有发生根本性的改变，从对规模效应、结构效应和技术效应三者的综合分析来看，我国区际产业梯度转移对于生态环境的负外部效应是十分显著的。当经济发展在区域间产生梯度差异时，产业转移几乎是必然的，鉴于其巨大的经济效应，它对于我国今后国民经济的持续发展以及区域间的协调发展意义重大。但还要考虑到生态与经济的协调。因而，对于区际产业转移所存在的生态效应和经济效应需要“一分为二”看待。发挥其正面的经济效应的同时，也要努力消除其负面的生态效应。

① 青海省水土保持生态环境监测总站.青海三江源区生态资产价值有数了[EB/OL].青海水土保持生态建设网，http://www.qhsb.gov.cn/xinwenzhongxin/shuibaoyaowen/1006.htmll,2015-06-05.

区际产业梯度转移所带来的外部性，本质上是一种跨界的环境外部性，本身具有空间扩散和外溢的特征，特别是污染密集产业的转移就更是如此。在没有严格环境约束的前提下，产业转移到一定区域后，随之而来的是污染转移，对产业承接当地的生态环境造成了破坏，并且在某些条件下引起跨界污染，从而导致水体、土地和大气环境的污染，对居民的健康与生物多样性产生了威胁。这些实际上都是区际产业梯度转移产生的生态效应在空间维度的上体现。而我国现阶段经济发展的特征和各地经济利益的诉求而引致的区域"环境竞争"，以及自然地理梯度与经济发展梯度相反的特性，无疑会使区际产业转移的生态效应，被进一步放大。此外，各地所兴起的承接产业转移的示范园区、集聚区所产生的空间集聚效应，则使其环境外部性产生了另外一种值得关注的生态影响。

# 第六章　区际产业梯度转移生态效应的空间维度分析

# 第一节　区际产业梯度转移与跨界环境外部性

像环境污染这样的外部性问题，首先就是具有空间的特性。产业转移的环境外部性，往往是产业要素和生产环节在空间上转移或扩散后，而形成的环境污染和生态破坏的空间移动和扩散，是这种生产的外部性的跨界影响。

## 一、区际产业梯度转移条件下跨界环境外部性的实质

在国际产业转移中环境外部性会跨越国界产生影响。经济增长所带来的环境外部性除了对发达国家自身存在影响以外，还跨越边界给“真正进行生产”的发展中国家产生影响①。同样，在一国范围内，区域之间的产业转移也存在产生类似效应的可能性。从空间的角度看，无论是国与国之间还是区域之间，只要一个空间范围居民的经济活动所造成的环境污染，损害了其他空间范围的居民的利益，这种环境外部性就是跨界的。所谓跨界环境外部性，就是指人类的经济活动所引起的对生态环境的一种负外部性，这种外部性跨越了边界，从而形成更大范围的负面影响。环境污染因产业要素或者产业活动空间转移，而发生的污染排放转移和环境损害扩散，实质上就是一种跨界的外部性。

一般认为，生态环境也是一种具有非排他性和非竞争性的公共物品。与其他种类的公共物品相似，人们在对生态环境的利用中，也容易产生两种倾向。即“搭便车”行为和偏好显示的“非真实性”。企业承担环境责任，将污染物处理后再排放，无疑会增加企业的成本。在没有严格的环境标准和规制的条件下，尽管企业这样做会增加公共收益，使环境质量得以保障，但生态环境的公共物品属性使企业可以低成本甚至无成本排放污染物，企业缺乏治理污染和保护环境的经济动力。在偏好显示“非真实性”的情况下，消费者对公共物品的需求偏好不会真实地显示出来，他们对公共物品的需求意愿难以确定，保护生态环境和治理污染的行为无法通过向消费者收费的方式进行利益上的保障。这种情况下，企业和公众作为理性人往往更倾向于选择在“生态环境”这种公共物品的消费上“搭便车”。如果没有环境规制严格约束，产业转移所形成的跨界环境外部性，在“搭便车”和偏好显示的“非真实性”的条件下，将缺乏利益驱动上的保障，更易于形成空间上的扩散。

区际产业转移造成的跨界环境外部性，具体而言包括这样几种表现形式：(1)生产活动转移到另一个区域后，在承接地排放污染物，形成对当地直接的环境损害，污染密集产业的破坏尤为突出。(2)产业发生区际转移以后，排放的污染物在风向、水流等自然因素的作用下，发生转移和扩散。例如，我国许多流域水污染问题越来越突出，难以得到有效

---

① A. Ansuategi and C. Perrings, 2000, Transboundary Externalities in the Environmental Transition Hypothesis[J]. Environmental & Resource Economics, European Association of Environmental and Resource Economists, vol. 17(4), pages 353-373.

控制，上游排污严重影响下游环境质量。(3)污染密集产业或者污染较重的生产制造环节转移以后，在更大范围形成污染，和居民生活污染(汽车消费)、农业污染等其他污染来源产生叠加效应，甚至引起大范围的环境灾害。例如，近几年在我国华北、长江中下游等许多地区发生的多次大范围雾霾现象，既有产业转移的因素，也有汽车排放、秸秆焚烧等多种因素的作用。(4)东部发达地区所承接的来自国外的产业转移，这当中不乏发达国家本国限制或淘汰的对生态环境有不同程度威胁的技术和产业，在当地经济发展到一定阶段后，又逐渐开始向其他地区转移①。这种“二次转移”也存在使环境污染再一次发生转移和扩散的问题。

## 二、环境外部性的区际转移和外溢

当前我国正经历着大规模的区际产业转移，随之而来的是污染排放的大规模转移，形成了总体上为负的生态效应。在当前，环境规制总体上还不够严格，且各地环境规制执行严格程度不均衡的条件下，加之面临劳动力成本、商务成本、土地成本等许多成本上升的压力，作为市场上的经济主体，企业本身缺乏处理污染排放、保护生态环境的内在经济动力。站在区域的角度看，任何区域的经济活动首先也是满足本区域经济利益的需求。发达区域在经济转型升级的过程中，向外转出的通常都是不符合本区域未来需要的需要淘汰的相对落后的产能和技术装备，污染密集产业和污染较重的生产环节应重点监控。对于欠发达地区来说，由于其工业化进程相对滞后，承接这些相对落后的产能和设备，或者扩大这些污染密集产业和生产环节的生产规模，本身也是区域经济发展的需要。

在这种情况下，加之生态环境的公共物品属性，产业的区际转移带来污染和生态破坏的区际转移，也就成为必然。从外部性的定义出发，产业发生区际转移以后，企业的经济活动给生态环境带来外部不经济，并由此导致私人成本与社会成本不一致，就产生了跨界的环境外部性。由于私人成本小于社会成本，这种成本上的差异就是环境损害成本，也就是人们在利用和损害自然生态环境时所造成的机会成本。这使得原先在一定区域内生产活动所形成的环境外部性，跨界发生扩散和转移。特别是污染密集产业和污染较重的生产环节的转移，一定程度上，这也可以说是转移环境风险的一种重要的策略选择。

就现阶段的情况来看，我国的产业转移主要有这样几种情况：一种是一些制造业陆续从珠三角等部分沿海地区撤离，转向劳动力成本更低的越南、柬埔寨等国家。这种转移对我国经济增长存在影响，但从生态环境上看没有负面影响。一种是东部沿海地区也开始出现向中西部地区转移一些技术密集型产业，如制药、计算机制造、电子原配件等行业。这种转移目前规模还很有限，同时其对生态环境的影响关键看其产业的环节，即使是高新技术产业，许多生产环节也是重污染的。还有一种就是发达地区还在继续扩大资源、劳动、资金密集型产业向欠发达地区的转移，特别是一些污染密集产业始终是转移的重点领域。绝大部分中西部地区和部分东部相对落后的地区(例如河北、苏北、鲁西南、粤北等)，

① 关于这一领域的问题将在第八章详细分析。

与发达地区在产业结构梯次上、技术吸收和创新能力上存在着非常大的差异。但是相对而言，这些地区在自然资源、劳动力资源和成本上仍有一定的优势，许多相对落后的产能和污染较重的产业或产业环节恰恰是其目前的"比较优势"。在东部地区生态环境继续恶化的同时，这些欠发达的地区的工业化进程往往也使污染这种负的环境外部性进一步扩散和转移的进程，这将在越来越大的空间范围越来越严重地制约生态、经济、社会的协调发展。

## 三、环境外部性区际转移的福利效应

产业发生区际转移之后，无论是对承接当地直接形成生态影响，还是其造成的污染造成的区域外溢，都会对一定空间范围的居民造成福利上的损失。通常，由于自然界的一些客观因素的作用，一个区域进行工业生产，常常会污染其他区域的环境。以流域污染为例，因地势和水流等自然因素，上游地区的生产活动直接影响着下游地区的水环境质量。如果上游地区进行工业生产，但是由于没有严格地环境规制，污水或其他固体污染物没有经过处理直接进入河道，毫无疑问下游地区将为上游地区承受环境污染或者治理成本。在产业转移的情形中，上游地区承接了来自外区域的产业或者产业环节，尤其是污染密集产业或污染较重的生产环节，如果没有充分地处理污染物，那么产业转移所产生的对生态环境的影响就会波及下游地区，人为经济活动所造成的生态破坏和环境质量下降，就会因自然因素外溢到更大的空间范围。

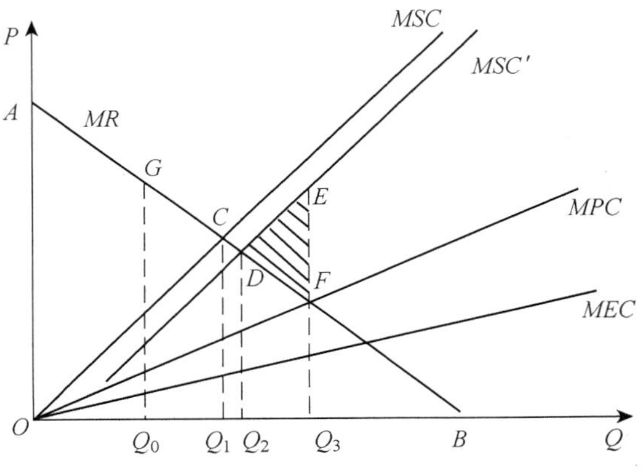


**图 6.1　区际产业转移导致的福利损失**

对于流域水污染的情形来说，存在一个福利损失转嫁的问题。即本地区承接产业转移获得经济利益的同时，将环境污染所造成的福利损失转嫁给其他地区的居民。而在实际中，在许多情况下，环境污染也同样对产业转移承接地居民的福利产生着严重的影响。如图 6.1 所示，横轴 $P$ 表示价格，纵轴 $Q$ 表示数量。$MPC$ 表示边际生产成本，$MEC$ 表示边际环境成本，即每生产一单位产品转嫁给生态环境的成本；$MSC$ 表示边际社会成本，反应工业生产造成的真实成本，为 $MPC$ 与 $MEC$ 之和。$AB$ 是生产的边际收益曲线，即 $MR$ 曲线。

图中，$C$ 点是 $MR$ 曲线与 $MSC$ 曲线的交点，由 $C$ 点所对应的产量 $Q_1$ 时社会最优的产量，此时生产的边际收益等于边际社会成本。超出 $Q_1$ 这一产量水平将会使社会的资源配置偏离帕累托效率。若将自然环境的自净能力考虑进来，则会使 $MSC$ 曲线向右下方有所移动，因为边际环境成本略微减少。假定移动到 $MSC'$ 曲线，此时 $MR$ 曲线与 $MSC'$ 曲线的交点为 $D$，社会最优产量相对 $Q_1$ 略有增加，为 $Q_2$。假定该区域经济发展落后，工业品产量较

低为 $Q_0$（甚至是0）. 为了推进工业化和促进经济发展，该区域承接区外的某个产业转移。只要产业转移的规模限制在一定范围之内，即工业品产量小于 $Q_2$，当地居民的福利就是增加的。

但是，在 $Q_2$ 的产量水平上从事工业产品的生产，所带来的边际收益远远大于边际生产成本，这说明该区域在工业品生产上具有比较优势。一方面，环境成本没有得到内部化；另一方面，落后地区土地、劳动力等要素价格相对低廉，使 $MPC$ 曲线处于较低的位置。这些都使得工业品生产的利润空间较大，驱使着厂商扩大生产规模，直到产量达到 $Q_3$ 水平，此时 $MPC = MR$。但这时，相对于 $Q_2$ 这个社会最优产量的情况，整个社会总收益增加的部分为四边形 $DFQ_3Q_2$ 的面积，而整个社会总成本增加的部分为四边形 $DEQ_3Q_2$ 的面积。图中阴影部分，即三角形 $DEF$ 的面积就是增加的社会总成本超过增加的社会总收益的部分，实际上就是居民福利的净损失。这说明，当区域从区外引入产业转移，特别是污染密集产业或者污染较重的生产环节，如果充分考虑环境成本和生态环境的自净能力，则会给当地带来福利，但如果过度注重经济利益，而忽略社会、环境的因素，日积月累的污染必然会带来当地居民福利的损失。

## 第二节　产业转移生态效应在空间维度上的具体表现

从理论的层面上看，区际产业转移的生态效应主要表现为一种跨界的环境外部性。但在实践层面上，这种跨界环境外部性有着更多的具体表现形式。尤其是我国国土面积广阔，工业产业在其区域间的“西移”“北移”，规模巨大且跨越全国大部分地区。根据第四章的分析，承接产业转移的地区沦为“污染天堂”的风险日益加大。在生态环境保护的措施、制度尚待完善和全面深入落实的条件下，大面积的污染扩散几乎成为人们公认的事实，再加之各种人为因素和自然因素的综合作用，区际产业转移的生态效应在空间维度上的表现尤为突出。

### 一、对水环境的影响

目前，我国水生态系统正遭受前所未有的破坏。根据《中国环境统计年鉴》的数据，2013 年时，包括全国包括长江、黄河、淮河、松花江、珠江、东南诸河、西北诸河、西南诸河等主要流域水质在三类水以下的河长占 52.7%，五类水和劣五类水河长达 20.6%。其中，问题比较严重的辽河区、海河区、黄河区、淮河区五类水和劣五类水河长分别达到 28.8%、58.3%、29.8%、34.3%。在水利部重点评价的 45 个湖泊，全部中度营养或富营养化，其中白洋淀、邵伯湖、滆湖、巢湖、滇池、乌伦古湖中度富营养化[①]。结合这几年的情况来看，

① 数据来源：根据《中国环境统计年鉴 2014》相关数据计算、整理得出。

位于中西部地区的湖泊、河流的水质恶化日趋严重。另外，地下水受污染的情况也不容乐观，根据环境保护部《2014 年中国环境统计年报》数据，中国有近三分之二的地下水不宜人类接触①。尽管农业源、生活源等也是造成水环境破坏的重要因素，但工业源无疑在其中也占有相当比重。如表 6.1 所示，全国重点流域中除少数流域外，工业污染物排放都已经达到很严重的程度了。

**表 6.1　2014 年全国重点流域废水中工业污染物排放情况**

| 流域 | 工业石油类(吨) | 工业挥发酚(吨) | 工业氰化物(吨) | 工业重金属(吨) |
|---|---|---|---|---|
| 松花江 | 364.8 | 12.6 | 1.2 | 0.3 |
| 辽河 | 460.3 | 3.0 | 1.1 | 15.4 |
| 海河 | 1 671.5 | 365.3 | 23.6 | 21.3 |
| 黄河中上游 | 2 877.0 | 678.5 | 49.2 | 35.9 |
| 淮河 | 1 536.9 | 129.6 | 15.9 | 16.6 |
| 长江中下游 | 3 845.4 | 60.7 | 31.1 | 127.0 |
| 太湖 | 361.4 | 5.8 | 5.4 | 7.7 |
| 巢湖 | 45.0 | — | — | 0.1 |
| 滇池 | 6.6 | 0.1 | 0.1 | 1.0 |
| 三峡库区 | 1 252.6 | 11.3 | 4.0 | 18.6 |
| 丹江口库区 | 150.6 | 0.1 | — | 17.9 |

数据来源：根据 2014 年《中国环境统计年报》相关数据整理得出。

从区际产业转移的情况来看，在推进全国范围工业化的过程中，客观上对水环境的影响至少有以下这些方面：

第一，区际产业转移加快了欠发达区域工业化的进程，使这些工业生产规模快速扩大，加快了工业废水、固体废物的排放，重金属、氰化物、石油类、氨氮、危险废物等工业废弃物对地下水和地表水的威胁明显加大。

第二，工业产业转移到许多地区以后，引资当地的能源供应趋于紧张，水电开发规模急剧上升，使许多流域的水生态系统受到破坏。在水电开发中，水坝的修建使许多流域变得支离破碎，原有的河流生态系统受到很大的影响。根据 2013 年发布的《第一次全国水利普查公报》数据显示，截止到 2012 年全国共有水电站 46 758 座，规模以上水电站中已建 20 866 座，在建 1 324 座②。而且，往往越是中西部地区，由于位于大多数水系的中上游，落差相对较大，水能资源丰富，越是开发的重点区域。

① 资料来源：根据《2014 年中国环境统计年报》资料得出。

② 资料来源：根据《第一次全国水利普查公报》资料得出。

第三，站在流域经济的情况来看，我国区际产业转移总体上的趋势是"逆流而上"的，根据第三章的分析，位于黄河、长江、珠江等主要流域中上游地区的工业生产规模扩张速度快于下游地区，而根据第四章的分析，黄河中游、长江中游和大西北地区的工业废水排放占全国的比重都呈增加态势，这使得区际产业转移环境外部性跨界的范围和面积大大增加。

第四，许多地区工业的急剧扩张，工业用水量急剧攀升。除了污染以外，许多工业产业本身也需要大量用水，但是在许多地方工业的发展渐渐超出了本地水资源的承受能力，造成地表水供应的紧张，而且上游和中游大量用水也影响了下游的用水。一些地方为了弥补地表水的不足，大量抽取地下水，造成许多河流、湖泊缩小甚至干涸。

## 二、对土地环境的影响

2014 年，我国共发生地质灾害 10 937 起，其中滑坡 8 149 处、泥石流 554 处，此外还有大量的崩塌和地面塌陷灾害，造成直接经济损失 56.7 亿元。这当中既有自然因素的作用，也有工业化等人为因素的作用。当然，这还只是我国土地环境面临严峻挑战的一个缩影。工业化的扩张和产业的区际转移，造成的污染和生态破坏也给我国特别是在中西部地区的土地环境带来了难以估量的损失。

一是工业产业直接占用损坏土地。如表 6.2 所示，2014 年仅我国矿业开采占用损坏土地累计已达 2 618 159 公顷。其中，东部省份的面积远远小于中西部省份。例如，内蒙古达到 219 208 公顷，黑龙江达到 926 439 公顷，青海达到 244 009 公顷。这当中固然有中西部地区矿产资源丰富、面积相对辽阔的关系，但更主要的是工业的扩张加剧矿产资源的开发，尤其是矿产资源比较丰富的地区成为各类资本进入的重要领域。尽管部分被损坏土地可以得到修复，但十分缓慢，2014 年修复面积只有 40 778 公顷，仅占被损坏面积的 1.6%。二是中西部许多地区原本生态系统就比较脆弱，大量承接产业转移之后，形成土地环境的退化。目前我国是土地沙化非常严重的国家。到 2014 年时，沙化土地面积已达 17 310.77 万公顷，超过全部国土面积的六分之一，约相当于新疆维吾尔自治区和浙江省的面积之和，其中沙化的耕地面积达到 445.94 万公顷，和 6 689.1 万亩。尤其是在新疆、青海、内蒙古等西北地区情况尤为严重。当大量的工业产业进入这些地区后，无论是工业建设用地，还是采矿用地，往往都会造成植被破坏，水土流失，再加上工业发展加剧水资源紧张的局面，这些都会造成土地的沙化。甚至在一些地方，大量兴建工业园区、企业厂房，占用了大量的耕地、森林、水体，也都直接或间接地形成对土地环境的压力。三是增加了地陷、泥石流等灾难性事件频发。以地陷为例，一些承接产业转移的地区或是加大了矿产资源的开采，或是加快了地下水的抽取，引发一次又一次的地陷，导致当地许多地方房屋开裂、耕地坍塌、河流湖泊枯水，整个地区原有的生态环境几乎被完全损害，使原本宜农宜居的地方变成荒芜的地区。四是产业转移后在更大范围对土壤造成严重污染。形成土壤污染的主要有化学污染、物理污染、生物污染和放射性污染等，与工业相关的主要由前两种。当工业产业转移到当地以后，大量的工业垃圾、固体废物等会形成对土壤的物理污染，使许多土地失去原来的功能。而工业生产中产生的污水、二氧化硫等废气等形成的酸雨，会使土壤酸化，是农田的土壤，以及河流沟渠两侧的土壤，甚至渗透到地下对深层的土壤形成无机化学污染；同时，在工业生产中的废水、固体废物所带来的酚、石油类等污染物也会对土壤形成有机化学污染。这些情况，近几年在我国中西部许多省份时有发生，使原本就紧张的国土资源变得更加稀缺。

**表 6.2　2014 年全国及部分省份土地环境部分指标**

| | 矿业开采累计占用损坏土地(公顷) | 建设占用耕地面积(公顷) | 沙化土地面积(万公顷) | 沙化耕地面积(万公顷) |
|---|---|---|---|---|
| 全国 | 2 618 159 | 334 099 | 17 310.77 | 445.94 |
| 北京 | 21 950 | 912 | 5.24 | — |
| 河北 | 73 150 | 16 531 | 212.53 | 111.48 |
| 江苏 | 24 519 | 18 063 | 58.44 | 50.38 |
| 广东 | 15 738 | 9 283 | 10.03 | 5.29 |
| 安徽 | 84 893 | 21 943 | 12.05 | 7.00 |
| 河南 | 72 717 | 32 042 | 62.86 | 49.28 |
| 山西 | 130 721 | 10 684 | 61.78 | 9.29 |
| 黑龙江 | 926 439 | 7 323 | 49.57 | 7.37 |
| 内蒙古 | 219 208 | 7 179 | 4 146.83 | 19.61 |
| 新疆 | 50 077 | 8 144 | 7 466.97 | 18.53 |
| 青海 | 244 009 | 2 811 | 1 250.35 | — |
| 云南 | 46 806 | 14 575 | 4.42 | 2.41 |

数据来源：根据 2015 年《中国环境统计年鉴》相关数据整理得出。

## 三、对大气环境的影响

现阶段，我国大气环境的情况仍然不可掉以轻心，重污染天气在一些地区频现。根据中国气象局数据，2015 年全国平均气温较常年偏高 0.95 ℃，为 1961 年以来最高值，也是自 1951 年有完整气象记录以来平均气温最高的一年。这一年，全国先后出现 11 次大范围、持续性雾霾过程，尤其是冬半年京津冀平均大气环境容量为 1961 年来最低(较常年偏低 21%)①。实际上，不仅是 2015 年，近几年来可以说无论是气温还是雾霾天气，一直都是困扰着我国居民的严重气候问题。而这些问题显然也和工业的发展相关。

① 资料来源：中国气象局网站，http://www.cma.gov.cn/。

根据《中国环境统计年鉴》的数据，二氧化硫、氮氧化物、烟(粉)尘等主要废气的排放中，工业排放都占主要比重。如表6.3所示，从2005年到2014年，在二氧化硫的排放中，工业源排放在全国二氧化硫排放中的比重最低的时候也有84.3%，有几年几乎都在90%左右；烟(粉)尘排放中，工业源排放所占比重也都维持在70%以上，甚至一度达到85%以上；而对于氮氧化物，尽管无法获得2011年之前全国和整个工业源的数据，但从2011年至2014年这四年的数据来看，也都在70%左右。可见，就大气环境而言，工业污染在其中的作用由此可见一斑。

**表6.3　2005—2014年工业源废气排放占比**

| | 2005年 | 2006年 | 2007年 | 2008年 | 2009年 | 2010年 | 2011年 | 2012年 | 2013年 | 2014年 |
|---|---|---|---|---|---|---|---|---|---|---|
| 二氧化硫 | 85.1% | 86.3% | 86.7% | 85.8% | 84.3% | 85.3% | 91.0% | 90.3% | 89.8% | 88.1% |
| 烟(粉)尘% | 80.2% | 79.4% | 78.2% | 74.4% | 71.3% | 72.8% | 86.1% | 83.3% | 85.6% | 83.6% |
| 氮氧化物 | — | — | — | — | — | — | 71.9% | 70.9% | 69.4% | 67.6% |

数据来源：根据各年《中国环境统计年鉴》相关数据计算、整理得出。

与其他一些环境问题一样，大气环境问题通常既有自然界的因素，也有人类活动的因素。当给大气环境带来严重影响的排放物累积到一定的量，超出自然界的自净能力(或环境容量)时，就会爆发污染天气或者气候灾害。就气温升高而言，人们所担心的是$CO_2$排放持续增加，引起温室效应，进而引致生态灾难。而造成$CO_2$排放持续增加的原因除了居民生活烧煤和机动车、船、飞机等燃烧化石能源造成的以外，主要就是工厂生产直接或间接造成的，比如为了保证工业生产扩大需要而增加火力发电站，为了冶炼钢铁而燃烧焦炭等。而区际产业转移中，工业产业在全国空间扩散，在更广的范围内规模扩张，带来许多地区$CO_2$排放的快速增加，势必会给当地的气候带来影响。根据第四章分析，中西部地区工业废气排放持续增加，占全国的比重也在持续升高，恰恰也说明了这一点。

最近几年，在大气环境问题中，最为引人注目的莫过于每年秋冬季节出现的大范围、持续性的雾霾问题。而根据一些大气专家的研究，造成雾霾的基础物质是PM2.5，这种物质在直径2.5微米以下，能够进入人体，当浓度达到一定的量以后就对对人的健康造成损害。国际标准是每立方米大气PM2.5在10微克以下才没有害处。我国的标准相对宽松一些，目标是达到每立方米PM2.5在35微克以下，实际上35微克害处也是存在的。即使按照相对比较宽松的标准来衡量，我国的雾霾问题也很严重，在每年的冬季，许多城市的PM2.5指数几乎都要经历多次“爆表”。

2015年12月，美国国家航空航天局(NASA)通过将2005年至2014年这十年中卫星拍摄(Satellite-Derived)的PM2.5气流图像，制成全球雾霾地图，即图6.1。从图中可以看出，中国几乎是目前世界上大气环境质量最糟糕的国家之一。而在中国的国土范围之内，除了西南部和东北部的少数地区以外，几乎都处在雾霾的笼罩之中。而雾霾最为严重的地区，包括了华北、华东、华中、西南，甚至连新疆、西藏的许多地区也不能幸免。无独有偶，耶鲁大学—南京信息工程大学大气环境中心研究小组，也在对2014年4月12日至

2015 年 4 月 11 日整整一年的 PM2.5 时空分布进行研究的基础上，绘制出中国 PM2.5 地图，几乎也得出了相类似的结论。

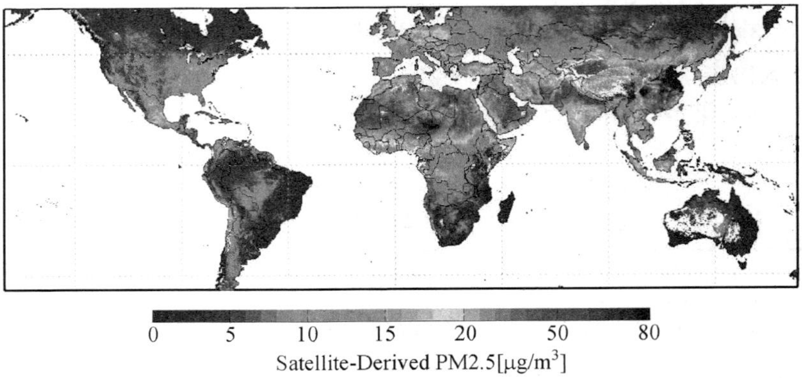


资料来源：美国国家航空航天局（NASA）http://www.nasa.gov/topics/earth/features/health-sapping.html。

**图 6.2 世界雾霾地图**

尽管雾霾的形成有多种因素，PM2.5 有工业、机动车、扬尘、居民生活等多种来源，但工业源无疑在其中占相当比重。表 6.2 的数据已经说明工业排放在几种废气中的比重，在我国许多地区工业都是 PM2.5 的重要源头。2014 年 11 月，广为人们所称道的“APEC 蓝”，就是通过北京及周边省份工业企业停产或限产来实现的。据悉，会议前夕环境保护部按照 APEC 会议空气质量保障督查方案，派出 16 个督查组展开督导检查。至 2014 年 11 月 5 日凌晨，共检查企业 395 家，其中属停产、限产名单的企业 317 家；检查未列入停产、限产名单的企业 78 家，31 家企业存在超标排放，25 家企业大气污染物治理设施未正常运行①。正是通过这种有效的措施，确保了会议期间良好的大气环境。但这也恰恰说明工业污染源在雾霾天气形成中的作用。另据中国江苏网 2015 年 12 月 7 日报道，南京 PM2.5 的来源中，工业生产占 46.4%②。

在我国区际产业转移的进程中，工业化在东部沿海地区达到一定程度之后，又在中西部等更广泛的范围内进一步推进。大范围的工业化，从对大气环境的影响来说，就是工业废气在更广的范围大规模排放。美国国家航空局（NASA）的资料说明，工业扩张使污染增加。几乎遍及全国范围的产业转移浪潮，越来越多的工业生产在更广阔的国土范围内布局，使 PM2.5 的工业源几乎遍及全国各地。当排放到一定程度，长期累积下来，并与机动车、扬尘等其他来源相叠加，超过大气原有的自然净化和平衡的能力，并在气流等自然因素的作用下，各个地区的大气污染相连成片，形成一次又一次大范围、持续时间久的雾霾天气。区际产业转移环境外部性的这种跨界性也显现无疑。甚至可以说，类似雾霾这种

① 王佳.“APEC 蓝”是怎样炼成的[N].南方都市报，2014-11-12.

② 陈康，马燕.九大城市雾霾“元凶”已找到，南京主要是燃煤[EB/OL].中国江苏网，http://jsnews.jschina.com.cn/system/2015/12/07/027258291.shtml，2015-12-07.

对大气环境的影响，恰恰是工业产业区际转移生态效应在空间维度上最突出的表现。

## 四、其他方面的影响

大气环境、水环境、土地环境、各类动物、植物和人类共同组成了丰富多彩的生态环境。当大气环境、水环境、土地环境等人类和生物赖以生存的物质环境受到破坏时，处于其中的人类和生物自然也将受到影响。实际上，区际产业转移的生态效应通常是综合的。例如，酸雨的形成，起先是二氧化硫、氮氧化物等工业废气的排放造成大气污染，然后通过在降水过程中形成酸雨造成对土壤、水源的污染，同时也造成动物、植物受到侵害，进而也使人类生存于危险的环境中。因而，这种生态上的效应总是会对生物或者居民形成各种直接或间接的影响。具体来说，主要有以下几个方面。

### (一) 对生物环境的影响

工业生产的大范围布局，对生物环境构成了负面影响。无论是对水生态系统，还是对土地和大气环境的损害，都造成了动植物生存环境的恶化。例如，许多水电项目的建设，使得一些自然保护区让道搬迁。而工业污染的跨界性使许多动植物无法适应，濒于灭绝。目前，我国的生物多样性正受到工业化的严峻挑战，尤其是在中西部地区，原本就是许多珍稀动植物的生存繁衍之地。或是一些产业直接以这些珍稀动植物为原料，或是工业产业的污染排放使其生存环境受到破坏，或是工业生产带来人类经济社会活动的频繁影响了它们正常的生活习性，从而造成生物环境的大破坏。

早在 20 世纪 90 年代，环境保护局就发布了《中国生物多样性国情研究报告》，报告中指出对空气污染导致地衣等对环境敏感的生物在一些地区的减少或消失，酸沉降对鱼类和多种无脊椎动物损害，对动植物资源掠夺式的开发造成物种的消失，等等。时至今日，在工业产业大规模的转移之下，工业生产无论是覆盖的空间范围，还是污染排放的总量和累积量都远远超出了二十年前。这种对生物环境的破坏，更是有过之而无不及。根据世界自然基金会(WWF)与中国环境与发展国际合作委员会联合发布的《地球生命力报告·中国 2015》，从 1970 年至 2010 年，中国陆栖脊椎动物种群下降 49.71%，对气候、水质更加敏感且更适合做中药材的两栖爬行类动物下降了 97.44%。这主要由城镇化和经济发展所造成。而中国这几十年的城镇化和经济发展中，工业化的作用不言而喻。在区际产业转移的背景下，如果工业产业转移不能与生态环境保护很好地结合，将会有越来越多的物种消失或濒临消失，这种损失将是难以估量的。

### (二) 对居民生活和健康的影响

环境的破坏一方面给居民生活造成不便，也可能会带来经济损失。例如，雾霾天气会给居民交通出行带来麻烦，增加交通事故的概率；地陷造成房屋开裂无法居住，居民被迫离家；酸雨会使许多区域的蔬菜瓜果生产毁于一旦，等等。但另一方面，产业转移相伴随的污染转移也会对居民的健康和生命安全造成严重影响。呼吸道疾病、癌症、肠胃疾病等各类疾病高发，其中固然与饮食、起居等生活习惯与工作节奏相关联，但环境污染损害人们健康，带来疾病高发，已成为不争的事实。

以癌症为例，根据全国肿瘤登记中心发布的《2012 中国肿瘤登记年报》，我国平均每年增加肿瘤病例 8 550 例，每年 312 万例，平均每分钟有 6 人被诊断为癌症，有 5 人死于癌症。其中许多癌症病例与工业污染相关。区际产业转移中，污染的转移和扩散，带来水体、土壤、大气的污染，使人们的处于被污染的包围之中，特别是一些具有内分泌干扰性、生物蓄积性、环境持久性的化学品、危险品被违规排放之后，周边居民罹患癌症的概率就大大增加。2013 年，环境保护部发布《化学品环境风险防控"十二五"规划》，在其中就明确指出："危险化学品渗漏引发的场地污染问题日益严重，污染面积和影响范围不断扩大。新型煤化工企业造成特征污染物大量排放。""有毒有害化学物质造成多起急性水、大气突发环境事件，多个地方出现饮用水危机，个别地区甚至出现'癌症村'等严重的健康和社会问题。"

中国癌症村的分布，既有东部沿海地区，也有中西部地区，几乎与中国工业生产的主要分布地区相吻合，其中大部分癌症村发病的重要原因都与工业污染相关。如若听之任之，对其生态效应的跨界性熟视无睹，无疑会加剧癌症的"频发"。

### (三) 跨越国界的影响

我国是世界上邻国最多的国家，延边或靠近延边的省、自治区大多位于中西部，根据第三章分析，除少数省分外，也几乎都大量地承接了产业转移。一些省份生态环境问题已经非常突出。这些地区与部分邻国或是土地相接，或是处于同一流域。那么本土的污染或者生态破坏，就有可能跨越国界影响邻国。例如，我国冬季北方的雾霾天气，有时就会因气流的原因，而对临近的朝鲜半岛产生影响。如果这些跨越国界的生态问题不能得到很好的解决，势必会影响国际环境合作，也会对国家经济和开放战略产生负面影响。例如，中国正紧密结合"一带一路"建设，推进国际产能合作，其目的在于实现各国的互利共赢。但一些国家担心中国在借此向外输出产能的同时，也将污染转移出去。尽管中国无论是官方层面，还是学术层面，都一再澄清产能合作不是向他国输出污染，不破坏当地的环境。但在中国国内区际产业转移的生态效应没有很好地得到解决之前，尤其是那些跨越国界的污染没有彻底消除之前，国外的一些质疑就很难杜绝，这对我国构建全面开放新格局，推动企业"走出去"，客观上说是不利的。

## 第三节　区际产业梯度转移生态效应的放大

产业在区域间的转移，受经济、政治、自然等多个方面因素的影响。由于工业生产环境外部性本身的空间性和跨界性，当其转移受到自然和人为等各种因素的作用后，往往会产生叠加或者放大的效应。区际产业转移的生态效应在空间维度上因而会显得更加突出。

## 一、地方政府“环境竞争”的放大效应

站在地方经济发展的角度上，产业转移无论是对转出地还是承接地都是需要的。当前，我国的现实情况是产业转移的背后牵涉着区域间的利益协调。虽然一些地方已经淡化 GDP 考核，或者调低 GDP 考核指标，在一些生态保护优先的地方也已经取消了 GDP 考核；但是从全国的整体范围来看，经济发展仍是各级地方政府的首要目标，许多阶段性任务仍有待完成，对于中西部地区来说尤为如此。作为协调生产力空间布局，进而带动城镇化和经济结构升级的有效途径，产业转移已成为许多地方政府工作的重要内容。发达地区倾向于转出相对落后的产能，以便为新兴产业的发展腾出空间，欠发达地区凭借自身的资源优势、市场优势和劳动力优势，对承接产业转移也有极大的兴趣。

由于资源的相对稀缺性，地方政府之间的激烈竞争势所难免。在一些地方，降低环境标准或放松环境监管成为用来吸引外来投资的重要方式。根据第四章分析，各个省、自治区、直辖市环境规制存在梯度差异，这是区域间环境绩效差异的原因之一。事实上，在一个省级行政区范围内，给地、市、县对环境的监管也存在差异。形成差异的原因，既有技术、管理、财力等方面的客观原因，也有地方对生态环境的重视程度和对环境标准的执行程度等主观原因。

由于履行环境责任、严格执行环境标准，会给企业带来一定的成本，尤其是在土地、劳动力、物流等领域的成本不断上升之际，环境成本对企业利润的影响越来越显得突出。鉴于环境污染本身的外部性，企业本身有节约成本，对排污治理少投入或不投入的“机会主义”倾向。在区际产业转移的条件下，环境成本也成为影响企业区位选择的因素之一。许多地方政府为了尽可能多地吸引外来产业转移到当地，并尽可能避免这些产业从本地流出，与其他地方展开了激烈的竞争。从税收到人力、从土地到区位，各种手段几乎无所不用，在这种严酷的竞争条件下，生态环境往往成为牺牲品。[①] 或是对企业违规排污听之任之，或是对环境规制放松执行甚至干脆不执行，或是在环境监管时存在腐败行为，或是缺乏动力完善地方环境法规，或是帮助企业应付环境监察，等等。这种情况下，企业给生态环境带来的成本难以得到内部化，生态资源在扭曲的状态下进行配置。区际产业转移的环境外部性不但不能得到有效的解决，反而在一些地方政府的“竞争之下”得到助长和放大。

## 二、地理梯度反经济梯度的放大效应

从地势上看，我国自然地理环境的一个总的特征是“东低西高”，山地、高原、丘陵占陆地面积的三分之二，且主要位于西部和中部地区。在地理梯度上分为三个梯级。青藏高原为第一梯级，主要包括西藏、青海及周边；内蒙古、新疆、四川、云南、贵州这些地区为第

① 李敦瑞. 污染产业转移视角下 FDI 环境外部性的跨界效应[J]. 经济与管理，2012(4).

二梯级；其余包括东部沿海地区地势较低，涵盖了主要的平原地带，属于第三梯级。包括长江、黄河、珠江、淮河、海河等主要水系都发源于第一梯级或第二梯级，并自西向东经东部下游入海。

与自然地理梯度相反，我国经济发展梯度总的情况是“东高西低”。经济的重心位于东部沿海地区，可以说是经济梯度上的第一级；其次是中部地区，经济发展水平总的来看远远低于东部地区，但有高于西部地区，处于第二级；西部地区大部分属于相对落后的地区，处于第三级。从国际经验来看，产业转移一般发生在经济发展水平存在梯度差异的区域之间，我国也是如此。通过第三章的分析可以看出，我国的区际产业转移基本上都是从东部沿海地区向中西部地区转移，尤其是长江流域、黄河流域、泛珠三角地区，基本上呈现出位于中西部的流域的上游和中游的工业生产，规模扩张的速度快于下游且比重逐年上升的态势。

经济发展梯度与自然地理梯度相反，而且环境规制也有着大体上与经济发展水平相一致的梯度性，总的趋势是经济发达地区规制要严格一些，监管更到位一些，而欠发达地区要宽松一些。这带来的结果是，区际产业转移的方向总体上是“逆流而上”的。由于产业转移的过程中，带来了污染的转移和扩散，使转移到中西部的许多工业产业的污染，在污染承接地当地的环境之后，又通过水流损害了下游地区，一些转出产业地区的环境又再次受到损害。另外，我国的气候受印度洋、太平洋以及北方气流的作用。在气流的作用下，空气的污染又会在更大范围产生影响。这使得区际产业转移环境外部性的跨界性特征十分明显。

由于环境污染的空间外溢，加之我国自然地理梯度“西高东低”的特征，东部沿海发达地区向区外进行产业转移，并不能从根本上彻底解决自身面临的环境压力。如果说国际产业转移可以将污染也同时转到其他国家和地区，但国内的区际产业转移看似将污染转出本地，实际许多污染物又因自然因素再次影响到本地，反而可能会使更大范围的生态环境遭到破坏。例如，上海位于长江的入海口，长江是其主要的饮用水来源，这使得上海既有经济发展的区位优势，又处于生态脆弱的地区。随着长江中游、上游工业生产的不断扩大，整个长江流域水生态受到损害的同时，下游的水质堪忧。特别是上海，由于处于河口和海口，其他地区相对于它都是上游，这些地区几乎都有沿江开发战略，周边光是大型化工区就达十多个，这无疑会给上海的水环境和饮水安全带来了巨大的压力。同样，北京地区如果仅仅是将工厂迁到外地，也并不能从根本上解决困扰已久的雾霾问题。因为污染的跨界性，使区际产业转移的生态效应，在自然因素与人为因素相叠加的情况下得以放大。

## 三、污染密集产业区际梯度转移的放大效应

近几十年来，我国工业化的一个大趋势是逐步的“重型化”，即重化工业逐渐成为工业的主体。这种趋势反映在产业转移上，就是重化工业生产布局的西移。根据第四章的分析，这使得其中的许多污染密集产业也发生转移，加之纺织业、农副食品加

工业等轻工业中的污染密集产业的转移，使污染密集产业在产业转移中扮演了重要的角色。

从环境外部性角度看，污染密集产业有这样几个特征。一是强环境关联效应，即产业转移到某一地区以后，当地的电力、能源、上下游产业等配套产业带来的污染也大。二是强环境损害效应，即产业本身高污染，对生态环境的破坏作用大。三是强资源耗竭效应，即资源消耗大，也给生态环境造成巨大压力。正因为污染密集行业的这些特征，一方面当所在地区资源环境月数趋紧时容易将其转出，在一些地方高耗能高污染的产业往往首先就是要迁移的对象；另一方面产业本身给生态环境的压力和损害也几乎是最大的。

以化学品环境问题为例，我国在许多化工产品领域如农药、化肥等产量都已位居世界第一，一些大量使用化学品的产业如纺织、有色金属冶炼及压延加工业的生产规模也都是世界最大的。但是，这些产业目前正越来越多地由发达地区向外迁移，中西部地区以及东部地区中经济发展水平相对较低的地区承接了大量的相关产业。与之相应，其环境问题也越来越严重。根据环境保护部每年发布的《环境统计年报》，近几年我国工业排放的化学需氧量、各类重金属、石油类、氰化物、挥发酚、固体危险废物等废弃物中，有相当大的一部分是由化工类产业或大量使用化学品的产业排放，从区域上看，不仅江苏、山东等东部工业大省排放量较大，河南、湖南、内蒙古、新疆等中西部地区的比重在不断攀升。大量的河流、湖泊、近海水域，以及地下水检测出化学污染物超标，水体、土壤、空气被污染，大面积的环境事件屡见不鲜。可见，各地产业结构的普遍重型化，以及污染密集产业在产业转移中所扮演的角色，使区际产业转移的生态效应变得更加突出。

## 第四节　产业转移生态环境问题的空间集聚效应

在外部经济、规模经济等因素的驱动下，经济活动在空间上集聚成为经济发展的普遍现象。集聚的过程中，竞争效应、创新效应、区域品牌效应、文化根植效应逐渐显现，又会使经济集聚得到强化。然而，这与产业转移并不矛盾，甚至可以说在产业转移的过程中，集聚是经常发生的经济现象。产业集聚也是由产业要素的运动和迁移而形成的，在产业转移的过程中也常常会形成直接的或间接的的集聚效应。但是，产业的集聚会带来污染的集聚，甚至还会形成更大规模的污染，这是其环境外部性的体现。

### 一、产业转移与污染集聚

经济集聚与环境污染之间的关系已成为学术研究的热点问题。一些学者的研究表明，经济集聚与环境污染之间存在着互动的关系。例如，张可和汪东芳在考察经济集聚与环境污染的空间溢出和相互作用机制的基础上，认为经济集聚通过产能扩张和提高劳动生产率来加重环境污染，环境污染又对生产成本和劳动生产率存在影响而对经济集聚产生抑制作用①。杨仁发通过研究认为，产业集聚对环境污染的影响具有显著的门槛特征，在产业集聚水平低于门槛值时，产业集聚将加剧环境污染；而在产业集聚水平高于门槛值时，产业集聚将有利于改善环境污染②。徐敏燕和左和平从"波特假说"出发，研究了集聚效应下环境规制与产业竞争力的关系，他们认为"重度污染产业的环境规制，刺激了创新的产生，但削弱了产业集聚效应，并且创新效应难以抵消产业集聚下降给竞争力造成的损失，"而中度污染产业与轻度污染产业这种关系则不明确③。基于这一结论也可以推测，如果环境规制不存在或执行不严格，则产业集聚效应的存在使其产业竞争力增强，污染密集行业越来越集聚，环境污染也相应加重。当然，还有一些学者从其他的视角和方法，参与这一领域的研究，并得出相应的结论。

虽然不同的学者囿于各自的方法和视角，得出各自的未必一致的结论，但无疑环境污染与经济活动的空间分布之间有着密切的关系。产业转移与产业集聚二者都是经济活动的常见现象。在环境规制不健全或者执行不严格的条件下，工业产业的转移通常伴随着污染的转移。而产业集聚作为产业转移形成的结果之一，也必然伴随污染源的空间移动。随着工业企业的集聚，污染源也相应集中。此时，产业集聚中存在的各种经济规律也势必对环境污染的状况产生影响。结合以往学者研究成果，下文从以下几个方面进行分析。

从规模经济的角度看，工业产业转移到一定区域并集中，当地的资本投入许多情况下也跟进累积，可以实现共享基础设施、人力资源、原材料供应、形成更大的需求市场等规模经济优势，这必然会带来当地工业生产的规模扩张。如果存在严格环境规制和有效环境监管，则也可以出现当地工业企业共享治污设备、污染物处理厂的服务、统一的环境监测等环境规模优势，即使生产规模扩张带来了污染排放物的增加，也会因得到较好治理而使其负的环境外部性被消除。但现实情况是，区际产业转移中，承接产业转移的很多地区环境的监管和规制处于严重不足的状态，甚至地方政府之间也存在扭曲的"环境竞争"行为，这造成环境的规模优势在产业集聚中无法显现，相反，生产规模的扩张会带来环境污染的加重。

从外部经济的角度看，统一产业以及相关产业的企业在空间上集聚可以促进区域的分工与合作，从而可以提高生产的效率。比如，可以促进产业链的细化以提高生产效率，可以更便利地获得的配套服务，等等。但是工业企业发生转移并在一定的区域内集聚，分工与合作的加强显然也会提高区内的生产效率。如果内部的治污和外部的环境监管缺失，生产效率的提高带来产量的上升，也伴随污染物排放量的增加。经济活动的集中化既会产生积极的集聚效应，也会带来负面的集聚效应。④ 获得外部经济当然属于积极的效

① 张可，汪东芳. 经济集聚与环境污染的交互影响及空间溢出[J]. 中国工业经济，2014(6).

② 杨仁发. 产业集聚能否改善中国环境污染[J]. 中国人口·资源与环境，2015(2).

③ 徐海燕，左和平. 集聚效应下环境规制与产业竞争力关系研究——基于"波特假说"的再检验[J]. 中国工业经济，2013(3).

④ 陈秀山，张可云. 区域经济理论[M]. 商务印书馆，2003年12月，第93页.

应，而污染排放量的增加则属于负面的效应。当然，产业转移导致污染集聚的负面程度，也要视产业本身的污染程度而言，尤其是污染密集产业，集聚的生产效率带来的污染程度的提高，经济集聚的结果是形成污染排放的集聚地。

从竞争效应的角度看，众多工业企业经过转移后集聚到一定区域，彼此之间维持着既共生又竞争的关系。从共生的一面来看，在共享基础设施和配套政策的条件下，并分工与协作，形成密集的产业群落。而从竞争的一面来看，集聚区内的生产相同或类似产品或部件的企业相互间为争夺市场，展开激烈竞争。在技术水平差异较小、品牌优势不明显的条件下，压缩成本降低价格成为普遍的竞争方式。在这种情况下，产业转移带来的集聚，加剧了企业间的竞争，为了确保竞争力而压低成本，工业生产中给生态环境造成的成本很难内部化，污染严重但成本低廉的工艺、设备、材料的使用反倒有可能形成"逆向激励"。

此外，在发达地区难以再生存下去的污染密集产业转移到其他区域以后，一旦形成集聚，污染示范效应便会显现，这会使产业承接地吸引更多的污染密集产业，在产业集聚得到强化的同时，污染集聚也更加严重。在区域间产业转移处于较大规模时，越来越多的污染集聚点便会散布在各个地区，并通过水流、气流、降水等自然因素把污染物扩散至更大的范围，从而带来具有更大负面影响的跨界环境外部性。

## 二、工业园区的污染问题

在我国，工业园区是各地区承接产业转移的重要空间载体。"工业向开发区和园区集中"成为今天绝大多数地区集约化利用土地资源、统筹城乡发展、促进招商引资的普遍做法。对于区际产业转移而言，无论是国家级的，还是地区级的，各种示范区、集聚区不断涌现，使引入的工业企业呈现出空间集聚的态势。虽然主要是在政府主导下建设的，但在园区内由于通过各种配套设施、政策等吸引了大量企业的入驻和集聚，也形成了产业的集聚区。

由于人口与产业的集中化与生态环境之间从来都是相关联的，产业转移产生的各类园区污染也正日益引起人们的关注。2014 年，环境保护部和国土资源部联合发布了《全国土壤污染状况调查公报》，其中就指出在调查的 146 家工业园区的 2 523 中，超标点位占 29.4%；其中，金属冶炼类工业园区及其周边土壤主要污染物为镉、铅、铜、砷和锌，化工类园区及周边土壤的主要污染物为多环芳烃。仅土壤污染一项，污染程度就已如此严重，区际产业转移中园区的污染问题可见一斑。

中华环保联合会曾于 2010 年历时一年对 9 个省、自治区、直辖市的 18 家工业园区进行调查，这些工业园区位于东部发达地区 8 家，位于东部相对落后地区 1 家，位于中部地区 6 家，位于西部地区 3 家。从产业属性上看，大部分属于化工、石化、医药、皮革等污染相对较重产业的园区。从行政级别上看，国家级园区 2 家，省级园区 7 家，其余为县市级园区。调查结果显示，无论是东部的园区，还是中西部的园区，都涉及不同程度的环境污染问题。这 18 家工业园区几乎都位于紧邻重点流域、饮用水源、人口集中区等环境敏感区域。其中，涉及水污染的有 18 家，占 100%；涉及大气污染的有 14 家，占 78%；涉及固体废弃物污染的有 3 家，占 17%。环境风险隐患大、环境纠纷多、环境执法监管不力、污染治理设施形同虚设等问题非常严重，而且越是级别较低的园区问题越严重。在诸多环境问题中，污染转移问题也在这些园区中显现。该调查发现，一些高耗能高污染的产业在东部地区生存空间不断被压缩的情况下，转移到不发达地区的园区中，以牺牲资源和环境为代价换取经济发展。例如，苏北一些园区承接苏南的重化工业，企业污水直接排放入海；江西省的一些工业园相互之间为争夺产业转移，以牺牲长江水质换取本地发展①。

除此之外，一些学者的研究也揭示了工业园区的环境问题。王彩萍通过对 4 个工业园区进行调查，分析了新疆维吾尔自治区伊宁市工业园区的环境污染状况②。樊新钢等人通过采集大量的土壤表层样本，研究了宁夏回族自治区石嘴山市河滨工业园区表层土壤重金属污染的时空特征③。

实际上，无论是调查的结果，还是一些学者的研究，还是人们的切身感受，都表明了工业园区这种产业集聚区突出的环境污染问题。欠发达地区承接发达地区产业转移的一个重要途径就是设立各种承接产业转移的园区，或利用已有工业园区加快吸引产业转移，相关的配套和竞争手段层出不穷，生态环境在其中常常成为被忽略的对象。一是地方政府之间竞争产业转移，竞相设立工业园区，为吸引到企业以确保园区的运行，对其环境污染听之任之。二是工业园区之间竞争产业转移，甚至不从当地实际生态条件出发，盲目引入重污染产业，对入驻企业的环境责任缺乏监管。三是在许多级别相对较低的工业园区，管理的技术、水平、设备也相对落后，在经济发展优先的理念下，大量引入转移来的企业，却缺乏环境监管的能力和意愿。四是工业园区承接的产业转移中，重化工业项目偏多，这是全国各地工业重型化方向发展的又一个体现，重化工业的环境风险是远远大于其他项目的。例如，根据 2014 年《全国土壤污染状况调查公报》的资料，在调查的黑色金属、有色金属、造纸、石油煤炭、化工医药等重化工业的 690 家重污染企业用地及周边的5 846 个土壤点位中，超标点位占 36.3%，污染程度超过工业废弃地、固体废物集中处理处置场地、采油区、采矿区、污水灌溉区等典型地块。五是园区生态资源浪费严重，为了“筑巢引凤”，一些承接产业转移的园区大量圈地，并修建配套基础设施，使耕地、森林、水体、草地等生态资源受到破坏，但在一些地区尤其是县市级的园区，出现“僧多粥少”的局面，入住的企业远远达不到预期的目标，造成资源的巨大浪费。

总的来说，至少有以上这些环境问题存在。建设工业园区，原本是为了更好地承接产业转移，作为推进工业化的有效平台繁荣地方经济，但如果对其存在的或潜在的环境风险视而不见，各地竞相设立的工业园区作为工业产业的集聚地，就很有可能成为散布在全国

---

① 资料来源：中华环保联合会. 我国部分工业园区环境问题调查报告[N]. 中国化工报，2011-10-24.

② 王彩萍. 伊宁市工业园区环境污染现状调查与对策建议[J]. 内蒙古环境科学，2008(6).

③ 樊新刚，米文宝，马振宁等. 宁夏石嘴山河滨工业园区表层土壤重金属污染的时空特征[J]. 环境科学，2013(5).

各地的一个个污染集聚源。

### 三、产业转移间接集聚效应的环境外部性

如果说工业产业集聚和工业园区是产业转移的直接效应,那么城市化可以看作是产业转移的间接集聚效应。城市化本身也是人和经济、社会要素集中的过程。城市化有积极效应和消极效应两个方面,前者表现为销售市场的扩大,生产服务、研究机构、交通基础设施的拥有,文化娱乐、消费方面的专门供给,等等;后者表现为拥堵、污染、要素成本上升等①。产业转移到一些区域后出现的集中现象,作为经济集聚的一种,也推动着工业化。而中国的城市化与工业化之间存在着密切的联系,在一定程度上说,在经济发展步入发达阶段之前,工业化都是推进城市化的重要手段。

现阶段,我国欠发达地区的城市化仍然要以工业化为重要抓手。在工业产业大规模转移到中西部地区和东部相对落后的区域,越来越多的工业产能集聚于这些地区的城市当中。城市的规模不断膨胀,相应的基础设施、房地产、生产性服务业、生活消费娱乐设施不断增加。这一过程使经济集聚的程度进一步提高,周边劳动力等生产要素不断进入,区外的工业产业不断转移进来,产生"吸纳效应"。持续的经济集聚产生了来自交通运输、农业生产以及其他生产生活服务的新需求,区域环境污染在原来工业污染的基础上,又在不断增加车辆、生活、能源、农业等方面的污染源。这在一定程度上可以看作是产业转移间接集聚效应的环境外部性。而且,这种环境外部性还会出现明显的空间溢出效应,即城市经济活动密度和环境质量会与周边的经济活动和环境治理形成相互影响。② 在溢出效应的作用下,城市与城市之间的工业污染以及相应的生活、农业等其他污染相连成片,产生巨大的跨界效应,环境污染问题在一个个城市群中大片发生,近几年在我国中西部地区冬季也频频发生的持续大面积雾霾天气就是一个明显的例证。

## 第五节　案例分析:产业梯度转移与西北某地的环境污染

"十一五""十二五"期间,我国西北地区工业化取得了巨大的发展,同时西北许多地区也都将承接东部沿海的产业转移,作为当地发展的重大机遇。在经济获得发展的同时,生态环境逐渐恶化,工业发展的代价也十分惊人。这里以本书重点调研的西北某地(以下统称 S 市)为例,来阐述在承接产业转移中推进工业化,给当地带来的生态环境效应。

---

① 陈秀山,张可云.区域经济理论[M].商务印书馆,2003 年 12 月,第 92-93 页.

② 张可,汪东芳.经济集聚与环境污染的交互影响及空间溢出[J].中国工业经济,2014(6).

## 一、曾经的“戈壁明珠”

从自然条件上说，S市虽地处西北，在沙漠边缘，却拥有非常良好的水土条件。当地水资源丰富，拥有地表水、泉水和地下水，共有五条较大的河流流经境内，其中一条是当地的“母亲河”，长达324公里，流经S市数十公里。而且土壤质地良好，以壤土为主。根据2005年当地《国民经济和社会发展统计公报》，全年水资源径流量15.19亿立方米，其中地表水资源11.52亿立方米，地下水资源3.67亿立方米；用于农业灌溉的总水源有14.05亿立方米，其中河水9.77亿立方米，泉水1.75亿立方米，井水2.53亿立方米；淡水面积8 400公顷，其中可养殖面积占29.8%；年末15座水库总容量5.38亿立方米。当地垦区拥有耕地186.84千公顷，林地26.23千公顷，牧草地68.25千公顷。此外，当地辖区内生物资源丰富，野生动植物繁多，飞禽和走兽各有20多种，植物资源中仅野生牧草就有62科314属567种，其中可药用者有麻黄、地黄、柴胡等140种。

良好的水土条件、丰富的生物资源，使当地拥有良好的农林牧发展条件。再加上当地较好的地理位置、较为宜人的气候和充沛的日照，使S市成为西北为数不多的宜居城市。2000年，S市和深圳、南宁、青岛同时被评为“联合国人居环境改善范例城市”；2001年S市荣获“全国园林绿化先进城市”称号和首届“全国人居环境奖”。曾经的绿树林荫和蓝天碧水，让S市可谓是宜业宜居的“戈壁明珠”。

## 二、现在的“污染天堂”

时过境迁，论及今天S市的生态环境，无论是当地居民还是过往客商，人们一致的感受是污染严重。无论是冬天的雾霾天气，还是水污染、生态系统的破坏等，都让人感触颇深。以雾霾天气为例，近几年S市冬天经常发生严重雾霾天气。每当雾霾来临，阴暗、浑浊的天空与往日的晴朗、明亮形成鲜明对比，许多居民在日常生活中可以明显感到呼吸不适。有时甚至在下雪后，积雪上也附着一层灰黑色的烟尘。

这里选择2015年入冬以后空气污染较重的一段时间来说明。如表6.4及其续表所示，从2015年12月14日至2016年2月9日共58天的时间里，只有2016年1月12日空气质量是良好，其余均为不同程度地污染。其中，空气质量处于重度污染和严重污染状态的天数占到近一半。最长的重度污染和严重污染天气持续长达12天。

**表6.4　2015年12月14日至2016年2月9日S市空气质量表**

| 日期 | AQI指数 | 质量等级 | 当天AQI排名 | PM2.5 | PM10 |
|---|---|---|---|---|---|
| 2015-12-14 | 102 | 轻度污染 | 223 | 76 | 121 |
| 2015-12-15 | 146 | 轻度污染 | 308 | 108 | 186 |

（续表）

| 日期 | AQI 指数 | 质量等级 | 当天 AQI 排名 | PM2.5 | PM10 |
|---|---|---|---|---|---|
| 2015-12-16 | 184 | 中度污染 | 363 | 132 | 258 |
| 2015-12-17 | 203 | 重度污染 | 364 | 155 | 276 |
| 2015-12-18 | 209 | 重度污染 | 363 | 160 | 261 |
| 2015-12-19 | 209 | 重度污染 | 344 | 161 | 268 |
| 2015-12-20 | 224 | 重度污染 | 322 | 175 | 279 |
| 2015-12-21 | 224 | 重度污染 | 292 | 174 | 262 |
| 2015-12-22 | 243 | 重度污染 | 308 | 192 | 304 |
| 2015-12-23 | 283 | 严重污染 | 318 | 231 | 363 |
| 2015-12-24 | 271 | 严重污染 | 319 | 214 | 389 |
| 2015-12-25 | 288 | 严重污染 | 345 | 229 | 382 |
| 2015-12-26 | 280 | 严重污染 | 361 | 227 | 374 |
| 2015-12-27 | 277 | 严重污染 | 365 | 169 | 362 |
| 2015-12-28 | 211 | 重度污染 | 352 | 164 | 285 |
| 2015-12-29 | 138 | 轻度污染 | 246 | 104 | 193 |
| 2015-12-30 | 138 | 轻度污染 | 214 | 104 | 162 |
| 2015-12-31 | 131 | 轻度污染 | 198 | 98 | 192 |
| 2016-01-01 | 130 | 轻度污染 | 211 | 97 | 150 |
| 2016-01-02 | 194 | 中度污染 | 290 | 148 | 256 |
| 2016-01-03 | 278 | 严重污染 | 317 | 190 | 368 |
| 2016-01-04 | 180 | 中度污染 | 266 | 139 | 236 |
| 2016-01-05 | 128 | 轻度污染 | 296 | 96 | 180 |
| 2016-01-06 | 141 | 轻度污染 | 305 | 106 | 191 |
| 2016-01-07 | 116 | 轻度污染 | 284 | 85 | 167 |
| 2016-01-08 | 156 | 中度污染 | 320 | 118 | 208 |
| 2016-01-09 | 187 | 中度污染 | 307 | 129 | 300 |
| 2016-01-10 | 177 | 中度污染 | 285 | 119 | 271 |
| 2016-01-11 | 124 | 轻度污染 | 307 | 93 | 170 |
| 2016-01-12 | 95 | 良 | 283 | 69 | 120 |
| 2016-01-13 | 148 | 轻度污染 | 331 | 111 | 184 |

（续表）

| 日期 | AQI 指数 | 质量等级 | 当天 AQI 排名 | PM2.5 | PM10 |
| --- | --- | --- | --- | --- | --- |
| 2016-01-14 | 191 | 中度污染 | 339 | 143 | 214 |
| 2016-01-15 | 164 | 中度污染 | 321 | 123 | 219 |
| 2016-01-16 | 127 | 轻度污染 | 247 | 96 | 158 |
| 2016-01-17 | 163 | 中度污染 | 314 | 124 | 200 |
| 2016-01-18 | 101 | 轻度污染 | 237 | 75 | 112 |
| 2016-01-19 | 193 | 中度污染 | 356 | 149 | 219 |
| 2016-01-20 | 112 | 轻度污染 | 298 | 83 | 130 |
| 2016-01-21 | 164 | 中度污染 | 339 | 124 | 203 |
| 2016-01-22 | 160 | 中度污染 | 346 | 121 | 196 |
| 2016-01-23 | 225 | 重度污染 | 363 | 178 | 269 |
| 2016-01-24 | 257 | 严重污染 | 365 | 205 | 331 |
| 2016-01-25 | 258 | 严重污染 | 365 | 208 | 314 |
| 2016-01-26 | 286 | 严重污染 | 365 | 234 | 355 |
| 2016-01-27 | 276 | 严重污染 | 364 | 225 | 336 |
| 2016-01-28 | 277 | 严重污染 | 363 | 225 | 334 |
| 2016-01-29 | 187 | 中度污染 | 339 | 142 | 218 |
| 2016-01-30 | 195 | 中度污染 | 350 | 148 | 242 |
| 2016-01-31 | 174 | 中度污染 | 359 | 132 | 226 |
| 2016-02-01 | 142 | 轻度污染 | 338 | 107 | 162 |
| 2016-02-02 | 181 | 中度污染 | 356 | 139 | 216 |
| 2016-02-03 | 205 | 重度污染 | 356 | 157 | 244 |
| 2016-02-04 | 289 | 严重污染 | 365 | 238 | 372 |
| 2016-02-05 | 246 | 重度污染 | 364 | 195 | 297 |
| 2016-02-06 | 285 | 严重污染 | 365 | 233 | 367 |
| 2016-02-07 | 281 | 严重污染 | 364 | 227 | 354 |
| 2016-02-08 | 359 | 严重污染 | 364 | 271 | 454 |
| 2016-02-09 | 329 | 严重污染 | 364 | 257 | 431 |

数据来源：天气后报网 www.tianqihoubao.com。

在这 58 天里，无论是 PM2.5 数据还是 PM10 数据，S 市基本上都处于高值状态，特别是 AQI 排名，即在全国重点监控的 367 个城市的排名中，大多数情况下（43 天）在 300 位之后，甚至一度连续数天都在 360 位之后。类似这样的持续时间较长的污染天气，近几年该市几乎年年都有。可见，在冬季 S 市几乎是全国空气质量最差的城市之一。

除了空气质量以外，水污染的情况也越来越严重，无论是地表水还是地下水的水质，与十多年前相比，早已不可同日而语，而且相应的生态系统受到破坏。例如，当地的“母亲河”，养育着周边数十万人口。原先水草丰美、鱼鸟众多、狐兔频现，但近年来由于工厂的修建，噪声、废水、废气等工业污染，破坏了水源、植被、土壤，使河里以及两岸的生态系统受到影响，野生动物明显减少。这几年，各类媒体也频频报道这条河流所遭受的破坏，由于固体工业废物的堆放，土壤和地下水受到污染，遇到河水汛期环境风险更大；由于工业废水和废渣的乱排乱放，已经流入或渗透到河水中。在采砂、淘金、工业污染，以及其他一些人为因素的作用下，这条当地“母亲河”的生态功能已经严重弱化。

当生态环境受到破坏后，儿童血铅超标、癌症患者增加等问题也逐渐产生，各种污染有相当关系的疾病正威胁着居民的健康。大量的数据和事例，以及人们的切身感受，已经表明 S 市仅仅是短短的十多年，已经从昔日的“戈壁明珠”，变成了今天的“污染天堂”。

## 三、工业发展和承接产业转移的生态后果

应该说，经过几代人数十年的努力，S 市经济社会发展取得了巨大的成就。人均 GDP 从 2000 年的 8 101 元增长到 2014 年的 64 928 元，15 年时间增长到原来的八倍，居民的收入和生活水平也都大大改观。这样的成就，客观地说主要归功于工业化的推进。

**表 6.5　2000—2014 年 S 市经济发展基本情况**

| | 2000 年 | 2005 年 | 2008 年 | 2010 年 | 2011 年 | 2013 年 | 2014 年 |
|---|---|---|---|---|---|---|---|
| 市区人口(万人) | 28.48 | 32.54 | 33.56 | — | — | 35.49 | 37.8 |
| 市区人口占比 | 47.9% | 50.7% | 53.1% | — | — | 57.0% | 59.3% |
| 人均 GDP(元) | 8 101 | 13 222 | 21 289 | 33 400 | 42 025 | 57 634 | 64 928 |
| 第二产业增加值(亿元) | 14.28 | 24.33 | 44.75 | 72.65 | 97.26 | 150.12 | 177.40 |
| 三次产业结构 | 35.5 ∶ 33.2 ∶ 31.3 | 31.4 ∶ 32.5 ∶ 36.1 | 28.9 ∶ 36.7 ∶ 34.4 | 29.3 ∶ 38.5 ∶ 32.2 | 27.2 ∶ 41.3 ∶ 31.5 | 22.5 ∶ 45.2 ∶ 32.3 | 19.9 ∶ 46.6 ∶ 35.5 |
| 工业增加值(亿元) | 11.4 | 20.19 | 37.38 | 60.14 | 80.01 | 120.34 | 138.19 |
| 工业占 GDP 比重 | 26.5% | 27.0% | 31.0% | 31.9% | 34.0% | 36.2% | 36.3% |
| 工业增加值增速 | 17.8% | 26.4% | 15.2% | 22.5% | 21.0% | 23.6% | 18.1% |
| GDP 增速 | 13% | 11.9% | 12.9% | 17.5% | 15.7% | 18.7% | 17.0% |
| 地方财政收入(亿元) | 1.9 | 4.54 | — | 18.43 | 26.82 | 34.91 | 37.95 |

数据来源：根据当地《国民经济和社会发展统计公报》各年计算、整理得出。

如表 6.5 所示，自 2000 年至 2014 年，S 市第二产业增加值从 14.28 亿元增长到

177.40亿元，增长了11.4倍；其中工业增加值从11.4亿元，增加到138.19亿元，也增长了11倍以上。从产业结构上看，在2000年时当地经济还主要以农业为主要支撑，到2014年第二产业显然成为地方经济的支柱，工业已成为最大的产业部门。从增长速度上看，工业增长速度总体上远远快于GDP增速，可以说工业是拉动当地经济增长最重要的产业部门。同时，工业化也推动了城市化，在这15年时间里，当地人口总体上维持在60万人（含流动人口）左右，工业部门吸纳了越来越多的就业人口，创造了越来越多的财政收入，使各项社会事业得以进步，市区人口不断增加，已占当地人口的主体部分。

然而，依靠工业化推动发展的道路，所付出的资源环境代价也是沉重的。根据S市的工业发展情况，化工、纺织、食品、能源、建材和农业机械制造等行业是其主要的工业门类，轻重工业比例到2010年时已达到34.5∶65.5，显然重化工业、重污染工业在经济结构占主要位置。如前所述的各种污染和生态破坏，主要也是由工业污染造成。媒体、公众关于环境问题的报道、投诉矛头也多指向工业污染。电解铝、矿业、煤炭、电力等工业企业和设施，再加上各类分散在各个地方的中小企业，各种废气、废水、废渣的排放都给当地环境和居民健康带来严重威胁。

值得关注的是，承接产业转移在当地的工业发展中发挥了重要作用。S市也将承接来自东部沿海和其他经济较为发达地区的产业和资本，作为带动经济增长的重要机遇，位于当地"母亲河"边上的经济技术开发区是承接产业转移的主要载体。如表6.6所示，从2000年到2014年，S市经济技术开发区由小到大，在当地的经济发展中的地位和作用越来越重要，无论是占当地GDP的比重，还是对财政税收的贡献，都是非常显著的。特别是工业增加值，2014年几乎占到当地的90%以上。这说明，经济技术开发区是以工业产业为主导产业的，而且是当地工业发展的主要平台。其招商引资的资金从2000年的不足20亿元，到2013年时已超过160亿元，而这一年S市全市的固定资产投资也不过是299.47亿元。可见，其承接产业转移的速度几乎是呈加速度的。这些也说明了经济技术开发区工业的发展对承接产业转移的依赖程度，以及S市工业发展、经济增长对承接产业转移的依赖程度。到2014年，经济技术开发区共有注册企业1 537家，其中相当一部分是来自包括东部沿海地区在内的外来企业。而外来工业企业的污染同样严重，和本地企业的污染

**表6.6　2000—2014年S市经济技术开发区主要经济指标**

| | 2000年 | 2005年 | 2008年 | 2010年 | 2011年 | 2013年 | 2014年 |
|---|---|---|---|---|---|---|---|
| GDP（亿元） | 3.02 | 20.48 | 45.83 | 75.57 | 100.1 | 155.11 | 187.11 |
| GDP当地比重 | 7% | 27.4% | 37.6% | 40.1% | 42.5% | 46.7% | 49.2% |
| 工业增加值（亿元） | — | — | 33.75 | 54.34 | 74.01 | 107.04 | 128.11 |
| 园区税收（亿元） | — | 2.12 | — | — | 19.0 | 25.14 | 27.27 |
| 招商引资到位资金（亿元） | 18.6* | 20.12 | 30.68 | 52.40 | 102.15 | 160.09 | — |

数据来源：根据当地《国民经济和社会发展统计公报》各年计算、整理得出。

注：* 2000年招商引资资金数据为协议投资额数据。

排放共同产生了对生态环境的负外部性。

工业化推动了城市化，在工业化和城市化的过程中，车辆的使用日益频繁，人流、物流的规模不断增加，这些都增加了新的污染源。S市辖区面积六千多平方公里，略小于上海，但人口仅为上海的四十分之一，而空气质量却比上海还要差。近几年，每年的12月份和元月份也是上海雾霾最为严重的时期，这里选择2015年12月14日至2016年1月19日来说明，根据数据这是上海自2015年入冬以来上海空气质量最差的一段时间。在这37天里，上海共有22天为轻度污染、中度污染和重度污染，其余天数空气质量为优良，没有严重污染天气①。尽管上海冬季的雾霾也很严重，雾霾天气时居民在外可以明显感到呼吸不适，但空气污染的严重程度仍然要远远小于S市。即使就城市中心区进行对比，上海中心城区660平方公里，有1 000多万常住人口和大量流动人口，无论是经济密度、人口密度还是车辆密度都远远高于S市中心城区。可见工业污染和产业转移所带来的生态后果的严重程度。

对于工业发展和工业园区的经济贡献固然要予以肯定，但对于其环境风险和生态后果也要有充分的认识。根据S市当地的环保规划，污染物处理、污染监管也都有相应的制度和配套。近年来，当地在环保工作上也做出不少努力。但是当地如何协调好经济发展与生态环境保护的关系，切实有效地保护好当地环境和居民健康仍然面临十分艰巨的考验。

从昔日的“戈壁明珠”，到今日的“污染天堂”，S市的情况还只是中国大规模区际产业转移和工业化发展中的一个缩影，类似这样的地区或者类似的情况，在中西部地区以及东部的河北、山东、江苏北部还有许多。虽然程度不同、表现形式不同，但本质上都是区际产业转移空间生态效应和工业发展污染效应的叠加和放大。

## 本章小结

环境污染这样的外部性问题，首先就是具有空间的特性。区际产业转移的环境外部性本质上是跨界外部性的一种，这也是其生态效应空间维度上的体现。区际产业转移对于水环境、大气环境、土地环境、生物环境以及人类本身的影响，是其环境外部性的具体体现。而且，在地方政府“环境竞争”、自然地理梯度反经济梯度、污染密集产业区际梯度转移的作用下，这种生态效应存在被放大的风险。此外，产业转移的生态环境问题还存在不容忽视的空间集聚效应。我国西北地区S市十多年来在承接产业转移的过程中，推进工业化和城市化道路，所带来的环境污染，恰恰反映了空间维度上的跨界外部性，而这还只是中国区际产业梯度转移生态效应的一个缩影。

① 数据和资料来源：根据天气后报网（http://www.tianqihoubao.com/aqi/shanghai-201601.html）数据整理得出。

# 第七章　区际产业梯度转移生态效应的时间维度分析

我国现阶段的区际产业梯度转移造成了环境污染的扩散和转移。许多区域以牺牲生态环境为代价，换取了经济的发展。尽管根据环境库兹涅茨理论，生态环境随着经济的发展会“先恶化、后改善”。但实际上，环境库兹涅茨曲线规律发生作用是有条件的。环境质量的改善需要社会各界付诸实际的行动，而且生态环境存在许多“不可逆”的情况，例如物种灭绝，重要生态系统的破坏，等等。区际产业转移所造成的生态效应不仅仅只是空间上的，还有时间上的持续性；无论是对当代人还是子孙后代都存在着不容忽视的负效应。

# 第一节　区际产业梯度转移与代际环境外部性

环境外部性通常是一种空间的概念，但如果从当代人与后代人的角度出发，则环境外部性又具有了时间上的“代际”特征。因产业在区域间的转移而导致的污染转移和扩散，会造成代际主体之间的环境风险传递。这种代际环境外部性损害了代际公平和效率，其存在也不利于经济的可持续发展。

## 一、代际环境外部性的内涵

从福利的角度看，所谓代际外部性是指当代人的经济行为给不同代的人的福利带来影响。这种影响可能是正的，也可能是负的；可能是前向的，也可能是后向的。当代人的活动使后代人受益（如兴建大型基础设施），这便是正的代际外部性，也就是代际外部经济；当代人的活动使后代人福利受损（如过度开发资源，缩小了子孙后代的生存空间），这便是负的代际外部性，也就是代际外部不经济。这些都属于前向的代际外部性，如果是当代人的活动给前代人带来影响（如当代人兴建养老院，为年老者提供服务），便是后向的代际外部性。

当涉及生态环境时，一般研究的是前向的代际外部性。如果当代人的经济行为给子孙后代造成外部经济或外部不经济，这便引出了代际环境外部性的概念。如果当代人能够尊重自然规律，对自然资源的利用、开发科学合理，经济与生态环境协调发展，那么当代人在满足自身环境质量需求的同时，还能为子孙后代留下洁净的水体、清洁的空气、美丽的生态景观、物种的多样性，甚至包括人为提供的公共环境设施（如：人工草场、人工森林、污水处理设施）、环保制度，等等。可以说，这种正的代际环境外部性满足了可持续发展的需要。反之，当代人只顾自身的经济利益和消费需求，而无视生态环境的保护和资源的永续利用，将使子孙后代缺乏足够的生存空间，使得人类的发展在未来陷入不可持续的境地。

代际环境外部性与生态环境的公共物品性质紧密相关。正是由于生态环境非排他性和非竞争性的特性，才使得人们常常过度利用生态环境资源而忽视保护，形成“公共地悲剧”，为负的代际环境外部性的产生提供基础。生态环境作为公共物品又有代际传承的特点，即当代人在享受它的同时能够有效保护，则后代的福利不受影响，反之，后代人则不能享受到同等质量的环境“物品”。因而，当代人的认识和行为决定了产生怎样的代际环境外部性。受生态环境效用的不可分割性和消费的强制性的影响，如何避免产生负的代际环境外部性，需要一定空间范围内全体居民的共同努力。

正是基于生态环境的公共物品的性质，为避免或者减少负的代际环境外部性，客观上是需要某种机制和正式的制度对人类的行为加以影响和匡正。具体原因在于：(1)对于生态环境、环境制度、环保设施等具有代际传承可能的公共物品而言，人们往往并不愿意公布自己对该物品的真实需求状况，“搭便车”的行为难以杜绝；而子孙后代是未来的需求者，无法参与现在的市场交易，他们不可能为自己在未来享受这些公共物品而在当下做出偿付，其需求意愿只能由当代人基于伦理和责任为其“考虑”。(2)从公平与效率的辩证关系出发，当代人为后代人保护生态环境，不能直接获得经济收益，这种情况下代际公平常常得不到保障；即使站在一个长期的角度将代际效率考虑进来，未来各代人的收益对于今天的人来说是没有效用的，即使用成本—收益的方法来衡量代际效率，由于现实中人们往往倾向于对未来的收益给予较高的贴现率进行折算，折算后未来各代人的收益对于今天的人来说就显得微不足道，生态环境这种代际公共物品的供给即使对后代有效，但在今天也难以受到重视。(3)人们对于生态环境这样的公共物品需求偏好的差异性比较小，而后代人的需求在今天又无法展现，这种需求和偏好的共性，决定了供给这种公共物品的经济收益比较小，因而缺乏针对个人和厂商的利益驱动机制。

## 二、产业转移环境外部性的代际性

产业转移所形成的跨界环境外部性，如不善加治理，也会形成代际上的延续性。生态环境作为各代人共同享有的代际公共物品，具有代际传承的特性，同时也需要各代人在享用的同时注意保护，以实现永续利用。但随着我国工业化进程的深入和现阶段各区域间大规模的产业转移，随之而来的是污染排放的转移和扩大。这往往会造成严重的负外部性，生态环境系统常常被严重破坏，甚至造成不可逆转的后果。

在多数情况下，生态环境很难通过私有产权的界定来进行保护，作为公共物品又因需求信息难以获得而不能通过市场价格机制实现有效供给。社会舆论压力、伦理道德、历史责任感等软约束机制，或是因为其本身缺乏长远的利益驱动机制，或是因为民间私人的力量相对薄弱，也难以成为生态环境保护的主导力量。所以，生态环境的保护，包括环境质量、环境制度、环保设施在内的环境公共物品的供给，既需要政府的主导力量，也依赖社会和公众的支持。然而，我国大多数地区粗放式的经济增长方式并未从根本上得到改观。在这种增长模式下，经济的增长主要依靠投入，吸引投资和承接区外产业转移成为许多欠发达地区促进工业化和带动经济增长的必然选择。但通常被转移的都是附加值相对较低、能耗较高、污染较重的产业或环节。而地方政府为了寻求地方经济的发展，也请倾向于接纳这些产业和产业环节。即便是有些地区已经开始注意到这些问题，但往往也只是后来环境污染到极其严重的地步或者地方经济转型的需求日益迫切时，才出台措施加以应对，并且在措施的有效性和执行力度上还有待强化。产业的转出和承接，固然会带来当代人的经济利益，但同时也对后代人的生存和发展构成威胁，形成代际不公平，给人类造成整体福利上的损失。可以说，区际产业转移除了使原有的工业污染得以在空间上扩散之外，又在时间上使这种负外部性得以延续和深入。

虽然工业产业在区域间的转移只是我国目前一定阶段的经济现象，但是其污染扩散所形成的生态破坏，一旦超出自然界的自净能力和生态系统的自我修复能力，将会在很长一段时期对子孙后代的生存和发展构成威胁。这就要求当代人，主要是政府和公众要有长远眼光，不仅考虑当代人的利益，还要考虑后代人的生存和发展空间。针对区域产业转移的代际性的环境外部性，就要有针对这种代际性的制度安排和机制设计，以应对现实利益的驱动、区域间的“环境竞争”等短视现象，和代际公众利益分散这样的客观因素。

## 三、区际产业梯度转移对代际公平的影响

环境问题用市场失灵理论来解释，则是缺乏一个有效的价格机制来反映资源的稀缺程度。现代产权理论认为环境问题的根源在于环境产权界限的模糊，人们无法通过产权的市场交易，来使资源配置效率达到帕累托最优的状态。无论何种理论，都是以市场机制作为解决问题的前提。但问题是当涉及代际问题时，由于子孙后代无法参与现在的市场交易，即无法建立起有效的代与代之间的市场机制，因而后代人的在生态环境资源上的权利，不取决于他们自己，而是取决于当代人。就区际产业转移而言，可以借助 PRED 模型来加以分析。

所谓 PRED 问题，指的是人口（Population）、资源（Resources）、环境（Environment）和经济发展（Development）的协调问题。如图 7.1 所示，在一个区域的 PRED 系统中，人口与发展系统与资源、环境系统紧密相连。当经济发展对资源的消耗和对生态环境的破坏，控制在资源、环境系统可承载的范围之内，人口、资源、环境与区域发展才是协调的，当代人的经济活动不影响后代人的环境资源权益，区域可持续发展才能得以实现。

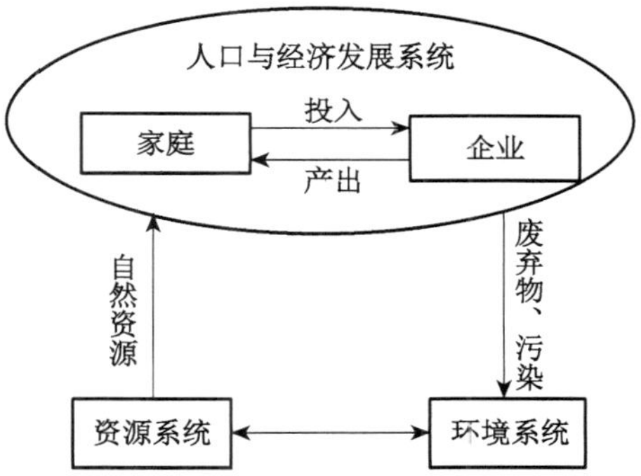

**图 7.1　区域 PRED 系统**

对于经济相对落后的区域来说，当代人往往拥有更强烈的改善经济的欲望，一般都会尽可能利用环境、资源发展经济。如果该区域正在秉承着传统的工业化道路，大量承接来自本区域外的产业转移，其中还包含了大量污染较重的产业或产业环节；并且在生产过程中，经济利益的驱动带来了自然资源的过度开发和极为严重的环境污染；再加上区外原料、能源的引进，以及生产并向区外出口高耗能高污染产品；这些都使区域原有 PRED 系统的平衡状态被打破。这在产生经济利益的同时，也造成当代人过度占用自然资源，使子孙后代的发展空间被大大压缩，如不能得到及时纠正很可能使经济发展陷入一条不可持续的不归途。显然，人口、发展与环境、资源的协调被打破的同时，代际公平也受到了严重的损害。

PRED 系统的协调意味着当代人需要与后代人公平地分配环境资源产权。美国学者 John. Rawls 认为，代际正义不同于一般的个人正义，而是一种社会正义；不同代的人之间与当代人之间一样具有同等的责任和义务，当代人行为应受正义原则约束，要通过一定的社会制度确保当代人和后代人在利益和责任上的公平分配①。在自然资源的代际分配上，

---

① J. Rawls, 1971, A Theory of Justice[M]. Harvard University Press, P284-292.

如何保证后代人能够和当代人同等的权利，这是维持代际公平所必需的。就是要对当代人和子孙后代关于自然资源上的权利做出制度安排，以确保后代人与当代人在自然资源的利用上地位平等，代内和代际都维持利益平衡，不损害后代人利益来谋取当代人经济福利①。就一个区域而言，其自然环境系统既为人们的经济活动提供了必要的物质支撑作用，同时区域系统中的资源量和环境容量也要求人们将经济活动限制在一定范围之内。区域经济发展遵循这一原则，则可以实现可持续发展，子孙后代将会和当代人拥有同样的环境资源产权，如果当代人经济活动违背这一规律，则子孙后代将处于不公正的境地。以水资源为例，这里借鉴王铮等人(2002)设计的基于一般均衡理论的区域水资源规划模型来进行分析②。

"水"既是人类生存和发展所需要的资源，同时也构成了生态环境重要的组成部分——水环境。假定一个区域内，人类对水资源的使用主要是农业、工业和生活。在模型中，一定时期内区域的水资源量是既定的。即

$$Q_1 + Q_2 + Q_3 \leqslant Q \tag{7.1}$$

式中 $Q$ 表示区域的可用水资源量，$Q_1$、$Q_2$ 和 $Q_3$ 分别表示农业、工业和生活的用水。只要满足式(7.1)的条件，区域的 PRED 系统便是协调的，经济发展是可持续的。在这个区域的经济系统中，需要满足投入产出平衡，即

$$\boldsymbol{AX} + \boldsymbol{Y} \leqslant \boldsymbol{X} \tag{7.2}$$

式中，$\boldsymbol{A}$ 是投入产出直接消耗系数矩阵，$\boldsymbol{X}$ 是总产值矩阵，$\boldsymbol{X} = (x_1\ x_2\ x_3\ \cdots\ x_n)'$；$\boldsymbol{Y}$ 是最终需求矩阵，$\boldsymbol{Y} = (y_1\ y_2\ y_3\ \cdots\ y_n)'$。

在水资源总量受到约束的条件下，农业、工业和生活用水也各自要受到一定约束。即

$$\sum_{i=1}^{m} \Phi_i (x_i / p_i) \leqslant Q_1 \tag{7.3}$$

式(7.3)表示农业用水约束，式中 $\Phi_i$ 表示单位产量农产品需水量，$p_i$ 表示农产品价格，这里假定有 $m$ 个农业行业。

$$\sum_{i=m+1}^{n} \Gamma_i x_i \leqslant Q_2 \tag{7.4}$$

式(7.4)表示工业用水约束，式中 $\Gamma_i$ 表示单位工业产值需水量，这里假定有$(n-m)$个工业行业。

$$\Psi M \leqslant Q_3 \tag{7.5}$$

式(7.5)表示居民生活用水约束，式中 $\Psi$ 表示人均用水量，$M$ 表示人口的数量。

---

① 毕秀水. 自然资本代际配置研究——可持续发展的产权制度设计[J]. 中国工业经济，2004(8).

② 王铮，邓悦，葛昭攀等. 理论经济地理学[M]. 科学出版社，2002 年 5 月，第 141-142 页.

$$\sum_{i=1}^{n} y_i = Z \tag{7.6}$$

式(7.6)为各行业产值之和，即国民收入的值。显然，就一个区域而言，在没有技术条件和其他条件巨大变化的前提下，人们要在现有的用水约束下，使本区域的国民收入达到最大化。只要工业、农业和生活的用水都能满足上述约束条件，则区域的PRED系统就可以持续维持，可持续发展就能得到保证。在一些经济相对落后的区域，用水量实际远远小于区域的水资源量。

但是，随着工业化进程的推进，区域内大规模承接来自区外的产业转移，包括许多污染密集产业的进入，大量的污染也随之转移。当代人的经济行为，至少带来三个后果。一个后果是工业产业的大量增加引起工业用水量 $Q_2$ 急剧攀升，而且许多工业产业的进入还会带来区外人口的大量进入，带来区域人口 $M$ 和生活用水量 $Q_3$ 上升，当超出一定限度后，要么挤占农业和生活用水，要么会导致本地区水资源的枯竭，比如地下水被过度抽取，许多河流断流等。这还不包括因工业化推进，带来人们生活方式变化而引起的人均用水量 $\Psi$ 的增加。另一个后果是在没有严格环境规制的条件下，工业废水和危险废物的排放，使本区域的水资源被污染，减少了实际的可用水资源量 $Q$，水体受污染而形成水质型缺水日趋严重。第三个后果是因水资源系统被破坏，而引起的整个区域环境资源系统的破坏，如生物种群的减少甚至消失等。

所有这些后果无疑会对当代人直接构成影响，比如缺乏健康的饮用水，用污染的水进行农业生产引发的食品安全等。站在时间的维度上，水资源被高强度利用的同时还受到污染，将会影响未来几代人甚至许多代人的生存和发展。例如，地下水被严重污染后，很难被治理；许多河流因污染而失去功能，即使得到治理恢复也需要一个漫长难过的过程；生物种群的消失，许多时候几乎不可能再恢复。如果说当代人所受的损失，还可以用经济发展来得到一定的补偿；但对于后代人来说，区域PRED系统的破坏，使其未来发展的空间大大受到限制。尽管人们可以寄希望于技术的进步和外区域引进水资源来解决问题，但技术进步具有很大的不确定性，从区外引水也会受到自然、区位和经济社会环境等诸多条件的影响。而且即便这样可以解决一部分问题，但是水资源系统受破坏而对本区域两代、三代甚至更多代人的负面影响已然产生。可以看出，区际产业转移本身是有利于促进经济发展的，但如果忽视PRED系统的平衡，忽视环境资源的代际分配，当代人的短视行为将严重损害代际公平。

## 四、区际产业梯度转移的代际福利效应

从产权的角度看，各代人之间平等分配环境资源产权，最能体现代际公平，并且当代人在尽可能利用自然资源“脱贫致富”的同时，也给后代人留下充足的发展空间。然而在现实中，当代人的许多决策缺乏一种代际的可持续性。当下经济利益的驱动，再加上生态环境也具有公共物品的性质，以及地方政府为了“政绩”更关注当地的经济发展，会使对生态环境的保护为当代人所忽视。当代人的市场竞争机制直接将后代人的环境资源产权排

除在外(至少是大大削弱),子孙后代的福利因此而受到损失。

通常,承接来自区域外的产业转移会被认为有利于经济发展,即存在经济上的效率。但从另外一个方面,也应看到工业生产对生态环境是有压力的。综合考虑这两个方面,那么产业的转移会对当代人和后代人的福利水平产生怎样的影响,仍然值得商榷。也就是说,人们的福利水平不仅仅取决于经济上的福利,也取决于包括环境质量在内的多个方面的福利。承接产业转移所带来的经济发展体现为一种生产上的效率,如果以牺牲生态环境和资源耗竭为代价,那么站在社会福利的角度上看,这种效率未必真的有效。在一定的区域范围内,资源是有限的。如果将生态环境也看作是一种资源,那么当地人只有在合理开发的条件下,才有可能实现永续利用。这里结合主流经济学的"经济人"假设,分析当代人和后代人两个自利的经济主体如何在既定的资源环境约束下,追求福利的最大化,实现资源的最优配置。

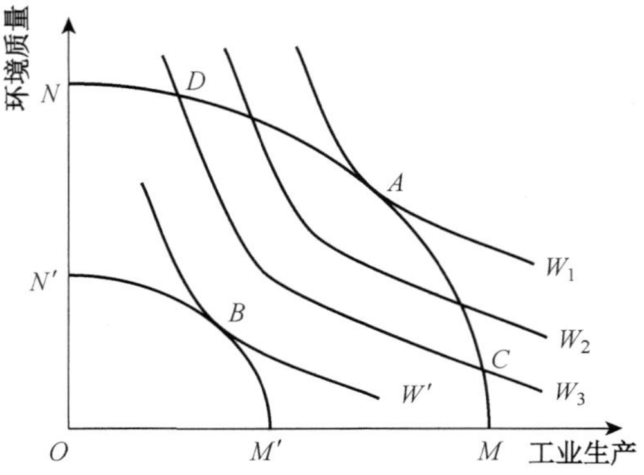

**图 7.2　区际产业转移的代际福利效应**

当代人如果在区域可持续发展的边界之内进行经济活动(这里主要指工业生产),生态环境的质量能够得到确保,即使会产生污染,也在人类的治理和生态环境的自净能力范围之内,子孙后代也将获得不比当代人差的生存发展条件。如果工业生产的规模超出可持续发展边界,生态环境将不能恢复,后代人的生存条件将会恶化。如图 7.2 所示,横轴表示工业生产的规模,纵轴表示环境质量。$MN$ 和 $M'N'$ 分别表示当代人和后代人的生产可能性曲线,很明显曲线的形状表明环境质量和工业生产存在替代性,即在既定的资源条件下,进行较多的工业生产,就意味着环境质量的下降,反之要维持较高的环境质量,则工业生产的规模就要缩小。在图中,$W_1$、$W_2$ 和 $W_3$ 表示不同情况下当代人的福利曲线,$W'$ 则表示后代人的福利曲线,曲线越高表示福利水平越高,在同一条福利曲线上的任意一点都是相同的福利水平。在满足可持续发展要求时,后代人的生产可能性曲线和福利曲线可以和当代人一样,甚至向外扩展。

通常推进工业化是经济欠发达改善经济状况的重要途径,工业生产的规模和经济发展的水平直接挂钩。起初,工业生产规模较低,虽然环境质量高,但当地居民的福利水平也不高。假使在 $D$ 点($W_3$ 曲线和 $MN$ 曲线的交点),环境质量很高,但工业落后,人们的福利只有 $W_3$ 水平。为了促进经济发展,当地开始大规模承接来自区外的工业产业,工业生产规模也迅速扩大。当工业生产规模和环境质量达到较优的组合时,福利才会最大化,比如在 $W_1$ 曲线和 $MN$ 曲线的切点 $A$ 上。在这一点上,经济发展能够兼顾环境效益,满足可持续发展的要求,后代人的福利水平不受影响,甚至在技术进步的推动下会更高。

但如果当代人片面追求经济发展,不断引入外来产业,不断扩大工业生产规模,甚至不惜引入污染较重的产业或产业环节,这固然获得了经济利益,但使环境质量大量下降,人们的福利水平也下降到 $W_2$ 甚至更低的水平。对于后代人来说，环境的恶化和资源的耗竭，使其生产可能性曲线向内移动到 $M'N'$，这时他们的福利曲线最大限度只能达到 $W'$ 的水平。即使存在技术进步和引入外区域资源，但是外区域的资源毫无疑问不能免费获得，是要依靠本区域的资源进行交换的，技术进步也需要充足时间以便找到其他新的资源，况且被严重破坏的生态环境系统恢复起来需要漫长的过程，甚至不能完全恢复，后代人扩展生存空间将非常困难。过渡的区际产业转移虽然会带来暂时的生产效率，但牺牲了代际公平，而且福利是需要通过经济、环境、社会多个方面来考量的，从这一角度看，不仅仅子孙后代的生存发展受影响，当代人的整体福利提高也很有限，所以实际上不是完全真正的有效。

## 五、区际产业梯度转移生态效应在时间维度上的具体表现

我国区际产业转移目前仍以工业领域为主，工业生产所产生的环境污染也相应在空间上扩散和转移。加之我国自然地理梯度“西高东低”的特征，东部沿海发达地区向外进行产业转移，在使中西部地区工业污染加重的同时，并不能从根本上彻底解决自身面临的环境压力。但毕竟生态环境的承载能力是有限的，当大规模的污染超出一定限度之后，就会带来长期性的甚至永久性的损害。从理论的角度看，这无疑会影响代际公平、代际福利，会使我国的环境库兹涅茨曲线更加陡峭，而在实践中至少又有这样一些具体的表现形式。

### （一）污染侵害的代际转移

在我国许多地区经济快速发展的同时，各类震惊全国的工业污染事件层出不穷。其中，许多污染物（如重金属、二恶英等）对人类的侵害是长期的，甚至会发生代际转移。例如，近几年在上海、广东、安徽、湖南等多个省市都有发生的儿童血铅超标事件。不仅涉及东部地区，也越来越多地蔓延到中西部地区。这些事件几乎无一例外都与电源厂、颜料化工等工业生产企业非法排污有关。令人格外担忧的是，工业污染的代际转移正在不断制造出“污二代”①。也就是说，许多地区大力推进工业化，地方 GDP 不断扩张之际，工业污染成为发展的代价。这种代价除了对人们的生活、健康造成影响之外，也正通过空气、水源、食品等各类途径不断对下一代产生侵害。站在更大的空间范围来看，这种“污二代”的产生，过去主要集中于工业比较集中的东部地区。但随着工业化在全国范围的推进，中西部地区承接来自发达地区的产业转移，本地工业生产也在此趋势中得到发展，呈现出工业生产向西、向北的态势，随之工业污染也发生转移。但空间上的这种污染转移，其侵害在时间上得以持续，发生代际效应。越来越多的产生在中西部地区的“污二代”，恰恰就是产业转移代际外部性的体现。如果不能得到整改，任由污染持续下去，甚至还会产生“污三代”。

① 毕舸.别让污染“代际转移”制造“污二代”[J].环境教育，2011(1).

## （二）污染治理的时间成本

在生产的过程中，污染物排放对生态环境造成破坏所需的时间很短暂，但要进行治理，并修复生态系统往往需要投入很长的时间。我国的一些流域、地区的污染治理长期得不到根本的改变就是明证。例如，根据中国环保在线 2015 年 09 月 08 日报道，淮河流域地跨数省，面积约 27 万平方公里，养育着约 1.7 亿人口，是我国人口比较密集的区域之一。但数十年来，淮河流域的水质基本上是"50 年代淘米洗菜，60 年代洗衣灌溉，70 年代水质变坏，80 年代鱼虾绝代，90 年代身心受害"。①

显然，工业污染是淮河流域水污染的重要原因。两岸造纸、化工、食品加工、皮革制造等各类工业行业的污染排放使淮河的水质逐渐变坏。而淮河两岸和东部沿海相比又属于经济发展梯度相对较低的区域，也是承接产业转移较多的区域。越来越密集的工业生产，使淮河流域自 20 世纪 90 年代开始污染治理以来，经过 20 多年都没有从根本上得到改观。从 20 世纪 70 年代水质变坏至今已经 40 多年，从开始治污到现在也持续了 20 多年，而且至今未见大的成效，这种环境外部性还将再延续下去。实际上，淮河流域的这种情况还只是中国工业污染的一个缩影。治理持续时间长、代价大，成为中国生态治理面临的严峻挑战。一方面，许多污染物本身难以清除，有些污染物的影响甚至会持续几十年、几百年。另一方面，污染仍在继续。在区际产业转移过程中产生的污染转移，使这种时间效应更加显著。

## （三）对污染产业的经济依赖

劳动力供给、资源禀赋、区位条件、日益健全的基础设施是今天中西部吸引产业转移项目的重要基础。而重化工业的发展往往又成为许多地区实现产业升级的可行途径。这两个因素的交织为许多污染密集型产业在产业转移的过程中，陆续进入中西部地区提供了条件。在许多地区，由于这些产业在当地的经济结构中逐渐占据了重要地位，地方的财政收入、就业等很大程度上对这些产业的企业产生经济上的依赖。虽然污染比较严重，但是地方的经济与之紧密挂钩。这样便形成了在经济发展与环境保护之间的"两难"境地。要使这些地区摆脱这污染密集产业的经济依赖，本身需要一个艰巨的过程。并且在实际中，一些地区对这些产业的依赖非但没有减少，反而在经济利益的驱动下变得更加强烈。这种情况的存在，也是造成区际产业转移环境外部性在时间上得以持续的原因之一。

## （四）生态系统的持久损伤

有些生态系统的破坏是可以通过自然的或人为的作用加以修复的。但在许多情况下，生态环境的破坏是持久的，甚至是永久性的。在一些地区，当产业转移进来之后，项目的上马、工程的修建、污染物的排放等等往往持续不断。持续的污染和生态破坏，使许多

---

① 小晴.淮河现已成"坏河"，整治 20 年为何污染还在继续[EB/OL].中国环保在线，http://www.hbzhan.com/news/detail/100064.Html，2015-09-08.

自然景观永久消失，原有的生态平衡被彻底打破。特别是在生态系统比较脆弱的地区，产业转移环境外部性所带来的损伤常常是不可逆的。这些很有可能会给我们带来永远的遗憾和损失。例如，由于矿产资源的过度开采，在一些地区频频发生的地陷灾难，不仅造成经济损失，它所带来的生态破坏更令人震惊。地陷可以造成水资源漏失、土壤退化、水土流失、植被破坏等危害，尽管治理地陷已有一些措施，但要恢复这些生态系统则需要漫长的过程，甚至一些地下水资源系统根本无法得到修复。

### （五）与原有生态问题的叠加

尽管我国国土面积广大，但许多地区生态系统脆弱，并不适合人类高密度的生产生活。但是在产业转移大潮中，许多生态原本就脆弱的地区，引入大量工业企业，其中就包括大量的污染密集产业企业。使原本就比较严重的生态问题，在人为因素的作用下，更加“雪上加霜”。例如，2015 年 3 月甘肃武威荣华工贸公司沙漠排污事件则揭示了工业生产对沙漠生态破坏的严重性。在腾格里沙漠的污染源中，有相当一部分是来自东部地区的企业，其中绝大部分是沿海发达地区淘汰下来，高污染、高能耗的产能。这些产能一方面给当地带来工业的快速发展，另一方面也给沙漠生态造成难以估量的损失。各类污染物的排放导致大量沙漠植物枯死，沙漠边缘的草场和固沙植被退化，使原本就很脆弱的生态更加难以维持，也给地下水造成了极大的威胁[①]。

可见因为产业转移而带来的污染转移和生态破坏，使这一地区成了“污染天堂”。更重要的是，沙漠是生态脆弱的地区，我国针对沙漠的治理几乎每年都要投入大量的人力和物力，沙漠周边的生态系统在自然环境不断退化的今天显得弥足珍贵。生态脆弱地区的生态系统破坏，修复起来异常困难，所花费的时间更长。但在一些地区，沙漠生态系统日益受到工业污染的威胁。当地原本就存在的生态问题与产业转移造成的生态问题相叠加，产生了日益严重的生态后果，不仅使当代人受到影响，也将持续影响下一代，甚至更多代人。

### （六）资源的过度耗竭

2014 年，我国的钢材产量是 11.25 亿吨，煤炭产量 38.74 亿吨，硫酸产量 8 901.55 万吨，乙烯产量 1 696.69 万吨，化肥产量 6 876.85 万吨，水泥产量 24.92 亿吨，平板玻璃产量 8.31 亿重量箱……[②]可以说，现阶段我国几乎所有的行业产能都位居世界前列，钢铁、水泥、煤炭、平板玻璃等行业的产量占全世界的比重也都非常惊人。这反映出我国这些年来工业化的成就。但也应注意到，在全国范围内，东部地区工业生产总体上呈增长态势，而在大规模的区际产业转移中，中西部广大地区工业生产规模以更快的速度扩张，中西部省份工业产品的产量在全国的占比越来越高。如此大规模的工业生产，不仅带来产能过剩的问题，更是大大加快了对我国自然资源的消耗速度。

---

① 资料来源：沈立. 谁污染了西部沙漠[J]. 环境，2015(5).

② 数据来源：根据国家统计局网站（http://www.stats.gov.cn/）公布数据整理得出。

对于矿产资源等不可再生资源而言，在没有发现新的可替代资源或新的资源来源之前，资源量是既定的。当代人过度开发、使用，则意味着后代人可以用的资源量减少。区域产业转移过程中，如果不能对工业产能进行统筹规划和合理控制，任由各个地区盲目扩张，势必带来资源的巨大浪费，造成资源的过度耗竭。在产能过剩的情况下，资源的循环利用和节约使用也就难以真正得到实施。从时间的维度上看，区际产业转移所造成的生态效应影响了资源分配的代际公平，挤压了后代人的生存空间，大大影响了我国经济的可持续发展。

## 第二节 区际产业梯度转移对我国环境库兹涅茨曲线的影响

环境库兹涅茨曲线理论本质上就是从时间维度上，分析经济发展与环境质量之间的关系。分析产业转移环境外部性的长期影响，也同样可以在该理论的框架下进行。本节通过分析区际产业转移对我国环境库兹涅茨曲线的影响，目的在于把握其环境外部性在时间上总的特征。

### 一、我国环境库兹涅茨曲线的特征

西方学者关于环境库兹涅兹曲线理论的研究由来已久。20世纪50年代，美国学者西蒙·库兹涅茨(Simon Kruznets)提出了关于经济增长和收入差距的倒"U"形关系理论。该理论认为随着经济增长，人们的收入差距先扩大后缩小[①]。进入20世纪90年代，Grossman和Krueger在搜集全球六十多个国家污染物排放数据的基础上，对人均收入于污染物排放之间的关系进行研究，提出了环境库兹涅茨曲线理论。他们认为人均收入与环境质量或者污染物的排放存在着倒"U"形关系[②]。此后，许多国家的学者参与到关于环境库兹涅茨曲线的研究中来，关于这种倒"U"形关系的存在与否以及具体的形状，也一直是学术界争论的焦点。

环境库兹涅茨曲线理论在我国也同样处于争论状态，由于选取指标的不同，研究方法的差异，数据使用上和统计口径的差别，不同学者所得出的结论自然也难以一致。但多数研究表明环境库兹涅茨曲线是存在的，而且我国目前正处于曲线的左半段，即处于环境越来越恶化的阶段。

符森和黄灼明在考虑我国国情的基础上，运用多种因素界定各省区市的经济发展阶段，并通过非参数估计得到的污染曲线的形态和污染规模确定各省区市污染程度，然后再

① S. Kruznets, 1955, Economic Growth and Income Inequality [J]. The American Economic review, VO1. 45, no. 1, Mar.

② G. M. Grossman and A. B. Krueger, 1995, Economic Growth and the Environment [J]. The Quarterly Journal of Economics, VO1. 110, No2, May, 353-377.

分析经济发展阶段和环境污染的关系。他们认为我国整体污染和水污染曲线的拐点在工业化高级阶段，大气污染和固体废物污染曲线的拐点在工业化中级阶段；目前还处于环境库兹涅茨曲线的左半部分，大部分省区市处于工业化中初期的发展结构以及对应的污染曲线表明，近期环境污染将继续加重，废气和固体废物污染在工业化中初期较严重，废水污染尚且还处于缓慢上升的趋势①。

赵细康等人认为中国的污染物排放与人均 GDP 的关系正处于环境库兹涅茨曲线的左端，离转折点上有一段距离②。中国科学院可持续发展战略研究组也对我国环境库兹涅茨曲线的特征进行判断，通过对我国近 20 年废气排放指数、固体废弃物排放指数与 GDP 增长指数进行分析，结果表明我国目前的环境状况是“局部改善，整体恶化”，仍处在曲线的左侧。③ 当一个国家人均 GDP 在 4 000～5 000 美元（1985 年的美元价格）时，环境质量开始好转，即到曲线的拐点。我国在人均 GDP 不到 1 000 美元时，便出现了发达国家在 3 000 ～10 000 美元时的污染水平。这说明我国的环境库兹涅茨曲线相对于发达国家来说要更加陡峭一些④。

毛晖和汪莉运用 1998 至 2010 年中国的省际面板数据，采取水污染、大气污染与固体污染排放等五类工业污染指标，对我国工业污染和经济增长之间的关系进行实证检验。他们认为，不同污染指标得到的环境库兹涅茨曲线形状不同，包括倒 U 形、N 形等。就他们的实证研究所选取的污染指标而言，经济增长与工业污染的关系在不同的经济区域差异显著，我国只有北京、上海等少数发达地区的经济发展水平超过了环境拐点⑤。范丹以 1999 年至 2010 年中国 30 个省、自治区、直辖市为研究对象，运用空间动态面板数据，构建了中国二氧化碳环境库兹涅茨曲线计量模型，实证分析了中国二氧化碳环境库兹涅茨曲线的存在性和空间溢出效应。其研究结果显示，中国人均二氧化碳排放与经济增长之间基本满足环境库兹涅茨曲线理论假定的倒 U 形关系，我国人均二氧化碳的经济拐点为 101276 元，中国目前正处于二氧化碳 EKC 曲线的左端⑥。

实际上，从近十年来我国环境污染损失以及主要污染物的排放量等指标体系来看，也可以进一步验证我国环境库兹涅茨曲线的基本情况。根据《中国绿色国民经济核算研究报告(2004)》绿皮书，早在 2004 年全国因环境污染造成的经济损失为 5 118 亿元，占 GDP 的比例为 3.05%。

环境保护部环境规划院公布的《2009 年中国环境经济核算报告》显示，2009 年全国环境污染造成的损失达到 9 701.1 亿元，环境退化成本和生态破坏损失成本合计 13 916.2 亿元，相比 2008 年增加 9.2%，占 GDP 的 3.8%。据全国政协人口资源环境委员会副主

---

① 符淼，黄灼明. 我国经济发展阶段和环境污染的库兹涅茨关系[J]. 中国工业经济，2008(6).

② 赵细康，李建民，王金营，周春旗. 环境库兹涅茨曲线及在中国的检验[J]. 南开经济研究，2005(3).

③ 转引自：周围. 循环经济对我国环境库兹涅茨曲线的影响[J]. 中国经贸（学术版），2007(11).

④ 张德强，谭晶荣. 关于外商直接投资对我国环境库兹涅茨曲线的影响及优化途径分析[J]. 国际贸易问题，2006(3).

⑤ 毛晖，汪莉. 工业污染的环境库兹涅茨曲线检验——基于中国 1998—2010 年省际面板数据的实证研究[J]. 宏观经济研究，2013(3).

⑥ 范丹. 中国二氧化碳 EKC 曲线扩展模型的空间计量分析[J]. 宏观经济研究，2014(5).

任、家环保总局原国副局长王玉庆估算，2011 年环境污染造成的损失约为 2.36 万亿至 2.82 万亿，约占 GDP 的 5%至 6%[①]。从表 7.1 中可以看出，从 2009 年至 2015 年七年时间中，我国废水排放总量从 589 亿吨增加到 735 亿吨，大幅上升 24%以上；城市垃圾清运总量从 1.57 亿吨上升到 1.91 亿吨，增幅超 12%；尽管废气排放物中二氧化硫排放量有所下降，但烟(粉)尘排放量 2014 年和 2015 年相对于 2012 年仍大幅增加，况且近些年来大面积雾霾现象仍不时出现，完全可以说明我国空气污染情况仍很严重。

**表 7.1　2009—2015 年我国主要污染物的排放情况**

| | 2009 年 | 2010 年 | 2011 年 | 2012 年 | 2013 年 | 2014 年 | 2015 年 |
|---|---|---|---|---|---|---|---|
| 废水排放总量(万吨) | 5 890 877 | 6 172 562 | 6 591 922 | 6 847 612 | 6 954 432 | 7 161 751 | 7 353 227 |
| 城市生活垃圾清运量(万吨) | 15 733.7 | 15 804.8 | 16 395.3 | 17 080.9 | 17 238.6 | 17 860.2 | 19 141.9 |
| 二氧化硫排放量(万吨) | 2 214.40 | 2 185.15 | 2 217.91 | 2 117.63 | 2 043.92 | 1 974.42 | 1 859.12 |
| 烟(粉)尘排放量(万吨) | — | — | 1 278.83 | 1 235.77 | 1 278.14 | 1 740.75 | 1 538.01 |

数据来源：根据《中国统计年鉴》各年数据整理得出。

综合这些学者的研究成果，并结合我国污染物排放的变化趋势和环境污染造成的损失，可以得出这样的结论：相对于发达国家来说，我国在人均收入较低的情况下，环境污染程度已经达到了这些国家收入已经比较高时的水平，说明我国环境污染的情况更为严重，环境库兹涅茨曲线也更陡峭。当然由于我国区域发展的不平衡，不同的区域所出现的情况也会有所不同。

## 二、区际产业转移与我国当前所处的工业化阶段

在国民经济结构中，第二产业属于物质生产和消耗型产业，对环境的压力最大。根据第三章的分析，从第二产业所占比重的变化情况来看，我国总体上进入工业化后期阶段，但如果考虑到区域发展的差异和不平衡，则相当一部分地区仍处于工业化中期或者中期向后期转进的阶段。而如果从三次产业的贡献率和对经济增长的拉动情况来看，以工业为主体的第二产业仍在国民经济中居于极其重要的地位。而且，第三产业中的相当一部分，也是依托第二产业而存在并发展的。

自 20 世纪 90 年代以来，我国三次产业对国民经济的贡献率发生了较大的波动和变化。1991 年第二产业的贡献率为 62.8%，2001 年为 46.7%，到 2010 年升至 56.8%，此后又出现逐渐下降的态势，其中工业贡献率 2010 年达到 48.5%，到 2015 年又降至 35%。另

① 梁嘉琳. 治污是赔钱还是赚钱？[N]. 经济参考报，2012-03-13.

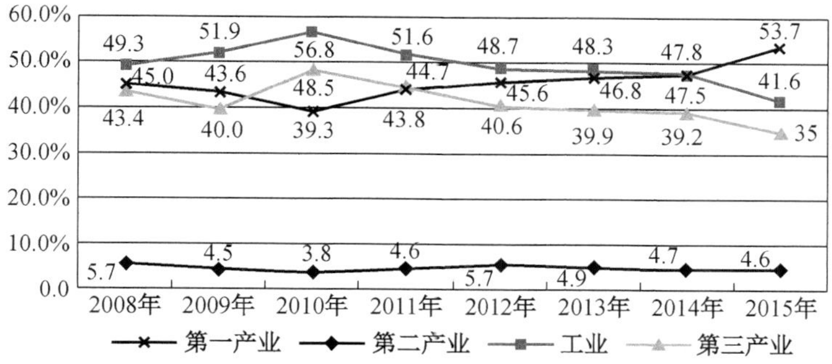


数据来源：根据《中国统计年鉴》各年数据整理得出。

**图 7.3　2008—2015 年我国三次产业贡献率**

外，这 20 多年来，我国第三产业贡献率总体上呈波动中上升的趋势，2015 年达到 53.7%，而第一产业的比重大幅度缩小，在 2015 年已经降到 4.6%[①]。

尽管第二产业对国民经济的贡献率近几年有下降态势，但仍必须要看到：首先，以工业为主体的第二产业的总量仍在增加，工业生产的规模仍在扩张。2013 年我国第二产业增加值已达到 24.97 万亿元，到 2015 年进一步增加到 28.06 万亿元；其中工业增加值 2015 年达到 23.52 万亿元，相对 2010 年也是大幅增加。其次，到目前为止，第二产业对国民经济的贡献仍然很大，特别是对 GDP 增长的拉动作用仍然不容忽视。直至 2013 年，第二产业对经济的贡献率仍超第三产业 1.5 个百分点。如表 7.2 所示，2010 年第二产业对 GDP 增长的拉动为 5.94%，工业对 GDP 增长的拉动为 5.07%，超过第三产业的拉动作用；近几年由于出现整体经济增长速度放缓的“新常态”，第二产业和第三产业对经济的拉动作用均呈现减弱态势，虽然第三产业对 GDP 的拉动到 2015 年时已经超过第二产业，尤其是今后随着产业结构的调整和升级，第三产业比重和对经济的拉动作用有进一步增加的趋势，但第二产业，特别是工业仍将处于重要地位的状况将不会改变。最后，在工业中重化工业占主要比重的态势并未出现根本变化，这也表明了我国处于工业化中后期的阶段性特征。1994 年，我国重工业总产值在工业中的比重已超过 58%，到 2005 年比重已达 67.59%，2012 年重工业的工业销售产值占整个工业销售产值的比重达到了 71.3%[②]；到 2014 年时，石油加工/炼焦和核燃料加工业、化学原料和化学制品制造业、化学纤维制造业、非金属矿物制品业、黑色金属冶炼和压延加工业、有色金属冶炼和压延加工业、金属制品业、通用设备制造业、专用设备制造业、汽车制造业、铁路/船舶/航空航天和其他运输设备制造业、电气机械和器材制造业、医药制造业、橡胶和塑料制品业，这 14 个行业的销售产值就占到了整个工业销售产值的 57.7%[③]。

---

① 数据来源：根据各年《中国统计年鉴》和各年《中国工业经济年鉴》整理和计算得出。

② 数据来源：根据各年《中国工业经济年鉴》和《中国工业统计年鉴 2013》整理和计算得出。

③ 数据来源：根据《中国工业统计年鉴 2015》整理和计算得出。

**表 7.2　2008—2015 年我国三次产业对 GDP 增长的拉动**

| | 2008 年 | 2009 年 | 2010 年 | 2011 年 | 2012 年 | 2013 年 | 2014 年 | 2015 年 |
|---|---|---|---|---|---|---|---|---|
| GDP 增长 | 9.63% | 9.21% | 10.45% | 9.3% | 7.65% | 7.67% | 7.3% | 6.9% |
| 第二产业对 GDP 增长的拉动 | 4.75% | 4.79% | 5.94% | 4.8% | 3.73% | 3.7% | 3.5% | 2.9% |
| 第三产业对 GDP 增长的拉动 | 4.34% | 4.02% | 4.11% | 4.07% | 3.49% | 3.59% | 3.5% | 3.7% |
| 工业对 GDP 增长的拉动 | 4.18% | 3.69% | 5.07% | 4.15% | 3.11% | 3.06% | 2.9% | 2.4% |
| 第一产业对 GDP 的拉动 | 0.55% | 0.41% | 0.4% | 0.43% | 0.44% | 0.37% | 0.3% | 0.3% |

数据来源：根据《中国统计年鉴》各年数据整理得出。

通过以上分析，可以进一步明确我国目前所处的工业化阶段。近些年来，伴随着经济转型和产业升级，我国工业经济出现了工业化后期的许多特征，例如互联网产业、光伏产业、新能源产业等代表未来产业发展方向的新兴战略性产业方兴未艾；有超过 200 种工业产品产量位居世界首位，许多产业年度需求峰值已经达到，涵盖传统产业和新兴产业在内的大范围的产能过剩亟待解决，等等。但是考虑到我国区域经济发展的不平衡和地域发展的巨大差异，全国还有包括中西部地区在内的大多数区域仍在工业化进程中。在粗放型生产方式、低成本工业化战略、高能耗高污染增长模式急需改变的同时，区域间大规模的产业转移恰恰又无可避免，从前面第三章的分析可知，东、中、西等几大经济区块工业产值的比重发生较大变化，恰好说明了这一趋势。一方面，工业的比重在下降，另一方面各地生产力布局面临调整，部分发达地区继续“腾笼换鸟”，许多欠发达区域仍需要承接来自外部的产业转移以促进当地经济发展。在生产规模维持“高位”的前提下，环境风险完全有可能随着产业要素的转移和扩散而增加。这种生态上的效应，加之过去对生态破坏的累积，往往更易于形成累积效应，形成大范围的生态灾难。

## 三、环境库兹涅茨曲线在区际产业梯度转移条件下的变化

产业在区域间发生转移，一方面在促进区域平衡发展和调整生产力布局上发挥重要作用，但另一方面，也会造成日益严峻的环境污染形势。我国目前正处在环境库兹涅茨曲线的左侧，区域间的产业转移，包括东部沿海地区所承接的国际产业转移在现阶段所产生的“二次转移”，在对我国经济发展做出贡献的同时，也会对生态环境产生巨大的影响。通常产业转移在第二产业发生的比较普遍，这还包括其中无论是企业数量、工业产值还是总资产，乃至排污数量都占相当大比重的污染密集产业。而且，在现实中，往往越是污染重的产业或产业环节，被转移的可能性越大。大规模的区际产业转移，特别是污染密集产业的大规模转移，也使我国环境库兹涅茨曲线变得更加陡峭。

如图 7.4 所示，*EKC* 表示环境库兹涅茨曲线，*C* 点和 *D* 点分别为环境库兹涅茨曲线

$EKC_1$ 和 $EKC_2$ 的拐点。如果没有产业转移，环境污染和人均收入所形成的关系曲线是 $EKC_1$。在 $C$ 点的左侧，起初区域的工业化程度和人均收入相对较低，环境污染程度也低。随着经济的发展，环境质量也按照“先恶化，后改善”的规律变化。但随着工业化进程的加快，工业产业在区域间发生大规模梯度转移，人均收入快速增长，但同时环境库兹涅茨曲线更为陡峭，由 $EKC_1$ 上升为 $EKC_2$，一方面产业承接地污染排放急剧增加，另一方面产业转出地也因许多承接地的工业污染发生跨界影响，而导致污染程度居高不下。这样，单位国民收入的污染排放强度加大，环境库兹涅茨曲线的拐点需要在更高的收入水平上才会出现，假定在 $D$ 点。在 $D$ 点的右侧，尽管环境质量已经开始改善，但此时的环境污染程度仍远远高于产业转移发生之前的污染程度。

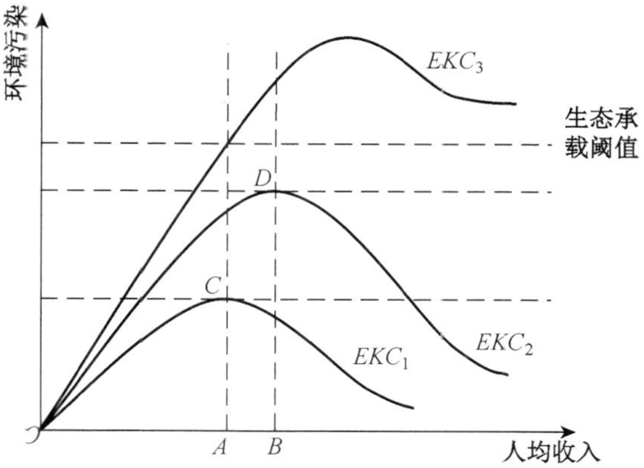

图 7.4　区际产业转移对环境库兹涅茨曲线的影响

如果再把考虑生态承载阈值考虑进来，则情况又会有所变化。所谓生态承载阈值这里指的是，在某一时期，一定空间范围的生态环境对人类社会经济活动支持能力的最高限度。在生态环境系统中，所有物质都有数量上和空间上的关系和规律，其自净能力是有限的。如果人类的经济活动造成的污染超出环境的自净能力，则污染会慢慢累积下来，一旦超过“承载阈值”，许多环境问题将失去得到解决的可能性。也就是说，并非任何程度环境污染都存在着被改善的可能性①。在区际产业转移的条件下，污染也伴随产业要素的移动而发生扩散，这会使环境库兹涅茨曲线变得更加陡峭。如果许多地区生态系统脆弱（如西部地区的一些省份），生态承载阈值相对较低；或者生态系统并不脆弱，但污染过于严重，造成生态环境系统被破坏后难以恢复，甚至不能恢复；这两种情况下环境库兹涅茨曲线变得异常陡峭，超过生态承载阈值线，如图 7.4 中的 $EKC_3$ 曲线，则环境库兹涅茨曲线规律将消失，我国许多地区的生态系统不会再得到恢复。

## 四、环境库兹涅茨曲线规律与代际环境外部性

从外部性理论出发，环境库兹涅茨曲线规律实际上也是经济发展所造成的环境外部性，在时间维度上的变化轨迹。从全国范围来看，东部发达地区较早地承接来国际产业转移，现阶段产业转移正发生在国内的各区域之间，这当中产生的负的环境外部性如不善加治理，给生态环境造成的破坏，势必给一代以上甚至几代人的福利构成实质性的伤害，产业转移的环境外部性及空间上扩散之后，会再次发生代际上的推移。

---

① 赵云君，文启湘. 环境库兹涅茨曲线及其在我国的修正[J]. 经济学家，2004(5).

环境库兹涅茨曲线规律发生作用是有条件的。发达国家经历了工业化之后的环境质量改善,一方面得益于国际产业转移和国际贸易体系,另一方面也是政府加强环境管制和环境立法、企业强化治理、公众积极参与的结果。而我国经济发展的梯度差异、当前所处的发展阶段以及对工业产业强大的需求,决定了产业在区域间的转移还有很大的空间,这就意味着污染的转移和扩散势所难免,漠视产业转移的生态效应,而坐等环境库兹涅茨曲线拐点的出现,显然缺乏对这种代际环境外部性的充分认识。

由于人口众多,人均资源和环境空间都相对不足,对环境保护掉以轻心,经济活动造成的影响很可能超过环境"承载阈值",势必会带来无法估量甚至不可逆转的严重后果[①]。也就是说,环境质量在经济发展到一定阶段后得到改善的前提是,环境承载阈值不被突破。我国生态环境除少数地区外总体上仍有恶化的风险。区际产业转移转移所造成的环境外部性,如果在环境承载阈值之内,则其代际影响将会随着环境治理的强化和自然界的自我恢复而逐渐减弱;而一旦突破环境承载阈值,这种代际影响将持续推移下去,环境库兹涅茨曲线规律发生作用的条件很可能将不复存在。

## 第三节　工业转移生态效应在时间维度上的实证分析——基于浙江、河南的比较

所谓生态足迹(Ecological footprint)通常是指,满足一定数量和一定生活质量人口所需要的生态区域空间,在这个空间里拥有可供人类使用的资源和赖以生存的环境,并且可以消纳废弃物和排放物。关于生态足迹的分析,今天越来越多地被用于衡量一个区域或者一个国家经济活动与生态环境之间的关系,在研究资源环境领域有着广泛的适用性。本章在此,对作为产业转出地的浙江和作为产业承接地的河南进行比较,从生态足迹的角度分析工业生产区际转移在生态上所带来的时间效应,以此探讨时间维度上产业转移这种经济现象给我国生态环境的影响。

### 一、生态足迹的理论模型

生态足迹理论是20世纪90年代由加拿大学者William教授[②]和Wackernagel博士[③]提出的用于衡量一定区域范围可持续发展的理论。我国学者杨开忠等人(2 000)在国内较早地引入了该理论和方法[④]。此后,许多学者投身到对生态足迹的研究当中。例如,蒋玲

① 曲格平.从"环境库兹涅茨曲线"说起——北京大学《中国青年环保大会》上的讲话[J].环境教育,2006(10).

② E. R. William. Ecological footprints and appropriated carrying capacity:what urban economics leaves out[J]. Environment and Urbanization,1992, 4(2):121-130.

③ M. Wackenagel and E. R. William. Our Ecological Footprint: Reducing Human Impact on the Earth[M]. Gabriola Island: New Society Publishers, 1996.

④ 杨开忠,杨咏,陈洁.生态足迹分析理论与方法[J].地球科学进展,2000(12).

燕等从国家、地区、城市的可持续发展角度介绍了生态足迹模型的理论依据和计算方法，并探讨了这一方法在我国的应用[①]。陈敏等研究了2002年中国省域的生态足迹[②]。此外，还有学者或是立足于这一方法的理论和模型进行研讨，或是运用这一方法研究一定时期一定区域范围的生态足迹，或是将生态足迹方法与投入产出法相结合研究实际问题。也有少量学者针对具体行业进行研究，例如，李伟和杨诗源就针对重庆市工业生产的生态足迹进行了分析[③]。本章综合这些研究和方法并进行必要的借鉴，对生态足迹的理论模型进行梳理，为后面进一步的研究做铺垫。

根据生态足迹的定义可以看出，该理论主要是通过将一定区域(可以是城市、省份、国家等)生产和居民生活所消耗的资源以及对自然环境所造成的影响，与这一区域所拥有的环境资源潜力进行比较，以此判断区域的经济社会发展是否具有可持续性。与生态足迹相对应的概念就是生态赤字(或生态盈余)和生态承载力。显然，生态承载力就是区域的环境资源潜力。如果生态足迹大于生态承载力，则区域处于生态赤字状态，可持续发展前景堪忧；反之，区域内人们的生产和生活的消耗与排放，在生态承载力范围之内，那么区域处于生态盈余的状态，经济社会将是可持续发展的。

假定 $EF_i$ 表示某区域 $i$ 的生态足迹，$ef_i$ 表示区域内人均的生态足迹，$N$ 表示区域 $i$ 的人口数量，那么则有：

$$EF_i = ef_i \cdot N \tag{7.7}$$

式中，

$$ef_i = \sum_{j=1}^{n} \frac{c_j}{p_j} = \sum_{j=1}^{n} a_j \quad (j = 1,\ 2,\ \cdots,\ n) \tag{7.8}$$

式(7.8)中，$c_j$ 表示第 $j$ 种商品的人均消费量，$p_j$ 表示第 $j$ 种商品的平均生产能力，$a_j$ 表示人均第j种交易商品折算的生态生产性土地面积。也就是说，区域内人均的生态足迹等于平均个人消费的各种商品所需生态生产性土地的面积之和。需要指出的是，根据杨开忠等的定义，生态生产是指“生态系统中的生物从外界环境中吸收生命过程所必需的物质和能量转化为新的物质，从而实现物质和能量的积累”，“具有生态生产能力的土地或水体”就是生态生产性土地；这样换算的好处是“极大地简化了对自然资本的统计，并且各类土地之间总比各种繁杂的自然资本项目之间容易建立等价关系，从而方便计算自然资本的总量。”[④]生态足迹理论关键就是要把人类的经济活动给生态环境的压力换算成这种生态生产性土地面积，然后在这种统一的量纲之下进行比较。

与生态足迹对应的是区域的生态承载力，其计算公式是：

$$EC_i = ec_i \cdot (1 - x) \cdot N \tag{7.9}$$

---

① 蒋玲燕，闻岳，周琪.生态足迹分析方法及其在国内的应用[J].四川环境，2006(8).

② 陈敏，王如松，张丽君等.中国2002年省域生态足迹分析[J].应用生态学报，2006(3).

③ 李伟，杨诗源.重庆市工业生产的生态足迹分析[J].地域研究与开发，2008(8).

④ 杨开忠，杨咏，陈洁.生态足迹分析理论与方法[J].地球科学进展，2000(12).

在式(7.9)中，$EC_i$ 表示区域 $i$ 的生态承载力，$ec_i$ 表示区域内人均的生态承载力，$x$ 表示折算因子，因为在一般情况下，计算区域生态承载力时须将生态系统中生物多样性的保护面积扣除。根据世界环境发展委员会(WCED)的报告，一般应扣除12%，但各个区域可根据域内具体的面积比例进行扣除。

式(7.9)中，

$$ec_i = b_k \cdot r_k \cdot y_k \quad (k = 1, 2, \cdots, m) \tag{7.10}$$

在式(7.10)中 $b_k$ 表示第 $k$ 类生态生产性性土地面积。$r_k$ 表示等价因子，$y_k$ 表示产量因子，等价因子是指一个使不同类型的生态生产性土地转化为在生态生产力上等价的系数，产量因子是指一个将各国各地区同类生态生产性土地转化为可比面积的参数，即一个国家或地区某类土地的平均生产力与世界同类平均生产力的比率[①]。

假定 $E_i$ 为生态赤字(或盈余)，那么则有：

$$E_i = EF_i - EC_i \tag{7.11}$$

如果 $E_i$ 大于0，则说明该区域处于生态赤字状态；如果 $E_i$ 小于0，则说明该区域处于生态盈余状态。

显然，在生态足迹模型中有两个假定。一是人类可以确定自身消费的产品和产生废弃物的数量，二是消耗的资源和产生的废弃物可以折算成生态生产性土地的面积。通过这种面积的换算，来判断一定区域范围内人类经济活动给生态环境的压力大小。

## 二、浙江、河南两地工业生产生态足迹的计算

### (一) 选择浙江、河南两地进行研究的理由

为了从数量上说明区域产业转移给我国生态环境的时间效应，这里通过选择两个有代表性区域——浙江与河南，对他们从2005年至2014年的生态足迹进行动态比较来加以说明。从经济发展水平上看，浙江属于相对发达的东部沿海地区，河南属于中西部地区。进入21世纪以后，区际产业转移渐渐成为浪潮，浙江等地率先进入工业化后期，属于向外转移产业较多的地区。与之相反，河南属于承接产业转移较多的省份，越来越多的工业行业的产值居于全国的前列。

2005年时，浙江规模以上工业企业销售产值为22 600.91亿元，占全国比重为9.15%；到了2014年这一指标增长为64 914.41亿元，占全国的比重下降为5.94%。而河南则相反，2005年时，规模以上工业企业销售产值为10 320.95亿元，占全国比重为4.18%；2014年时这一指标为67 148.67亿元，占全国比重上升为6.1%，从这一指标上看已经超过浙江。而如果从工业增加值指标上看，2005年河南工业增加值为

① 杨开忠，杨咏，陈洁.生态足迹分析理论与方法[J].地球科学进展，2000(12).

4 896.01亿元，浙江为6 344.71亿元，浙江是河南的1.3倍；到2014年河南工业增加值为15 809.09亿元，浙江为16 771.9亿元，浙江仅是河南的1.06倍。[①] 可见，浙江作为经济发达省份与河南这样一个相对欠发达的省份，这十年来在工业发展上形成了鲜明的对比。

## （二）2014年河南省工业生产的生态足迹

计算这两个地区工业生产的生态足迹除了前面的基本模型外，还需要针对工业产业的特点进行改进。杨开忠等人在介绍William和Wackernagel的理论时，着重指出了计算生态足迹时人类消费项目的划分[②]。李伟和杨诗源在计算2004年重庆市工业生产的生态足迹时，将项目主要划分成生物资源消费、能源资源消费、工业废弃物和工业建设用地几个部分[③]。这里借鉴他们的方法，并综合考虑数据的可得性，这里计算工业生产的生态足迹时，也主要从这几个方面入手，但考虑到具体研究对象的不同，具体计算方法也会有所变化。

### 1. 生物资源消费的生态足迹计算

工业生产部门需要对各类资源进行消费，那么就需要对消费项目进行划分，包括生物资源、能源资源消费等。这些资源一般包括生产过程中的消费和工业从业人员的消费。就生物资源消费而言，从业人员的消费可以参照当地各年城镇居民的消费数量。而生产中的消费，可以使用投入产出表中工业对农业的直接消耗系数，与实际消费的生物资源相乘，获得近似的工业生产中作为原材料投入的生物资源消费的数量[④]。这里也采用这种方法，但由于投入产出表每五年公布一次，中间年份一般也会公布投入产出延长表，这就说明投入产出模型假定在研究时间内生产技术水平相对稳定。由于这是为期十年的动态研究，因此直接消耗系数对应每一时间段投入产出表的数据，例如2014年和2012年的直接消耗系数采用的是2012年投入产出表的数据整理和计算。工业对生物资源的消费转化为相应的生态生产性面积的公式如下：

$$EF_{ij} = (p_j + x_j - m_j)/Y_a \tag{7.12}$$

式(7.12)中，$EF_{ij}$ 表示区域$i$第$j$种生物资源的生态足迹。$p_j$表示区域内第$j$种生物资源的总产量，$x_j$和$m_j$分别表示区域内对于第$j$种生物资源的进口量和出口量，而$Y_a$则表示全世界第j种生物资源的平均产量，这里借鉴Wackenagel等人的研究成果，均采用1993年世界生态生产性土地面积的平均水平数据[⑤]，作为基期数据进行运算。这里以2014年为例计算如下：

---

① 数据来源：根据《中国统计年鉴》各年数据整理、计算得出。

② 杨开忠，杨咏，陈洁.生态足迹分析理论与方法[J].地球科学进展，2000(12).

③ 李伟，杨诗源.重庆市工业生产的生态足迹分析[J].地域研究与开发，2008(8).

④ 同上.

⑤ M. Wackernagel, L. Onisto, P. Bello, A. C. Linares. National natural capital accounting with the ecological footprint concept[J]. Ecological Economics, 1999, 29:375-390.

表 7.3　2014 年河南省工业直接消耗生物资源的生态足迹

| 类型 | 全球平均产量(吨/公顷) | 河南当年生物产量(万吨) | 工业对农业直接消耗系数 | 工业直接消耗生物量(万吨) | 工业直接消耗生物资源足迹(公顷) | 生产面积类型 |
|---|---|---|---|---|---|---|
| 稻谷 | 2.744 | 528.6 | 0.207 707 706 37 | 109.794 293 39 | 400 124.975 92 | 耕地 |
| 小麦 | 2.744 | 3 329 | 0.207 707 706 37 | 691.458 953 27 | 2 519 894.144 6 | 耕地 |
| 玉米 | 2.744 | 1 732.05 | 0.207 707 706 37 | 359.760 132 18 | 1 311 079.198 9 | 耕地 |
| 豆类 | 1 856 | 59 | 0.207 707 706 37 | 12.254 754 654 | 66.027 772 92 | 耕地 |
| 薯类 | 12.067 | 108.7 | 0.207 707 706 37 | 22.577 827 642 | 18 710.390 024 | 耕地 |
| 棉花 | 1 | 14.686 1 | 0.207 707 706 37 | 3.050 416 141 1 | 30 504.161 411 | 耕地 |
| 油料 | 1.856 | 584.33 | 0.207 707 706 37 | 121.369 843 85 | 653 932.348 31 | 耕地 |
| 麻类 | 1.5 | 2.87 | 0.207 707 706 37 | 0.596 121 116 2 | 3 974.140 774 8 | 耕地 |
| 糖料 | 4.893 | 27.27 | 0.207 707 706 37 | 5.664 189 142 6 | 11 576.106 974 | 耕地 |
| 烟叶 | 1.548 | 29.99 | 0.207 707 706 37 | 6.229 154 102 9 | 40 240.013 585 | 耕地 |
| 茶叶 | 0.566 | 6.11 | 0.207 707 706 37 | 1.269 094 083 7 | 22 422.156 955 | 耕地 |
| 水果 | 18 | 2 560.19 | 0.207 707 706 37 | 531.771 191 82 | 295 428.439 9 | 林地 |
| 蔬菜 | 18 | 7 272.46 | 0.207 707 706 37 | 1 510.545 983 6 | 839 192.213 1 | 耕地 |
| 羊毛 | 0.015 | 1.218 116 | 0.207 707 706 37 | 0.253 012 08 | 168 674.72 | 草地 |
| 肉类 | 0.074 | 719 | 0.207 707 706 37 | 149.341 840 61 | 20 181 329.813 | 草地 |
| 牛奶 | 0.502 | 332 | 0.207 707 706 37 | 68.958 958 392 | 1 373 684.430 1 | 草地 |
| 蜂蜜 | 50 | 9.54 | 0.207 707 706 37 | 1.981 531 515 2 | 396.306 303 05 | 草地 |
| 禽蛋 | 400 | 404 | 0.207 707 706 37 | 83.913 913 224 | 2 097.847 830 6 | 草地 |
| 水产 | 0.029 | 91.76 | 0.207 707 706 37 | 19.059 259 103 | 6 572 158.311 2 | 水域 |
| 木材(立方米) | 1.99 立方米/公顷 | 256 | 0.207 707 706 37 | 53.173 172 736 | 267 201.873 05 | 林地 |

数据来源:根据国家统计局网站(http://www.stats.gov.cn/)、《河南统计年鉴 2015》、《河南省 42 部门投入产出表 2012》相关数据和资料整理、计算得出。

注:(1)全球平均产量采用 Mathis. Wackernagel, Larry. Onisto 等人在"National natural capital accounting with the ecological footprint concept"一文中的研究数据(以下均同此)。(2)工业对农业直接消耗系数的计算中,已经将区域内农产品的出口和进口因素考虑在内。

工业对生物资源的消耗还包括职工的消费,其计算方法主要是根据工业领域的职工数和城镇居民的农产品人均消费量等数据,折算成生态足迹数据。具体计算结果如下:

**表 7.4　2014 年河南省工业部门职工生活消费生物资源的生态足迹**

| 类型 | 全球平均产量(公斤/公顷) | 全国城镇居民主要食品人均消费量(公斤) | 河南城镇居民人均消费支出与全国平均水平之比 | 河南工业职工主要食品人均消费估算量(公斤) | 全省工业部门职工人数(万人) | 工业直接消耗生物资源足迹(公顷) | 生产面积类型 |
|---|---|---|---|---|---|---|---|
| 粮食 | 2 744 | 117.2 | 0.81 | 94.99 | 1 294.46 | 448 106.523 46 | 耕地 |
| 油料 | 1 856 | 10.8 | 0.81 | 8.75 | 1 294.46 | 61 049.701 567 | 耕地 |
| 蔬菜 | 18 000 | 104.0 | 0.81 | 84.29 | 1 294.46 | 60 617.580 223 | 耕地 |
| 肉类 | 74 | 37.5 | 0.81 | 30.39 | 1 294.46 | 5 316 640.677 | 草地 |
| 水产 | 29 | 14.4 | 0.81 | 11.67 | 1 294.46 | 5 209 574.533 7 | 水域 |
| 禽蛋 | 400 | 9.8 | 0.81 | 7.94 | 1 294.46 | 257 041.854 6 | 草地 |
| 奶类 | 502 | 18.1 | 0.81 | 14.67 | 1 294.46 | 378 279.337 2 | 草地 |
| 水果 | 18 000 | 48.1 | 0.81 | 38.98 | 1 294.46 | 28 035.630 853 | 林地 |

数据来源：根据国家统计局网站(http://www.stats.gov.cn/)、《河南统计年鉴 2015》相关数据和资料整理、计算得出。

注：由于浙江、河南两省统计口径差异很大，所以这里计算二业部门职工食品消费量时统一采用该省城镇居民人均消费支出与全国平均水平之比，和全国平均食品消费水平相乘，估算出数据，以便于后面两省在统一的口径之下进行比较。

### 2. 生物资源消费的生态足迹计算

就能源资源的消费而言，与生物资源一样包含工人生活消费和企业生产消费。其中工人生活消费的能源，根据河南省和浙江省统计年鉴，主要有煤炭、电力、液化石油气、天然气和汽油。用人均能源消费量乘以工业从业人数，可得近似数据。工业企业生产消费主要包括煤炭类、石油类、天然气、电力等，除煤炭类以外，根据中国能源统计年鉴中这两个地区的能源平衡表，取折算成标准煤后的工业终端消费量数据；而煤炭类因为涉及一部分煤炭会转化为焦炭等其他能源并在此过程中产生损耗，因而用工业终端消费量数据与实际消费数据差异太大，所以这里采用的是河南、浙江两省统计年鉴中的煤炭消费数据。然后再根据对应时期全世界单位化石能源生产土地面积的平均发热量，对这两个地区的能源消费计算生态足迹。工业能源消费生态足迹的计算公式如下：

$$EF'_{ij} = q_j / Y_b \tag{7.13}$$

式(7.13)中，$EF'_{ij}$ 表示区域 $i$ 工业消耗第 $j$ 种能源资源的生态足迹。$q_j$ 表示区域内第 $j$ 种能源资源的工业消费量，$Y_b$ 则表示全世界第 j 种能源资源的平均生态足迹，这里同样借鉴 Wackenagel 等人的研究成果，均采用 1993 年世界能源生态足迹的平均水平数据。① 作为折算系数的单位能源的发热量，采用国家统计局 2006 年 8 月所编的《能源统计知识手册》相关数据作为参照。按照此方法，河南省 2014 年工业部门消费的能源资源的生态足迹如

① M. Wackernagel, L. Onisto, P. Bello, A. C. Linares. National natural capital accounting with the ecological footprint concept[J]. Ecological Economics, 1999, 29:375-390.

表 7.5 和表 7.6 所示：

**表 7.5　2014 年河南省工业直接消耗能源资源的生态足迹**

| 类型 | 全球平均能源足迹(吉焦/公顷) | 工业能源消费量(万吨) | 折算系数(吉焦/吨) | 工业消耗生物能源资源足迹(公顷) | 生产面积类型 |
|---|---|---|---|---|---|
| 煤炭 | 55 | 29 551.09 | 20.908 | 112 337 125.4 | 化石燃料土地 |
| 汽油 | 71 | 95.32 | 43.07 | 578 229.915 49 | 化石燃料土地 |
| 煤油 | 71 | 1.7 | 43.07 | 10 312.535 211 | 化石燃料土地 |
| 柴油 | 71 | 108.98 | 42.652 | 654 678.163 38 | 化石燃料土地 |
| 燃料油 | 71 | 23.68 | 41.816 | 139 465.194 37 | 化石燃料土地 |
| 液化石油气 | 71 | 40.7 | 50.179 | 287 645.816 9 | 化石燃料土地 |
| 炼厂干气 | 71 | 22.17 | 45.998 | 143 630.374 65 | 化石燃料土地 |
| 天然气 | 93 | 43.64 | 35.565 | 1 668 878.064 5 | 化石燃料土地 |
| 电力 | 1 000 | 2 162.56 | 3.596 | 777 656.576 | 建筑用地 |

数据来源：根据《中国能源统计年鉴 2015》《河南统计年鉴 2015》《能源统计知识手册》相关数据和资料整理、计算得出。

注：(1)全球平均能源足迹采用 Mathis. Wackernagel，Larry. Onisto 等人在“National natural capital accounting with the ecological footprint concept”一文中的研究数据(以下均同此)。(2)天然气的统计单位为“亿立方米”，折算系数单位为“吉焦/千立方米”；电力的统计单位为“亿千瓦时”，折算系数单位为“吉焦/千千瓦时”。

**表 7.6　2014 年河南省工业企业职工消耗能源资源的生态足迹**

| 类型 | 全球平均能源足迹(吉焦/公顷) | 人均生活能源消费量(公斤) | 全省工业部门职工人数(万人) | 折算系数(吉焦/吨) | 职工生活消费能源资源足迹(公顷) | 生产面积类型 |
|---|---|---|---|---|---|---|
| 煤炭 | 55 | 39.86 | 1 294.46 | 20.908 | 196 137.660 67 | 化石燃料土地 |
| 汽油 | 71 | 9.38 | 1 294.46 | 43.07 | 73 644.239 587 | 化石燃料土地 |
| 柴油 | 71 | 4.69 | 1 294.46 | 42.652 | 36 464.756 291 | 化石燃料土地 |
| 液化石油气 | 71 | 7.53 | 1 294.46 | 50.179 | 68 854.281 968 | 化石燃料土地 |
| 天然气 | 93 | 28.84 | 1 294.46 | 35.565 | 142 760.231 58 | 化石燃料土地 |
| 电力 | 1 000 | 426.37 | 1 294.46 | 3.596 | 19 847.017 668 | 建筑用地 |

数据来源：根据《中国能源统计年鉴 2015》《河南统计年鉴 2015》《能源统计知识手册》相关数据和资料整理、计算得出。

注：天然气的统计单位为“立方米”，折算系数单位为“吉焦/千立方米”；电力的统计单位为“千瓦时”，折算系数单位为“吉焦/千千瓦时”。

### 3. 工业废弃物的生态足迹计算

工业部门属于产生废弃物(包括污染物)较多的经济部门。因此需要对这其生态足迹进行计算。参照生态价值评估技术中的市场价值法，采用工业污染源治理投资数据，并根据价格指数平滑到1993年的物价水平，在此基础上结合1993年时世界农业用地平均增加值的数据，计算工业废弃物的生态足迹。其计算公式如下：

$$EF_w = I_i / A_e \tag{7.14}$$

在式7.14中，$EF_w$ 表示区域 $i$ 工业废弃物的生态足迹。$I_i$ 表示区域 $i$ 工业污染源治理投资金额，$A_e$ 则表示基期全世界农业用地平均增加值。按照此方法，河南省2014年工业污染源治理投资金额为55.5亿元，按照历年CPI指数平滑到1993年价格水平，为24.981 993 751亿元。而1993年世界农业用地为4 899 345 700公顷，人民币兑美元汇率为5.762，世界农业增加值为119 281.143 4亿元，以此算出当年世界农业用地每公顷增加值为2 434.634 147 1元[①]。因此，可以计算出2014年河南省工业废弃物的生态足迹是1 026 108.739 2公顷。

**4. 工业建设用地的生态足迹计算**

工业建设用地的生态足迹计算应该包括厂房、仓库和职工住宅，但是由于河南、浙江两省在这一领域统计口径的差异很大，因而这里统一采用各地的建筑业增加值，乘以工业就业人数占当地就业人数的比重，再将此数据根据价格指数平滑到1993年的水平，并除以1993年世界农业用地的平均增加值。根据此方法，2014年河南省建筑业增加值为15 537 090万元，工业就业占比为19.854%，根据历年固定资产投资价格指数平滑后，用于工业的建筑业增加值估算为1 416 042.745万元，折算成生态足迹为5 816 244.494 4公顷[②]。

**5. 2014年河南省工业生产的生态足迹计算**

综合以上计算结果，可以得出综合得出河南省在2014年工业生产的生态足迹，这当中需要注意的是不同土地类型折算成统一的生态面积，并不能简单地加总。因而需要考虑不同类型土地之间的折算，借鉴Mathis. Wackernagel，Larry. Onisto等人的研究成果，根据不同类型土地的均衡因子计算出生态足迹。其中，工业废弃物用地和工业建设用地是通过世界农业用地每公顷的增加值计算的，由于农业用地包含耕地、林地、草地等，故而这里的“生产面积类型”，应为“综合经济用地”。鉴于1993年世界农业用地中，耕地占农业用地比重为28.629%；森林占世界土地比重为31.658%[③]，可近似看成林地占农业用地的比重；其余主要是草地[④]。在Mathis. Wackernagel，Larry. Onisto等人研究成果的基础上[⑤]，其生态足迹折算的均衡因子应为耕地、林地、草地的加权平均数，计算为1.348。综合以上因素和计算结果，2014年河南省工业生产的生态足迹如下表：

---

① 数据来源：根据《中国环境统计年鉴2015》《中国统计年鉴2015》和世界银行数据库相关数据整理、计算得出。

② 数据来源：根据各年《河南统计年鉴》和世界银行数据库相关数据整理、计算得出，历年固定资产投资价格指数来源于Wind资讯。

③ 数据来源：根据世界银行数据库相关数据整理、计算得出。

④ 一般农业用地中，水域比重相对较小，而且全世界的数据难以获得，这里忽略不计。

⑤ M. Wackernagel, L. Onisto, P. Bello, A C. Linares. National natural capital accounting with the ecological footprint concept[J]. Ecological Economics, 1999, 29:375-390.

**表 7.7　2014 年河南省工业生产的生态足迹**

| 土地类型 | 面积(公顷) | 人均面积(公顷) | 均衡因子 | 比例 |
|---|---|---|---|---|
| 耕地 | 6 716 918.124 | 0.071 18 | 2.8 | 10.76% |
| 草地 | 27 678 144.986 | 0.293 32 | 0.5 | 7.92% |
| 林地 | 295 237.504 | 0.003 13 | 1.1 | 0.19% |
| 水域 | 11 781 732.845 | 0.124 86 | 0.2 | 1.35% |
| 化石燃料土地 | 116 337 826.63 | 1.232 91 | 1.1 | 73.22% |
| 建筑用地 | 797 503.597 | 0.008 45 | 2.8 | 1.28% |
| 综合经济用地 | 6 842 353.234 | 0.072 51 | 1.348 | 5.28% |
| 合计 | — | — | — | 100% |
| 总的生态足迹:174 755 662.588 公顷 | | | | |

数据来源:根据前述计算结果,结合河南省 2014 年人口数计算得出。

### (三) 2005—2014 年浙江、河南工业生产的生态足迹

采用以上的方法和步骤,也可以计算河南省其他年份的工业生态足迹,浙江省的工业生态足迹也照此方法计算。这里分别计算 2005 年、2007 年、2009 年、2012 年和 2014 年两省的工业生态足迹,其计算结果如表 7.8 所示。

**表 7.8　2005—2014 年河南、浙江两省省工业生产的生态足迹(万公顷)**

| | 2005 年 | 2007 年 | 2009 年 | 2012 年 | 2014 年 |
|---|---|---|---|---|---|
| 河南 | 6 070.37 | 9 030.41 | 9 452.71 | 9 967.03 | 17 475.57 |
| 浙江 | 10 858.73 | 13 987.96 | 16 063.77 | 19 229.92 | 20 407.31 |

数据来源:根据《中国统计年鉴》《河南统计年鉴》《浙江统计年鉴》《中国能源统计年鉴》《河南省投入产出表》《浙江省投入产出表》各年,以及《能源统计知识手册》、国家统计局网站(http://www.stats.gov.cn/)数据等数据资料整理、计算得出。

## 三、河南、浙江工业生态足迹的比较

从表 7.8 的数据中,可以看出从 2005 年至 2014 年的十年间,在我国工业化快速推进的大背景下,河南、浙江两省的工业生态足迹都在上升。总体上看,作为经济发达省份,浙江的工业生态足迹仍然大于河南省,但是这十年里,浙江的工业生态足迹增加了不到一倍,河南却增加了近两倍。尤其是从 2012 年和 2014 年数据来看,浙江已进入相对平稳的状态;而河南省的生态足迹却出现急剧上升的情况。

再看人均工业生态足迹,如图 7.5 所示,浙江的人均工业生态足迹远远高于河南,但是经过 2005 年至 2012 年的快速增加以后,从 2012 年到 2014 年基本上趋于稳定。而河南的人均工业生态足迹在 2012 年之前处于相对稳定的状态,从 2012 年到 2014 年却从 1.06

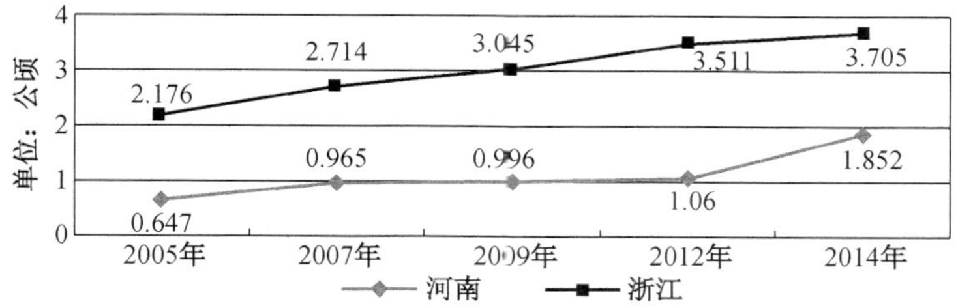


数据来源：根据前述计算结果，结合河南、浙江两省各年人口数计算得出。

**图 7.5　2005—2014 年河南、浙江两省人均工业生态足迹**

公顷急剧攀升到 1.852 公顷。

再如图 7.6 所示，从每万元工业增加值的生态足迹来看，浙江这十年基本上呈现出“稳中有降的态势”，说明工业领域的经济效益在提升。河南每万元工业增加值的生态足迹在经过一段时间的下降之后，也从 2012 年的 1.409 公顷快速上升至 2.456 公顷。可见，无论是看工业生态足迹的总量，还是看人均或单位工业增加值的生态足迹，浙江与河南这两个地区都出现了完全不同的趋势。

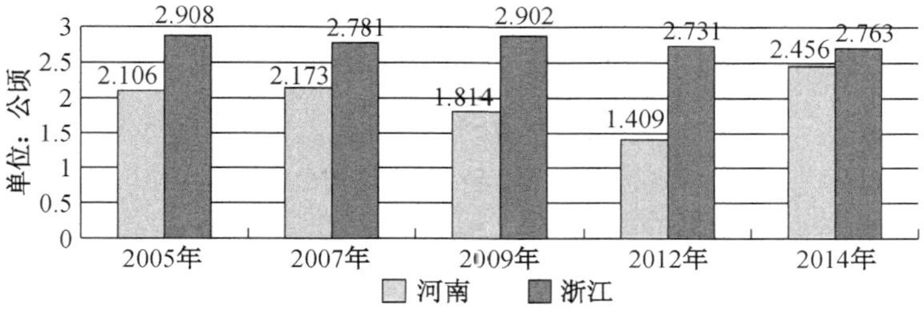


数据来源：根据前述计算结果，结合河南、浙江两省各年工业增加值计算得出。
注：工业增加值数据均根据价格指数平滑到 1993 年物价水平。

**图 7.6　2005—2014 年河南、浙江两省万元工业增加值生态足迹**

## 四、从生态足迹看工业产业梯度转移的环境外部性

如前所述，之所以自 2012 年以后河南的工业生态足迹总量、人均量、每万元工业增加值的量都出现了快速上升，原因是多方面的，其中一个重要的原因就在于，河南省近几年加快了承接产业转移的步伐。近几年，河南省多次举办各类产业转移对接洽谈活动，范围主要集中在制造业领域。例如，从 2010 年起至 2016 年，工业和信息化部与河南省政府已共同主办四届承接产业转移系列对接活动，累计促成产业转移合作项目 3 596 个、签约投资总额 1.82 万亿元①。仅在 2014 年 10 月 31 日举办的“2014 中国(郑州)产业转移系列对

① 郭东亮，王雅楠. 2016 中国(郑州)产业转移系列对接活动开幕[EB/OL]. 新华网，http://www.ha.xinhuanet.com/news/20161107/3518330_c.html，2016-11-07.

接活动”，就引进省外资金 3 123 亿元[①]。“2016 中国(郑州)产业转移系列对接活动”再次引进省外资金 1 989 亿元，签约项目 553 个[②]。河南省每年还制定《河南省制造业承接产业转移行动计划》，以加快推进承接产业转移，尤其是注重引进制造业项目。根据国家发改委公布的资料，2014 年，河南省工业和信息化领域承接产业转移新签约项目近千个，合同引进资金超 5 000 亿元[③]，为该省工业经济的快速发展提供了重要支撑。到 2015 年，仅 1～5 月份，河南省工业和信息化领域承接产业转移新签约项目 136 个，合同引进资金 671.06 亿元，主要涉及电子信息、装备制造、汽车及零部件、食品、建材等领域，其中承接长三角地区项目 37 个，合同引进省外资金 165.45 亿元，占签约资金的 25%。[④]

大规模承接产业转移，也带来了工业经济的快速发展。2010 年，河南省规模以上工业企业数为 19 548 个，到 2012 年降至 19 237 个，而 2013 年又快速增至 20 573 个，2014 年增至 21 748 个，到 2015 年进一步增至 22 892 个。[⑤] 连续三年每年都增加 1 000 个以上。如图 7.7 所示，从规模以上工业企业的实收资本这一指标来看，在 2012 年之前，浙江都远远高于河南，但从 2013 年开始，河南迅速上升，至 2014 年已接近浙江的水平。

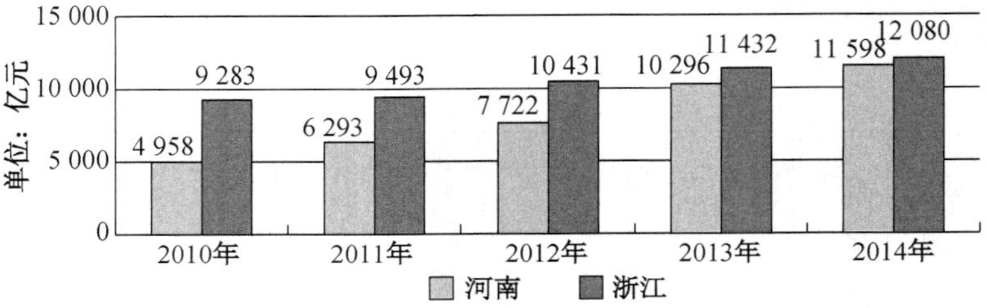


数据来源：根据国家统计局网站(http://www.stats.gov.cn/)公布数据整理得出。

**图 7.7 2010—2014 年河南、浙江两省规模以上工业企业实收资本**

从工业销售产值这一指标来看，也出现了类似的趋势。如图 7.8 所示，从 2010 年至 2014 年这五年，浙江省的工业销售产值总体上比较平稳，从 2011 年以后增速明显放缓，而河南省一直都较快增长，尤其是到 2013 年已接近浙江的规模，到 2014 年反超浙江。

工业生态足迹总量的大小与工业生产的规模高度相关。承接产业转移给河南经济发展带来的作用是显而易见的。但是也要看到，其中所存在的生态问题也需要关注。根据世界自然基金会(WWF)与中国环境与发展国际合作委员会联合发布的《地球生命力报告·中国 2015》，2012 年时河南与浙江的人均生态承载力均已不足 1 公顷。然而，2012 年两个省仅仅只是工业生态足迹就已经超过生态承载力，到 2014 年生态的赤字更加严重。

① 沈翔. 承接产业转移 河南从省外引来 3 123 亿[N]. 东方今报，2014-11-01.

② 郭东亮，王雅楠. 2016 中国(郑州)产业转移系列对接活动开幕[EB/OL]. 新华网，http://www.ha.xinhuanet.com/news/20161107/3518330_c.html，2016-11-07.

③ 国家发改委地区经济司. 2014 年河南省承接产业转移合同引资超 5 000 亿元[EB/OL]. 国家发改委网站，http://www.sdpc.gov.cn/fzgggz/dqjj/zhdt/201503/t20150304_666345.html，2015-03-04.

④ 商务部驻郑州特派员办事处. 河南承接产业转移步伐加快[EB/OL]. 商务部网站，http://www.mofcom.gov.cn/article/resume/n/201506/20150601016660.shtml，2015-06-18.

⑤ 数据来源：根据国家统计局网站(http://www.stats.gov.cn/)公布数据整理得出。

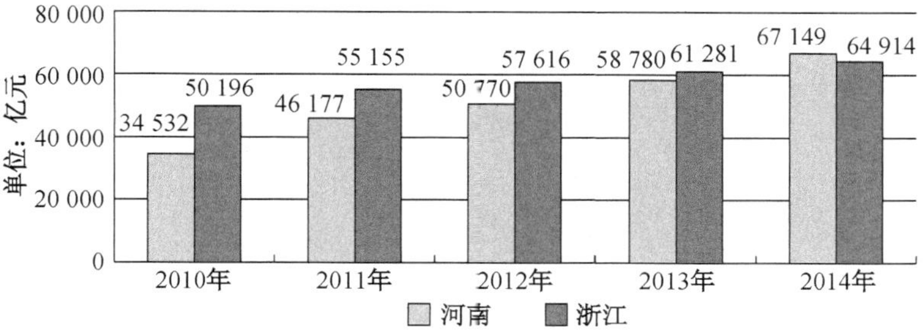


数据来源：根据国家统计局网站(http://www.stats.gov.cn/)公布数据整理得出。

**图 7.8 2010—2014 年河南、浙江两省规模以上工业企业销售产值**

浙江作为东部发达地区生态足迹相对较高，但在产业升级转型和部分不具有比较优势的工业产业向外转移的情况下，工业生态足迹逐渐趋于稳定，甚至单位工业增加值的生态足迹还出现了“稳中有降”的趋势。而河南作为正在崛起中的工业大省，加快承接产业转移是经济发展的需要，但是生态赤字的急剧上升也需要关注。根据生态足迹理论，当出现生态赤字时，则区域经济的发展处于不可持续的状态。早在 2005 年时，河南人均工业生态足迹还只有 0.647 公顷，到 2014 年也只是短短的 10 年就达到了 1.852 公顷，增高加了近两倍，每万元工业增加值的生态足迹在 2014 年也出现了大幅上升的情况。这还仅仅只是工业领域，如果加上其他领域的生态足迹，和河南的生态承载力相比，生态赤字的情况会更加严重。“在全力向先进制造业大省迈进的今天，河南工业不得不面对‘产业结构不尽优化、经济增长方式仍然比较粗放、万元生产总值能耗高、污染物排放量较大’的现状。”①

河南还只是众多快速推进工业化、大量承接工业产业转移的地区之一。根据《地球生命力报告·中国 2015》，在 2012 年时全国处于生态盈余状态的省份就已经只剩下西藏和青海，在 2010 年时还是生态盈余的新疆、内蒙古、云南现在都已经出现生态赤字。而工业产业的区际转移在其中产生了巨大的环境外部性。如果不及时改变这种状况，区际产业梯度转移的生态效应不仅会在空间上扩散，也会在时间上持续。如果任由这种状况继续下去，则不仅当代人要承受雾霾、水污染、土地污染等生态灾难，子孙后代的生存空间也将被大大压缩。

# 本章小结

必须要看到，区际产业梯度转移的环境外部性有“代际性”特征，不仅不利于代际公平，从效率的角度看，当代人的整体福利提高也很有限。从时间维度上考察，产业转移带来的污染转移会使我国的环境库兹涅茨曲线更加陡峭，会使子孙后代在环境资源的分配中处于不利的地位。由于我国特殊的国情，对生态问题不能坐等环境库兹涅茨曲线

① 卫静.河南工业致力绿色转型[N].河南工人日报，2015-08-17.

拐点的出现。通过浙江、河南两省 2005 年至 2014 年这十年的工业生态足迹的变化来看，区际产业梯度转移的生态效应在时间维度上是非常显著的，这必然会给当代人和后代人的福利造成损失。如果任由这种生态赤字的状况持续下去，经济的可持续发展将无从谈起。

自1993年以来，我国一直是仅次于美国的第二大外资投入国，并且一直是吸引外商直接投资(即FDI)最多的发展中国家。根据商务部的统计，截至2014年底，我国累计实际利用外资1.5万亿美元，累计批准设立外资企业81万余家。FDI的进入一方面带来了所需的资金、技术、市场，另一方面也产生了一些负面的效应，其中环境问题也日益受到关注。早期，FDI大量进入东部沿海地区，形成了来自国际产业转移的“一次污染”。随着国内区域间产业转移规模的不断扩大，许多外

# 第八章　FDI与区际产业梯度转移的生态效应

资企业逐渐开始向我国更广阔的区域迁移，从国外引入的FDI也越来越多地进入中西部地区。毫无疑问，这将会在更广阔的范围对我国的生态环境造成负外部性，FDI的环境影响也可能会随着我国区域产业的梯度转移而发生转移，从而造成跨国污染的“二次转移”。基于此，本章着重探讨FDI在我国区际产业转移浪潮中对生态环境所产生的影响。

# 第一节　FDI 产业流向和区域流向的变化

环境污染主要来自人类的经济活动，尤其是工业生产活动。在较长的一段时间范围内，FDI 一直在我国的经济生活中扮演重要的角色。相对于贸易来说，直接投资对产业转移的影响更加直接、更加明显。FDI 的区域流向和产业的流向，既影响着我国区域经济版图，在很大程度上也直接影响着环境污染的程度和空间分布。

## 一、三大区块 FDI 流向的变化

东部沿海地区是我国的经济重心，也是吸引外资的主要地区。但近些年来，中西部地区吸引外资的数量在快速增加，占全国的比重也有上升的迹象。

表 8.1　2005—2015 年我国三大区块外商投资企业外方注册资本情况

| 指标 | 全国 | 东部 | | 中部 | | 西部 | |
|---|---|---|---|---|---|---|---|
| | 金额（亿美元） | 金额（亿美元） | 比重 | 金额（亿美元） | 比重 | 金额（亿美元） | 比重 |
| 2005 年 | 6 318.00 | 5 472.00 | 86.61% | 513.00 | 8.12% | 333.00 | 5.27% |
| 2006 年 | 7 405.00 | 6 349.00 | 85.74% | 664.00 | 8.97% | 392.00 | 5.29% |
| 2007 年 | 8 907.73 | 7 605.19 | 85.38% | 792.56 | 8.90% | 509.98 | 5.73% |
| 2008 年 | 10 044.70 | 8 529.90 | 84.92% | 853.19 | 8.49% | 661.61 | 6.59% |
| 2009 年 | 10 917.95 | 9 194.09 | 84.21% | 959.99 | 8.79% | 763.87 | 7.00% |
| 2010 年 | 12 115.56 | 10 178.90 | 84.02% | 1 061.16 | 8.76% | 875.5 | 7.23% |
| 2011 年 | 13 303.17 | 11 147.36 | 83.79% | 1 183.68 | 8.90% | 972.13 | 7.31% |
| 2012 年 | 14 380.88 | 12 003.88 | 83.47% | 1 278.84 | 8.89% | 1 098.16 | 7.64% |
| 2013 年 | 15 633.36 | 13 050.66 | 83.48% | 1 371.59 | 8.77% | 1 211.11 | 7.75% |
| 2014 年 | 17 413.56 | 14 468.05 | 83.08% | 1 582.3 | 9.09% | 1 363.21 | 7.83% |
| 2015 年 | 20 756.73 | 17 455.18 | 84.09% | 1 756.75 | 8.46% | 1 544.8 | 7.44% |

数据来源：根据国研网数据整理、计算得出。

如表 8.1 所示，2005 年时我国外商投资企业中，外方注册资本累计达到 6 318 亿美元。到 2015 年，我国外商投资企业的外方注册资本累计已达到 20 756.73 亿美元，相对于 2005 年增长两倍以上，其中东部地区增长 2.2 倍，中部地区增长 2.4 倍，西部地区增长 3.6 倍。显然，中西部吸引外资的增长速度快于东部地区。东部、中部、西部三大区块吸引外资所占的相对比重也发生了相应的变化。尽管东部地区仍占绝对比重，但从 2005 年到

2015 年比重下降了 2.52 个百分点；中部地区起伏不定，总体上略升 0.34 个百分点，西部地区比重变化非常明显，11 年间累计上升了 2.17 个百分点。

另据商务部统计，2014 年全年实际利用的 FDI 中，东部地区为 6 014.9 亿元人民币，增长速度为 1.1%；中部地区为 666.9 亿元，增长速度为 7.5%；[①]西部地区为 661.6 亿元，增长速度为 1.6%。以上这些数据都表明，我国 FDI 的区域流向上开始发生变化，东部地区仍是外资的主要流入地区，但中西部的增长速度快于东部，所占比重不断上升，中西部地区越来越成为 FDI 所青睐的区域。

## 二、FDI 产业流向的变化

在我国的工业化进程中，工业产业尤其是制造业一直是 FDI 进入的主要领域。随着工业化程度的加深，服务业已逐渐成为外资进入的主要领域。

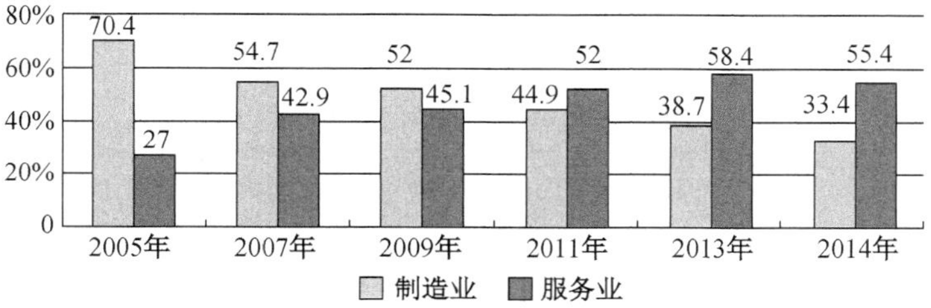


数据来源：根据 2006 年至 2014 年《中国统计年鉴》相关数据计算、整理得出。

**图 8.1　2005—2014 年我国制造业、服务业实际利用 FDI 比重**

2005 年，我国实际利用 FDI 的金额为 603.25 亿美元，其中进入制造业的外资达到 424.53 亿美元，占 70.37%；进入服务业的外资为 163.08 亿美元，占 27.04；而其他产业的外资数量就更少，农、林、牧、渔业为 7.18 亿美元，占 1.19%，采矿业为 3.55 亿美元，占 0.59%，建筑业为 4.9 亿美元，占 0.81%。显然，制造业占绝对比重，是服务业的 2.6 倍[②]。但这一情况逐渐发生了逆转。如图 8.1 所示，从 2005 年到 2014 年，服务业吸引 FDI 所占的比重不断上升，制造业吸引 FDI 所占的比重不断下降，呈现此消彼长的态势。尤其是在 2013 年，我国实际利用 FDI 的金额为 1 175.86 亿美元，其中服务业实际利用的外资是 686.46 亿美元，占 58.39%；而制造业吸引的外资在金额上虽保持了与 2005 年相近的水平，为 455.55 亿美元，但比重已下降到 38.74%；服务业是制造业的 1.51 倍[③]。另据商务部统计，2014 年我国实际利用的 FDI 中，服务业所占比重为 55.4%，高出制造业 22 个百分点[④]。

① 数据来源：根据商务部网站(http://www.mofcom.gov.cn/)公布数据整理得出。

② 数据来源：根据《中国统计年鉴 2006》相关数据计算、整理得出。

③ 数据来源：根据《中国统计年鉴 2014》相关数据计算、整理得出。

④ 数据来源：根据商务部网站(http://www.mofcom.gov.cn/)公布数据整理得出。

可见，现阶段服务业已经取代工业部门，成为 FDI 进入的主要领域。但也必须看到，制造业仅是所占比重在减小，而吸引外资的数量和规模仍保持相当的水平。另外，其他一些产业吸引的外资比重虽然变化不大，但数量增长也比较快。例如，农、林、牧、渔业实际利用的 FDI 在 2011 年达到 20.09 亿美元，2013 年达到 18 亿美元，分别是 2005 年的 2.8 倍和 2.51 倍；建筑业在 2013 年时也达到了 12.2 亿美元，是 2005 年的 2.49 倍①。

## 三、FDI 流向的梯度差异

从全国整体情况来看，虽然与以往相比，FDI 在产业流向上发生了根本性的变化。但具体到各省、自治区、直辖市，情况不尽相同，呈现出了明显的梯度差异。如表 8.2 所示，从 2005 年到 2014 年，全国各地区所吸引的外资在数量上，都呈现快速增长的态势，但中西部省份增速明显快于东部省份。随着沿海发达地区的产业升级和经济转型的不断推进，这些地区的经济结构不断接近发达国家和地区，FDI 越来越多地进入这些地区的服务业和部分高端制造业，而传统工业领域的 FDI 则越来越多地进入中西部地区。

**表 8.2　2005—2014 年部分地区实际利用 FDI 情况**

| 地区 | 年份 | 实际利用 FDI（亿美元） | 第二产业实到金额（亿美元） | 占比 | 第三产业实到金额（亿美元） | 占比 |
|---|---|---|---|---|---|---|
| 上海 | 2014 年 | 181.66 | 17.78 | 9.78% | 163.85 | 90.20% |
| | 2009 年 | 105.38 | 28.40 | 26.95% | 76.16 | 72.27% |
| | 2005 年 | 68.50 | 33.43 | 48.80% | 34.98 | 51.07% |
| 北京 | 2014 年 | 90.41 | 9.73 | 10.76% | 79.29 | 87.70% |
| | 2009 年 | 61.21 | 8.85 | 14.46% | 51.97 | 84.91% |
| | 2005 年 | 35.26 | 11.41 | 32.36% | 23.82 | 67.54% |
| 浙江 | 2014 年 | 157.97 | 59.24 | 37.50% | 97.92 | 61.99% |
| | 2009 年 | 99.40 | 64.57 | 64.96% | 34.03 | 34.24% |
| | 2006 年* | 88.89 | 69.08% | 77.71 | 19.61 | 22.06% |
| 江西 | 2014 年 | 84.51 | 61.31 | 72.55% | 17.44 | 20.64% |
| | 2009 年 | 40.24 | 27.63 | 68.68% | 12.07 | 30.00% |
| | 2005 年 | 24.23 | 15.56 | 64.24% | 8.32 | 34.36% |
| 安徽 | 2014 年 | 123.4 | 63.57 | 51.52% | 56.77 | 46.00% |
| | 2009 年 | 38.84 | 26.35 | 67.84% | 8.33 | 21.45% |
| | 2005 年 | 6.88 | 3.10 | 45.05% | 2.20 | 31.96% |

① 数据来源：根据《中国统计年鉴 2014》相关数据计算、整理得出。

（续表）

| 地区 | 年份 | 实际利用 FDI（亿美元） | 第二产业实到金额（亿美元） | 占比 | 第三产业实到金额（亿美元） | 占比 |
|---|---|---|---|---|---|---|
| 湖南 | 2014 年 | 102.66 | 65.83 | 64.12% | 31.03 | 30.23% |
| | 2009 年 | 45.98 | 37.32 | 81.17% | 5.30 | 11.53% |
| | 2005 年 | 20.72 | 14.19 | 68.46% | 5.84 | 28.20% |
| 陕西 | 2014 年 | 41.76 | 24.71 | 59.17% | 16.78 | 40.18% |
| | 2009 年 | 15.11 | 6.08 | 40.26% | 8.67 | 57.39% |
| | 2005 年 | 6.28 | 2.84 | 45.24% | 3.23 | 51.42% |
| 内蒙古 | 2014 年 | 39.77 | 28.52 | 71.71% | 6.06 | 15.24% |
| | 2009 年 | 29.84 | 15.68 | 52.53% | 14.08 | 47.18% |
| | 2005 年 | 11.86 | 6.92 | 58.32% | 4.66 | 39.26% |

数据来源：根据 2006 年至 2015 年各省、市、自治区统计年鉴相关数据计算、整理得出。
* 浙江省公布的 2005 年 FDI 数据未分产业，故而在表中使用 2006 年的数据。

上海、北京作为我国经济最为发达的地区，早在 2005 年时，其第三产业实际利用的 FDI 就占到一半以上，到 2014 年均占到 85%以上，其中上海由于制造业比重相对较大，因而其第二产业的 FDI 规模要大于北京。浙江省过去是东南沿海制造业大省，其吸引的外资在 2006 年有 77.71%在第二产业，但到 2014 年时也下降到了 59.24%，相反进入第三产业的 FDI 无论是数量还是比重都大大增加。可见，在东部沿海的发达地区，FDI 主要进入第三产业，或者从进入第二产业为主向进入第三产业为主转变。

与之相反，对于中西部地区的大多数省份而言，FDI 仍然以进入第二产业为主。其中，尤其是安徽、湖南等承接产业转移大省的情况格外引人注目。安徽省实际利用的 FDI 从不足 7 亿美元增长到超过百亿美元，增长了 16.9 倍，无论是第二产业和第三产业吸引的 FDI 都出现了高速增长。但第二产业吸引外资所占比重已从 45.05%上升到 50%以上。江西省吸引外资数量也增长了两倍多，九年间第二产业吸引外资所占比重持续上升，已超过七成，而三产业外资占比则持续下降。湖南省第二产业吸引外资所占比重也始终维持在三分之二以上，远远超出第三产业吸引外资的数量和比重。西部地区省份也出现了和中部省份相似的态势。例如，陕西省和内蒙古自治区所吸引的外资中，进入第二产业的比重 10 年间都上升了 10 多个百分点，相反第三产业占比都大幅下降。

根据以上分析可知，综合产业和区域两个方面，FDI 在流向上呈现明显的梯度差异。经济发达区域吸引的外资逐渐转向第三产业，这与我国总体外资的产业流向相符。绝大多数中西部地区外资仍以第二产业为主，部分地区第二产业外资的比重仍在上升，这与当地的工业化进程基本吻合。而且，这些情况与第三章所分析的我国产业转移的总体趋势也是相一致的。我国总体上正转向工业化后期，但东部沿海逐渐形成服务业为主的产业结构，中西部地区正在推进工业化进程，发达地区相当一部分的工业产业逐步西移和北移，FDI 在这一进程中也发生了与之相应的变化。

## 四、污染密集产业外资企业的区域变化①

随着我国中西部经济的发展，加之国家鼓励外资和东部企业进入中西部地区，进入中西部地区的外资正逐渐增多。根据第四章的界定，现阶段给我国环境造成压力最大的产业是包括化工、冶金、造纸、纺织等在内的13个污染密集产业。这些产业既是产业转移的重要领域，也同时是外资进入的重要领域。中西部地区作为经济相对落后的区域，拥有着丰富的自然资源和劳动力资源，现阶段正经历一个包括污染密集产业在内的工业产业大发展的时期，同时在东部沿海地区产业结构不断升级，污染密集产业发展已近饱和，环境规制日益严格的条件下，许多被东部沿海地区拒绝接受的国外污染密集产业完全可能进入中西部地区。

如表8.3所示，从2005年到2012年，我国总体上污染密集产业外资企业的数量和从业人数经历了一波上升的势头之后，开始逐渐减少。但具体到东部、中部、西部三大区块

**表8.3　2005—2012年污染密集产业外资企业数量和就业人数**

| 年份 | 东部地区 | | | | 中部地区 | | | |
|---|---|---|---|---|---|---|---|---|
| | 企业数（个） | 比重 | 就业人数（万人） | 比重 | 企业数（个） | 比重 | 就业人数（万人） | 比重 |
| 2005年 | 13 673 | 88.60% | 322.35 | 85.14% | 1 031 | 6.68% | 34.22 | 9.04% |
| 2007年 | 15 857 | 87.65% | — | — | 1 362 | 7.53% | — | — |
| 2009年 | 17 415 | 87.01% | — | — | 1 583 | 7.91% | — | — |
| 2011年 | 13 537 | 85.48% | 394.85 | 80.60% | 1 428 | 9.02% | 62.80 | 12.82% |
| 2012年 | 12 850 | 84.70% | 357.23 | 79.68% | 1 414 | 9.32% | 58.40 | 13.03% |

| 年份 | 西部地区 | | | | 全国 | | | |
|---|---|---|---|---|---|---|---|---|
| | 企业数（个） | 比重 | 就业人数（万人） | 比重 | 企业数（个） | 比重 | 就业人数（万人） | 比重 |
| 2005年 | 729 | 4.72% | 22.01 | 5.81% | 15 433 | 100 | 378.59 | 100% |
| 2007年 | 872 | 4.82% | — | — | 18 091 | 100 | — | — |
| 2009年 | 1016 | 5.08% | — | — | 20 014 | 100 | — | — |
| 2011年 | 872 | 5.51% | 32.21 | 6.58% | 15 837 | 100 | 489.86 | 100% |
| 2012年 | 907 | 5.98% | 32.70 | 7.29% | 15 171 | 100 | 448.33 | 100% |

数据来源：根据国研网数据计算得出。

注：西藏地区缺乏统计资料，故未列入考查范围。

① 关于污染密集产业每个具体行业外资企业的各个地区的数据，目前无法获得2012年之后的数据，本书主要依靠各类统计年鉴、国研网、Wind信息等数据库，而这些渠道均无法获得更新的数据，因此这一部分的研究采用的数据资料只能到2012年，但是污染密集产业外资企业区域变化的趋势基本上可以得到说明，不影响研究的结论。

而言，情况则截然不同。东部地区2012年污染密集产业的外资企业数已经少于2005年的数量，从业人数也只略多于2005年，而这两者所占的比重则在持续下降。这八年间，东部地区污染密集产业外资企业数量占比下降近4个百分点，从业人数占比下降5.46个百分点。而中部和西部情况恰恰与之相反。这两大区块，虽然在绝对数量和占比上与东部的差距仍然很大，但总的来说数量上并无明显下降趋势，占比上升势头明显。中部地区污染密集产业外资企业的数量和就业人数上2012年虽少于2011年，但远大于2005年，在比重上前者八年间上升2.64个百分点，后者上升近4个百分点。西部地区污染密集产业外资企业的数量在一度出现下降之后又开始回升，从业人数总体是在增加，这二者所占的比重，八年间前者上升1.26个百分点，后者上升1.48个百分点。通过考察13个污染密集产业中外资企业的数量和就业人数可知，污染密集产业的外资正由过去主要进入东部地区，转向越来越多地进入中西部地区。

再看工业销售产值指标，这一指标基本上可以反映工业产业的生产规模。如表8.4所示，全国13个污染密集产业外资企业的工业销售产值，从2005年的20 753.28亿元增长到2012年的64 474.10亿元，总体上增长两倍多；从各年的增长速度上看虽然呈现出起伏不定的情况，但整体上有增速放缓的趋势。就工业销售产值的绝对数量和所占比重而言，东部地区仍占主要地位。但也必须要看到，东部地区在增速上已被中部和西部地区超过，相应地中部和西部地区占全国的比重正不断上升。东部地区在八年时间里，污染密集产业外资企业的工业销售产值增长不到两倍，而同期中部地区增长4.63倍，西部地区也增长3倍多。除2005年等个别年份，中部地区的增速都远远快于东部地区，西部地区在大部分年份里也快于东部地区。东部地区污染密集产业外资企业工业销售产值占全国的比重八年时间里共下降7.12个百分点，与之对应中部和西部地区则分别上升5.62和1.5个百分点。

**表8.4 2005—2012年我国污染密集产业外资企业的工业销售产值**

| 年份 | 东部地区 | | | 中部地区 | | |
|---|---|---|---|---|---|---|
| | 工业销售产值(亿元) | 增长速度 | 比重 | 工业销售产值(亿元) | 增长速度 | 比重 |
| 2005年 | 18 304.88 | 46.10% | 88.20% | 1 435.24 | 36.71% | 6.92% |
| 2006年 | 23 308.25 | 27.33% | 87.88% | 1 964.93 | 36.91% | 7.41% |
| 2007年 | 30 292.24 | 29.96% | 87.07% | 2 740.09 | 39.45% | 7.88% |
| 2008年 | 35 654.42 | 17.70% | 85.07% | 3 934.65 | 43.60% | 9.39% |
| 2009年 | 35 650.92 | −0.01% | 83.83% | 4 216.27 | 7.16% | 9.91% |
| 2010年 | 44 561.58 | 24.99% | 83.36% | 5 497.36 | 30.38% | 10.28% |
| 2011年 | 53 150.22 | 19.27% | 81.76% | 7 649.12 | 39.14% | 11.77% |
| 2012年 | 52 278.15 | −1.64% | 81.08% | 8 084.70 | 5.69% | 12.54% |

（续表）

| 年份 | 西部地区 | | | 全国 | | |
|---|---|---|---|---|---|---|
| | 工业销售产值(亿元) | 增长速度 | 比重 | 工业销售产值(亿元) | 增长速度 | 比重 |
| 2005 年 | 1 013.17 | 35.81% | 4.88% | 20 753.28 | 44.88% | 100% |
| 2006 年 | 1 249.57 | 23.33% | 4.71% | 26 522.74 | 27.80% | 100% |
| 2007 年 | 1 758.97 | 40.77% | 5.06% | 34 791.31 | 31.18% | 100% |
| 2008 年 | 2 324.72 | 32.16% | 5.55% | 41 913.80 | 20.47% | 100% |
| 2009 年 | 2 658.08 | 14.34% | 6.25% | 42 525.27 | 1.46% | 100% |
| 2010 年 | 3 400.68 | 27.94% | 6.36% | 53 459.62 | 25.71% | 100% |
| 2011 年 | 4 211.55 | 23.84% | 6.48% | 65 010.89 | 21.61% | 100% |
| 2012 年 | 4 111.25 | −2.38% | 6.38% | 64 474.10 | −0.83% | 100% |

数据来源：根据国研网和数据计算得出。
注：西藏地区缺乏统计资料，故未列入考查范围。

而且，如果具体到各个省、自治区、直辖市就会发现，向外转出产业的东部沿海地区污染密集产业的外资企业增速明显较慢，乃至到后来出现减少的趋势；而承接产业转移规模相对较大的地区，污染密集产业的外资企业增速明显较快。根据表 8.5 的数据并在此基础上计算可知，从 2003 年到 2011 年，北京污染密集产业外资企业工业销售产值虽有增长但始终维持较小的规模，仅增长不到 1.9 倍；上海增长了 2.5 倍，广东增长了 3.2 倍；东部沿海地区只有江苏增速较快，增长了 7 倍。相对而言，东部经济相对落后的河北省和中部地区都属于承接产业转移规模较大的地区，其污染密集产业外资企业的工业销售产值增速都比较快。例如，河北省在这九年时间里增长了 7.1 倍，安徽增长了 11.5 倍，河南增长了 10.6 倍，江西更是增长了 33.9 倍。在西部省区中，承接产业转移规模较大的陕西、四川两省增速较快，分别增长了 5 倍和 8.9 倍；至于承接产业转移规模较小的甘肃①、宁夏两地，增速较慢且呈起伏不定。

**表 8.5　2003—2012 年部分地区污染密集产业外资企业工业销售产值(亿元)**

| | 2003 年 | 2004 年 | 2005 年 | 2006 年 | 2007 年 | 2008 年 | 2009 年 | 2010 年 | 2011 年 | 2012 年 |
|---|---|---|---|---|---|---|---|---|---|---|
| 北京 | 153.9 | 178.2 | 257.7 | 273.1 | 317.0 | 336.2 | 366.7 | 434.1 | 438.8 | 439.0 |
| 上海 | 1 100.8 | 1 414.7 | 1 928.0 | 2 336.6 | 3 175.7 | 3 561.1 | 2 569.2 | 3 441.9 | 3 872.4 | 3 774.2 |
| 江苏 | 1 527.5 | 2 244.4 | 3 776.5 | 5 061.5 | 6 683.2 | 7 971.1 | 8 214.6 | 10 078.2 | 12 296.9 | 12 130 |

① 根据第三章分析，从吸收省外资金的数量看，甘肃仅在 2013 年以后承接产业转移的规模与陕西省基本相当，而在此之前，其承接产业转移的规模都远远小于陕西省。

（续表）

| | 2003 年 | 2004 年 | 2005 年 | 2006 年 | 2007 年 | 2008 年 | 2009 年 | 2010 年 | 2011 年 | 2012 年 |
|---|---|---|---|---|---|---|---|---|---|---|
| 广东 | 2 544.4 | 3 245.0 | 4 255.4 | 5 166.0 | 6 435.7 | 7 412.7 | 7 357.5 | 9 070.6 | 10 794.7 | 9 358.9 |
| 河北 | 447.8 | 711.1 | 1 209.9 | 1 478.8 | 2 047.5 | 2 768.3 | 2 635.9 | 2 976.5 | 3 640.8 | 3 646.4 |
| 安徽 | 87.86 | 137.9 | 153.7 | 234.1 | 312.0 | 480.1 | 490.2 | 767.4 | 1 099.0 | 1 204.7 |
| 河南 | 144.1 | 207.7 | 286.8 | 428.1 | 633.4 | 946.7 | 982.1 | 1 198.6 | 1 522.4 | 1 478.4 |
| 江西 | 39.28 | 76.53 | 148.76 | 216.47 | 308.96 | 424.53 | 516.23 | 764.42 | 1 369.6 | 1 435.7 |
| 湖北 | 119.8 | 166.4 | 279.8 | 332.8 | 457.1 | 612.8 | 688.1 | 872.1 | 1 176.9 | 1 305.9 |
| 吉林 | 112.0 | 138.4 | 195.1 | 249.1 | 328.1 | 489.5 | 536.5 | 675.2 | 836.4 | 987.9 |
| 陕西 | 44.5 | 51.9 | 59.8 | 71.9 | 111.4 | 149.7 | 185.8 | 231.4 | 268.9 | 297.5 |
| 四川 | 82.9 | 115.7 | 168.0 | 195.5 | 299.1 | 375.1 | 471.4 | 653.1 | 821.2 | 776.7 |
| 甘肃 | 21.2 | 26.3 | 43.8 | 49.0 | 51.5 | 53.8 | 49.9 | 61.1 | 65.9 | 58.0 |
| 宁夏 | 15.2 | 25.9 | 35.2 | 39.4 | 43.6 | 43.9 | 33.5 | 42.0 | 25.8 | 59.4 |

数据来源：根据国研网数据计算得出。

从表 8.5 的数据中，还可以看到一个值得注意的现象，就是从 2011 年到 2012 年，东部沿海发达地区污染密集产业外资企业的工业销售产值除北京基本持平以外，上海、江苏、广东在这一指标的绝对数量上都呈现快速下降的态势。相对而言，从河北省、中部省份以及西部的四川、陕西两省的情况来看，只有河南、甘肃和四川三省在这一指标的数量上略有下降，其余各省都在增长，而且大部分省份仍维持快速增长的势头。可见，就污染密集产业外资企业的生产规模来看，尽管东部地区仍占最大比重，特别是广东、江苏两省仍占全国的三成左右，但中西部地区的比重正快速上升。尤其是进入 2012 年以后，尽管全国污染密集产业外资企业的生产规模开始有所下降，东部沿海大多数经济发达省市规模都开始快速下降，而大多数中西部省区规模仍在快速上升，这恰恰说明污染密集产业领域的 FDI，在我国大规模的区际产业转移过程中，开始越来越多地从东部地区向中西部地区进行“二次转移”。与之相伴随，其所得带来的环境污染等外部性问题，也开始越来越多地发生“二次转移”。

## 第二节　产业转移中 FDI 的环境外部性分析

FDI 的进入对我国经济发展产生了积极的作用，但也对我国的环境污染产生了影响。从外部性理论出发，也就是所 FDI 所产生的经济活动，尤其是对工业生产活动所产生的作用，给我国的生态环境带来了外部性。关于这一领域，国内研究逐渐增多，并已取得许多成果或结论，相关问题逐渐清晰。尽管 FDI 的区域流向和产业流向发生了变化，但是 FDI

对我国环境污染仍然存在影响这一结论并没有变化。在产业转移的大潮中，FDI 的环境外部性也有其相应的实质和特征。

## 一、FDI 的环境问题

客观上说，在我国严重的环境污染中，尽管内资企业占主要比重（毕竟内资企业的总体规模占我国工业生产的主要部分），但外资企业也占有相当的比重。许多研究也已表明，FDI 对东道国的环境产生着影响。从国际上看，外商投资企业给东道国造成的污染事件多次发生。例如，20 世纪 80 年代，巴西库巴塘市也因其自 60 年代引进 300 多家炼油、钢铁、石化等行业的外资企业，由于废气废水大量排放且得不到很好的治理，因而当地生态环境急剧恶化，20％的居民患呼吸道疾病，超过两万贫民受害。

从国内情况看，我国的工业化进程中 FDI 扮演了重要的角色，一方面带来了经济的繁荣，但另一方面许多外商投资企业对生态环境造成的影响也不容忽视。例如，我国西南地区一些特大型金矿，就被外资企业通过先进行风险勘探然后逐步掌握金矿资源控制权的方式，低价圈占。在国家资源大量流失的同时，金矿开采本身就是重污染行业。开采必然要占用大量土地，采挖过程中难免会破坏植被，金矿留下的尾矿含有砷这种剧毒物质，难以清除，并且尾矿还会对土壤和地下水造成污染，尤其在西南地区山洪、地震、滑坡等自然灾害频发，这就使灾难性的环境风险大大增加。2011 年，渤海湾漏油事件使 FDI 的环境问题再次引起人们的关注。当年 6 月，美国康菲公司在与中方企业合作开发蓬莱 19-3 油田时发生溢油事故。经调查，康菲公司作为作业方违反经核准的环境影响报告书的要求进行作业，当出现事故隐患征兆也没有采取有效处置措施，造成海洋污染和环境破坏，污染海洋的面积达到 6 200 平方公里，也给当地的养殖户和渔民造成巨大的经济损失。2014 年 7 月，浙江省嘉兴市查获一家韩资企业偷排配件铸造过程中产生的皂化液，经估计偷排量达 8.5 吨之多，产生了锌、镍、镉、铅等多种重金属物质。除这些以外，类似的涉及外商投资企业的环境事件近些年来在全国各地也可以说是屡见不鲜。

随着国内污染事件的大量爆发（如每年冬季的大范围雾霾现象），人们越来越关注生态问题，FDI 的环境问题也始终受到关注。许多学者也投入到其中的研究中去，尽管存在“污染天堂”和“污染光环”[①]之争，也有学者通过研究认为外资企业的环境绩效好于内资企业，但总体上，外商投资企业产生污染的事实不容置疑。早在 20 世纪 90 年代夏有富就发现，外商投资企业或是通过易耗能、易产生污染的生产环节和有害技术设备和产品直接破坏引资地区的生态环境；或是增加了废水、废气和固体废物的排放量[②]。杨博琼等人以深圳为研究对象发现，FDI 的进入对不同污染物的影响是不同的，对有些污染物的减少有一定积极作用，但是对 $NO_2$ 与可吸入颗粒有负面增加的作用，总体上对深圳的环境污染产生

① 即认为 FDI 带来先进管理经验和生产技术，有利于改善环境质量。

② 夏有富．外商投资中国污染密集产业现状、后果及其对策研究[J]．管理世界，1999(3)．

了影响[①]。赵蓓文认为“外商通过直接投资向发展中东道国转移污染产业的现象是客观存在的，外商直接投资与东道国环境污染之间存在一定的因果关系。”[②]随着我国区际产业转移的推进，FDI也越来越多地进入中西部地区，围绕中西部地区外资企业的环境影响也越来越被关注。例如，聂飞等人通过对FDI、环境污染与经济增长之间的相互反馈作用进行研究就发现，“外资企业的进入具备‘污染光环’特征，但城市较低的环境标准则会引导FDI进入高污染加工制造业；中西部城市相对于东部城市，FDI对环境污染、经济增长的影响更加显著。”[③]

可见，FDI的环境问题国外国内皆有。从我国的情况来看，无论是从客观发生的各类事件层面，还是从研究层面，FDI进入之后对生态环境产生了负面的影响，造成污染排放量或者产生量的增加。这实际上也反映了FDI在我国产生了环境外部性。尽管，外商投资企业往往会带来先进的管理和生产技术，许多外商投资企业的环境绩效也好于内资企业，但并不能否认外商投资企业对我国生态环境事实上存在负面影响，FDI的环境外部性也是事实存在的。

## 二、FDI环境外部性产生的方式

根据我国外商投资企业的情况来看，FDI的环境外部性至少有这样一些产生方式：

其一，FDI大量进入我国的污染密集产业，特别是近几年在我国区际产业转移的浪潮中，越来越多地进入中西部地区的污染密集产业。早在2004年，我国一些高污染行业三资企业所占总资产比重就超过30%，个别行业甚至达到50%以上[④]。长三角地区FDI大量投向纺织、服装、化学、造纸、皮革、塑料、机械、矿物、金属制品等高污染行业[⑤]。从上一节分析中也可以看出，在污染密集产业中外商投资企业的生产现阶段虽然仍主要集中于东部地区，但中西部地区的比重呈不断上升的趋势；由于经济发展梯度的差异，中西部地区吸收的FDI仍以第二产业为主，而东部地区则越来越多地以第三产业为主。

其二，一些外商投资企业向国内转移落后产能和技术设备。转移淘汰的产能、设备、技术过去主要发生在东部沿海地区，现今越来越多地发生于中西部地区。众所周知，在环境规制不够严格的情况下，污染密集产业仍然是落后技术、设备、产能进入的重灾区。在上一节表8.5中，中西部地区大多数省份污染密集产业中外商投资企业生产规模的持续扩大，恰恰说明这一问题。

---

① 杨博琼，陈建国和宫娇. FDI对东道国环境污染影响的度量[J]. 财经科学，2010(7).

② 赵蓓文. 外资企业对东道国环境产生不利影响[N]. 文汇报，2011年10月10日.

③ 聂飞和刘海云. FDI、环境污染与经济增长的相关性研究——基于动态联立方程模型的实证检验[J]. 国际贸易问题，2015(2).

④ 沙文兵，石涛. 外商直接投资的环境效应——基于中国省际面板数据的实证分析[J]. 世界经济研究，2006(6).

⑤ 陈晓峰. 长三角地区FDI与环境污染关系的实证研究——基于1985—2009年数据的EKC检验[J]. 国际贸易问题，2011(4).

其三，部分外商投资企业在生产过程中产生环境外部性。这往往表现为生产中违规作业，或者是为了逃避治污费用而违规排放污染物。根据前面分析，2011 年的渤海湾漏油事件和 2014 年浙江嘉兴韩资企业的偷排工业废水事件都表明了这类现象的存在。

其四，有些外商投资企业对自身应承担的环境和社会责任重视程度不够，把经济利益放在首位，在环境监管不够到位的情况下，造成环境外部性。例如，2014 年，甘肃兰州威立雅水污染事件，使兰州市自来水苯含量一度严重超标，造成 300 多万市民饮用水的安全问题。

其五，一些地方政府招商引资中展开竞争，使环境监管放松或得到不执行，许多外资投资企业可以规避或不受环境监管约束而进入当地，在经济利益导向驱动下，或是以支付较低成本的排污补偿费代替高昂的治污成本，或是治污不达标甚至不履行治污责任。而原本指望外资企业可以通过技术外溢和产业结构调整会改善环境污染，但这种正向的作用往往显得相对较弱。① 这种情况在我国许多地方尤其是中西部地区发生的比较多。

## 三、FDI 环境外部性的实质和特征

### （一）FDI 环境外部性的实质

FDI 的环境外部性往往涉及发展中国家和发达国家。在当今的国际分工和贸易体系下，发达国家和发展中国家之间，产生跨界的环境外部性通常往是在产业转移的过程中产生的。一般而言，一个国家或地区的环境状态取决于经济活动水平、国民经济部门结构、技术水平、对优美环境的需求和环境保护支出等因素。② 当产业要素发生国际转移时，承接转移的国家或地区的经济活动水平、技术水平、经济结构也都相应发生了变化。由于污染密集产业在产业转移中往往扮演了比较重要的角色，当这些产业的要素或环节进入发展中国家和地区时，当地的环境状态也相应发生变化。在经济部门结构中，污染密集产业的比重增加；经济活动水平提高带来经济增长的同时，污染物排放增加；虽然可以引进一些较为先进或当地原本不具有的技术，但对于发展中国家和地区而言，经济发展处于优先地位，对于环境质量需求首先让位于经济发展的需要，环境标准相对宽松或者执行不力的条件下，先进的生产技术往往更加受到重视，环保技术受重视程度明显不够，而且用于环境保护的支出也很有限。这种情况下，产业的转移往往伴随污染的转移。

从外部性的角度来看，当一国（或地区）人为所造成的环境污染对国外居民的利益造成损害，则这种环境污染是跨国界的，其造成的外部性就是跨国环境外部性。③ 环境外部性首先是个空间的概念，许多情况下污染是跨越边界的，由此造成的外部性也是跨界的。FDI 的环境外部性表现为，对环境的负外部性随着产业要素的转移而发生的空间转移。

---

① 马亮. 为什么跨国公司在华污染环境[EB/OL]. 政见网，http://cnpolitics.org/2014/09/foreign-direct-investment/，2014-09-10.

② 潘家华. 持续发展途径的经济学分析[M]. 社会科学文献出版社，2007 年 5 月，第 33 页.

③ 秦鹏，王芳. 跨界环境污染的形成与危害性[J]. 经济问题，2006(8).

尤其是当FDI以污染密集产业转移的形式进入引资国，环境污染跨越国界而进入当地，这种跨界性的特征则更加明显。由此可见，FDI的环境外部性其实质仍是跨界外部性的一种。

从公共物品的角度来看，在环境规制不严格或得不到严格执行的情形下，环境污染随着FDI进入引资地区，意味着当地公益的下降和公害的增加。生态环境的公共物品属性使污染密集产业的企业以很小的代价排放污染物。由于“搭便车”和“偏好显示不真实”的存在，治理污染并不能给企业带来收益，因而保护环境的利益补偿机制难以建立。FDI的进入，及其带来的环境外部性，实质上也因为生态环境的公共物品属性而提供了转移的空间和机会。客观上说，FDI所带来的这种跨界环境外部性，加剧了引资当地生态环境公共物品供给的不足。

### （二）FDI环境外部性的特征

FDI的环境外部性具体而言有这样一些特征：

一是负面性。环境外部性有正外部性和负外部性之分，在一般情况下发达国家和地区向外转移产业往往倾向于在本国或本地区渐渐失去比较优势的产业，其中就包括了大量的污染密集产业，因而总体上看FDI的环境外部性以负外部性为主。特别是跟引资当地的所处的发展阶段有关，因为不同发展阶段的国家或地区引资的产业去向和环境标准存在差异，处于发展中阶段的国家和地区吸引的FDI通常也是以负的环境外部性为主。

二是间接性。污染通常都是跨界的，如果环境污染在本国境内，但是跨越境内的相关区域，其造成的外部性就是跨区域外部性。跨国环境外部性与跨区域环境外部性都属于跨界外部性的范畴。与在一个区域内产生污染然后影响波及其他地区不同，FDI的环境外部性一般是在一定的国际分工体系和贸易体系下产生的。资本和产业发生转移后，在引资当地发生生产活动而产生污染。因而这种外部性，不是直接污染产生的跨界影响，而是资本转移产生的间接影响。

三是多样性。FDI的环境外部性，由社会经济活动造成，也时常受流水、风向等自然因素的影响。具体而言包括以下几种表现形式：(1)污染密集产业从国外转移到国内，直接给引资当地造成环境外部性；(2)FDI参与我国产业区域转移，导致其环境外部性的区域扩散；(3)污染密集产业转移到一定区域后，由跨界污染导致环境外部性的区域外溢；比如随着中国工业化水平的提高和国民经济的迅速发展，大面积空气污染越来越突出，并且难以得到有效控制，当地的污染问题严重影响外地的环境质量，而外资重污染企业在这当中往往也可能会起到加剧污染和恶化环境的作用。

## 第三节　FDI环境外部性的跨界转移

国际直接投资的发展驱动了产业跨国转移，这在对引资地区国民经济产生深刻影响的同时，也对当地的生态环境产生了影响。从我国的情况来看，外资企业的经济活动带来了总体上为负的环境效应。根据前面分析，FDI 正越来越多地进入中西部地区的第二产业，尤其是环境负外部性相对严重的污染密集产业，而且伴随我国的区际产业转移，污染密集产业领域的外资也正从东部沿海流向中西部地区进行“二次转移”。因而，随着 FDI 的流向发生变化，其附带的对生态环境的外部性也相应发生了变化，这使得 FDI 生态问题的跨界性更加突出。

## 一、FDI 与工业污染的空间变化

围绕 FDI 是否带来“污染天堂”效应，以及 FDI 的环境绩效问题，学术界一直争论不断。但外资企业也存在污染，FDI 的进入对我国的环境污染客观上存在影响，这一点是毋庸置疑的。结合已有的研究成果，在我国 FDI 与环境污染客观上存在着相当的关系。FDI 直接造成污染物排放的增加，不过这种情况与引资当地的经济发展阶段紧密相关。一般当某区域经济发展水平较高时，服务业成为 FDI 进入的主要领域，相对而言污染物排放量受 FDI 的影响减小。但在经济发展处于较低水平时，工业化进程开始或正在推进时，FDI 一般进入第二产业，包括大量进入污染密集产业，往往污染趋于严重。

长期以来，我国东部沿海地区既是我国工业生产的重心，也是吸引外资的主要区域。从工业销售产值指标来看，东部地区外商投资企业[①]工业销售产值 2005 年为 70 939.35 亿元，占全国的 90.5%；到 2015 年为 198 850.59 亿元，增长了 1.8 倍，但占全国比重下降至 80.9%，11 年间比重下降了 9.6 个百分点。与此同时，中部地区外商投资企业工业销售产值从 4 938.33 亿元增长到 28 998.48 亿元，增长 4 倍有余；西部地区外商投资企业工业销售产值从 2 477.24 亿元增长到 17 873.89 亿元，增长了 5 倍以上[②]。这种趋势也可以通过外商投资企业工业生产规模占本地的比重得到反映。如表 8.6 所示，从 2005 年至 2015 年，我国外资企业工业生产规模总体上呈下降趋势，占全国工业比重下降了约 8 个百分点以上。东中西三大区块中，东部地区和全国总体态势保持一致，11 年间下降了 10.23 个百分点，而中部地区略有起伏，基本保持稳定，但西部地区上升趋势明显。

**表 8.6　2005—2015 年我国三大区块外资企业工业销售产值占比**

| | 2005 年 | 2007 年 | 2009 年 | 2011 年 | 2013 年 | 2015 年 |
|---|---|---|---|---|---|---|
| 全国 | 31.73% | 31.50% | 27.89% | 25.94% | 23.67% | 22.23% |
| 东部 | 39.68% | 39.89% | 35.65% | 34.30% | 31.25% | 29.45% |
| 中部 | 11.92% | 12.43% | 12.29% | 12.07% | 11.09% | 10.75% |
| 西部 | 9.26% | 9.95% | 10.11% | 9.90% | 11.06% | 12.56% |

数据来源：根据国研网数据计算得出。

注：(1)含港澳台投资；(2)这里指的是外资投资工业销售产值占所在区块工业销售产值的比重。

① 含港澳台投资。

② 数据来源：根据国研网数据计算得出。

可见在全国工业化进程快速推进、工业生产规模急剧扩张的时期，东部、中部、西部三大区块外商投资的工业规模都实现了不同程度的增长，东部地区外商投资的工业生产规模虽然目前仍占全国的主要份额，但中西部地区增长的速度大大快于东部地区。而且随着东部地区总体上工业化水平达到一个较高的阶段以后，外商投资的工业在东部地区占比逐年下降；但在中西部地区工业化水平还相对较低，外商投资的工业所占比重保持稳定甚至还有较大幅度上升；两者之间形成鲜明反差。结合上一节分析，FDI 也正越来越多地进入到中西部地区的污染密集产业中。这些都势必会对我国的生态环境产生影响。

如图 8.2 所示，从二氧化硫、COD（化学需氧量）的产生量来看，我国东部地区这些工业污染物产生量占全国的比重总体上开始呈下降的趋势。其中，工业二氧化硫从 2005 年的39.48%，下降到 2014 年的 36.55%；COD 的占比其间虽有反复，但整体上也呈下降趋势，2014 年时也低于 2005 年 3.03 个百分点。

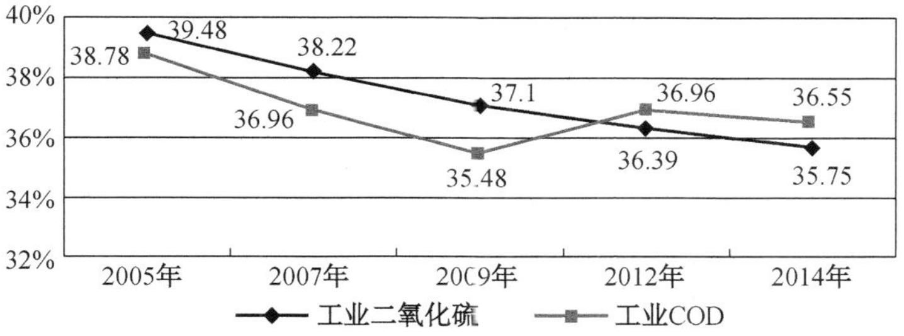


数据来源：根据 2006 年至 2015 年《中国环境统计年鉴》相关数据计算、整理得出。

**图 8.2　2005—2014 年东部地区工业二氧化硫和 COD 产生量占全国比重**

再看东部地区工业危险废物的产生量，自 2007 年开始也出现了类似的趋势。如图 8.3所示，从 2007 年至 2014 年这 8 年间，东部地区危险废物产生量占全国比重从 55.75%下降到 42.32%，降幅达 13.43 个百分点。

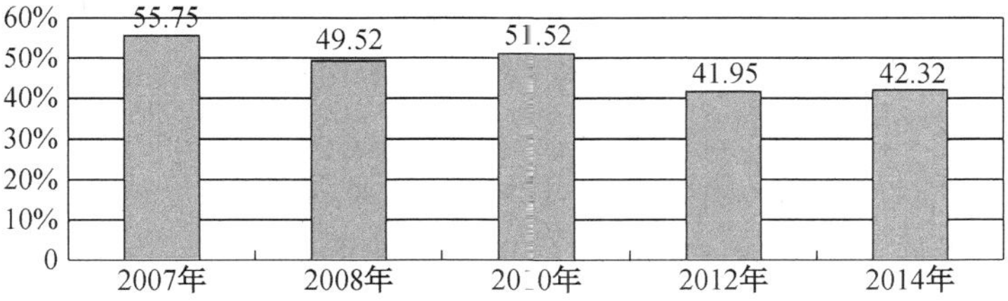


数据来源：根据 2008 年至 2015 年《中国环境统计年鉴》相关数据计算、整理得出。

**图 8.3　2007—2014 年东部地区工业危险废物产生量占全国比重**

这些分析告诉我们，东部地区集中了我国大部分的 FDI，但 FDI 在东部地区工业化达到一定水平之后渐渐以进入服务业为主。而在中西部地区，结合上一节的分析可知，一方面 FDI 的流入量持续扩大且占全国的比重也在不断增加，另一方面第二产业仍然是进入的重要领域，且污染密集型产业的外资比重在持续扩大。而从东部地区主要工业污染物的产生量来看，近些年来总体上在全国比重呈下降趋势，这与 FDI 的流向以及外商投资的工业生产的空间变化趋势基本上是吻合的。

## 二、FDI环境外部性的跨界效应

在FDI越来越多地在产业流向和空间流向发生变化的条件下，以及我国整个社会经济环境也逐渐发生变化的前提下，FDI所产生的环境外部性也渐渐显现出跨界的效应，主要有这样几个方面：

首先，外商投资企业的环境绩效显现出梯度效应。根据第四章的分析，我国各个地区之间在环境规制上也存在着梯度差异，北京、上海、江苏、浙江、广东等地区属于环境规制相对严格的地区。而且这些地区大多数经济发展水平相对较高，在当地的产业技术水平不断上升的过程中，外资的质量和技术水平通常也趋于提升，并且越来越多地FDI进入服务业。因此，外商投资企业的环境绩效相对其他地区要高一些，这使得区域之间的梯度效应在这一领域也显现出来。例如，林立国和楼国强就通过对上海市企业的排污和经营数据进行分析，发现上海的外资企业具有内在先进的、清洁的生产技术，因而具有更高的环境绩效①。

其次，外商投资企业的污染与其他污染源产生了叠加效应。我国近几年生态环境质量的恶化，从污染源来看，除了生活污染、农业污染以外，工业污染仍然占较大比重，这其中内资企业和外资企业都存在不同程度的污染，特别是在污染密集产业中，虽然内资企业占主要比重，但外资企业也占相当大的比重，而且在中西部地区比重还有上升的趋势。这样，外资企业的污染与内资企业的污染，加上其他污染源共同形成对我国生态环境的压力，即FDI的环境外部性与其他生活、经济活动带来的环境外部性形成了叠加效应。当这种对环境的负效应累积到一定程度，超过环境容量的临界点就很可能会爆发大范围的生态事件甚至灾难。例如，近几年来，几乎每年冬季都爆发持续雾霾天气，给居民健康造成严重威胁。而且这种雾霾天气从农村到城市，从东部到中部、西部，形成大面积的负面影响。造成这类生态灾难的因素实际上是多方面的，既有工业生产的因素，也有机动车辆、焚烧秸秆等非工业生产的因素。其中工业生产的因素中，就包括了国有企业、民营企业和外商投资企业等各类企业的排放。可见，我国的环境污染并不能说主要是FDI的责任，但从这种叠加效应来看，FDI的环境外部性也其中的重要因素。

再者，一些地方政府的竞争使FDI的环境外部性产生了扩散效应。许多地方政府为了地方经济发展，将环境竞争视为重要手段，即为吸引外资不惜降低环境标准盲目引入污染密集产业，对外资企业给以极为优惠的环境政策，甚至在实际操作中干脆不履行环境规制，从而导致许多落后工艺和高污染产业得不到有力约束。因而，相当一部分被东部地区淘汰的污染密集产业外资企业，也同时被转移到了中西部，破坏了当地的生态环境。② 甚至在一些地方，地方政府还帮助相关企业规避上级的环境监管。例如，一些城市当面临上

---

① 林立国，楼国强. 外资企业环境绩效的探讨——以上海市为例[J]. 经济学(季刊)，2014(2).

② 李敦瑞. 污染产业转移视角下FDI环境外部性的跨界效应[J]. 经济与管理，2012(4).

级检查时，则通知企业开动治污设备，当检查过后，为了节约成本，企业又将治污设备关闭。这种情况，形成了对 FDI 进入污染密集产业的保护和鼓励，使 FDI 的环境外部性得到扩散。

最后，FDI 环境外部性的“二次转移”效应开始显现。FDI 进入中西部地区的工业领域特别是污染密集产业，也呈上升趋势。而许多原先在东部地区的外资企业，在一些地方政府的竞争之下，也陆续迁入中西部地区。这种情况势必会增加中西部地区工业废气和污染物的排放。可见，在产业区际转移中，FDI 环境外部性的“二次转移”效应很可能将会愈益显著。

## 三、FDI 环境外部性跨界转移的福利影响

环境保护与经济发展之间存在着权衡取舍的关系，但如果两者之间的转换关系掌握得不好，则可能导致环境的不可持续[①]。从这个角度看，FDI 的进入固然会带来地方经济的发展，单从经济利益来看也会改善居民的福利水平。但如果将环境成本考虑进来，情况则会不同。

FDI 进入我国，以及随着产业的区际转移不断进入中西部地区，从经济发展和生态效应来看，势必利弊相间。如若存在科学严格并得到良好执行的环境监管，将环境成本内部化，可以使外商投资企业发挥其先进生产技术和丰富管理经验的优势，取得良好的环境绩效，引资地区的生态环境与经济发展之间的关系也可以由此得到很好的协调，从而实现可持续发展。但在现实中，环境的监管在许多地方或是不够严格或是执行不够到位，环境成本难以内部化，FDI 对于引资当地生态环境有正外部性的技术效应难以发挥，相反产生负外部性的规模效应和结构效应显得突出，而在我国目前的情况下，这种负外部性往往表现为前面所分析的梯度效应、叠加效应、扩散效应、“二次转移”效应等跨界效应。表面上看，在 FDI 进入之后，经济得到发展，但如果将环境成本考虑进来，实际上居民的整体福利水平是下降的。

如果再将我国的地理条件考虑进来，结合第六章的分析可知，我国经济发展水平“东高西低”，但自然地理梯度“西高东低”，许多重要水系的上游位于西部，中西部的生态环境状况也密切影响着东部地区。所以当 FDI 大量进入中西部地区，尤其是随着污染密集产业向西转移而跟着迁入时，这种对生态环境的负外部性会随着水流、气流等自然因素的作用，在是中西部生态环境受到直接破坏的同时，东部地区也难以通过向外转移产业而使生态环境从根本上得到改善；相反，FDI 环境外部性的这种跨界效应在自然因素和人为因素的双重作用下，反而会得到放大和溢出，造成我国大面积生态环境的破坏，使大范围的居民福利最终受到损失。

---

① 潘家华. 持续发展途径的经济学分析[M]. 社会科学文献出版社，2007 年 5 月，第 31 页.

## 第四节 FDI 环境外部性的代际影响

外部性首先具备空间性的特征，但在时间维度上也存在着代际性的特征。FDI 的环境外部性也同样存在代际影响。FDI 在我国区际产业转移中发挥作用，其环境影响不容忽视，这种影响不仅是空间上的，还要注意其时间上的代际效应。暂时性的生产效率，是以环境代际公平受损害为代价，造成居民环境福利的代际转移。这不利于经济的可持续发展，从长远看最终还是损害了长期经济的效率。

### 一、FDI 环境外部性的代际效应

根据第七章的分析，产业的区际转移存在代际的环境外部性，这对我国的生态环境客观上存在着代际的影响。而 FDI 在我国区际产业转移中也扮演了重要的角色，从时间维度上看其环境外部性的代际效应不容忽视。

一是环境污染影响的长期性，威胁未来的生活环境。当 FDI 的技术效应没有能真正得到发挥时，那么它对引资当地造成的环境污染往往就会成为其环境外部性的主要方面。而在环境梯度效应已露端倪的情况下，除少部分发达区域以外，大部分区域外商投资企业的环境绩效相对较差，这种对生态环境破坏所造成的后果往往是长期性的，这就使得原来 FDI 环境外部性的跨界效应在时间上得以延续。例如，21 世纪以来，大量 FDI 进入我国云南、贵州、辽宁等地的金矿开采领域。作为污染密集产业的黄金开采业，除了生产过程中占用土地并对森林植被造成破坏外，更为令人担忧的是产生的尾矿中，常常含有氰化物、砷、汞等剧毒物质，直接污染水源、土壤，而且清除困难，形成的破坏是长期的，使当地的居民生命安全受威胁，子孙后代的生存环境难以得到恢复。

二是加剧生态系统的严重破坏，挤压子孙后代的生存空间。必须坦陈，目前造成我国生态破坏因素中内资企业占相当比重，但外资企业的负面作用也不容小视。尤其是外商投资企业与内资企业对环境的负面影响形成叠加以后，许多生态系统严重受损甚至被永久性破坏，一些物种濒临灭绝或已经灭绝，这势必造成这种环境外部性的长期影响，甚至使子孙后代的生存空间受到挤压。例如，我国水生态系统已经受到严重破坏，超过 22 000 座大坝使许多大型流域系统变得支离破碎，许多自然保护区屡屡受到水电建设的影响，水质、水源等等都受到威胁，生物多样性也受到影响，甚至一些生物已经灭绝。而这其中，外资企业也扮演了重要的角色。近几年，许多水电行业的跨国巨头进入中国市场，通过项目融资、集成开发等方式参与开发中国的水力资源，这在带来水电业发展的同时，其生态环境风险也同样值得关注。

三是加速资源耗竭，使后代人可利用的资源量减少。我国的资源总量虽然丰富，但人口众多，人均拥有量偏少，在工业化进程的快速推进中，许多自然资源特别是耗竭性资源被过度开发。在我国资源约束全面趋紧的情况下，FDI 大量进入高能耗、高污染行业，势

必加剧资源的耗竭。例如，据《第一财经日报》2009年6月22日报道，在山西晋城，外资就通过3 000多万美元控制了价值十多亿元的大型煤矿，引发了围绕煤炭资源产权的争议①。除了煤炭领域，在稀土、有色金属等许多领域这几年来也都出现了内资企业与外资企业的争夺。近年来，以中西部为主体的欠发达区域吸引着越来越多的FDI，其中包括许多从发达地区转移到这些地区的外商投资企业，一个重要的因素在于相对丰裕的资源禀赋，然而随着产业大规模的区际转移，许多欠发达地区的资源也面临着被过度开采，一些外资企业也参与其中，甚至围绕资源产权展开激烈争夺。这种争夺的结果，只能是使资源的过度开发使愈演愈烈，在当代人资源产权受到影响的同时，后代人可利用的资源量也难以得到有效保护。

## 二、FDI与环境代际公平

“代际公平是指资源代际配置在代际间保持一种公平的关系，在代际间形成的一种合理的消费关系，既不会出现过度消费也不会出现过少消费的情况。”②（李郁芳和刘炫，2012）站在环境外部性的角度来看，代际公平体现为当代人的经济行为维持在资源环境的可承载范围之内，没有造成代与代之间的负外部性，使后代人享受与当代人平等的环境福利。根据环境库兹涅茨曲线理论，即随着经济的发展，生态环境会“先恶化、后改善”。就FDI的环境外部性来说，也会在长期中出现对引资地环境的结构效应逐渐转化为正效应的情形，它将与技术效应形成合力最终超过规模效应，从而在一定阶段以后逐渐转化为正外部性。

但问题是，随着经济的发展，无论环境库兹涅茨曲线规律是否发挥作用，FDI对于环境代际公平都会存在损害。FDI对于引资当地环境的代际不公平主要有这样两个方面。其中一个方面是，经济发展到环境库兹涅茨曲线拐点出现之前，需要一段时间，而这段时间已然影响了两代甚至三代人。根据英国、美国、德国等发达国家的经验来看，这些国家的工业化进程经历了少则数十年多则一两百年的时间，其间都曾造成了严重的环境污染和资源损耗，而这已然造成几代人经受了生态环境的代际不公平。我国自20世纪80年代以来，FDI率先进入东部沿海地区，在东部工业突飞猛进的历程中，也首先造成了东部地区环境的严重污染，许多少年儿童以及老人的健康受到影响。直至今天FDI在产业和区域流向产生变化的情况下，对东部地区的环境外部性并未从根本上得到改观。更何况伴随越来越多的FDI进入到中西部地区，特别是污染密集产业中，FDI的环境外部性在空间上得到扩散，在时间上也将会延续。也就是说，FDI的环境外部性影响了我国的资源环境状况数十年，未来在借助产业区际转移的动力，还将继续影响一段时间。这显然会影响几代人的环境代际公平。

另一个方面是，实际上人们不可能坐等环境库兹涅茨曲线（EKC）拐点的出现，任凭生

① 高永钰.外资3 000万美元投入控制价值14亿元国有煤矿[N].第一财经日报，2009-06-22.

② 李郁芳，刘炫.资源消耗行为的代际福利分析[J].广东社会科学，2012(5).

态环境的恶化而坐视不理。生态环境破坏和资源耗竭所造成的影响在许多时候往往是不可逆的,比如物种灭绝、耗竭性资源在被发现可替代资源之前就被消耗殆尽等。许多发达国家的生态环境经过后来的保护措施,逐渐得到改善,但影响仍然存在,例如美国一些河流的鱼类至今仍富含重金属而无法食用,欧洲一些河流虽经过治理,但生态系统已无法完全恢复到原有的状态。根据第七章分析,我国环境库兹涅茨曲线在工业化和区级产业转移的条件下,变得更加陡峭,而 FDI 的环境外部性则起到加剧的作用。生态承载阈值被突破的可能增加,环境库兹涅茨曲线规律消失的概率大大提高,许多地区的生态系统被彻底破坏的风险被加大。因而,这种"不可逆"的出现会带来持续的代际不公平,FDI 的环境外部性则是其中重要的助推力量。

## 三、FDI 环境外部性与代际福利损失

与代际公平一样,代际效率也是代际外部性问题的关键所在。根据科斯定律,如果环境资源产权是明确的,并且市场交易成本很小,环境资源配置就能达到一个有效的状态。这样,居民的福利水平也能得到有效的保证。但问题在于,环境外部性涉及两个关键性问题,即代际性问题和环境资源产权问题。从代际性问题出发,现实中当代人与后代人之间由于时间阻隔,彼此之间根本无法建立这种代与代之间的市场机制。也就是说,当代人才是环境资源产权的"交易内部人",而后代人则被排斥在外。从环境资源产权出发,由于是市场交易的外部人,这使得未成年人及后来出生的后代人的权利依赖于当代人的经济行为,这必然造成环境资源产权在代际上的不完备性。因此,代际环境福利的维护取决于当代人。

FDI 的环境外部性本质上也属于代际外部性。FDI 的进入会带来经济的发展,但也会造成生态环境的破坏。当代人需要在这两者之间做出权衡。由于后代人环境资源产权的不完备性,作为"交易外部人",他们无法与当代人在资源环境代际分配中进行谈判,或者可以说是参与交易的成本无限大。为了实现自身福利的改善,当代人往往会牺牲后代人的权益。这样,FDI 的环境外部性就在所难免,后代人的福利损失也在所难免。但是,当代人的生活、生存所需要的生态环境也构成当代人福利的组成部分。当对生态环境的破坏控制在一定范围之内,那么与经济福利相比,总的福利是增加的。但如果,生态环境受到严重破坏,是当代人的生活和生存受到严重威胁时,那么经济上的福利改善就会逐渐被环境上的福利损失所抵消,因而当代人的福利也就得不到真正地改善。也就是说,FDI 参与区际产业转移中,特别是大量进入欠发达区域的污染密集产业中,短期来看会带来生产的效率,但如果综合考虑环境质量与经济效益,则这种生产的效率实际上是"无效"的。① 更何况,人们在经济上的许多损失还可以慢慢弥补,但在环境方面的损失常常是无法挽回的。可见,FDI 的环境外部性问题如果不能得到有效的解决,也必然会造成代际福利的损失。

---

① 李敦瑞.基于污染密集产业转移的 FDI 环境外部性代际效应研究[J].科技进步与对策,2012(6).

## 第五节　区际产业梯度转移条件下 FDI 生态效应与经济效应的总体评析

党的十八届五中全会提出："坚持开放发展，必须顺应我国经济深度融入世界经济的趋势，奉行互利共赢的开放战略，发展更高层次的开放型经济。"全会还提出："推动区域协调发展，塑造要素有序自由流动、主体功能约束有效、基本公共服务均等、资源环境可承载的区域协调发展新格局。"随着我国以更加开放的姿态融入世界经济，随着中西部地区基础设施和交通运输条件的不断改善，尤其是"一带一路"建设的推进，以及长江经济带、京津冀一体化等区域发展计划的推进，我国将在未来逐渐形成区域经济大联动、内外经济一体化的新格局。在这一历程中，区际产业转移既是大势所趋，也是必不可少的动力，而 FDI 在其中的积极作用不言而喻。但是另一方面，如前所述，FDI 所带来的对我国生态环境的负面效应也不容忽视，因此本章在此将 FDI 的经济发展效应和生态效应综合考虑，以便更深入更全面地认识其环境外部性，为更好地利用 FDI 提供依据。

### 一、FDI 对我国经济发展的贡献

长期以来，我国所利用的外资一直居世界前列，且对外资的利用规模一直呈上升趋势，进入 21 世纪以后这种趋势更加明显。外商投资企业对我国经济发展的贡献也是有目共睹的，许多学者通过各种实证研究论证了 FDI 与我国经济增长速度、技术进步、就业增长等指标之间的关系，实践也证明了 FDI 对我国经济发展的积极推动作用。这里，主要通过贸易、就业、工业总产值、技术进步和税收贡献等具体的指标，来衡量 FDI 对我国经济发展贡献的具体体现。

第一，FDI 对我国经济总量和产业结构改善贡献突出。近年来，FDI 进入我国逐渐由工业领域为主转向服务业领域为主。如本章第一节图 8.1 所示，进入服务业领域的 FDI 所占比重到 2013 年时已达 58%以上，而在 2005 年还只有 27%。而根据商务部数据显示，2015 年我国吸收的 FDI 中 61.1%进入服务业，而同年我国第三产业增加值也占到 GDP 的 50%以上。可以说，FDI 产业流向的这种新趋势，无疑会对促进产业结构升级优化起到积极作用。而且，外商投资企业这些年来一直是我国经济的重要组成部分。以工业为例，如本章第三节表 8.6 所示，外商投资企业工业销售产值占全国比重这几年虽呈下降趋势，但始终是重要组成部分，并且经济总量始终成快速扩张态势。到 2014 年，外商投资企业工业销售产值为 250 880.74 亿元，是 2005 年的 3 倍多，比重仍达到接近 23%的水平。

第二，外商投资企业对我国的财政税收做出了重要贡献。由于外商投资企业税收占涉外税收 98%以上，故而这里用涉外税收指标来衡量外商投资企业的贡献。如表 8.7 所示，涉外税收占我国工商税收总额的五分之一左右。2005 年时，涉外税收总额为 6 391.3 亿元，到 2015 年时达到了 24 817.2 亿元，11 年间增长了 2.9 倍。未来，随着利用外资数量

的增加，其税收贡献仍将是我国财政收入的重要来源。

**表 8.7　2005—2015 年以外商投资税收为主的涉外税收情况**

| 年份 | 全国工商税收总额(亿元) | 涉外税收总额(亿元) | 涉外税收占比 |
|---|---|---|---|
| 2005 年 | 30 886.0 | 6 391.3 | 20.7% |
| 2006 年 | 37 636.0 | 7 976.9 | 21.2% |
| 2007 年 | 49 451.8 | 9 972.6 | 20.2% |
| 2008 年 | 57 861.8 | 12 118.9 | 20.9% |
| 2009 年 | 63 103.6 | 13 615.2 | 21.6% |
| 2010 年 | 77 394.4 | 16 389.9 | 21.2% |
| 2011 年 | 95 729.56 | 19 638.1 | 20.5% |
| 2012 年 | 100 601.0 | 21 768.8 | 21.6% |
| 2013 年 | 110 497.0 | 22 574.9 | 20.4% |
| 2014 年 | 116 331.9 | 24 920.6 | 21.4% |
| 2015 年 | 124 892.0 | 24 817.2 | 19.9% |

资料来源：根据《中国外资统计 2016》数据整理得出。
注：(1)来源于外商投资企业税收占涉外税收 98%以上；(2)以上税收不包括关税和土地税；(3)含港澳台投资企业。

第三，FDI 对我国的技术进步和科技创新有促进作用。这一领域的问题一直是学术界探讨的热点问题。许多学者通过实证研究证明了外商投资企业的技术溢出效应，或与技术进步的相关性。这里通过发明专利、研发经费和新产品开发等领域的指标来说明。如表 8.8 所示，从 2011 年至 2014 年，外商投资企业的有效发明专利数、研究与试验发展经费和新产品销售收入占比虽有下降趋势，但一者也保持了较快的增长速度，例如有效发明专利数四年间就增长了近一倍；二者仍然占据重要位置，发明专利数在 1/5 以上，研发经费占近 1/4，而新产品销售收入也占了 1/3。

**表 8.8　2011—2014 年规模以上工业企业外商投资企业科技创新情况**

| 年份 | | 2011 年 | 2012 年 | 2013 年 | 2014 年 |
|---|---|---|---|---|---|
| 有效发明专利数(件) | 外商投资企业 | 52 554 | 67 895 | 74 573 | 97 752 |
| | 全国 | 201 089 | 277 196 | 335 401 | 448 885 |
| | 占比 | 26.13% | 24.49% | 22.23% | 21.78% |
| 研究与试验发展经费(亿元) | 外商投资企业 | 1 496.57 | 1 763.61 | 2 015.12 | 2 150.75 |
| | 全国 | 5 993.81 | 7 200.65 | 8 318.40 | 9 254.26 |
| | 占比 | 24.97% | 24.49% | 24.22% | 23.24% |

(续表)

| 年份 | | 2011 年 | 2012 年 | 2013 年 | 2014 年 |
|---|---|---|---|---|---|
| 新产品销售收入(亿元) | 外商投资企业 | 36 032.05 | 37 816.83 | 44 718.53 | 48 437.08 |
| | 全国 | 100 582.72 | 110 529.77 | 128 460.69 | 142 895.30 |
| | 占比 | 35.82% | 34.21% | 34.81% | 33.90% |

数据来源:根据《中国统计年鉴》各年数据整理、计算得出。
注:含港澳台投资企业。

第四,FDI 带动了我国的就业。我国人口基数大,就业数量一直是衡量宏观经济绩效的关键指标之一。而 FDI 的进入,大量外商投资企业及各类机构的运营,大大增加了我国的就业岗位。尤其是近年来,宏观经济进入新常态以后,经济下行压力大,外商投资企业的良好表现对缓解我国就业压力起了很大的作用。如图 8.4 所示,从 2005 年至 2014 年这十年,外商投资机构就业人数总体上呈上升趋势,到目前为止其就业规模大约在 3 000 万人,其中不含港澳台资的外商投资机构就业规模在 1 500 万人以上。

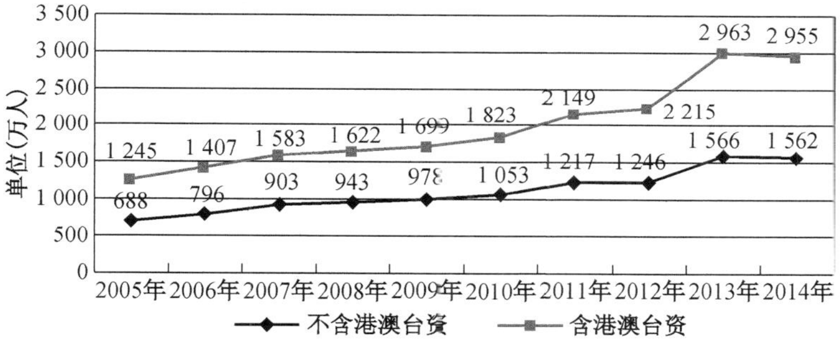


数据来源:根据《中国统计年鉴》各年数据整理、计算得出。

**图 8.4　2005—2014 年外商投资机构就业人数**

第五,FDI 拉动了进出口贸易,推动了我国开放型经济的发展。在我国开放型经济不断得到发展的过程中,我国国民经济的外贸依存度始终较高,进出口贸易一直是拉动我国经济增长的重要引擎,即使是在全球经济复苏不明朗,我国对外贸易环境有所恶化的情况下,也是如此。而外商投资企业对于我国扩大进出口贸易,增进国际经贸往来,发展开放型经济始终发挥着不可替代的作用。以进出口贸易为例,图 8.5 所显示就说明了这一点。

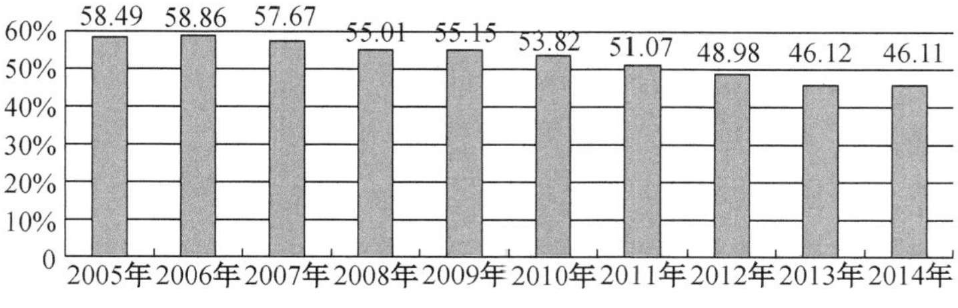


数据来源:根据《中国统计年鉴》各年数据计算得出。
注:含港澳台投资企业。

**图 8.5　2005—2014 年外商投资企业进出口贸易占比**

外商投资企业进出口贸易的总额占比逐年在下降，但直到2014年仍占到46.11%。

## 二、FDI对我国区域协调发展的积极作用

投资是拉动经济增长的“三驾马车”之一，区域间在投资效率、投资数量和投资环境等因素上的差异，是形成区域经济发展差距的重要原因。单从引进外资的角度看，在我国经济相对发达的东部沿海地区与中西部地区相比，除了沿海的区位优势和一些环境因素以外，主要在于引进FDI的数量和效率上的差距。由于地方政府效率、基础设施、劳动力素质、产业技术基础、投资市场化程度等因素的差异，使投资在东部地区资本回报率比其他地区要高。因而东部地区仍然吸引了80%以上的FDI，这与中西部地区相比形成了在外资数量上的巨大反差。但是，我国总体上进入工业化后期以后，区域间的工业化水平差异并没有消除。在东部地区，FDI越来越多地进入服务业和高新技术产业中。而在中西部地区，FDI主要以进入第二产业为主。这种梯度差异，为中西部地区迅速提升工业化水平，加快产业技术升级带来了机遇。

协调发展是未来中国区域经济发展的方向和趋势。而区际产业转移是促进区域间协调发展的重要途径，并且工业仍然是区际产业转移的主要领域。FDI不断进入中西部地区的工业产业，无疑将会推进产业的转移。首先，这将会有利于促进引资地区的资本形成。相对于东部地区，中西部地区资本相对匮乏，通过吸收境内省外资金已成为近年来，中西部省份重要的资本来源，但FDI也同样是可以利用的重要资本来源。其次，这将有利于提高引资地区的工业化水平，并促进全国区域产业分工格局的优化。FDI产业流向的区域梯度差异实际上反映了区域产业结构演化过程中的规律。经济基础相对薄弱的中西部地区，在引进FDI的过程中逐渐提升工业化水平，加快经济发展，为以后的产业升级夯实基础。而东部地区通过一些产业的向外转移，有助于突破要素价格上升、资源环境约束等瓶颈，逐渐向高端制造业、现代服务业等领域迈进，而FDI在东部地区的产业流向可以起到强化这种趋势的作用。再者，可以提升引资地区的技术进步。FDI拥有较强的技术溢出效应，中西部地区吸收FDI的同时也为提升本地区的产业技术水平增加一条有效的途径。最后，FDI对于引资地区在劳动就业、财政税收、对外贸易等方面的显著拉动作用，也为中西部地区加快经济增长增添新的引擎。

可见，尽管从比重上看，中西部地区远远不及东部地区，但是从产业流向上看，中西部地区所吸收的FDI符合现阶段经济发展阶段的特点和要求。这就使FDI的经济贡献成为促进区域协调发展的有效动力。随着我国经济不断融入世界经济，陆海内外联动、东西双向互济的对外开放型格局正在加快形成中，在“一带一路”建设和国内的区域一体化战略的推进中，对内便于形成东部与中西部有效联动，对外便于加强与周边国家的经贸往来。届时西北、西南、东北等中西部延边地带将与东部沿海地区一样成为我国开放战略的支点。而FDI也将在其中发挥增进区域经济实力，带动区域对外经贸往来的积极作用，尤其是其对区域协调发展的积极作用，也将成为加快形成全方位对外开放格局的重要动力。

## 三、FDI经济发展效应与生态效应的总体评析

FDI对我国经济的发展有着积极的贡献，在新的开放格局和区域协调发展中也将扮演越来越重要的角色，但同时也存在对生态环境的压力，尤其是当外资在产业转移中大量进入污染密集产业中，这种负的环境外部性更加明显。过去，人们往往更加重视经济的发展，对于FDI的经济发展效应更加注重，而对于其生态效应认识不足。随着，我国生态环境的恶化，同时经济发展也已积累了一定的基础，人们对良好生态环境和健康生活的需求日益强烈。这种情况下，任何生态上的问题都有可能引发人们的高度关注。那么今天，面对FDI的这两种效应，应当如何去面对呢？

一方面，要充分肯定FDI的经济发展效应。改革开放以来，外商投资企业卓越的经济绩效，以及FDI对于新的开放格局和区域协调发展格局中的积极作用，都是不可小视的。可以说，我国发展更高层次的开放型经济，更加需要发挥FDI的作用。但另一方面，也要正视FDI所带来的生态负效应。虽然，FDI的技术溢出效应固然会促进环保技术的发展和环境管理体系的健全，但目前外商投资企业带来的环境污染和加快资源耗竭等问题也是不容忽视的。而且，FDI环境外部性的跨界效应及其对代际公平的影响，在我国目前环境污染已经十分严重的背景下，显得十分突出。因此，应当辩证地看待FDI的作用。关注其生态效应，并不是要否定其对经济发展的积极作用，而是要为正确地对待外资提供依据；以达到在继续发挥FDI经济发展效应的前提下尽可能减少其对我国生态环境的负面影响的目的。

党的十八届五中全会提出："加快建设资源节约型、环境友好型社会，形成人与自然和谐发展现代化建设新格局，推进美丽中国建设，为全球生态安全作出新贡献。"从绿色发展理念出发，针对FDI的经济发展效应和生态效应还应有这样一些认识：

第一，FDI的这两个效应不能通过简单地权衡利弊来指引外资政策。经济理论中通常采用成本—收益核算来确定经济政策选择，针对生态问题则意味着环境的损失成为成本。但生态环境的破坏有时是无法估量的，简单地权衡FDI项目是经济效益大，还是环境损失大，许多时候并不可取。对于FDI的这两种效应应当一分为二看待，积极利用外资，但同时严格执行环境监管，绝不以牺牲生态环境换取经济利益。

第二，肯定但不夸大外资的作用。即便是从FDI的经济发展效应出发，也应客观地肯定其贡献，而不应过度夸大其作用。过度夸大这种作用，难免会使其带来的环境外部性被忽略掉。实际上，FDI在经济上的作用也有负面的一面。比如，FDI虽然会促进出口，但毕竟以营利为目的，一旦子公司向其在国外的母公司汇出利润，则有可能会对国际收支构成损害。外资的进入固然会促进市场竞争，但外商投资企业也有可能在我国市场形成一定的垄断，排挤民族企业。而且，过分地依赖外资，使外资对国民经济的控制力不断加大，也会使东道国丧失部分经济独立性，损害国家的经济主权。

第三，不能因为FDI进入第二产业的比例在减少，进入第三产业的比重不断得到增加，就简单地认为外资的生态效应在减弱。实际上，尽管外资进入第三产业的比例越来越

大，但外资在工业领域特别是污染密集产业领域的生产规模在持续增大，对生态环境的压力并没有减少，而我国的资源环境承载力和国土空间却是既定的。随着我国市场的进一步开放和中西部经济的发展，加之国家鼓励外资和东部企业进入中西部地区，进入中西部地区的外资将会逐渐增多。但是其环境外部性的跨界性和代价影响应当引起足够的重视。

第四，应站在全局视野看待 FDI 的环境外部性。资本可以流动，产业可以转移，但是污染和资源耗竭不可以传递。作为经济相对落后的区域，丰富的自然资源和劳动力资源是吸引 FDI 的基础。但是，引资观念需要转变，招商引资的观念应融入绿色发展理念，应当结合当地生态环境的实际情况和经济社会发展的实际需要引进 FDI。经过 40 年的经济高速发展，我国已经从一个资本极度匮乏的国家转变为一个资本相对充裕的国家，一方面具备了调整外资政策的条件，另一方面一些领域的 FDI 也正从相对发达的区域走向其他区域。但这并不意味着污染随之发生位移，无论是资本的转出地还是引入地，都拥有相对严格而且得到很好执行的环境标准，并尽可能采取政策鼓励外商投资企业进行环境投资，带来或开发资源有效利用和循环利用的新技术。

## 本章小结

本章在分析现阶段 FDI 产业流向和区域流向变化的基础上，运用外部性理论对其环境外部性进行分析，尤其是运用跨界外部性理论和代际外部性理论对 FDI 环境外部性的跨界效应和代际效应进行分析，并在充分肯定 FDI 的经济贡献的基础上，对 FDI 的经济发展效应和生态效应进行总体的评析。研究结果发现：在我国区际产业转移的浪潮中，FDI 也参与其中，但在东部地区越来越多地进入服务业，而在中西部地区越来越多地进入工业领域，特别是在污染密集产业中。虽然从全国整体情况来看，FDI 进入服务业的比重已占主体，且比重越来越高，但外商投资企业的工业生产规模特别是污染密集产业的生产规模在持续扩大。由此，其环境外部性的跨界转移和代际影响非常值得关注。当然，鉴于 FDI 卓越的经济绩效，应科学、客观地看待其经济发展效应和生态效应。但这并不意味着可以简单地权衡两者的利弊。在对待 FDI 的问题上，应该深入贯彻绿色发展理念，资本可以流动，产业可以转移，但是污染和资源耗竭绝不可以传递。

# 第九章　区际产业梯度转移生态效应的原因解析

通常人口增长、工农业生产、社会动荡、战争等都可能会造成生态破坏。关于生态问题的深层次原因，国内外学者从不同的角度有着不同的解释。生态马克思主义者认为，环境的污染、生态的持续破坏，最大的祸首就是资本逻辑[①]。

从环境外部性产生的根源来看，一般认为主要有公共物品性质、经济活动的分散性、市场失灵、政府失灵、贫困、生产率的不完全性、时空转移、良心效应、"囚徒困境"等原因造成[②]。在我国的区际产业转移中，生态效应的产生也有着自然、社会等方面的多种原因，是各种原因综合作用的结果。本章的目的就是在前面几章分析的基础上，结合以往学者的研究，以及产业转移、环境外部性等一般性理论，并从我国现实的国情出发，进一步分析产业转移生态效应产生的原因，为提出合理的对策提供必要的依据。

---

① 陈学明. 谁是罪魁祸首——追寻生态危机的根源[M]. 人民出版社，2012 年 9 月，第 1 页.

② 李寿德，柯大纲. 环境外部性起源理论研究述评[J]. 经济理论与经济管理，2000(5).

## 第一节　经济发展水平的区域差异与工业化

工业化道路是许多后发国家进行赶超并实现现代化的有效途径，我国的现代化道路工业化在其中也发挥了关键性的作用。但在我国的工业化进程中，区域经济发展不平衡成为不可回避的现实问题，东部沿海地区与中西部地区经济发展水平差异很大。东部沿海各区域之间以及中西部区域之间，经济发展水平差异也很大。经济发展水平的梯度差异最直接的体现就是产业层次和产业结构的差异。产业上的空间差异使产业在区域间转移成为必然，同时也带来了生态破坏问题。

### 一、区域间的经济梯度差异

根据第四章分析，通过人均可支配收入、地区三次产业之比、发明专利的数量和新产品出口额等指标数据就可以反映出区域间的经济梯度差异。经济梯度差异在产业领域反映最为明显。根据产业结构演化的规律，产业发展一般沿着从低到高的历程，这当中技术水平不断由低到高，产业构成也从农业为主转向轻纺工业为主，在转向重化工业为主，再转向服务业、创意产业、高新技术产业、高端制造业为主。从世界经济发展的历史来看，空间不平衡是常态。国与国之间、一国之内的区域之间经济发展阶段和技术水平通常都存在着差异。而当一定空间范围的产业发展到一定阶段，产业结构面临升级转型，在新兴产业不断涌现不断壮大的同时，原有的产业中会有越来越多的产业，或是经过改造升级以后得以存在下去，或是面临向外转移以寻求新的生存空间，或是最终湮灭。这说明，经济发展梯度的差异积蓄了产业要素向外转移的“势能”。从我国区域经济发展的情况来看，也同样如此。区域间发展的不平衡，表现为东部地区和中西部地区的不平衡，东部地区之间发达与相对不发达之间的不平衡，中西部地区中也存在着不平衡的情况。区际产业转移在区域发展不平衡的大环境下，积蓄了巨大的产业势能，并在国家政策和地方招商引资的催化作用下，持续不断地转化为转移的动能。

区域之间的经济发展梯度差异，成为产业发生转移的主因。从全国的整体范围来看，许多阶段性任务仍有待完成。产业转移作为协调生产力空间布局和区域快速推进工业化的有效途径，很自然就成为各个地区谋求发展的内在需求。发达地区倾向于转出相对落后的产能，以便为新兴产业的发展腾出空间，欠发达地区凭借自身的资源优势、市场优势和劳动力优势，对承接产业转移也有极大的兴趣。在当前宏观经济下行压力增大、实体经济增长乏力的条件下，各地区都需要加快培育经济新增长点，产业的有序转移和集聚发展很可能会更加受到重视。这样，产业转移的经济功能很容易被强调和突出，但相伴随的生态效应很难得到足够的重视。并且，区域间的经济梯度差异也说明各地的综合实力差异很大，这会带来技术、执行力度、资金投入、公众意识等一系列的差异，比如根据第四章分析，全国各地的环境规制呈现梯度差异，往往是经济较发达地区环境规制更加严格一些，而其他地区相对宽松一些。这些差异往往会使产业转移的生态问题在一些欠发达区域显得更加突出。

## 二、产业同构与普遍的工业化道路

产业同构是我国区域发展中又一个不容回避的问题。所谓产业同构，一般是指不同区域的产业发展在产业选择、产业结构、产业规划等方面趋同的现象。从我国的实际情况来看，产业同构在各个地区工业化进程和区域经济发展中显得十分突出。

如表9.1所示，这六个省份从东到西，从南到北，虽未能涵盖我国所有地区重点产业发展的全部，但从它们"十二五"期间二、三产业中重点发展的产业方向可以看出，无论是工业正在崛起的安徽、湖南等省，还是其他西部省份，产业发展的规划大同小异。而实际上，在我国的工业化进程中，汽车、石油化工、装备制造、电子信息、新能源、新材料、生物医药等几乎都是各个地区重点发展的产业领域，其间虽因各自的资源禀赋、区域特色有所差异，但差别总体较小。而且，根据第三章分析，工业化是各地普遍的趋势，重化工业也几乎是大部分地区工业发展的方向。

**表9.1 "十二五"期间我国部分地区二、三产业重点产业方向**

| 地区 | 重点产业方向 |
|---|---|
| 吉林 | 汽车、石油化工、农产品加工、冶金、建材、装备制造、轻工纺织、优势矿产资源、独特生态资源、医药、生物化工、电子信息、新材料、新能源、特色先进装备制造、节能环保、现代物流、金融、信息服务、商贸流通、房地产、家庭服务、文化产业 |
| 河北 | 钢铁、装备制造、石油化工、建材建筑、轻工、纺织服装、食品、医药、新能源、新一代信息、生物医药、高端装备制造、新材料、节能环保、海洋经济、现代物流、旅游、金融、商贸流通、会展、服务外包、社区服务 |
| 湖南 | 工程机械、轨道交通、汽车及零部件、特高压输变电、钢铁有色、石油化工、建筑材料、食品加工、服装纺织、先进装备制造、新材料、文化创意、生物、新能源、信息、节能环保、金融保险、旅游 |
| 安徽 | 汽车、家电、装备制造、煤炭、冶金、非金属材料、化工、农副产品加工、纺织服装、电子信息、节能环保、新能源、生物医药、高端装备制造、新材料、新能源汽车、公共安全、现代物流、金融、科技研发、工业设计、文化创意 |
| 甘肃 | 石油化工、冶金有色、建材业、轻工纺织业、建筑业、石化通用设备制造、机械电工电器设备制造、汽车及专用设备、农产品加工业、新能源、新能源装备制造、新材料、新医药、生物制造、信息技术、物流、旅游、金融、信息服务 |
| 四川 | 装备制造、油气化工、汽车制造、饮料食品、现代中药、建材、冶金、轻工、纺织、新一代信息技术、新能源、高端装备、新材料、生物、节能环保、物流、商贸、金融、旅游 |

资料来源：根据各省"十二五"规划纲要资料整理得出。

从产业转移的角度来看，区域产业同构现象和普遍的工业化是加剧生态环境破坏的重要原因之一。各地普遍的工业化方向和几乎没有差异的重化工业导向，造成在地域上无分水系上下游、无分气流季节流动方向、无分生态环境承载能力大小，都将工业产业甚至污染密集产业作为支柱产业或主导产业。这样，各个地区在承接外来产业转移时，基本上也以污染较为严重的工业产业为主。而几乎千篇一律的园区发展模式，是作为承接产业转移和发展当地工业主要载体和平台的工业园区，演变为遍布全国各地的一个个规模化的工业污染源。在几乎相同的工业化模式下，区域之间的产业竞争愈演愈烈，竞相竞争产业转移、竞相上马工业项目成为各地区经济发展的“常态”，在技术、品牌优势不明显的情况下，势必加剧中低端产能过剩，在经济效益受到影响的情况下，其带来的资源浪费和污染加剧也造成了社会效益和生态效益的损失。即使很多地区已经将提升传统产业和发展新兴产业最为未来的地区战略方向，但其产业发展的路径依赖在短期内难以得到改变，环境污染和资源耗竭仍然会持续，已经累积下来的生态问题正在大面积地产生跨界影响，并逐渐显现出代际上的影响。

## 三、工业化、城市化与其他类型的产业转移

城市化与工业化紧密相连。在我国，工业化与城市化也是相互促进的。区际产业转移促进了欠发达区域的工业化和发达地区的产业升级，同时也促进了全国城市化整体水平的提高。在产业转移条件下，更大范围和更深层次的工业化带来城市规模的扩张，人口、设施、车辆急剧膨胀，工业污染源大面积扩散，生活污染、车辆污染等污染急剧攀升，并且在一个个空间范围的污染集聚，又在自然或人为因素的作用下连接成片。城市化反过来，在各种新的需求刺激下，又给工业发展注入强大的动力。城市化与工业化螺旋式相互促进，使人类活动对生态环境的压力与日俱增，环境污染和资源消耗的问题日趋严重。

另外，我国的工业化，不仅有区际产业转移的作用，还有国际产业转移和城乡产业转移的作用。如图 9.1 所示，除了东部沿海地区向中西部地区和东部相对落后的地区进行区际产业转移以外，发达国家也在向我国东部和中西部地区进行国际产业转移。东部沿海地区承接的产业转移，越来越偏向高新技术产业和服务业，过去所承接的污染密集产业仍在东部地区有大量沉淀。根据第八章分析，以 FDI 为主要媒介的国际产业转移给我国造成了严重的环境外部性，而且在我国的区际产业转移大潮中，外商投资的污染密集产业越来越多地进入中西部地区，其环境外部性正在空间上向中西部地区扩散，并在时间上逐渐产生代际影响。而且无论是东部地区还是中西部地区，产业转移也发生在城市和乡村之间。这种转移仍以传统工业产业为主，尤其是包含了大量的污染密集产业或生产环节，在各个地区不同程度地产生了环境外部性。

区际产业转移推进了工业化，并成为工业化与城市化相互促进的重要产业动力，但它也带来了严重的生态问题。并且其环境外部性，与国际产业转移的环境外部性形成合力，又因城乡产业转移，从城市扩散到了乡村。从我国目前的情况来看，产业转移促进了区域经济发展的平衡，但并没有实现经济发展与生态保护之间的协调。

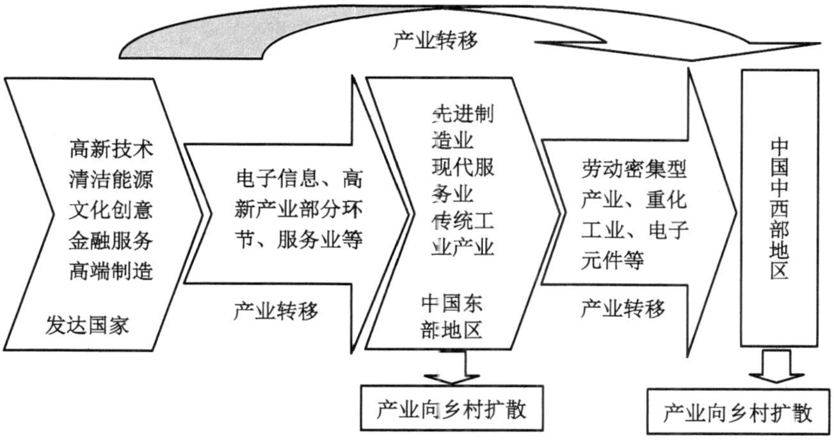


资料来源：参看《中国园区发展现状及趋势分析报告 2014》①。

**图 9.1　我国产业转移的基本路径**

## 第二节　在国际产业分工体系中的地位

产业分工是与产业转移紧密相连的经济现象，产业转移通常都会带来产业分工的深化调整。从 20 世纪以来世界经济的发展情况来看，每次国际产业转移浪潮总是伴随着国际产业分工的推进。经过几十年的探索，我国开放型经济取得了卓越的成就，在积极地参与国际分工的同时，也有效利用了国际国内两个市场、两种资源，商品、要素在国内国际的流动也越来越自由畅通，并逐渐成为世界第一贸易大国和“世界工厂”。然而，巨大的经济成就背后是我国所付出的生态环境代价。在现有的国际贸易体系下，国际产业分工又通过区际产业转移得以延续和扩展，并成为生态环境恶化的又一因素。

### 一、我国在当前国际产业分工中的地位

国际经济梯度差异的存在，构成了国际产业转移和垂直分工的基础。经过几次产业转移浪潮和国际分工调整以后，国际产业分工逐渐形成了当前的格局。即“服务—制造”新分工形态形成，发达国家出口商业服务进口商品，而发展中国家出口商品而进口商业服务；产业内和产品内分工快速发展，垂直分工中的不平等分工地位依然存在，发达国家及其跨国公司凭借在资金、技术、品牌等方面、的优势，占据着附加值较高的产业或产业环节，发展中国家处于相对不利的位置；随着新兴经济体在国际产业分工中的地位不断增

① 图 9.1 是在参看中信建投经济咨询园区经济研究中心《中国园区发展现状及趋势分析报告 2014》相关资料的基础上，结合我国产业转移的具体情况绘制而成。

强，发达国家主导的国际产业分工格局开始朝向多极化方向发展①。

作为日益开放的新兴经济大国，我国在这一国际产业的垂直分工体系中虽然地位不断提升，但总体上还处于较为低端的位置。具体而言，主要表现为：

第一，出口产品以工业制成品为主，进口产品中原料和初级产品占相当比重。例如，2014年，我国进出口货物中，出口总额为23 422.9亿美元，其中工业制成品出口额为22 296亿美元，占95.2%，初级产品出口额为1 126.9亿美元，仅占4.8%；进口总额为19 592.3亿美元，其中初级产品进口额为6 469.4亿美元，占33%，工业制成品进口额为13 122.9亿美元，占67%②。这说明，中国已完全有别于进口工业制品并出口原料和农产品的落后国家。

第二，对外贸易中，货物贸易为主，且货物贸易处于出超地位，服务贸易中处于明显的入超地位。根据《2015年国民经济和社会发展统计公报》的数据，2015年，我国全年货物进出口总额245 741亿元，其中，出口141 255亿元，进口104 485亿元，货物进出口顺差36 770亿元；全年服务进出口总额7 130亿美元，其中，服务出口2 882亿美元，服务进口4 248亿美元，服务进出口逆差1 366亿美元。而美国近几年虽然对我国保持贸易逆差，但在服务贸易项目中始终是顺差。这说明，在“服务—制造”国际产业分工体系中，我国仍偏向制造端。

第三，产品附加值较低。从产业环节上看，我国企业总体上处于“微笑曲线”中附加值较低的制造、加工、组装等环节。例如，根据Kraemer等人的研究，在一部iPad中，原材料成本占31%，苹果公司的利润占30%，分销和零售占15%，中国大陆的劳动力投入只占2%；在一部iPhone中，苹果公司独占58.5%的利润，中国大陆的劳动力成本只占其中的1.8%③。从企业利润的角度看，2014年，我国规模以上工业企业销售产值为1 092 198亿元，利润总额为68 155亿元，产值利润率仅为6.2%，其中生产规模较大且在出口产品中比重较大的行业，如化学原料和化学制品制造业、纺织业、橡胶和塑料制品业、非金属矿物制品业、黑色金属冶炼和压延加工业、有色金属冶炼和压延加工业、金属制品业、专用设备制造业、通用设备制造业、交通运输设备制造业、电气机械和器材制造业、计算机/通信和其他电子设备制造业，它们的产值利润率分别只有5.4%、5.7%、6.3%、7.1%、2.6%、3.6%、5.9%、6.5%、6.7%、8.5%、6.2%和5.0%；若按净利润计算，我国规模以上工业企业净利润为58265亿元，净利润率为5.3%，这几个行业的净利润率分别只有4.5%、4.9%、5.4%、6.3%、2.1%、2.8%、5.2%、5.6%、5.7%、7.0%、5.3%和4.3%④。

第四，自主创新能力不强，品牌影响力有限。虽然，国家对科技创新越来越重视，但在研发投入等指标上与美国、德国、日本等发达国家仍存在一定差距。由于产业技术基础相

① 李晓华. 国际产业分工格局与中国分工地位发展趋势[J]. 国际经贸探索，2015(6).

② 数据来源：根据国家统计局网站（http://www.stats.gov.cn/）公布数据整理得出。

③ 资料来源：Kraemer, Kenneth L, Linden, Greg and Dedrick, Jason. Capturing Value in Global Networks: Apple's iPad and iPhone[EB/OL]. 转引自李晓华. 国际产业分工格局与中国分工地位发展趋势[J]. 国际经贸探索，2015(6).

④ 数据来源：根据2015年《中国统计年鉴》相关数据计算、整理得出。

对薄弱，虽然已经建立起比较健全的产业体系，但总体上看，除高铁、航空航天等少数领域外，绝大多数产业领域缺乏高端制造能力，高新技术产业和关键性产业的核心技术、制造工艺并不掌握，许多高端产品、核心部件依赖进口。除技术优势尚未建立起来以外，国际知名品牌也偏少。例如，德国仅八千多万人口，却拥有超过 2 000 个世界知名品牌，相比之下我国能在国际市场上有一定影响力的品牌少之又少。而且，根据第八章分析，我国外资企业占企业总数只有 3%左右，却贡献了五分之一的税收和一半左右的进出口贸易，这说明我国内资企业的竞争优势还有待加强，我国的产业发展一定程度上对国际跨国公司有依赖性。

## 二、国际分工、产业转移与我国的生态环境

在传统的国际产业分工格局中，工业化国家出口工业制成品并进口原材料和农产品，落后国家则刚好相反。从这个角度来看，我国已经摆脱了落后的面貌，成为国际分工体系的重要参与者，并逐渐向工业化后期迈进。但是从现代产业新的垂直分工体系来看，我国还相对落后，总体上处于出口低端工业制造品和进口服务和高端制造品的阶段。我国在现有国际分工中所处的地位，是造成我国生态恶化的重要原因。不可否认，自加入 WTO 以后，国际贸易对我国经济增长的拉动作用是巨大的。尤其是我国制造业规模逐渐成为世界最大以后，工业制造品出口已经占据了我国对外贸易的主体。但是从统计数据上看，在我国工业门类中占主要地位的，并且在出口中也占据主要地位的产业中，相当一部分都属于污染密集产业。根据近几年的贸易出口数据，出口较多的产品除要有化学品及有关产品、轻纺产品、橡胶制品矿冶产品及其制品、机械及运输设备等，这些产品主要涉及纺织、化学原料和化学制品、金属制品等多个行业。如表 9.2 所示，这些行业从工业销售产值和利润总额等指标的比重来看，几乎都是我国工业领域的支柱产业。其中，化学原料和化学制品制造业、纺织业、非金属矿物制品业、黑色金属冶炼和压延加工业、有色金属冶炼和压延加工业属于污染密集行业，而橡胶和塑料制品业等其他几个行业也都存在不同程度的工业污染。

**表 9.2　2014 年我国部分行业规模以上工业企业工业销售产值和利润总额**

| 行　业 | 工业销售产值(亿元) | 占比 | 利润总额(亿元) | 占比 |
|---|---|---|---|---|
| 化学原料和化学制品制造业 | 82 353 | 7.5% | 4 450 | 6.5% |
| 纺织业 | 37 704 | 3.5% | 2 168 | 3.2% |
| 橡胶和塑料制品业 | 30 131 | 2.8% | 1 889 | 2.8% |
| 非金属矿物制品业 | 58 240 | 5.3% | 4 131 | 6.1% |
| 黑色金属冶炼和压延加工业 | 71 027 | 6.5% | 1 833 | 2.7% |

（续表）

| 行　业 | 工业销售产值(亿元) | 占比 | 利润总额(亿元) | 占比 |
|---|---|---|---|---|
| 有色金属冶炼和压延加工业 | 46 155 | 4.2% | 1 657 | 2.4% |
| 金属制品业 | 36 612 | 3.4% | 2 161 | 3.2% |
| 专用设备制造业 | 35 039 | 3.2% | 2 262 | 3.3% |
| 通用设备制造业 | 47 151 | 4.3% | 3 149 | 4.6% |
| 交通运输设备制造业 | 84 996 | 7.8% | 7 238 | 10.6% |
| 电气机械和器材制造业 | 66 922 | 6.1% | 4 163 | 6.1% |
| 计算机、通信和其他电子设备制造业 | 85 275 | 7.8% | 4 283 | 6.3% |
| 以上各行业之和 | 681 605 | 62.4% | 39 384 | 57.8% |
| 全国规模以上工业企业 | 1 092 198 | 100% | 68 155 | 100% |

数据来源：根据2015年《中国统计年鉴》相关数据计算、整理得出。

结合以上分析，如果再将区域梯度考虑进来，则生态效应更加明显。作为改革开放的前沿，东部沿海地区较早地参与国际分工格局当中。无论是对FDI的吸收，还是在外贸进口中的比重，东部地区都占绝对优势。在我国逐渐改善在国际分工体系地位的历程中，毫无疑问东部沿海地区将是率先进行产业升级，并从全球价值链低端逐渐向高端迈进。一者东部沿海的深圳、杭州、北京、上海等地科技创新投入不断加大，一大批创新型企业崛起，自主品牌、自主知识产权不断涌现，在国际产业内分工和产品内分工中的话语权开始提升；二者东部沿海地区服务业的比重和层次不断攀升，服务业出口逐渐成为新的出口领域；三者在国家科技创新战略的推进下，东部沿海地区由于基础和环境较好，产业技术水平得到提升，新兴产业正在崛起，传统产业继续改造升级。尽管东部沿海至今仍是我国工业生产的重心，但在其提升国际分工地位的同时，大量工业产业发生区际转移，中西部地区和东部相对落后的地区，正逐渐代替东部沿海发达地区以往在国际分工体系中的地位。

从表9.3中的数据可以看出，东部沿海发达地区与欠发达地区相比，一是服务贸易规模较大，而中西部地区规模非常小；二是货物贸易中欠发达地区的总量开始达到一定规模，但高新技术和机电产品无论是规模还是比重都偏小，这和东部沿海地区形成鲜明对比。作为货物出口的主要地区，东部沿海仍然出口着大量的工业制成品，工业污染在这些地区仍然很严重。但在区际产业转移的作用下，中西部地区和东部相对落后的地区越来越多地生产了大量的工业制成品，包括大量污染密集产业的产品，这在一定程度上也是“污染天堂”存在的一种体现。在整个工业化进程中，东部沿海开始朝向附加值相对较高的领域挺进，而欠发达地区则越来越多地承担工业制造领域的角色。例如，安徽省近年来工业化快速提升，已成为中西部地区工业发展较高的地区。2014年该省货物出口总额 314.9 亿美元，其中工业制成品出口额为 295.6 亿美元；在工业制成品出口中，化学品及有关产品出口额为 21.2 亿美元，轻纺产品、橡胶制品、矿冶产品及其制品出口额为 89.9 亿美元，机械及运输设备出口额为 118.4 亿美元，这三项共占全部货物出口额的 72.9%①。

**表 9.3　2014 年我国部分地区服务贸易和货物贸易情况(单位:亿美元)**

| 地区 | 服务贸易进出口总额 | 服务贸易出口额 | 高新技术产品出口额* | 机电产品出口额* | 货物出口总额 |
|---|---|---|---|---|---|
| 北京 | 1 106.1 | 435.0 | 187.5 | 379.0 | 623.4 |
| 上海 | 1 753.9 | 494.3 | 890.6 | 1 456.1 | 2 102.8 |
| 浙江 | 381.0 | 244.3 | 155.0 | 1 124.9 | 2 733.3 |
| 黑龙江 | 51.2 | 9.3 | 3.4 | 56.2 | 173.4 |
| 河北 | 35.3** | 9.08** | 27.5 | 97.6 | 357.1 |
| 湖南 | 47.4 | 12.2 | 24.0*** | 84.0*** | 200.3*** |
| 安徽 | 52.1 | 22.0 | 60.9 | 160.3 | 314.9 |
| 四川 | 101.0** | 56.0** | 19.0 | 25.4 | 448.5 |
| 甘肃 | — | — | 0.3 | 17.2 | 53.3 |
| 新疆 | 16.8** | 8.7** | 4.6 | 56.6 | 234.8 |

数据来源：根据各地区 2015 年《统计年鉴》或 2014 年《国民经济与社会统计公报》，以及中商情报网(http://www.askci.com/)、商务部和各省商务厅公布的相关数据整理、计算得出。

注：(1) * 表示高新技术产品与机电产品在统计上存在部分重合；(2) ** 表示河北、四川、新疆服务贸易的数据为 2013 年数据；(3) *** 表示湖南省货物贸易数据，是根据《2014 年湖南省国民经济与社会统计公报》公布的以人民币计价的数据，按当年美元兑人民币平均汇率计算得出。

可见，在开放经济条件下，各个区域的经济发展越来越多地融入到国际分工体系中。现有的国际贸易体系和分工体系下，我国为世界生产了大量的工业产品，但污染留在国内，而且利润率偏低。相对薄弱的基础和落后的技术水平决定了欠发达地区所处的地位，相对而言这些地区在东部沿海地区生态环境恶化之后，也同样付出了生态环境的代价。随着我国产业发展逐渐走向高端，区际产业转移在国际分工的条件下，加快了中西部欠发达地区和东部相对落后区域的工业化，使这些地区生产并出口污染和资源消耗较为严重的工业制成品的路径依赖得到强化，在经济发展的同时，生态环境的代价不断增大。

## 三、部分跨国公司“双重环境标准”在其中的作用

在新一轮科技革命与产业变革中，发达国家纷纷提出重振制造业战略并促进制造

① 数据来源：根据 2015 年《安徽统计年鉴》相关数据整理、计算得出。

业回流，广大低成本发展中国家致力于基础设施建设、完善产业配套条件、吸引外商直接投资以发挥比较优势、推动劳动密集型产业发展等①。作为一个正在崛起的发展中大国，我国已经建设了较为完备的基础设施建设，尽管劳动力成本上升减弱了一部分劳动密集型产业的竞争力，但随着产业配套条件的日益完善，我国对外资的吸引力不断增强。

过去，FDI 的大量进入，直接推动了我国对国际产业转移的承接。而今天，FDI 则参与了国内的区际产业转移，并且大量外商投资企业通过在国际贸易中的卓越贡献，使 FDI 进入的各个地区、各个领域日益融入国际分工体系中。然而，FDI 的进入，尤其是伴随污染密集产业转移的进入，其自身的环境外部性日益突出。然而，部分跨国公司作为 FDI 流量的主要提供者，却在环境管理上采取双重标准，未能很好地履行环境责任，加重了我国各个区域参与国际产业分工之中所付出的生态环境代价。

早在 2008 年 1 月份，国家环境保护部（当时为国家环保总局）根据对 2004 年至 2007 年间存在环境违法行为的跨国公司进行专项督察的结果，公布了 130 家曾经存在环境违法行为的跨国公司名单。这些跨国企业遍及河北、吉林、黑龙江、江苏、浙江、上海、山东等 19 个省、自治区、直辖市，包括食品、发酵、化工、机械制造、电子、造纸等行业，其中大部分属于污染密集产业。这些跨国公司的主要违法行为包括排放超标、建设项目违反环保规定、违反排污申报登记治理制度等方面。可见，跨国公司的环境污染问题和环保违规问题已经不是个别现象。时至今日，类似的事件仍屡见不鲜。与之形成鲜明对比的是，这些跨国公司在其本国或其他许多国家都有着严格的环境管理体系，在环保方面广有口碑，但是一到中国就发生了变化。这说明部分跨国公司实行的是双重环境标准，即在其本国或者其他环境规制较为严格的国家，采用严格的环境标准，但是一到中国就采用中国本土的环境标准，而且原本比较宽松的环境规制还时常被违反。

部分跨国公司实行双重的环境标准无疑会给我国的环境质量带来极大威胁，造成这种情况的原因，除了我国环境规制较为宽松与发达国家有差距以外，至少还有这样几个因素促使这种情况的发生。一是作为企业固有的利润动机。在无严格制度监督的条件下，不承担或少承担环保责任会增加利润，这根源于厂商的“经济人”行为动机。二是关于 FDI 的国际协议中没有严格的真正能得到执行的环境条款。例如：目前对于污染密集产业的跨境转移国际上还没有公约限制，1989 年的《巴塞尔公约》只是对国际贸易中的危险废弃物品的跨境转移做出限制，并未涉及污染密集产业转移。在 OECD 国家参与谈判的投资多边协议（MAI）中，虽然有些部分涉及环境保护，并禁止通过降低环境标准来吸引外商投资，但是没有明确界定跨国公司的环境保护行为，也没有要求发达国家投资者采用与其母国一样的环境标准。三是一些地方环境监管相对薄弱，对违规行为处罚力度较小的情况下，跨国公司并没有感受到强大的外部压力，反倒是守法成本比较高，违法成本低，这也是促成跨国公司实行双重环境标准的重要因素。

一般认为跨国公司良好的社会责任感以及其内部完善的环境管理体系、先进的技术

---

① 李晓华. 国际产业分工格局与中国分工地位发展趋势[J]. 国际经贸探索，2015(6).

装备会消除其自身的环境外部性。但是实际上，一些跨国公司并没有承担相应的环保责任。尽管我国环保法规要求跨国公司应当履行"从严标准"，不能实行双重标准，即与其本国的环境标准相比，如果其本国的更严格则实施其本国的标准，反之则实施我国的标准。但现实中这一原则在一些地方未能得到很好地执行。在我国各个区域积极参与国际分工的同时，跨国公司推动了 FDI 的流动，促进了产业转移，起到了良好的作用。但在现有的国际产业分工体系中，一些跨国公司在利益驱动下，实行的双重环境标准，恰恰强化了区际产业转移的环境外部性。

## 第三节　生态产权制度的缺失

区际产业转移中企业搬迁到另一个区域，工业污染随之迁移，并间接带来人口和其他经济活动的集聚，形成污染的叠加，加剧资源消耗。而生态环境本身具有的公共物品特质，又使其产权难以界定，这样"公共地悲剧"发生的概率大大提高。

### 一、生态环境的公共物品性质

在环境伦理观中，存在着"生物中心论"与"人类中心论"的争论。"生物中心论"认为自然界并不简单就是人类开发和利用的对象，不能仅仅将自然环境就当作可供人类消费的资源，人类和野生生物都是自然界中相互独立的部分，人类除了尊重自身的权益以外，还应当尊重野生生物的权益；"人类中心论"则认为自然环境和其他生命有机体都是以人类为中心的①。这两种观点中，从反对工业化对自然进行掠夺出发，"生物中心论"有一定合理性。然而，如果坚持"生物中心论"，则有可能颠倒人类和自然的关系，人类的贪婪掠夺根源在于现行的社会经济制度和生产方式，保护生态应该回归到人与自然的正确关系上②。从人与自然的正确关系出发，生态环境的公共物品性质，恰恰是以人类生存和消费的需要为中心。

生态环境的非排他性在于它是人类保障生命健康和生活福利的空间载体和物质来源。但是其产权难以界定，排他的成本非常高昂。在现行经济制度下，除了土地、矿产资源等部分，已经可以通过制度安排来确定财产权利以外，大多数情况下，如空气质量、水环境质量、生物多样性等，都很难通过产权安排排除他人的享用。生态环境的非竞争性在于其供给成本（主要体现在维护环境质量的成本上）是既定的，并不会因为消费者的增加而使成本增加，人们不付费或者少付费就可以使用这种资源。

从"人类中心论"出发，还有个"公平性"的问题，即人类社会关于生态环境的代内公平和代际公平。结合第六章和第七章的分析，在此情况下，对于当代人来说，需求者并

---

① 潘家华. 持续发展途径的经济学分析[M]. 北京：社会科学文献出版社，2007 年 5 月，第 8-15 页.

② 陈学明. 谁是罪魁祸首——追寻生态危机的根源[M]. 北京：人民出版社，2012 年 9 月，第 507-509 页.

不愿意让别人了解自己的环境公共品的真实需求状况，“搭便车”的行为难以杜绝；市场上供给者也因为供给成本的难以回收而拒绝供给。对于后代人来说，生态环境同时也是一种代际公共物品，但它们只是一些虚拟的主体，既不可能参与当代公共物品的供给，也不可能为自己对代际环境公共物品的消费作现时的偿付，所以在当代人的市场交易中，难以建立一个服务于以后受益者的有效供给机制。这样，代内公平和代际公平均遭到破坏。因此，在生态环境这种公共物品的供给上一般会出现“市场失灵”。其结果就是，在没有外界强有力的约束（如：政府干预、民间环保团体干预、信仰、道义约束等）和有效界定产权的条件下，生态环境这种公共物品会供给不足，也就是说人们往往只顾着利用生态环境和自然资源，而并不肯花费代价去保护环境，也很难做到去可持续利用资源。

## 二、生态产权的界定问题

产权制度是规范人与人之间、市场经济主体之间利益关系的重要制度安排。一般认为，生态产权是将产权的概念引入到资源环境范畴，指的是经济主体对生态环境的所有权、占有权、使用权、支配权和收益权等。由人类对自然环境进行权利的边界划分，这也是“人类中心论”又一体现。在许多情况下，环境污染这种外部性的产生就是因为生态产权的不明晰。公共物品性质是造成生态破坏的前提，而且这一特质也是生态环境的产权难以界定的主因。

从空间意义上说，生态产权相对于其他产权具有很强的非排他性，生态环境的公共物品性质决定了其产权边界容易模糊，比其他类型的产权更加难以明晰化。虽然名义上生态产权归属于一定空间范围内（国家、地区、甚至跨越国界有几个国家的地域构成）的公民或组织，但是消费的非排他性、非竞争性和供给的不可分割性是使生态产权可以为这一空间范围内的所有主体享用，只要存在于该空间范围内即可享用该区域内的环境质量，如清新的空气、洁净的水源等，即使是暂时存在于这一空间范围的主体（如：过路人）也可以部分地享有生态产权。只有当生态环境资源变得稀缺的时候，如空气、水源受到污染、安全健康的生存条件受到破坏，人们的经济活动超出环境的自净能力，生态承载阈值面临被突破的危险的时候，生态产权的排他性和竞争性就会体现出来。

从时间意义上说，当代人与后代人应当平等地享有生态环境。但是由于当代人的行为对后代人的权益会产生影响，时间上的代际阻隔造成现期主体的未来权益产权的缺失或者未来主体的现期产权缺失，作为“交易内部人”的当代人和作为“交易外部人”后代人，都不可能通过产权机制来主张自己的权益，从而导致代际产权缺失。[①] 反映在生态问题上，这种代际产权的缺失就会引起生态代际产权的不完备性，使生态产权在代际主体之间的配置上“失灵”。

---

① 郭晓，夏洪胜. 解决代际外部性问题有效途径的理论探讨[J]. 中国工业经济，2006(12).

## 三、区际产业梯度转移与生态产权制度的缺失

习近平总书记就党的十八届三中全会通过的《中共中央关于全面深化改革若干重大问题的决定》进行说明时指出："我国生态环境保护中存在的一些突出问题，一定程度上与体制不健全有关，原因之一是全民所有自然资源资产的所有权人不到位，所有权人权益不落实。"这一重要论断实际揭示了产权安排的缺失是生态问题的重要原因。

长期以来，我国在生态产权上存在着产权不明晰或多重产权的情况，所有的生态环境资源在法律上规定为全民所有或集体所有，实际上由于缺乏明确地认识和有效的管理，国家或集体的生态产权很大程度上被"虚置"了，无代价或者低代价地进入和使用的现象屡见不鲜。在区际产业转移条件下，由于生态环境的公共物品性质，当产业从一个区域转移到另一个区域以后，就可以和迁入地本土的企业、居民一样可以享受当地的生态环境，甚至还会得到优惠的招商引资政策支持，优先利用当地自然资源。而真正的生态产权主体——当地居民的生态环境权益常常得不到有效保护。生态环境的公共物品性质并不能排除来自区外的环境污染，所以有大量的污染密集产业转移进来。

由于技术上、制度上、思想观念上的原因，生态环境资源缺乏明晰的产权，各类企业尤其是污染密集产业的企业可以相对自由地将污染物排放到自然界中，而且都没有自发地去改善环境质量和保护资源的动力，从而使产业承接地的生态环境酿成"公共地的悲剧"。而且，即便这些企业对于环境污染进行了相应的补偿，但是由污染所致的健康损失、生态系统的破坏甚至不可逆等等在价值形式上难以弥补，这在一定程度上也造成了产权交易的非等价性①。从代际的角度来看，许多地方引进产业的同时也引进了污染和资源耗竭，当代人获取经济效益的同时，对生态环境的破坏听之任之；代际关系的特殊性质使代际权益主体之间存在着不可逾越的时间阻隔，代际生态产权的不完备性决定了代际主体之间依据产权制度而进行直接协议交易的交易成本无限大②；这种交易上不可跨越的障碍，使子孙后代的环境权益得不到保障，生态环境资源被过度使用却得不到充足的补偿性投入，以致退化、甚至衰竭。

# 第四节　地方政府的原因

生态环境的公共物品性质以及生态产权界定上的困难，使市场机制在配置环境资源时容易"失灵"，环境成本的难以内部化又成为资源错配的重要因素。虽然，政府可以用来弥补市场的缺陷，但在实际中，作为各个区域生态环境重要的管理者，地方政府也存在"失

---

① 李瑞娥. 环境产权界定与环境资源保护的理性思考[J]. 当代经济科学，1999(3).

② 郭晓，夏洪胜. 解决代际外部性问题有效途径的理论探讨[J]. 中国工业经济，2006(12).

灵”的状况。

## 一、环境公共物品的供给机制

公共物品的供给机制一般可以分为市场供给、自愿供给和政府供给三种。但公共物品的自身性质特征是决定其供给机制的最基本因素①。生态环境作为公共物品，市场供给由于“搭便车”行为难以杜绝，往往存在“失灵”的问题。自愿供给主要是在社会舆论压力、伦理道德、历史责任感等软约束机制的作用下形成的，或是因为其本身缺乏长远的利益驱动机制，或是因为民间私人的力量相对薄弱，所以也不能成为主导力量，充其量只能成为一种补充。

从代际的角度看，当代人为后代人提供环境公共物品，并不能直接为其带来经济效益，即从经济上考量也许是无效的，若用成本—收益的方法来衡量，则存在一个贴现率的问题，而在现实中人们往往倾向于对未来的收益给予较高的贴现率进行折算，折算后未来各代人的收益对于今天的人来说就显得微不足道，当代人更重视现实中经济利益的攫取。“相对于政府的供给能力而言，公民对公共品的需求越是旺盛，供不应求的缺口越大，越为非政府部门供给公共品提供了空间。”②由于后代人对于公共物品的需求不能在今天得到展现，与一般的公共物品相比，供不应求的缺口不再存在，非政府部门供给公共物品的空间自然也就被压缩。故而，包括自愿供给和市场供给在内的私人供给并不适应生态环境的性质特征。

一般情况下，政府可以用来弥补市场供给和自愿供给的缺陷。既然环境公共物品不能以私人供给为主，那么自然就需要以政府部门的供给为主导，作为公众的代理人，政府应承担起对生态环境资源进行管理、配置的责任，并加以保护以确保其可持续利用。这就要求政府要有长远的目光，兼顾当代人和后代人的利益。即便部分地依赖私人供给作为补充，也需要政府部门提供相应的保障(如：对生态产权的保护等)。如果政府的行为存在短视的可能性，那么环境公共物品的供给也会面临不足的风险。

## 二、区际产业梯度转移影响环境公共物品供给的原因

作为各个区域生态环境重要的管理者，地方政府也是有缺陷的，一般体现为政府未干预、政府政策失灵、政府干预政策的低效率或高成本，等等。在区际产业转移中，这些情况在各地都有不同程度的表现，这势必会影响对环境公共物品的供给。

### (一) 经济发展的压力

由于许多阶段性任务尚未完成，包括养老、教育、医疗、扶贫等许多民生问题也都需要

---

① 樊丽明，石绍宾. 公共品供给机制：作用边界变迁及影响因素[J]. 当代经济科学，2006(1).

② 同上.

通过发展来解决问题，所以经济发展仍是各级地方政府的首要目标，对于中西部地区来说尤为紧要。在此背景下，产业转移对于地方政府来说，成为促进地方发展，解决就业、税收的有效途径。由于资源的相对稀缺性，竞争产业转移成为许多地方政府的重要任务。而环境问题在实践操作过程中，很难引起重视，降低环境标准往往成为一些地方政府用来吸引外来投资的重要方式。在当前宏观经济下行压力增大、实体经济增长乏力的条件下，各地区都需要加快培育经济新增长点，产业的有序转移和集聚发展很可能会更加受到重视。这样，产业转移的经济功能被强调和突出，但相伴随的生态效应很难得到足够的重视，从而在地方政府干预不足甚至不干预的情况下，影响了环境公共物品的供给。

### （二）政绩考核的压力和利益集团的影响

“作为一个发展中国家，以经济建设为中心，实施赶超战略，GDP 增长成为政府部门的至上目标；与之相应的，政府官员的考核指标也主要是看经济性指标而非社会性指标；‘效率优先，兼顾公平’的指导性原则在实际工作中往往变成‘只顾效率，难顾公平’。凡此种种，必然会导致这样的局面：经济增长指标都达到甚至远远超过规划的预期，而环保等一些社会发展指标却没有达到规划的要求……”[①]承接外来产业，污染随之而来，尤其是引入污染密集产业时更是如此，但是其对经济增长的推动作用又是显著的。如果过多地考虑了环境的成本和后代的利益，那么当前巨大的经济利益将成为当政者注重生态环境保护的机会成本。另外，产业转移牵涉到各种利益攸关者，如被雇佣的工人、合资者、原料供应者等等，这些利益攸关者很容易形成利益集团，影响着政府的决策，使环境公共物品的供给“在政治市场上将被产业的集中利益所挫败”（Weiner，1999）[②]。

### （三）环境公共物品供给成本的集中性

生态环境作为公共物品如果由政府来供给的话，供给成本往往由当代的政府来负担，而其收益是持续性的，会使几代人甚至更多代人受益。即使政府将未来各代人的利益考虑进来的话，由于未来的福利在今天看来效用是要进行折现的，而且今天的人通常会选择较高的贴现率使未来的福利折现之后变得很小。更何况，未来后代人的收益仍具有很大的不确定性。因为生态环境也许在今天没有被破坏，但是将来也有可能被破坏。这些都使得一些地方政府的行为可能会出现短视的情形。在现阶段利益的驱动下，许多地方的政府倾向于积极引入外来产业，但如果同时政府要确保环境质量以满足后代人的生存需要的话，即对污染企业进行治理，则需要大量的投入成本，但现阶段所能得到的收益却与成本不对称，这也促使一些地方政府虽然将产业和污染同时引入了，但很多时候不愿意过多投资治理环境，这也是区际产业转移环境外部性得以存在的又一个重要原因。

---

① 中国经济增长与宏观稳定课题组. 增长失衡与政府责任——基于社会性支出角度的分析[J]. 经济研究，2006(10).

② J. B. Weiner. On the Political Economy of Global Environmental Regulation[J]. Georgetown Law Journal, Vol, 87, 1999, P749-794.

### （四）环境规制的区域差异

虽然随着 2014 年新修订的《环境保护法》以及《水污染防治行动计划》（简称“水十条”）、新修订的《大气污染防治法》等近年来陆续出台的法律法规的生效和实施，我国在环境规制上越来越完善。但由于仍是区域发展不平衡的发展中国家，相对于发达国家工业化较晚，在环境保护上起步也较晚，这使我国环境规制还需要经过一个长期的过程才能得以完善。一是与发达国家相比，政府虽然也制定了一些相应的环境法律法规，但标准有待进一步提高。二是地方政府为吸引产业转移，或是竞相降低环境标准，或在实际中存在不充分执行环境法规的现象。三是我国的环境标准分为国家和地方两级，国家标准具有普适性，地方对于国家标准的执行情况因各地财力、物力、技术水平、管理水平的差异而千差万别；而且各个地区也都有各自的具体情况，国家层面不可能制定面面俱到的兼顾所有地区所有情况的环境法规，那么对于国家污染物排放标准中未做规定的项目，各地是否会制定严格的环境规制，要视各地具体情况而定；对国家污染物排放标准中已作规定的项目，新修订的《环境保护法》规定省级政府“可以制定严于国家污染物排放标准的地方污染物排放标准”，但各地是否制定比国家标准还严格的环境标准也会形成区域间的环境规制差异。

如第四章所分析，环境规制差异也大体与经济发展梯度差异相一致。这样，经济发达地区在经济发展到一定阶段后，开始制定较为严格的地方环境法规，而欠发达地区的环境标准相对宽松。这些情况使区际产业转移中，污染项目不断扩散，使环境外部性产生跨界的效应，污染企业的环境成本难以得到内部化，从而影响了环境公共物品的供给。

## 三、影响环境公共物品供给的其他政府性原因

除了上述原因以外，影响环境公共物品供给的还有以下这些政府性原因：

一是发达地区发展模式上的示范效应。如本章第一节所述，我国各地发展的产业同构现象比较严重。从地方政府的角度看，对于推进本地工业化和经济发展作用明显，但在区域差异化发展道路上作用还远远不够。我国东部沿海发达地区基本上都是沿着传统产业发展的轨迹逐步迈入现代化，其他欠发达地区在地方政府的推动下基本上通过赴发达地区考察调研、招商引资、交流推介等方式学习和借鉴了发达地区的成功经验，并取得推进当地经济发展的成就。但是，如何结合当地的特色和实际的生态条件发展由区域特色的符合本地区可持续发展要求的产业体系，在很多地区并未引起当地政府足够的重视。就中国这样一个发展中大国而言，工业化是走向富强的必由之路，重化工业在国民经济中是必不可少的。但具体到各个地区，受当地资源禀赋和生态条件约束，未必每个地区都要经历重化工业阶段。但是在短期利益的诱导下，许多地区在承接产业转移中并未能很好地对产业和企业结合本地长远发展的需要进行筛选，使经济发展与生态保护不相协调。

二是部分地方政府官员的寻租行为。生态环境的保护重在法律法规的约束，这离不

开各级政府的贯彻落实。但在一些地区，部分官员的寻租行为使原本已经比较宽松的环境规制的约束力更加受到限制，环境规制或是在执行过程中发生扭曲，或是制度执行不严，规制形同虚设。因此，很多生态环境方面的问题背后也与官员腐败问题相挂钩，在区际产业转移过程中也存在类似情况。

三是政府部门之间存在体制机制上的矛盾。在实际工作中，目前基层环保部门受重视程度有限，在人员编制、环保、工作人员待遇等方面，还跟不上环保的需要，基层环保人员的积极性还需要充分考虑。在一些地方，环保部门进行环保工作和环保执法时自身的权限就非常有限，还常常受到地方各类因素和其他部门的干扰，使环保部门的工作难见成效。有一些地方，上级难以考核下级，因为环境数据由下级环保部门提供，而下级环保部门领导由同级政府党政一把手任免，而这些地方的党政一把手对于产业转移项目又有很大的话语权，使上级在考核下级时难以获得真实信息。在生态环境的保护中，往往涉及多个部门的利益，部门间的协调也成为实际工作中必须克服的问题。以水生态保护为例，管理一些大型流域的机构一般是流域管理委员会或水利委员会，由于流域没有 GDP 考核压力，而行政区域有这个压力，因而流域的管理部门和所涉及的地方政府之间常常在流域生态的保护上难以形成一致。一般而言，一定区域的生态文明建设涉及水利、市容、环保、水务、农林、围林等多个部门，如何协调好这些部门就是一大难题。诸如此类的体制机制问题还有许多，这些问题都是地方政府"失灵"的一个个具体表现，如不加以解决，区际产业转移中的生态问题就很难得到有效防治，政府环境公共物品主要供给者的作用就会大打折扣。

## 第五节　社会公众的原因

生态文明建设的基础在社会大众。在发达国家，经济发展水平高使公民在没有生存压力的前提下更加关注环境质量，公民受教育程度也相对较高，往往都有较高的环保意识，各种民间的环保机构、环保团体层出不穷，环境保护主义盛行。在我国，产业跨区域转移所产生的生态问题，涉及各个地区居民的切身利益和健康安全。虽然近年来随着生态环境问题的突出，公众的环保意识有所提升，但是由于公众利益的分散性难以给地方政府形成有效的压力，并且对生态问题的认知还远远不够，参与生态维护和治理的行动程度也很有限，这也构成区际产业转移环境外部性难以得到有效遏制的一大因素。

### 一、公众利益的分散性

公众利益的分散性，使地方政府缺少限制污染企业转移以确保环境公共物品供给的压力。环境公共物品具有广泛的收益，不仅对当代的一般公众产生收益，也对以后各代人也会产生持续性的收益。一方面，代内公众利益是分散的，当代的公众由于利益分散，无法形成合力给政府施加压力，特别是理性的居民往往更希望通过其他居民的行为使自己获益，即“公众分散的一般利益通常将被个体选民的免费搭车激励所减弱”。[①] 另一方面代与代之间的利益也是分散的。作为环境公共物品的主要受益者，公众应当对地方政府的决策施加影响。但是现实的情况是，后代人因为存在时间上不能跨越的障碍，所以不可能对当代的政府产生影响；这样，尽管产业转移并推动大范围大规模的工业化，会带来污染的转移和资源的耗竭，从而影响环境质量等环境公共物品（也是代际公共物品）的供给，但地方政府却缺乏来自公众的压力以对此加以限制。例如，一些地区建设工业园区，引进大量工业企业，工业废弃物的排放明显恶化了当地的生态环境，但当地居民很难有效地维护自身的生态权益，这与居民利益的分散性有很大关系，园区就业人员和园外居民之间，园外居民中与园区距离不同的居民之间，园外居民中受污染程度不同的居民之间，生态权益很难集中一致，再加上不同居民对生态问题在认知程度、信息获取、忍耐程度、行动意愿、维权能力等方面差异巨大，因此当地政府部门所感受到的居民压力往往非常有限，环境污染得不到有效治理，资源也得不到有效保护。

## 二、公众对生态问题的认识程度

环保意识的增强有助于提高公众对环境保护的认知，引导人们广泛地参与环境保护的相关社会活动，并启发人们在日常生活和工作中自觉地维护生态环境。民众的环保意识可以促成生态环境公共物品的自愿供给，强大的民间环保力量给政府在环境保护上施加压力，而且政府人员自身环保意识的增强还促进了科学、合理、严格环境规制的制订和执行。

与发达国家相比，我国居民生活水平较低，中西部欠发达地区更低，经济发展仍是大部分地区的首要任务。虽然在环境污染越来越严重的情况下，公众对环保问题的重视程度有所增强，但在经济发展水平还不是很高的情况下，再加之教育水平上的差异，我国国民的环保意识仍不是很强。这造成环境公共物品的自愿供给明显不足，民间环保力量也很有限，甚至许多政府公务人员的环保意识也比较薄弱。根据国家环保总局指导下由中国环境文化促进会组织编制的中国公众环保民生指数（2006）显示，我国公民虽然有 82% 认为环境污染对现代人的健康造成影响，但是公众的环保意识总体得分为 57.05 分，环保行为得分为 55.17 分，都没过及格线[②]。到 2010 年时，根据零点研究咨询集团与新浪环保联合发布的“中国公众环保指数（2010）”，中国公众环保目前处于个人体验的初期阶段，并表现出两大内生性矛盾，即环保意识增强但环保行动力不足的矛盾，和政府环保力弱与公众对政府依赖性强的矛盾[③]。

---

① J. B. Weiner. On the Political Economy of Global Environmental Regulation[J]. Georgetown Law Journal, Vol, 87, 1999, P749-794.

② 资料来源：中国环境文化促进会. 中国公众环保民生指数（2006）[EB/OL]. http://wen.org.cn/modules/article/view.article.php/156/, 2007-02-05.

③ 资料来源：姜健健. 2010 中国公众环保指数发布，公众环保行为无突破[EB/OL]. http://green.sina.com.cn/2010-10-12/144521259694.shtml, 2010-10-12.

2015年,上海交通大学民意与舆情调查研究中心针对全国35个主要城市的居民进行调查,发布《2015年中国城市居民环保态度行为调查报告》。该报告指出,53.9%的受访者认为城市污染状况非常堪忧,81.9%的受访者赞成垃圾分类,74.5%的受访者赞成自带购物袋,57.1%的受访者表示愿意为环保组织捐款,67.8%的受访者愿意做环保义工。但是该报告也指出,只有43.2%的受访者表示了解PM2.5,另有超过一半的受访者表示政府关于环保方面的信息不够透明;虽有63.8%的受访者认为现在的生态破坏比较严重或者是非常严重,但也可以看出有超过三分之一的受访者没有意识到生态问题的严重性。这说明,我国社会公众的环保意识较之以过去已经有所增强,但是公众对生态问题的认知程度还有待进一步提升。特别需要关注的是,目前仍占我国人口近一半的农村居民,由于农村经济发展水平不高,农民受教育程度有限,基层政府在环保问题作为有限等原因,除了少量相对富裕的地区外,总体上看环保意识仍比较淡薄,对生态问题的认知程度非常有限。

由于社会公众对生态问题的理性认识仍然很有限,甚至包括广大农村居民在内的相当一部分居民的环境保护意识仍相当淡薄,使在区际产业转移中的生态问题受重视程度仍需进一步提高,污染转移的过程中来自民间的压力相对较小,即使公众和地方政府意识到问题严重性时,往往也是在生态环境恶化到很严重的程度时才会出现,针对区际产业转移环境外部性的治理得不到民间力量的有力支持。

## 三、公众对生态保护的参与程度

公众的环保意识或生态认知,最终还要通过对生态保护的参与来加以体现。仅有认识和意识还远远不够,只有转化为实际的参与才可以促成生态环境公共物品自愿供给的增加,民间环保力量也能给政府在环境保护上施加压力,促进政府工作人员科学、合理、严格地制订和执行环境规制。然而就目前我国公众参与生态保护的情况来看,至少还存在以下这些问题:

一是环保行为的缺失。目前,无论是城市居民还是农村居民,在日常生活中能够实际地践行生态保护的,仍然很有限。比如"垃圾围城""垃圾满村"的现象仍很普遍,减少机动车辆使用仍未能转化成居民普遍的自觉行为,等等。这些现象虽然只是生活层面上的,但也反映出居民层面的"环保行为"仍然处于"缺失"状态。这看似与产业转移并不直接相关,但普遍的、自觉的环保行为正是抵制生态破坏的民间基础。

二是对环保公益设施等公共项目的"邻避情节"严重。污染的转移造成当地生态破坏并威胁居民健康,在一些地方已经引发了许多环境群体性事件,也有大量的居民运用法律武器进行环境维权,这说明公众针对生态破坏的被迫行为在增加。但是由于环保信息长期不透明,公众的知情权、参与权、表达权、监督权在许多地方未能得到有效保护,加之一些地方政府对工业污染项目只重经济效益而对环境破坏听之任之,造成我国公众对环保的认知以"负面"居多,对于污水处理厂、垃圾处理厂等具有环境正效应的公共项目,容易产生"邻避情节",致使许多原本可以用来改善生态环境的公共项目落地的阻力增大。

三是环保非政府组织(NGO)的发展程度不够。环保NGO的存在可以成为生态保护的重要辅助力量。在1994年中国第一个在民政部注册成立的民间环保团体"自然之友"成立至今,我国已有数以千计的民间环保组织。据南方周末报道,早在2009年时,中国环保NGO已经突破3 500家,而且因为有的机构还未注册,越来越多的学生社团、草根组织加入其中,精准数字难以统计①。我国环保NGO的产生,已经在环保宣传、物种保护、垃圾清理等环保领域发挥了重要作用,甚至针对工业污染以及工业企业搬迁中出现的污染转移现象,展开了力所能及的行动。但是客观地说,由于经费不足、技术力量欠缺、人员流动性大、法律保护机制不够健全等原因,使我国的环保NGO的发展程度仍然非常有限,限制了这一股来自民间的环保力量的作用。尤其需要注意的是,环保NGO的独立性不够。在我国环保NGO中,官办非政府组织约占37.4%,学生环保社团约占39.5%,草根环保NGO约占14.5%,国际环保组织驻中国机构约占2.6%,港澳台地区的环保民间组织约占6%②。这些数据表明,有着浓厚官方色彩的官办NGO或学生社团占七成以上,而独立性相对较强的草根大众的NGO占比太低。这必然会形成环保NGO对地方政府的依附关系。在区际产业转移中,生态的破坏单靠政府行政干预还远远不够,甚至一些地方政府处于经济发展的考虑并未履行环境责任,而环保NGO发展程度的不够,特别是独立性不够,使其本应具有对与污染企业进行谈判、对地方政府进行呼吁和监督的功能大大削弱。

## 第六节 其他因素

产业转移对经济社会产生的作用是系统性的,在区际产业转移中,其生态效应产生的原因也是多方面的。除了上述因素以外,主要还有数据、技术、市场价格等方面因素的影响。

### 一、数据信息因素

大数据"以一种前所未有的方式,通过海量的数据进行分析,获得有巨大价值的产品和服务,或深刻的洞见"。③ 在大数据时代,数据是宝贵的财富,数据越来越成为各个领域得到改进和突破的重要资源。同样,拥有完善的数据系统和先进的数据分析和挖掘技术,对于生态保护来说,可以起到科学决策和精准治理的作用。然而,从现实来看,尽管我国在数据信息领域正在不断取得进步,但从治理区际产业转移的环境外部性来看,还存在一些问题。

这主要是在产业转移的过程中,居民能够感受到存在的污染问题,但具体的数据工作

① 徐楠. 环保NGO的中国生命史[N]. 南方周末,2009-10-08.

② 刘晓星. 环保NGO要揽瓷器活儿还缺金刚钻[N]. 中国环境报,2015-07-07.

③ 维克托·迈尔—舍恩伯格,肯尼思·库克耶. 大数据时代[M]. 浙江人民出版社,2013年1月,第4页.

相对滞后。例如，产业转移中各地区迁出和迁入企业的数量、规模、行业分布等相关数据仍然严重不足，工业企业在迁移之后对当地造成污染排放的规模、污染物的种类、污染的生态后果等几乎在各个地区也都缺乏足够的数据统计，等等。并且，大数据技术也才刚刚兴起，而我国过去的数据积累和数据统计等工作远远不够，数据的开放程度也相对较低，个人、企业、政府各部门、第三方数据机构之间的数据资源并未打通，一个个“数据孤岛”的存在使大数据技术的作用受到制约。例如，目前我国应用于生态环境保护领域的数据资源主要包括地面监测数据、遥感监测数据和地理信息数据，但是由于传统的信息化技术在环境数据整合工作中仍占据主导地位，受技术手段和数据格式等方面差异的影响，这些数据信息很难共享，这三类数据的统一存储、协调并在此基础上建立适用性广泛的生态环境大数据平台工作也还没有开展①。正是这些数据信息方面的因素，使我国在生态保护上得不到足够的数据支撑，针对区际产业转移的环境外部性，尽管现实中情况严重、案例比比皆是，但缺乏有效的数据分析和精准的政策手段。

## 二、企业技术因素

企业是产业转移的微观主体。工业企业的技术水平直接关系着区际产业转移生态效应的大小。我国企业的整体技术水平虽然在不断提升，但较之于发达国家还有较大差距。这种差距除了制造能力、产品质量、工艺水平等，还体现在资源能源消耗、污染排放情况、环保技术水平和企业技术生态化等方面。例如，根据张庆芝等人的研究，全国大中型钢铁企业在节能减排方面取得了一定的成就，但是在能源、水资源和环境约束下我国钢铁企业技术效率总体上仍然不高，低效率广泛存在于钢铁企业当中，能耗仍然较大，钢铁企业废气、废水、废渣的排放水平仍然较高，节能减排仍存较大空间和潜力②。

根据前面的分析，在我国存在较大环境风险的第二产业转移仍是产业转移的主导力量；在工业产业的转移中，各类产业不同程度地给承接当地带来了生态负担，尤其是污染密集产业一直是企业和污染转移的重要领域。在发达地区在向外转移产业中，无一例外倾向于向外转出资源能源消耗大、污染严重的企业，而作为产业承接地的欠发达地区从本地经济发展的利益需求出发，也倾向于接纳这些企业。在这种情况下，区际产业转移中企业的技术水平令人堪忧。一方面，相对落后的工艺、技术和设备通过迁移得以保留下来；另一方面，新的生产技术和环保技术、设备因企业利润等问题，在许多地方未能得到有效使用和实施。这种情况致使我国工业企业的技术水平提升受到限制，产业的梯度转移必然伴随污染的转移和资源能源耗竭的加剧。

## 三、成本和价格因素

环境外部性存在的一个重要体现，就是环境成本没有内部化。从市场失灵的角度看，

① 蔺旭东，张孟强，陈婧等．大数据技术在生态环境保护中的应用研究[J]．山东工业技术，2015(12)．

② 张庆芝，何枫，雷家骕．环境约束下的我国钢铁企业技术效率研究[J]．科学学与科学技术管理，2013(10)．

与生态环境的公共物品性质、生态产权的缺失一样，市场价格的扭曲也是造成生态问题的因素之一。从人类今天的经济运行系统来看，包括重化工业在内的工业产业无疑是整个经济体系中必不可少的，像中国这样一个发展中大国的现代化进程尤其离不开工业产业的发展和升级。但是在现实的经济运行中，工业产品的价格并没有真正将生态环境成本考虑进去。

从国际环境来看，在现行的国际分工和贸易体系下，包括中国在内的许多发展中国家工业产品的附加值相对较低，工业产品的竞争力主要依靠较低的价格来实现，再加上劳动力成本、商务成本的上升，淘汰旧的技术设备并采用先进的环保技术和治污设备的成本难以通过市场价格来体现，这样生态环境成为牺牲品的概率大大提高，生态环境成本得不到内部化。从国内环境来看，经济发展的梯度差异，以及环境规制和执行程度的地区差异，使高能耗高污染的企业得以通过转移而可以继续生存，落后技术和设备也可以通过产业转移的方式继续存在，先进生产技术和环保技术设备只能在一部分地区和企业中得到有效推广和使用，生态环境成本对于企业而言，在现有的价格体系下，既无内在动力也无充分的外在压力使之内部化，从而致使产业转移承接地的生态环境被透支。其最终的结果必然是，在东部发达地区承接国际产业转移后造成严重生态破坏的情况下，中西部地区和位于东部的相对落后地区在区际产业梯度转移的条件下，生态环境在更大范围受到威胁。

## 本章小结

本章分析了区际产业梯度转移发生生态效应的原因。通过分析可知，生态效应的产生有着各个方面的多种原因，我国区际产业转移的生态效应是各种原因综合作用的结果。其中，经济发展水平的区域差异与各地区普遍相似的工业化道路，是客观的基础性因素；我国在当前国际产业分工中的地位，使国际产业分工在现有的国际贸易体系下，又通过区际产业转移得以延续和扩展，并成为我国生态环境恶化的又一因素；生态产权制度的缺失和地方政府的原因，则分别是“市场失灵”和“政府失灵”在区际产业转移环境外部性中的体现；公众利益的分散性，使地方政府缺少来自民间的压力，从我国公众对生态问题的认识程度和对生态保护的参与程度来看，还有较大的潜力可挖；此外，在造成区际产业转移生态效应的诸多因素中，数据、技术、成本、价格等因素的影响也是需要关注的。

# 第十章　区际产业梯度转移生态效应的治理思路与对策

生态文明是人类社会发展到一定阶段的必然要求，绿色发展也是中国经济今后健康持续发展的客观需要和必然趋势。在“十三五”全面建成小康社会的决胜阶段，及其以后的发展进程中，经济继续维持中高速增长、人民生活水平和质量普遍提高，都需要以生态环境质量的总体改善为基础。真正地践行绿色发展，显然，在应对区际产业梯度转移的生态效应方面，必须使产业转移这一经济趋势与生态文明建设相适应，使各地区产业的升级与合理布局最终与生态环境保护相协调。由于发达国家生态与经济的和谐，是以国际间产业转移为基础的。而我国经济发展区域差异大，产业更多的是在国内区域之间发生大规模梯度转移，并产生巨大生态效应，因此并无现成国际经验可供借鉴。尽管发达国家在水环境、大气污染等领域的治理有许多先进经验，但是应对我国区际产业梯度转移的生态效应，尤其是防范其负面影响在空间上的扩散和在时间上的延续，还需要从本国实际情况出发，探索系统性的治理措施，以使绿色发展理念能够得到切实而又深入地贯彻。

## 第一节　发展理念的转变

寻求解决问题的途径，首先是要在思想认识层面上使理念、观念正确。产业转移在区域经济发展以及实现全国各区域协调发展中，既是必然趋势，也是重要方式。在工业化的进程中，由于未能妥善处理好发展与保护之间的关系，因此带来了区际产业转移的生态问题，并与其他因素造成的生态问题叠加，共同产生了对生态环境的威胁。时至今日，面对新的经济环境和日渐恶化的生态环境，发展的理念在客观上需要得到根本性的转变，“绿水青山”与“金山银山”之间的科学关系理应得到充分认识。

### 一、传统工业化道路与生态环境的冲突

经济发展改善着人类的生活条件，但是经济发展过程中的一些内在因素，有碍于对环境的保护和资源的可持续利用，在许多情况下经济发展与环境保护面临着取舍关系①。在传统的经济增长模式和工业化路径中，经济发展与生态环境之间往往处于一种对立的状态。在生产力水平不够发达，物质供给相对短缺的时代，出于改善人们生存环境的需要，经济发展通常处于优先地位。而当生产力水平发展到一定程度，经济发展进入工业化的轨道以后，经济的高速增长，物质条件的极大改善，仍然也是以生态环境的巨大破坏为代价。资源的耗竭、环境的污染、物种的消失、气候的变化等问题持续恶化，所谓的“工业文明”在带来物质繁荣的同时，也使人类所赖以生存的生态系统受到前所未有的威胁。工业生产的急剧扩张与有限的生态环境的自净能力和承载能力的矛盾日益突出。生态马克思主义者甚至认为，资本主义除了自身所存在的“第一重矛盾”，即资本主义生产无限扩大趋势与劳动人民有支付能力需求相对缩小之间的矛盾以外，联系到生态环境，还存在“第二重矛盾”，即资本主义生产无限扩大的趋势与自然界承载力有限性之间的矛盾②。传统的工业化发展方式与生态环境之间的冲突，已成为人类社会继续生存和发展不可回避的现实问题。

### 二、现实经济环境的变化

今天的主要资本主义发达国家，几乎都经历过工业大发展造成生态环境大破坏的阶段。时至今日，主要发达国家在全球价值链中占据高端环节，其经济结构以服务经济和高端制造、高新技术为主。尽管从这些国家的历程来看，在经历工业化和环境恶化的阶段后，生态环境普遍改善，环境库兹涅茨曲线规律似乎发挥了应有的作用。但实际上，在经

---

① 潘家华.持续发展途径的经济学分析[M].社会科学文献出版社，2007年5月，第20页.

② 陈学明.谁是罪魁祸首——追寻生态危机的根源[M].人民出版社，2012年9月，第10-11页.

历几次大规模的产业转移以及在全球分工体系形成的“服务—制造”格局以后，生态破坏和环境污染并没有真正消除，而是转移到了发展中国家。传统的先进国家生产工业品，落后国家生产农矿初级产品的分工格局已经发生了根本性的变化。这些发展中国家以牺牲生态环境为代价，换取了经济的发展。尽管发达国家已不再生产中低端工业产品，但掌握着核心技术、品牌、标准、创新体系等关键性环节。而发展中国家的经济更多地依赖中低端制造、加工、组装等低附加值环节，并同时承载了世界上主要的高耗能高污染产业。

从中国的工业化历程来看，工业发展经过长期的艰苦努力，取得了长足的进步。特别是在改革开放后，在原有的基础上，进行体制改革，进一步积累和发展，并大规模引进外资，承接了大量的国际产业转移，并积极利用国际国内两个市场两种资源，积极参与国际分工和贸易，中国逐渐成长为“世界工厂”，制造业规模已经世界第一。但是在取得巨大成就的同时，也付出了生态环境极度恶化这样的沉重代价。经历了重化工业的扩张、国际污染密集产业的承接之后，区际产业转移的梯度转移成为趋势，资源耗竭、生态破坏和环境污染的形势依然紧迫。

现而今，中国的经济发展面临着更加趋紧的资源环境约束。况且，产业发展的结构性矛盾突出，中低端产能过剩与高端产能严重不足并存；改变目前在国际产业分工体系中的地位并走向价值链高端，成为中国经济转型升级的现实需求；以互联网经济为代表的新兴产业蓬勃发展，物联网技术、3D 打印技术、大数据技术、新能源新材料技术等现代技术越来越多地融入产业体系中；以德国工业 4.0、美国先进制造业国家战略计划等为代表的新的产业革命正在酝酿之中，抓住新一轮科技革命的机遇，以创新驱动经济发展成为包括中国在内的世界主要经济体的迫切需要；等等。所有这些都表明，现实的经济环境正在发生改变，原有的依靠规模扩张和资源消耗的发展的经济发展模式难以为继，必然逐步淡出中国的经济发展道路。

## 三、经济发展理念的转变

理念是行动的先导，发展理念引领着发展的行动。区际产业梯度转移固然是区域发展和生产力布局调整的客观需要，但是其所产生的生态效应又是不容忽视的。而要缓和乃至解决这一问题，首先就是要转变发展理念。传统的工业化道路及其与生态环境的冲突，决定了原有发展方式即将走到尽头。尽管我国当前宏观经济总体上稳定向好，但经济增长速度下行压力增大，环境质量、资源约束等现实问题制约着传统的增长方式，经济发展的方式亟待转换。从世界范围来看，新一轮产业创新和科技革命渐成趋势，包括中国、美国、德国、英国在内的主要经济体都在致力于依托创新创业来探索未来经济的新动力、新方向。这决定了必须转变发展的理念，以适应现实经济环境的变化，并引领经济发展方式转向生产发展与生态良好协同共进的文明发展道路。

区际产业梯度转移的生态问题，归根结底还是属于发展与保护的关系问题，也就是“金山银山”与“绿水青山”之间的关系。2013 年 4 月，习近平总书记在海南考察时指出：“保护生态环境就是保护生产力，改善生态环境就是发展生产力。良好生态环境是最公平的公共产品，是最普惠的民生福祉。”2015 年 3 月 6 日，习近平总书记在全国两会期间参加十二届全国人大三次会议江西代表团的审议时，再次指出：“要像保护眼睛一样保护生态环境，像对待生命一样对待生态环境。”这些表述本质上都揭示了处理经济发展与生态保护之间关系时应持有的理念，即“绿水青山”就是“金山银山”的理念。

过去粗放的经济发展方式和工业化模式，实际上走的是一条用“绿水青山”换“金山银山”的道路，在经济建设取得成就的同时，其带来的负面效应也是显而易见的。如何实现“既要金山银山也要绿水青山”，乃至“绿水青山就是金山银山”，成为全国人民的共同愿望。党的十八大所提出了生态文明理念，党的十八届五中全会提出了绿色发展理念，党的十九大提出了“建设美丽中国”的论断，习近平总书记围绕“金山银山”和“绿水青山”的生态观，从根本上昭示了中国未来经济发展的理念转变问题。应对区际产业梯度转移的生态效应，从政府到企业、到民间都应摒弃“用绿水青山换金山银山”的理念和做法，就是要真正地将生态文明理念、绿色发展理念和习近平总书记的生态观，切实落实到国家发展的战略中，并在区域的产业发展和区域间的产业协调中加以体现。

## 第二节　区域经济发展转方式

我国区际产业梯度转移所出现的严重生态问题，从根本上说是传统的工业化发展模式所带来的经济发展与生态文明相脱节的结果。而要解决这一问题，包括区域间产业同构以及工业化、城市化互动发展所带来的生态问题，经济发展的方式必然要转变，现代化的目标也应转向以生态为导向。国家由各个区域组成，区域经济发展转方式是国家经济发展转方式的基础，我国经济发展的转方式自然是由各个区域经济发展的转方式构成。治理区际产业梯度转移的生态效应，从国家的整体上看需要经济发展转方式，但落实到每个区域，其根本出路在于区域经济发展方式的转变。这实际上是从战略层面思考治理的途径，并需要其他战略措施跟进。

### 一、探索与生态文明相统一的经济发展方式

在我国改革开放初期，经济发展水平还不高，工业生产规模较小，其发展所造成的生态破坏和环境污染还不显著，尤其是当时经济进一步发展所需的积累远远不够，人民群众的生活水平亟待改善，传统的以工业带动现代化和城市化的发展方式客观上发挥了应有的历史作用。但时至今日，中国经济处于转型的关键时期，经过数十年积累，在经济实力和影响力快速上升、人民生活水平大幅提升的同时，人与自然的矛盾越来越突出，生态环境问题成为全社会普遍关注的焦点问题，传统的工业化道路与经济与物质导向的生活方式引起了人们的反思。过去与生态文明不协调的高污染、高耗能、高投入的经济发展方式，正通过区际产业转移的方式向中西部欠发达地区寻觅存续的空间。而这又与产能过剩、经济增速下行压力增加、实体企业经营困难增多等现实问题相交织。可见，无论是从

保护生态环境的角度，还是从维持经济增长的角度，一直以来的传统经济发展方式的潜力日渐消弭。寻找经济增长的新动力和新空间，正成为我国经济可持续发展的迫切需求。

根据十八届五中全会的精神，绿色发展就是要走可持续发展之路，“形成人与自然和谐发展现代化建设新格局”，“促进人与自然和谐共生”。从本质上说，绿色发展就是要实现经济发展方式与生态文明的统一。如果说传统经济发展方式依靠要素驱动和投资规模驱动，那么未来经济的可持续发展就是要依靠创新驱动。从可持续发展的要求来看，对于不可再生资源要节约使用并持续寻找新的资源、可替代资源和建立回收利用的技术和体系，对于生态环境要保护和加强系统的生产和更新能力。与生态文明相统一的发展方式，就是要以更少的消耗和浪费，创造更多的产值和财富。如果说凭借不断改进的生产技术和管理手段（比如信息技术与生产制造相融合），以实现资源和原材料的充分利用，并创造出更加适应市场多样性需求的产品，仅仅只是创新驱动经济的一种表现形态。那么，经济增长方式从低级向高级转变，则是创新驱动经济的实质内容，即从资源配置型向资源再生型增长方式转变，外延扩张型向内涵开发型增长方式转变，资源运营—产品运营—资产运营—资本运营增长方式向知识运营增长方式转变①。显然，这种高级增长方式所带来的资源集约利用和环境污染减少，符合了可持续发展的要求，体现了生态文明与经济发展方式的统一。

## 二、以科技创新引领区域经济发展转方式

从当前我国经济发展的态势来看，未来经济的新动力、新方向在于创新驱动。党的十八届五中全会提出：“坚持创新发展，必须把创新摆在国家发展全局的核心位置。”“深入实施创新驱动发展战略，发挥科技创新在全面创新中的引领作用。”党的十九大更是提出“创新是引领发展的第一动力。”创新在国家的发展战略中已提到前所未有的高度。我国当前宏观经济尽管总体上稳定向好，但从各个区域的状态来看，许多区域经济增长速度有所放缓，产业结构、环境质量、资源约束等现实问题制约着传统的增长方式，经济发展的动力和方式亟待转换。而从近年来我国一些区域经济发展的新动向来看，依靠创新来实现生产力的提升和发展方式的转变渐成趋势。从应对区际产业转移的生态效应来看，就是要以科技创新引领经济发展转向创新驱动，以产业转移带来要素流动促进生产力布局改善，为新的经济成长塑造环境和空间，在区域经济发展中体现创新发展与绿色发展的相统一。

首先，把科技创新作为培育区域经济增长新动力的基点。从我国经济应对诸多挑战的现实需要出发，实施创新驱动战略显得尤为迫切。在创新驱动型的经济中，一是要将原创性的知识创新与技术创新与资本支持、科技投入相结合，不断推动创新创业，利用市场的竞争和试错机制，使新企业、新产业不断涌现。二是要调整各个区域的产业结构，将传统产业不断进行改造和升级，发展和壮大新兴产业，不断减少对低端制造和大规模要素投

---

① 陈世清. 新常态经济是创新驱动型经济——新常态经济是经济增长方式转变[EB/OL]. 求是网. http://www.qstheory.cn/laigao/2015-06/16/c_1115629001. Htm，2015-06-16.

入这种传统驱动方式的依赖。三是要选择本区域新兴产业发展的突破口，制定政策优先扶持一批富有前景、具有区域优势和特色的企业、行业，培育各个区域的新经济增长点。目前，互联网金融、生物医药、机器人等新产业正在许多区域不断成长，包括大数据产业、电子商务也在贵州、新疆等西部地区展现蓬勃发展的势头，一大批知名创新创业型企业也应运而生，这已经初步证明科技创新在培育区域经济增长新动力中的关键性作用。只有当区域经济发展的动力越来越多地依靠人才、技术进步和创新，提高能源和原材料的利用效率，传统产业发展中出现的生态问题才能逐渐得到解决。

其次，把科技创新作为推动区域经济走向高端的核心要素。从整体上看，我国区际产业转移的规模庞大，但转移的产业和企业技术水平仍然不高，基本处于国际产业链的低附加值部分。即使是经济相对发达的地区，产业发展也存在创新能力不足、自主核心知识产权和自主国际品牌偏少的问题。未来，欲改变现状，一方面，要依靠产业创新和技术沉淀突破区域发展的诸多短板；另一方面，要围绕科技创新建立信息平台、政策平台、技术平台和金融平台，并以此构筑区域经济的核心竞争力，塑造创新发展的区域优势。从“十二五”以来我国持续推进创新驱动战略的效果来看，特别是高铁、航天、核电等高端装备不断走向世界，表明科技创新正成为我国经济逐步走向高端化的核心要素。今后，区域发展必须在已有的基础上以科技创新为突破，并与产业转移促进要素流动和合理配置的作用相配合，才可能使以高附加值、高技术含量为特征的高端产业逐渐成为区域经济的主导方向，从而降低对高耗能、高污染的产业或产业环节的依赖。

再者，区域发展中发挥科技创新对于释放新需求、创造新供给的引领作用。经济发展方式的转变也表现为在经济系统中新需求、新供给对传统需求和供给的补充和发展。自20世纪70年代以来，在微电子、新材料、信息技术等新兴领域，莫不是小微企业的前赴后继，以及在此基础上孵化出大企业大集团，进而引领了产业的新发展，乃至塑造了经济的新格局。时至今日，新一波科技浪潮开始袭来，制造业与服务业、信息化跨界融合成为现代产业协同创新的趋势，信息化与国家经济的不断融合也成为经济转型发展的必然选择。在这种条件下，区域经济发展一是要以科技创新带动产业创新，不断拓展新领域、新方向，使新产业、新技术、新业态层出不穷，让需求和供给在人们的生活方式不断变革和大批创新创业型企业的不断涌现中持续注入新的内容。二是向外进行产业转移与区内的产业升级相结合，在发挥区际产业转移作用的同时，注入科技创新的活力。三是要以新的供给和需求助推原有供给和需求的升级和调整，在除旧布新的过程中减少环境污染和资源消耗，促进各个区域在巩固产业发展的基础上，以新的供给和需求弥补压缩过剩产能后带来的增长动力空缺。

最后，实现科技创新与产业转移的有效配合，塑造创新创业良好环境。在新经济时代，无论是发达地区的经济升级版，还是相对落后地区的经济赶超，都越来越与科技创新高度融合。在新产业、新业态、新技术不断涌现之时，几乎没有任何信号甄别机制来精准地判断企业和产业未来的走向和前景。创新与创业的不确定性使得经济发展新的活力和新的方式更加依赖于环境的塑造。苹果、微软、阿里巴巴等一系列案例表明，创业所带来的利益预期和自我实现预期成为大多数科技创新、商业模式创新的原生动力。因而，区域经济发展方式的转变离不开良好氛围和环境的营造。一是要营造鼓励创业、宽容失败的社会氛围，塑造让市场机制发挥决定性作用的环境，促进新空间的扩展和新动力的培育。二是对于发达地区而言，要使政府对市场规律的更加尊重，便于营造良好的创新创业环境，以产业转移促进要素更加自由地流动，让市场机制在大浪淘沙和优胜劣汰中筛选出未来的企业和产业。三是对于欠发达地区而言，在承接产业转移中，以市场换技术、引人才，并营造良好投资环境促进发达地区企业的技术研发机构的落地，在国家和区域各类配套政策的催化作用下，增强区域创新能力，促进产业技术实力的积累。借助科技创新与产业转移的配合，使落后产能被淘汰后的空白得以填补，使低效益高环境成本的产业或产业环节不断被替代，在经济转型升级的过程中避免"产业空心化"，从而提高经济运行的质量，减轻对生态环境的压力。

## 三、以工业转型升级推动生态文明建设

现阶段，工业产业的转移占据我国区际产业转移的主体，并且也是形成其环境负外部性的主要领域。由于产业转移是要素实现自由流动的有效途径，而要素的自由流动是资源高效配置和市场深度融合的必要条件。因此，在以创新驱动区域经济发展转方式的前提下，产业转移为工业的创新和升级提供了有利的条件。反过来，工业产业的转型升级成为区域经济发展转方式的重要组成部分。

从目前世界经济的潮流和中国经济发展的态势来看，加快改革创新，促进新经济的成长和传统经济的升级，既是区域经济发展转方式应有的内容，更是提高资源的利用效率、大幅降低环境破坏的现实需要。从工业转型升级的层面上看，这就至少需要从这几个方面加以推进。一是要适应工业化与信息化融合的世界潮流，推进"中国制造 2025"战略的实施，提升制造业的国际竞争力，形成以智能制造为主导方向的高端制造能力。二是要结合国家创新驱动战略，提高我国工业企业的自主创新能力，以科技创新引领经济发展，逐步形成中国在世界创新体系中的引领作用。三是要引导工业产业的发展转向价值链的高端，持续扩大服务业的开放，不断向以高附加值领域为主导的经济结构迈进。在转型升级中，使各个区域的经济发展与生态文明的建设相统一，使工业产业的区际转移与生态发展相协调，最终使区域经济发展转方式成为生态文明建设真正有效的推动力量。

当然，这里还有三个问题需要得到明确：

其一，生态文明建设中工业本身的价值所在。我国原有的工业生产由于产能过剩、污染严重等问题的存在，受到种种诟病。然而，这并不能抹杀工业产业本身的价值所在。只要人类存在，工业生产就是最基本的经济活动之一，人类的一切物质生产活动和服务都要以工业技术和工业产品为基础和工具；更何况，无论是从工业化创造和蓄积物质财富的水平来看，还是从工业产业占据世界产业技术的制高点的情况来看，我国工业化都远未完成[①]。即使在生态文明建设中，工业仍是我国经济社会继续向前发展的基础。生态文明建

① 金碚．工业的使命和价值——中国产业转型升级的理论逻辑[J]．中国工业经济，2014(9)．

设并不是要回归到原始文明和自然经济状态。没有一定的物质基础和产业技术基础，现代意义上的体现广大人民群众福祉的生态文明建设根本无从谈起。况且工业本身和创新是相容的，自工业革命以来，人类的科技发明主要来自或应用于工业领域，在一二三产业出现融合趋势的今天，工业领域的创新和升级，实际上也是整个经济体系转型升级的基础。

其二，对待环境库兹涅茨曲线规律的态度。发达国家几十年来所经历的生态环境从恶化到改善的历程，实际上是建立在国际分工体系变革和国际产业转移的基础之上的。但就整个世界而言，单纯地依靠产业转移并伴随污染的转移，只能局部改善生态环境，并不能从根本上解决问题。我国区域经济发展差异大，区际产业转移规模之大成为我国经济发展有别于这些发达国家的特殊情况。从生态文明建设的需要出发，不可能坐等环境库兹涅茨曲线拐点的出现，而是应当将工业产业的转移纳入区域经济发展转方式的轨道中，将生态文明的理念纳入从国家到地方的经济发展中。

其三，重化工业是否有生存的空间。通常，由于与高能耗、高污染相伴随，因此重化工业往往被视为与生态文明相对立。但重化工业在工业产业中的地位和作用，决定了其在现代经济体系仍然是无可替代的。化工、材料、交通设备、能源等领域仍旧是维持今天社会经济生活的产业保障。即使是环境标准严格的发达国家，在今天即使本国不生产或减少生产重化工业产品，也是通过产业转移和国际分工、贸易体系来满足自身对重化工业产品的需要。我国在经济增长下行压力增大情况下，避免“产业空心化”，继续维持国际竞争力，仍需要重化工业的支撑作用。而且，从我国的情况来看，区际产业转移在一定程度上起到了避免“产业空心化”的作用，使许多重化工业转移到中西部地区以后仍能继续生存。但所带来的环境负外部性又不得不需要加以重视。从德国、日本等发达国家经验来看，重化工业要保持其应有的生存空间，一是要在布局上要科学合理，即不与人口密集的城市相结合，只在某一些城市或区域存在，节点定位就是人口少，并综合考虑交通、港口等因素；二是要确保产值增加与环境治理投入增加相结合，只要治理能够跟上，重化工业的也能生存，其转移所带来的生态环境效应就会降到最低；三是依靠科技创新，带动产业升级转型，以尽可能小的物质消耗和污染排放创造尽可能多的产值。

## 第三节　在开放经济中践行绿色发展

在现而今的经济体系中，无论是创新驱动，还是生态文明，都无法脱离开放的大环境。创新是引领区域经济发展转方式的关键，开放则有利于加快转方式的速度。在全球化背景下，产能国际转移是消化过剩产能的有效宏观治理路径，既为国内资本找到理想投资目标，也有助于“中国制造”走向国际①。随着中国经济以更加主动的姿态向外开放，在深度融入世界经济的过程中，承接的国际产业转移越来越偏向附加值相对较高的服务业，以适

① 董小君.通过国际转移化解过剩产能：全球五次浪潮、两种模式及中国探索[J].经济研究参考，2014(55).

应现代产业体系形成中以及企业不断"走出去"的服务需求。与此同时，大规模的国际产能合作蓬勃兴起，在双向开放的新格局中使要素在国际、区际要素更加自由地流动，从而使生产力更加合理地布局，这也是中国在消化在过去经济发展中所累积的诸如产能过剩、区域发展不平衡等问题的同时，为践行绿色发展提供了契机，为通过国际产能合作和改善国际分工地位等途径，缓解区际产业转移的环境负外部性提供了更多的可能性。

## 一、加强国际产能合作

一直以来，承接国际产业转移在我国的开放型经济中占据重要地位，是东部沿海地区率先发展起来的重要途径。时至今日，我国已经积累了巨额的国内资本和巨量的制造业产能，产能过剩和资本流动性过剩日益成为我国经济进一步发展和升级的"拦路虎"，对于产业转移从过去强调的"引进来"，越来越转向"引进来"与"走出去"并重。伴随"一带一路"建设的持续推进，我国在经济全球化的角色也正由"追随者"开始向"引领者"转变，主动向外进行产业转移，并与越来越多的国家进行国际产能合作，是中国发展更高层次的开放型经济的必由之路。

现阶段，"一带一路"的许多沿线国家都处于工业化和城市化的初期或中期，亟待改善产业结构，建构适合自身发展需要和阶段特征的工业体系。相对于这些国家，我国所拥有的资金优势、产业优势非常明显。在政策沟通、贸易畅通、资金融通、道路相通的背景下，借助国际产能合作，我国企业更多地向这些国家投资建厂，促进成套生产设备输出，实现资金、技术、产能的系统输出。目前，中国向外转移产业已初见成效。以制造业为例，2015年该领域我国对外直接投资达143.3亿美元，比2014年增长了105.9%[①]。东南亚、南亚和非洲一些国家已经承接了大量来自中国的投资，制造业发展迅速。

但这些并不意味着可以走西方发达国家的老路，即将产业和污染以产能合作的名义转移到其他国家。在开放经济体系下，通过向外输出产业，除了带动相关国家的工业化发展以外，也为我国解决产能过剩、促进产业体系沿价值链高端方向发展带来了机遇。而从服务业的发展态势来看，我国也将更多地吸引和集聚全球优质服务业资源，提升中国服务业竞争力，并不断走向国际化，为国际产能合作提供更好的服务平台。应该说，国际产能合作最终是要获得"互利共赢"的结果。环境成本并不是造成产业转移的唯一因素，推进国际产能合作更多的是基于劳动力成本、商务成本和产业升级的需要等因素的考虑。因此，向外输出产业，当然要坚持环境保护高标准，遵守投资对象国的环境制度和法律，遵守相关的国际公约和法规。唯有如此，中国企业才能顺利"走出去"，才能真正地受到更多国家和地区的欢迎。

另外，也必须看到，我国区际产业转移浪潮出现的同时恰逢国际产能合作兴起。借助国际产能合作，缓解区际产业转移的环境负外部性，至少有以下三条途径：其一，在国际产能合作中强化对过剩产能的转移和消化，减少存在产能过剩情况的行业又

---

① 数据来源：根据《2015年国民经济和社会发展统计公报》相关数据整理得出。

参与到区际产业转移的过程中，降低各地区产业同构的影响，尽可能避免过剩产能转移到中西部地区后带来的生态压力。其二，在加强国际产能合作中推动我国工业企业参与国际市场竞争，在生产、装备以及相伴随的服务"走出去"的同时，激烈的国际竞争也倒逼企业改进技术、降低成本，以此可以促进我国产业技术的整体进步，无疑为减少污染、降低消耗、节约能源提供了更大的空间，这也有利于减少区际产业转移的环境负外部性。其三，虽然在区际产业转移中，发生转移的产业往往都是产业转出地相对落后的或渐渐失去比较优势的产业，但在区域产业转移已经不断融入国家开放大格局的背景下，区域的产业发展正不断成为连接国内市场和海外市场的重要纽带，在国际产能合作中，强化这种纽带作用，削弱地方保护，降低在区际产业转移中因地方政府保护形成的环境污染。

## 二、改善国际分工地位

益于多年来开放型经济道路的探索，我国的工业化进程得到有力推进。未来，开放型经济的战略目标必须服务于经济结构升级、寻找新增长动力、形成新增长模式的要求①。以开放促改革，加快构建开放型经济新体制，可以激发制度活力，推进创新驱动战略。在更高层次的开放型经济中，可以在更广阔的空间范围内合理布局经济资源，深度参与国际分工，引导企业不断向全球价值链的上游挺进。从这一角度看，开放发展与区域经济发展转方式是相辅相成、紧密相关的。在开放条件下，区域乃至整个国家提高在现有国际分工中的地位是经济发展转方式的必然结果。

"大而不强"的地位，反映了我国在现有国际分工体系中的状态和在世界经济体系中的地位。这种地位显然也是造成区际产业转移生态问题的原因之一。提高国际分工地位自然就成为打破"出口低附加值产品、把污染留在国内"的现状的有效途径，这也是降低经济发展所带来的生态环境代价的必然选择。结合我国经济发展的阶段性特征和区域发展的实际情况，可以从以下几个方面着手：

其一，矢志不移地提升工业领域的产业技术水平。"工业的本质就是将无用的物质转变为有用的物质，将有害的物质转变为有益的物质。"②可以说，工业提供了人类现代文明的物质基础。工业化所带来的物质财富蓄积，为人类追求包括环境质量在内的生活质量提供可能。"科技进步是工业的灵魂，工业是科技进步的躯体……所谓工业转型或产业升级，实质上是工业所具有的创新性和革命性的自发彰显。"③工业作为科技创新的载体，是充分利用资源降低资源消耗和污染的重要领域。从我国的现状来看。大多数区域远未完成工业化。不断提升工业领域的产业技术水平是继续推进工业化、提高国际竞争力的必由之路，并在此过程中使许多区域逐渐改变"污染天堂"的地位。提高工业的产业技术水

① 唐珏岚. 以更高层次的开放融入世界经济[N]. 文汇报，2015-11-29.

② 金碚. 工业的使命和价值——中国产业转型升级的理论逻辑[J]. 中国工业经济，2014(9).

③ 同上.

平，在工业的转型升级中还有两点至关重要，一是要弘扬“工匠精神”，改变以往追求“短、平、快”的粗制滥造和短期经济效益的状况，鼓励制造业企业和工人在产品的工序、细节、工艺上精益求精、精雕细琢，提升产品的质量和档次；二是要推动企业在关键性技术领域寻求突破，打破横亘在我国制造业升级道路上的瓶颈，这需要在钢铁、机械、纺织等传统优势产业中加大自主研发力度，注重技术积累和科研投入。通过提升工业产业技术的水平，并以此为基础促进与服务业的融合，促进现代产业体系的构建，在实质上达到减少物质消耗、促进资源充分利用、降低环境污染的效果。

其二，适应新经济发展趋势。当前由于世界经济整体疲软、复苏乏力，各个主要经济体基于对自身的反思以及产业创新的驱动，纷纷提出了各自的“新经济”主张，如美国先进制造业国家战略计划、德国工业 4.0、英国制造 2050、新工业法国、日本制造业竞争策略等。面对新经济大潮，我国也提出了“中国制造 2025”战略、制定了“互联网＋”行动计划，在一些地方也开展了新经济的实践，比如上海提出的“四新经济”，贵州的大数据战略等。在新经济中，生产的进一步分解，围绕产品价值链创造的所有环节，包括加工产品规划、产品模型、产品设计、模拟仿真、模具制造、生产、组装、设备、品质检验、量产、供应、维护在内的几乎所有环节都可以再进一步细分。服务业发生转型，变成了价值创造的核心。移动互联网、人工智能、生命科学、新能源、大数据技术等领域不断推陈出新，引领着一二三产业的不断融合与升级，新业态、新模式层出不穷。在区际产业转移的条件下，政府要致力于塑造良好制度环境，减少新经济发展的约束，并促进电子商务、金融、信息、物流、技术、政策等各类平台的形成。使各个区域的产业发展在产业转移浪潮中，焕发新的活力；使我国在“新经济”浪潮中迎头赶上，不断增强参与争夺新科技产业革命话语权和产业发展制高点的实力。并在新经济架构和体系中，逐步改变原先大工业生产对生态环境造成的压力和破坏，不断重塑经济发展与生态保护的关系。

其三，运用全球化资源推进产业升级①。产业转移与产业升级密切相关。提高国际分工地位是产业升级带来的成果之一。产业转移则是产业升级的有效途径。通常，落后地区通过承接区际和国际产业转移促进产业升级，发达地区在向外转出产业实现产业要素空间优化配置来促进产业升级。产业升级可以成为协调“发展与保护”关系的突破口之一。在开放经济体系中，扩大对外开放、国际并购、优化出口结构、帮助企业“走出去”、优化企业组织发展环境、融入区域合作经济发展等方式都可以促进产业升级②。所有这些方式，本质上都是借助全球化的资源，推进我国的产业升级，而产业转移都能与之进行很好的契合。在产业升级的过程中，提高招商引资的质量，增进产业技术含量，帮助高端产业组织发育，促进新技术、新模式的应用和推广，并推动现代产业体系的形成，从而增强国际竞争力、提高在国际产业分工体系中的地位。我国大范围的区际产业转移，无论是对于相对发达的地区还是相对落后的地区，都是实现产业升级的良机。运用全球化的资源在促进产业升级的同时，反过来，国际分工地位的改善可以使我国许多区域减少污染密集产业

---

① 王国平. 产业升级论[M]. 上海人民出版社，2015 年 9 月，第 179-183 页.

② 同上.

产品的生产，并提高高技术高附加值产品的比重，促使企业更合理地布局生产环节、有效利用资源、减少污染排放和环境破坏。

## 三、合理对待外资和外资企业

外资和外资企业在我国开放经济体系中依然占有重要地位。鉴于FDI在参与我国区际产业转移中所产生的环境外部性，特别是部分跨国公司还存在“双重环境标准”，在生态环境状况持续恶化的今天，合理地对待外资和外资企业成为必要。基于污染密集产业的空间转移机制和FDI环境外部性在空间上的影响，从全国着眼可以分区域治理，以便将对外资和外资企业的利用纳入区域经济与环境的协调发展中。

在国家区域协调发展战略框架下，东部沿海地区仍然应成为FDI环境外部性治理的重点区域。尽管根据第八章的分析，东部沿海吸引的外资主要已进入服务业，但由于数十年的沉淀，东部沿海地区仍然集中了全国大部分的外资工业企业及其所造成的污染。因此，东部地区要利用已有的经济基础和区位优势，在加快产业升级和经济增长转方式的过程中，逐渐将经济发展模式转向“创新驱动”为主，逐渐淘汰掉外资企业中重污染、高耗能的部分，并强化污染治理，控制外资企业污染排放总量。为防止外资和外资企业在参与区际产业转移中，将其负的环境外部性向外转移，中西部地区也需要加强相应的环境监管和治理。中部地区要慎重对待来自国外和东部沿海地区的外资污染企业，在加强环境基础设施建设和加大污染治理力度的同时，尽可能引进低污染的清洁产业，以便有效维护区域资源环境承载能力。西部地区应致力于维护比较脆弱的生态系统，可在一些生态环境状况较好的区域适度引进外资，或者引入外资进入当地优势特色产业中，但要防范以牺牲资源环境为代价来换取外商投资的行为。此外，还要同时加强跨区域合作与协调，共同采取措施限制FDI项目中污染密集产业的跨区域转移，并针对外资企业已有的跨界污染问题，实行联合治理。

对外开放和生态环境保护是我国的两项基本国策，若协调得当，二者可以相辅相成，相互促进，利用外资和外资企业时必须要考虑生态环境保护。盲目追求外资规模和数量而忽视环境问题的做法，会使经济发展与环境保护难以协调①。改革开放以来，为了吸引外资，我国一直给予外资企业种种优惠政策。在改革开放初期，百业待兴，国民经济发展在本国资本匮乏的情况下，急需引进国外的资本、技术，所以采取种种吸引FDI的优惠政策。时至今日，随着经济的持续快速增长，我国的资本存量相对以前来说已经是大为改观，外汇储备、居民存款都位居世界第一，甚至出现了资本的相对过剩，“走出去”成为新的趋势。所以，在对待外资和外资企业的政策上，不但要注重FDI的数量，还要注重其质量，尤其是要确保环境保护优先，力争通过环境标准、税收、土地政策等手段限制污染密集产业的转移。各级政府应逐步取消目前在方方面面依然还存在的针对外资企业的种种优惠政策，特别是在生态环境保护上对外资的优惠政策，让外资企业与内资企业在环境标准上

① 夏有富.外商转移污染密集产业的对策研究[J].管理世界，1995(2).

“一视同仁”。此外，还要注重对外资的产业导向，鼓励外资进入环保产业，鼓励在引进 FDI 的同时引进先进的管理方式、技术和理念，鼓励外资企业提供或引进环保设备和技术，进行企业环保培训和信息指导，加强环境管理。

有一种观点认为，即使外资企业不污染环境，内资企业也要污染环境，而外资通常技术先进，污染程度较内资企业要低一些，引进国外的污染密集产业虽然存在严重污染，因而用外资企业替代内资企业至少是一种环境保护上的次优策略。但实际上，在许多地区，外资企业进入享受的是比内资企业优惠得多的待遇，外资企业在环境保护上往往也因各级政府的引资行为甚至是竞资行为而享受环境标准上的优惠。一些地方政府为了招商引资不惜降低环境标准甚至无视国家环境法规。而且外资企业特别是跨国公司进入我国以后往往采用双重标准，即采用我国当地的环境标准，这比其在母国的环境标准要低得多。即便如此，许多跨国公司仍然在环境保护上不能达标。可见，引进国外的污染密集产业未必就是一种次优策略。内资企业和外资企业都存在着环境负外部性，所以在制定环境标准和环境政策以及进行环境治理时，要公平对待两者。

## 第四节　贯彻主体功能区规划战略

根据国务院颁布的《全国主体功能区规划》指出：“要根据不同区域的资源环境承载能力、现有开发强度和发展潜力，统筹谋划人口分布、经济布局、国土利用和城镇化格局，确定不同区域的主体功能，并据此明确开发方向，完善开发政策，控制开发强度，规范开发秩序，逐步形成人口、经济、资源环境相协调的国土空间开发格局。”鉴于区际产业转移生态效应在空间上的跨界性和在时间上的代际性，而且目前我国环境规制在区域间差异也较大，易给产业转移中的污染行为产生可趁之机，因此其治理应围绕全国主体功能区的空间布局和基于可持续发展的规划，从战略到细节逐步地进行推进。

### 一、将区际产业转移与主体功能区规划相契合

#### (一) 主体功能区规划及其与区际产业转移的契合

我国正在发生的区际产业转移，几乎跨越全国土范围，其生态效应涉及大部分地区。而《全国主体功能区规划》则是将我国国土根据其功能所做的规划，旨在使经济社会发展与生态环境保护相协调。按照全国主体功能区划的要求，主要是将我国的国土空间分成四类主体功能区，即优化开发区域、重点开发区域、限制开发区域和禁止开发区域。在《全国主体功能区规划》的划分中，经济发达、人口密集、开发强度高的优化开发区域，是优化进行工业化城镇化开发的城市化地区；有较强资源环境承载能力和较大发展潜力的重点开发区域，应该重点进行工业化城镇化开发；在限制开发区域中，耕地较多、农业发展条件较好的地区作为农产品主产区，生态系统脆弱或生态功能重要的地区作为重点生态功能

区，二者都应该限制进行大规模高强度的工业化城镇化开发；禁止开发区域主要是依法设立的各级各类自然文化资源保护区域，以及需要特殊保护的重点生态功能区，应该严格禁止进行工业化城镇化开发。

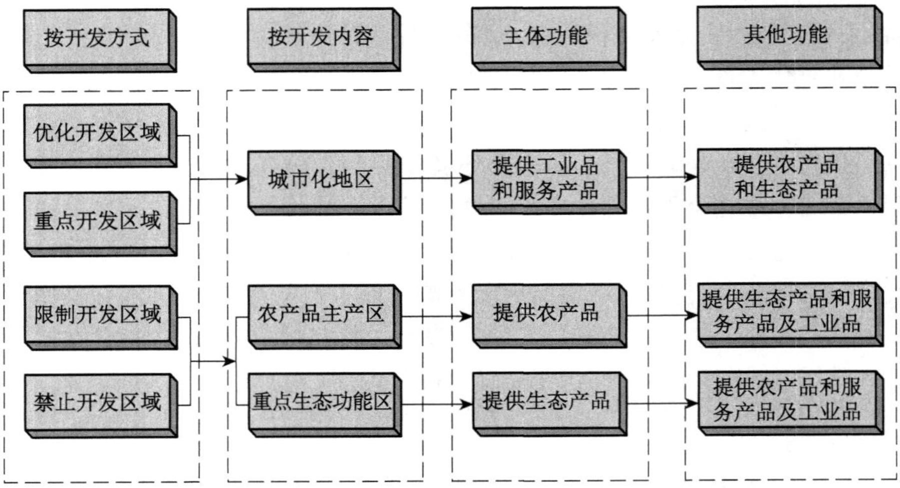


资料来源：国务院《全国主体功能区规划》http://www.gov.cn/zwgk/2011-06/08/content_1879180.htm

**图 10.1　主体功能区分类及其功能**

如图 10.1 所示，四类区域都有各自的主体功能和其他功能，并承担各自的产品供给。区际产业转移应与这一规划战略高度契合，根据不同地区所处的不同发展阶段和各自在功能区规划中的类别，配置产业要素和配套产业政策和相关制度。对于向外转出产业的地区，应依靠创新驱动和培育新经济等方式，积极拓展新增长点，填补产业转出后的空白，避免产业"空心化"。但是当涉及生态系统脆弱或生态功能重要的地区，新兴产业的发展要格外慎重，对于环境成本难以规避的产业要坚决回避。从承接产业转移的角度看，在优化开发区域，坚持生态环境保护优先，积极引进外来资金和企业的同时，注重投资的质量，尽可能引导资金和产业要素进入高新技术产业、服务业等比较清洁的产业，力求不断改善环境质量；对于重点开发区域，在环境承载能力范围内，积极引入外来资金和企业，推动工业化进程，同时加快建设环境保护基础设施，严格限制包括外资企业在内的各类企业污染排放量，以避免产业转移加剧生态环境恶化；在限制开发区域，合理选择外来产业，鼓励投资进入特色优势产业，尝试利用外来投资加快建设重点生态功能保护区，避免产业转移使生态平衡难以恢复的局面出现；在禁止开发区域，依据法律法规和相关规划严格监管，严禁不合理的引资开发行为，坚决杜绝污染密集产业的进入，力保生态环境系统不受招商引资这种人为因素的干扰。

## （二）从国家层面到地方层面的落实

当然，主体功能区规划战略重在执行，区际产业转移与之相契合需要从国家到地方层层落实。《全国主体功能区划》指出，我国经济增长呈现多极化趋势，随着东部部分地区资源环境承载能力逐步饱和，经济增长加快向中西部适宜开发的区域拓展，推进形成主体功能区是为了落实好区域发展总体战略，深化细化区域政策，更有力地支持区域协调发展。国家层面的规划，规定了整体的发展框架，为发挥区际产业转移积极作用的同时，解决其带来的生态问题，明确了秩序和要求。省级层面的规划则是要在国家规划的指导下，通过区划范围、影响力定位、政策准确性三个方面拓展本省发展空间①。从省一级情况来看，各个省、自治区、直辖市基本上可以分为整体优化型、战略结合型、固农求工型和生态屏障型；整体优化型包括北京、上海、天津三大都市，作为中心城市在区域发展中辐射带动作用大，应重点发展现代产业体系；战略结合型是指广东、山东等工业大省，重点是要搞好产业转移和升级，包括省内产业转移；固农求工型主要包括湖南、广西、江西、湖北等，重点是在确保国家农业安全的同时，推动工业化与城镇化，并加强与发达地区的合作；生态屏障型主要包括四川、甘肃、黑龙江等，这些地区除少部分适合大规模工业开发的区域外，主要是维护好生态功能，并适当拓展工业和农业的开发空间②。结合这一思路，从《全国主体功能区规划》的主旨和区际产业转移生态效应的空间特征来看，区域发展战略、产业发展战略要紧扣国家层面四类区域的划分，并从各省的实际情况出发合理布局。

东部沿海的三大都市和工业大省主要属于整体优化型和战略结合型区域，人口密集、经济发展水平总体较高、产业技术实力整体较强。在区际产业转移中，这些地区主要是向中西部地区转移产业，以及本省内部发达地区向欠发达地区转移产业。从区划范围上看，不但要严格履行国家层面所规划国土空间内各个区块的功能，更要在省级规划的国土空间内划分好生态功能区、农产品区、工业化和城市化区。在省内的产业转移中，避免 GDP 考核导向的情况下，盲目推进工业化和城市化，挤占农产品区和生态功能区的空间，使生态产品和农产品的供给难以跟进。从影响力上看，经济发达区域实施创新驱动，率先转变经济发展方式，建立以先进制造业、高新技术产业和服务业为主的现代产业体系，同时注重发展环保产业，并不断促进升级突破走向价值链高端，从而发挥其应有的辐射带动作用。一些重化工业是国家经济生活所必不可少的，不能简单地“一转了之”，更多的是要合理布局，并将技术升级和增加治理投入作为降低乃至解决其生态效应的主要方式。从政策准确性的角度看，各地区的规划政策要严格体现《全国主体功能区规划》的精神，避免出现实际政策与规划的区域功能不一致的错配现象，确保产业转移在科学规划的条件下有序进行。

中西部地区和部分东部地区主要属于固农求工型和生态屏障型。这些地区的差异非常大，情况也相对更加复杂。但从整体上看，《全国主体功能区规划》要求：“把中西部地区一些资源环境承载能力较强、集聚人口和经济条件较好的区域确定为重点开发区域，是为了引导生产要素向这类区域集中，促进工业化城镇化，加快经济发展。”并指出：“把西部地区一些不具备大规模高强度工业化城镇化开发条件的区域确定为限制开发的重点生态功

① 成为杰. 主体功能区规划“落地”问题研究——基于 19 个省级规划的分析[J]. 国家行政学院学报，2014(1).

② 同上.

能区，是为了更好地保护这类区域的生态产品生产力，使国家支持生态环境保护和改善民生的政策能更集中地落实到这类区域”。因此，对于固农求工型的省份，大部分位于重点开发区域。这些区域大多发展潜力较大、集聚人口和经济的条件较好，根据主体功能区规划的要求，聚集创新要素和产业要素，增强产业集聚能力，积极承接国际及国内优化开发区域产业转移，提高本地的工业化水平和产业技术实力，形成更加先进合理的产业体系。对于生态屏障型的省份，大部分位于限制开发和禁止开发的区域，这些地区重要保障生态安全和农业安全，对产业转移要严格限制在主体功能区规划许可的范围内。从区划范围来看，中西部地区和部分东部地区除了重点落实国家层面的区划，尤其是“两屏三带”为主体的生态安全战略格局以外，还要重点在省级层面把农产品区、生态功能区规划好并落实到位。从影响力上看，重庆、武汉等大城市以及许多省会城市都可以发挥一定的辐射带动作用，一些区域也可以作为承接产业转移的示范区域。从政策准确性上看，要力争避免在承接产业转移中因过于注重经济利益而形成对生态功能和农业功能的侵占，在承接产业转移中注重对企业和产业的甄别。各个省省内也要考虑发展与保护，不是本省内部都要工业化，产业转移不能只考虑本省发达地区像本省欠发达地区转移，而应考虑全国区域间的协同化和均衡化。针对重化工业，承接要有基地，各地要考虑好空间布局，对企业的治污能力和当地的生态情况要严格把关。针对传统产业，欠发达区域在承接的过程中，但严格执行环境政策，政策上要鼓励使用最新技术成果和设备。

## 二、处理好相应的重要关系

《全国主体功能区规划》明确指出，贯彻推进主体功能区规划战略，要处理好一些重大关系，即“主体功能与其他功能的关系”“主体功能区与农业发展的关系”“主体功能区与能源和矿产资源开发的关系”“主体功能区与区域发展总体战略的关系”“政府与市场的关系”。在国家的规划中需要处理好这些关系，实际上在治理区际产业梯度转移的生态效应时也需要注意处理好各种关系，具体而言如下。

第一，政府和市场之间的关系。从国家层面的主体功能区规划到省级的规划，本质上还是政府规划，体现了国家对国土空间开发和生态环境保护的战略谋划，是政府意志的体现。而产业转移作为一种经济现象，本身还是要以市场作为资源配置的基础手段。落实主体功能区战略，“既要发挥政府的科学引导作用，更要发挥市场配置资源的基础性作用”。① 治理区际产业转移的生态效应，既要发挥市场机制在产业要素流动和集聚中的作用，也要利用产权和价格调配是自然生态资源得到优化配置。而政府在其中主要是“明确主体功能定位并据此配置公共资源，完善法律法规和区域政策，综合运用各种手段，引导市场主体根据相关区域主体功能定位”。② 从而可以使产业要素和资源减少竞争和流动中

① 国务院.全国主体功能区规划——构建高效、协调、可持续的国土空间开发格局[EB/OL].中央政府门户网站.http://www.gov.cn/zwgk/2011-06/08/content_1879180.htm,2011-06-08.

② 同上.

的盲目性，真正有效地纳入到区域可持续发展和经济发展转方式的轨道上，尽可能减少甚至避免产业转移所带来的无序开发和竞争所造成的资源耗竭和环境破坏。当然，为促进经济社会全面协调可持续发展，政府在发挥作用时也需要防止出现权力干预规划、要素资源价格被扭曲，市场机制难以起到任何积极作用，致使生态问题无法得到根本解决的情况。

第二，各个地方之间的利益关系。主体功能区规划将各个地区根据其主体功能划分为四类，每一类在经济社会发展中的侧重点都不相同。从省一级的地方政府来看，本地区在全国层面规划中的主体功能一定程度上可以说决定了其未来经济发展的大方向。特别是区际产业转移的跨界性也决定了各个地区在其中的利益和空间差异巨大。如果协调好各个地方的利益关系至关重要，这其中关键是处理好地方政府之间的关系。《全国主体功能区规划》中明确提出的生态补偿机制实际上就是平衡地区利益关系的需要，而其中所提出的提供生态产品的理念，也肯定了“保护和扩大自然界提供生态产品能力的过程也是创造价值的过程”。[①] 这也为区域间在合作中的利益补偿提供了相应的依据。

第三，经济发展与生态环境保护之间的关系。这是落实主体功能区规划的关键所在。我国幅员辽阔，区域差异大，不是每个地区都要工业化，尤其是在重要的生态功能区和生态脆弱地区；也不是所有工业化的地区都要走传统的工业化道路。面对区际产业转移的大潮，当然要充分考虑各地的差异和生态条件。《全国主体功能区划》指出：“把环渤海、长江三角洲、珠江三角洲地区确定为优化开发区域，就是要促进这类人口密集、开发强度高、资源环境负荷过重的区域，率先转变经济发展方式，促进产业转移……把中西部地区一些资源环境承载能力较强、集聚人口和经济条件较好的区域确定为重点开发区域，是为了引导生产要素向这类区域集中，促进工业化城镇化……把西部地区一些不具备大规模高强度工业化城镇化开发条件的区域确定为限制开发的重点生态功能区，是为了更好地保护这类区域的生态产品生产力。”这实际上规划了在全国土范围内经济要素的分布和区域发展的重点。经济发展与生态环境保护之间的关系协调，一是要做好产业布局，二是要明确落实区域规划，三是要制度政策配套跟进。唯有如此，才可使工业化进程中出现的区际产业转移沿着有利于生态环境保护和经济可持续发展的轨道前行。

第四，产业升级与工业化的关系。促进区域经济发展转方式，促进产业升级与合理布局，并不是简单地理解为“去工业化”。区际产业转移的生态效应主要表现为工业产业的转移带来的环境负外部性，而几年来许多区域在发展经济的过程中也倾向于优先发展服务业，加之造成巨大资源浪费和环境污染的产能过剩也多集中于工业领域，因此在推进产业升级和生态文明建设时对工业的作用容易出现不能正确认识的倾向。迄今为止，只要人类存在，工业就是最基本的经济活动之一，大部分的物质生产活动和服务生产活动都要以工业技术和工业产品为基础和工具，而且工业的本性是创新和革命的，而转型升级是技

---

① 国务院. 全国主体功能区规划——构建高效、协调、可持续的国土空间开发格局[EB/OL]. 中央政府门户网站. http://www.gov.cn/zwgk/2011-06/08/content_1879180.htm,2011-06-08.

术创新和工业革命的基本路径①。我国工业化的推进，虽然不会沿着传统工业化道路越走越远，但并不是去工业化或者向外“一转了之”。发达国家过去工业发展“先污染、后治理”的模式固然不能在我国持续下去，但是同样许多发达国家产业升级的过程中的“产业空心化”也是要避免的。落实主体功能规划，区域经济发展转方式和产业升级是不可或缺的经济基础，而在这一过程中，消化农村向城市的导入人口需要工业和依托工业发展的服务业继续发挥吸纳就业的作用，推进创新创业需要工业作为重要载体，生态文明建设需要工业持续转型升级以提供必要的物质基础和技术装备。客观地说，我国的生态文明建设不是不需要工业，而是需要工业走向更文明的阶段。

## 三、推行有针对性的配套措施

工业产业在全国范围内大规模转移，是经济发展到一定阶段后，并在巨大区域差异作用下的一种必然现象。其生态效应的存在，使产业的区域转移和生产力的空间布局调整要充分考虑开发的秩序、强度，实现人口、经济与生态环境的协调，不仅涉及区域功能的划分，还需具体的体制保障。《全国主体功能区规划》是涉及国土空间开发的各项政策及其制度安排的基础平台，具体的保障措施包括财政、投资、土地、人口、环境、农业、绩效考核等多个方面②。区际产业转移生态效应的治理，依托主体功能区划的落实，不仅要充分利用这些政策保障，还需推行有针对性的配套措施。

第一，构建产业转移生态补偿机制。在区际产业转移中，区域间的利益关系面临协调。在落实主体功能规划的过程中，由于各个区域的生态条件和功能、经济发展水平、人口和社会发展等情况差异很大，在承接产业转移或者产业升级中，不同区域之间的收益差异较大，为了实现协调发展和顺利推进生态文明建设，需要构建产业转移生态补偿机制。目前，我国的生态补偿机制已经在探索之中，比如，由财政部和环保部牵头，一些流域通过安排财政资金的方式，进行跨省生态补偿。鉴于区际产业转移是全国范围的经济现象，这一财政补偿机制可以推广到产业转移领域，特别是针对限制开发区域和禁止开发区域在产业转移中所受的限制，以及这些区域在提供农业产品和生态产品的贡献，在一定的时间界限内根据十八届三中全会所要求的“谁受益、谁补偿”原则构建相应的生态补偿机制，包括清洁空气供给费用补偿、洁净水源费用补偿等。对重点生态功能区的补偿机制要不断完善，不仅要有中央层面的生态补偿，还要有省级以及省内区域间的横向补偿机制。

第二，将排污权交易机制引入针对产业转移的生态治理。《全国主体功能区规划》指出：“促进主体功能区的形成……既要发挥政府的科学引导作用，更要发挥市场配置资源的基础性作用。”如果说通过财政资金建立生态补偿机制，是政府层面的方式，那么排污权交易机制则是市场化的生态补偿机制。排污权交易制度是在确定污染物的排放总量的前

---

① 金碚. 工业的使命和价值——中国产业转型升级的理论逻辑[J]. 中国工业经济，2014(9).

② 国务院. 全国主体功能区规划——构建高效、协调、可持续的国土空间开发格局[EB/OL]. 中央政府门户网站. http://www.gov.cn/zwgk/2011-06/08/content_1879180.htm，2011-06-08.

提下，然后再让市场确定一定数量排污权的价格，治理污染成果达到排放标准以下的企业拥有可以出售的排污权，不能达标的企业就成为排污权交易的需求者，这样就形成了排污权交易的市场，通过供求双方的相互作用最终形成排污权的市场均衡价格。十八届五中全会明确指出建立健全排污权等初始分配制度。可以尝试将各类企业纳入排污权交易体系中，通过市场手段来促进区际产业转移的环境成本的内部化，用利益机制诱使企业减少排污。由于涉及产业转移的企业数量庞大，空间范围上也往往是地跨数省，因此需要构建跨区域的排污权交易市场，尤其是要在金融产业相对发达、金融人才集聚、金融环境较好的地区建设相关的交易所，通过市场交易发现价格、引导资源。

第三，要构建跨区域协同治理机制。区际产业转移环境外部性的跨界性决定对其治理单靠某一个区域很难完成。既需要中央层面的协调，也需要区域之间的横向联合治理。我国经济发展的梯度差异，决定了各个区域不同的发展阶段、不同的产业结构和经济战略，也形成了环境要求和治理上的差异。而且，主体功能规划又对各个区域的国土空间进行了功能界定。面对区际产业转移所带来的生态问题，实际上需要各个区域进行政策协调，形成协同治理的合力。站在地区发展的角度，要“从全局看局部，发现局部成功的整体价值。”①中西部地区发展工业经济和承接产业转移，是本地区发展战略的需要，但也要充分考虑本地区的资源环境承载能力、现有开发强度和潜力；东部发达地区也不能简单地将“落后产能”一转了之，而应在转出产业的同时，充分考虑流域等自然地理因素，在与其他相关联地区在形成产业转移的对接时，也力争形成生态保护上的协调。针对具体生态问题的治理，目前我国一些区域已经产生了一些联合治理的机制，比如，针对雾霾治理的华东地区联席会议，但是力度和程度都还需要进一步的强化。比如，针对跨区域大气污染或流域水污染问题，可以形成更进一步的跨省联动机制，定期针对产业转移中企业的污染问题进行协调，并围绕不同时期的重点问题、重点产业、重点园区，议定实施方案，由相关省市区派出监管力量，成立联合监测预警和协调督办组，环境监管落实到位。

第四，构建事前事中事后综合监察机制。为使主体功能规划所划定的主体功能区实至名归，确保各个区域在产业转移中不因经济利益而损害生态环境，不能只有针对生态破坏和资源浪费的事后处理机制，更要有事前和事中的监察跟进。如果说跨区域协同治理是区域之间的协调，那么事前事中事后综合监察机制则是跨部门的协调。除了事后的惩处、治理、修复以外，从事前的角度看，项目审批不能放松，要防止实际工作中存在的部分地区因经济下行压力大而放松对项目和企业管制，从而造成生态环境滑坡的现象；从事中的角度看，要对企业的环保设施、环境责任等方面形成定期或不定期的监察制度，同时务必使环境标准公正。此外，要加强环保部门的力量，强化部门之间的职责与分工，避免在实际工作中的相互推诿，力求形成监测、监管、监察的联动。

第五，针对产业转移的生态问题改进区域的绩效考核机制。主体功能区划需要科学的差别化的绩效考核与之相配套。《全国主体功能区规划》中也指出“按照不同区域的主体功能定位，实行各有侧重的绩效考核评价办法，并强化考核结果运用，有效引导各地区

---

① 徐根兴.地区战略的科学定位与有效执行[N].学习时报，2014-09-29.

推进形成主体功能区。"近年来，一些地区也开始逐渐淡化对经济指标的考核，但GDP导向仍然普遍比较严重，与其是在涉及产业转移领域的招商引资、产业升级等方面。能否真正地构建合理的绩效考核机制，体现了治理区际产业转移生态效应的决心和意志。保护生态环境不能受经济周期影响，即使财政收入暂时下降，环境标准也要坚持，治理投入也要有保证。而且针对主体功能区规划的四类地区，要严格落实主体功能区划的要求，对于优化开发区域和重点开发区域除了在GDP、招商引资、产业升级等方面的指标以外，需要增加并落实能耗、污染物排放、大气和水体质量等环保指标，而在限制开发区域和禁止开发区域则不考核工业化城市化的指标，在限制开发的农产品主产区侧重考核农业指标，在禁止开发区域和限制开发的重点生态功能区侧重考核生态指标。只有将行差别化的绩效考核评价机制建立并落实到位，各地争相竞争产业转移无视主体功能区划和生态破坏的局面才有可能得到解决。

## 第五节　构建良好制度环境

区际产业转移是我国现阶段经济发展的必然现象，其生态效应的治理自当纳入生态文明建设的范畴。十八届三中全会明确指出："建设生态文明，必须建立系统完整的生态文明制度体系，实行最严格的源头保护制度、损害赔偿制度、责任追究制度，完善环境治理和生态修复制度，用制度保护生态环境。"制度经济学则认为制度的关键功能是增进秩序，并具有系统性和非随机性①。可见，治理区际产业转移的生态效应要有良好的制度环境，除了将主体功能区划作为国土空间开发保护的基础性制度以外，还需要形成一些列富有针对性的制度供给和制度实施保障，以利于长效推进。

### 一、健全生态产权制度

根据第九章的分析，生态产权制度的缺失和生态环境自身的公共物品性质是区际产业转移产生环境外部性的重要原因。而且，诸如排污权交易、生态补偿等重要的措施都要以完善的生态产权制度作为基础。只有生态产权制度健全，生态产权明晰，才能界定排污权的归属并实施交易，才能使生态补偿有依据，才能避免"公共地的悲剧"，所以要弥补我国"缺失"的生态产权制度。

2015年9月，中共中央、国务院印发了《生态文明体制改革总体方案》，为今后一段时期践行绿色发展、推进生态文明建设提供了指导，其中就明确提出："构建归属清晰、权责明确、监管有效的自然资源资产产权制度，着力解决自然资源所有者不到位、所有权边界模糊等问题。"这实际上明确了当前我国健全生态产权制度的重点工作。在《生态文明体制改革总体方案》中，自然资源资产产权制度的健全主要通过对水流、森林、山岭、草原、荒

① 柯武刚，史漫飞. 制度经济学——社会秩序与公共政策[M]. 商务印书馆，2000年11月，第33页.

地、滩涂等所有自然生态空间统一进行确权登记，制定权利清单，明确各类自然资源产权主体权利，处理好所有权与使用权的关系，健全国家自然资源资产管理体制，探索建立分级行使所有权的体制等措施进行①。

自然资源资产产权制度的构建，可以说是我国生态产权制度建设的又一“里程碑”，为生态文明制度体系的建设奠定了重要的基础。登姆塞茨认为：“产权的一个主要功能就是引导人们实现将外部性较大的内在化的激励。”②区际产业转移的生态效应作为一种外部性，当然要通过严格产权制度安排来加以内部化。生态产权制度的构建，一般要有这样几个部分：一是要明确生态环境和自然资源的利益主体和责任主体，二是要建立生态产权的交易机制并确保公平交易，三是要健全严格的生态产权保护机制。自然资源资产产权制度作为一种生态产权制度，也为区际产业转移的环境外部性的治理提供了依据。随着自然资源资产的利益和责任主体的确立，自然资源保护的监管得以加强，草场、水体、森林等自然资源资产在产业转移中受到影响可以依规处理，地区、企业、个人有正贡献的应获得收益，造成生态破坏的要承担成本，由于主体确立，责任追究得到落实。而且自然资源资产管理体制是按照所有者和监管者分开和一件事情由一个部门负责的原则进行，可以避免推诿扯皮现象；分级行使所有权的体制也使得权利的确定和保护增加了可操作性；自然资源资产的所有权与使用权相分离，便于发挥市场资源配置资源的作用，使产权的公平交易具有了实施的基础。

当然，自然资源资产产权制度重在落实，具体的操作、界定等需要逐步递进，今后还要在现有的基础上继续丰富和完善生态产权制度体系。此外，还要充分考虑代际产权的问题，通过严格的生态产权制度的建立，为区际产业转移生态问题的治理提供了必要的前提条件。此外，为了防范区际产业转移环境外部性的代际影响，还要保护后代人的生态产权，这关键在于约束当代人的行为，主要依靠政府在当代对外资企业的环境外部性实施严格的监管，以便为后代人留下美好的生存环境，而社会力量则可以成为政府机制的有益补充。

## 二、建立责任追究制度

在区际产业转移的过程中，产业要素的迁移牵涉方方面面的利益主体，各自的利益诉求和相互博弈影响着生态产权制度的落实和主体功能区规划的实施。如果没有相应健全的责任追究制度，难以形成对经济主体行为的有效约束。而且，根据第九章的分析，地方政府的“失灵”也是区际产业转移生态效应得以存在甚至放大的又一重要原因，在生态文明建设中，对地方政府责任主体的责任追究制度也需建立。具体而言，主要包括以下几个

---

① 中共中央，国务院．中共中央、国务院印发《生态文明体制改革总体方案》[EB/OL]．人力资源和社会保障部门户网站．http://www.mohrss.gov.cn/SYrlzyhshbzb//dongtaixinwen//shizhengyaowen/201509/t20150922_221177.Htm，2015-09-22.

② R.科斯，A.阿尔钦，D.诺斯等．财产权利与制度变迁[C]．上海三联书店，上海人民出版社，2002年3月，第98页．

方面。

第一,要在调整领导干部业绩考核机制的基础上,建立环境损害终身追责制。责任追究制度原本是为了强化责任、严肃纪律、避免推诿扯皮。然而在实际经济运行中,领导干部任期是有限的,但许多产业项目产生的污染或环境破坏所带来的影响是长久的,因此鉴于区际产业转移生态效应的代际性,有必要建立环境损害终身追责制。对那些不顾当地生态环境实际情况,盲目引入产业转移项目以及为招商引资无视环境监管、造成严重后果的领导干部,终身追究责任。

第二,落实生态环境资源离任审计制度。生态环境公共物品属性较强,这是其易受损害的重要原因。随着自然资源资产产权制度的构建,我国所有自然生态空间都将逐渐得到确权并登记。在此基础上,可以建立相应的离任审计制度。避免因在区际产业转移中存在的短期行为,即为了尽快上项目,尽快出成绩,无视生态环境保护。通过离任审计制度,在地方主要领导任期将满或者即将轮换升迁之时,进行审计,并将结果作为考核或追责的依据。以此尽量减少因干部频繁轮换和异地任职出现的急功近利现象。

第三,对于因政府人员寻租行为造成的环境损害,无论是相关的企业,还是相关的人员,都要按照党纪国法严肃处理,防止因腐败而造成工业污染随产业转移而四处迁移。通过防控寻租行为,避免责任追究制度和离任审计制度"形同虚设",使制度能够真正得到有效实施。

第四,关注地方政府承诺。面对产业转移项目时,地方政府应对生态环境做出承诺,而且是否信守承诺是政府公信力的重要体现,理应作为追责的依据。地方官员在政府工作报告中的承诺分为关键承诺与非关键承诺。除了经济指标外,生态环境指标应纳入关键承诺中,如果地方政府没有信守承诺,将被追责,这样地方引进产业项目的生态风险就会受到重视。

第五,生态责任追究制度要科学合理,落实中可能存在的体制机制问题要理顺。目前在我国地方政府仍是推动产业转移和外资引进的主要推动力量,要将环境保护与地方政府的积极性结合起来,一方面要倡导绿色 GDP,克服过去单纯地以经济指标衡量政府人员政绩的做法;另一方面,可以用引进高质量、低污染的产业项目数量来衡量政府人员引资业绩,促使其在招商引资时注重经济效益与环境效益相结合。责任追究制度一定要科学合理,符合实际情况,避免地方领导干部失去工作动力。而且,对一些体制机制问题不能忽视,比如充实基层环保力量,由环保部门牵头协调各个部门关于生态文明建设的工作等,通过各种方式尽可能理顺体制机制上的关系,使责任追究制度真正落实到位。

## 三、完善环境治理和生态修复制度

### (一)完善环境治理制度

虽然各个区域由于经济发展阶段、财力、技术水平、管理水平等方面存在差异,因而环境治理不能简单地"一刀切",但是现阶段总体上仍然较为宽松的环境规制是区际产业转移产生环境负外部性的重要原因。因而，总体上逐步提高环境规制水平十分有必要。

政府要制定较高的环境标准并制度化，在涉及煤炭开采和洗选业、黑色金属矿采选业、有色金属矿采选业、造纸及纸制品业、化学原料及化学制品制造业、化学纤维制造业、非金属矿物制品业、黑色金属冶炼及压延加工业、电力/热力的生产和供应业、农副食品加工业、纺织业、有色金属冶炼及压延加工业、石油加工/炼焦及核燃料加工业这些污染密集产业时，充分考虑环境保护要求，新建项目必须符合国家规定的准入条件和排放标准，严格地限制高耗能、高污染和低水平的产业项目。而且合理科学的污染防治手段和措施也是必要的。比如，环境税收制度（即庇古税，也称之为污染税），针对污染企业的排污价格和收费机制要能够反映污染治理成本，使区际产业转移的环境外部性成本的内部化程度大大提高。各级政府都要加大对污染防治、生态保护和环境公共设施建设的投资，保证环保机构经费供应，以满足环境公共物品的供给，还可以考虑适当对民间环保力量在严格监管的基础上给予一定资金支持。

要用制度强化地方政府的环境监管职能。一是要保证环保机构的经费供给和资源供应，尤其是要基层环保人员和经费的配备，确保环境执法有足够的资源可以调动。二是要协调好各级政府之间、企业与政府之间的关系，以求建立科学、高效的环境监管体系。地方政府要在中央政府环境政策、法规的领导、协调、监督下，对辖区内的产业转移项目进行监管。由于产业转移涉及各种利益相关方，制度的落实容易受到各种阻挠，因此制度的推进需体现生态保护的决心和意志，地方政府要在中央的领导和支持下坚决落实环境监管，经济增长速度下行压力再大亦不可放松对产业转移项目的环境要求。

### （二）完善生态修复制度

目前，区际产业转移已经在一些地区造成了严重的生态破坏。通过人为干预并与生态系统自我修复能力相结合的生态修复，成为必然的选择，这既是系统推进的体现，也是事后弥补的需要。目前，我国已经在一些地方进行了生态修复项目，比如，在一些土地沙化严重的地区恢复植被等。但作为一项制度还可以进一步完善。

从区际产业转移的情况来看，由于规模大、地域广，单靠少量零星的进行修补很难收到实效，而且环境污染和生态破坏的风险始终存在，因此需要完善现有的生态修复机制以形成长效的制度。完善生态修复制度，一是要充分考虑区域的功能，这主要是依据主体功能区划战略部署，针对不同区域的功能划分，充分考虑当地的经济发展水平和战略，以及人口、社会等因素，订立相应的可操作的制度；二是关注区际产业转移的产业特点，针对参与转移的各类产业的污染物种类和对生态环境的影响程度，重点采取相应的生态修复技术，并且要在生态修复制度中重点对待转移规模大、环境负外部性大的污染密集产业；三是要推动生态修复技术的进步，尤其是针对工业产业转移所造成的大面积的土壤污染、地下水污染等难以修复的生态系统破坏，要加大相关研究，力争有所突破；四是要加大财政经费投入和人力物力投入，包括引入民间投资进入等；五是要注意生态修复技术可能带来的自然、经济社会影响，采用生态修复技术和相关政策要充分评估其正反两方面的影响，防止不当的技术和政策所带来的危害。

## 四、依法保障制度实施

十八届四中全会指出要“用严格的法律制度保护生态环境，加快建立有效约束开发行为和促进绿色发展、循环发展、低碳发展的生态文明法律制度，强化生产者环境保护的法律责任，大幅度提高违法成本。”在区际产业转移中，针对污染行为和事件，执法不够严格、违法量大面宽的情况还比较突出。2014 年 4 月通过的新修订的《环境保护法》，为生态文明建设提供了制度保障，也为治理产业转移中的环境外部性提供了法制依据。新的《环境保护法》实现了从政策法到实施法转变，政府责任、环境监察、生态保护红线、环境信用、区域限批、排污许可管理、行政强制、环境法律责任等制度，为增强生态环境执法力度提供了基础①。

当然，除了新《环境保护法》等法律法规以外，还需完善有关生态环境保护的法律法规标准体系，强化执法监督体系。对已有法律法规如《中华人民共和国大气污染防治法》《中华人民共和国水污染防治法》、区域限批制度等不断进行完善，以应对产业转移等现实经济运行所带来的环境压力。有关土壤污染、化学物质污染、生态保护、生物安全、遗传资源、臭氧层保护、核安全、循环经济、环境监测、环境损害赔偿、温室气体排放等方面的法律法规还需不断完善或者填补空白。关于自然资源产权、国土空间开发保护、生态补偿等方面，相应的体制机制正在建立健全，但相关的法律制度也需跟进配套。通过系统性的法律法规制度框架，支撑生态文明体制改革，使区际产业转移生态效应的治理有法可依。

政府在治理区际产业转移生态效应中担负重要责任。特别是环保部门要做到依法行政，就是要落实新环境保护法和“水十条”等其他法规，明确政府、环保部门、企业的责任，在面对区际产业转移中出现的生态问题时，能依法对责任单位和个人及时处理，使实际情况中出现的政府行政“对讲理的人太硬，对不讲理的人太软”这种逆向激励逐渐消失。此外，要强化执法监督，深入开展整治违法排污的企业，重点排查沿海、沿江、沿河和人口密集区的污染密集产业转移项目，对污染物排放总量控制制度、环境目标责任制、环境影响评价要着重落实。产业转移涉及许多其他相关法规和政策文件，环境保护的相关法律法规的实施也要注意与这些法规和政策的协调，以及与《刑法》《公务员法》等相关法律的协调。此外，还应当支持和鼓励公民、法人或者其他组织针对迁移到本地的企业造成环境损害或者跨界污染问题，申请行政复议和提起行政诉讼，要求地方政府及其工作人员承担《国家赔偿法》所规定的法律责任。

# 第六节　提高社会公众的参与程度

生态文明建设关键在人。随着经济的发展，社会财富在快速积累，但同时人“自身”也

① 邱秋. 以法治提高生态环境保护实效[N]. 人民日报，2014-11-05.

需要转变。应对高污染产业项目和污染的治理，来自民间的力量还需进一步整合、规范，使之有序参与。尽管随着经济发展，人们的环保意识会逐渐增强，但如果我们只是消极地等待这种情况的出现，而不采取任何措施，由于目前公众对生态问题认知仍很有限、公众利益本身有分散性的特征，而且参与生态保护的程度有限，因而社会公众的作用就难以发挥。所以，需要采取相应的措施，积极引导社会公众积极而又有序地参与区际产业转移的生态治理。

## 一、继续增强公众的环保意识和对生态的认知

生态环境保护除了在技术层面和经济层面有一定的空间以外，从"人"的角度入手，空间也非常巨大。这就是把发展理念的转变具体到个人，即从领导干部到一般群众的观念的转变。生态文明建设、绿色发展理念的践行，要求社会公众对生态的认知和环保意识提升到一定水平。虽然，我国公众在这方面相对过去已经有明显改观，但仍需继续加强相关的宣传和教育。

随着生活水平的提高，人们对于"生态产品"的需求不断增加，这表现为对健康和更高生活质量的重视。但人与自然之间究竟应处于何种关系、个体的责任和权利又在哪里？这些显然对于我国大多数居民来说目前还很难有明晰的认知。但是站在公众的角度看，雾霾、食品安全、污染导致的疾病等问题已经使社会公众产生了很深的焦虑。因此，一方面要从人们的切身体会出发来帮助社会公众了解我国生态问题的严重性，以及造成问题的根源，这其中当然也包括工业产业转移所造成的影响；另一方面，也要增强公众的理性程度，使公众逐渐认识到生态问题的根源和正确应对的方式。

借助公益活动、影视作品、文艺宣传、科学教育等多种形式，逐渐使人们树立"绿色生活"理念，推进形成社会共识，增强人们保护生态环境的责任感，尤其是推动社会公众把共识转化为行动。比如，减少目前要求权利多、承担义务和责任少的现象，唤起公众为治理污染尽一己之力的意识和责任等。使公众的有效参与逐渐累积成维护生态环境的身后的社会基础。

## 二、引导公众积极有序地参与

生态问题的治理需要社会公众的积极参与，社会各界力量的配合可以起到有效的辅助作用。但是公众的参与不但要积极，更要"有序"。但在现实中，有些问题还需要警惕，主要有这样几种情况：

第一，无视"公众对环境污染的焦虑"的情况。在频频出现的各种污染问题频现之际，公众在一定时间一定空间往往会对生态问题异常敏感，极容易产生对生态治理等公共事务的参与欲望、诉求表达，甚至是非理性反对，如果无视这种焦虑，极易引发个人暴力行为乃至群体性事件。

第二，一些信息传播引发社会恐慌的情况。环境事件越来越敏感，而且生态问题涉及

多个专业领域，一旦出现可能引起公众误解的信息或者结论，或者科学研究成果被媒体误读误传，都有可能引起恐慌，进而可能会引起社会秩序的混乱。

第三，无视公众实际的困难，空泛宣传的情况。比如，许多企业搬迁到当地后，污染环境同时，直接吸纳了当地的就业，因此如果没有妥善安置从业人员，仅仅只是空泛地宣传生态文明是很难收到实效的，武断地将企业“一关了之”或“一迁了之”很有可能会适得其反。

因而针对这些情况，要尽可能避免发生。政府要正视公众的实际诉求，面对产业转移带来的环境污染和生态破坏，政府要引导公众通过正确途径发挥监督作用，要给公众合理的诉求反映渠道，避免随意投诉的情况发生。面对“谣言”或者“误解误传”，政府不仅要在源头上尽可能减少，还要积极主动地和责任主体或科研院所沟通求证，并及时引导发布正确信息。在环境保护中，公众参与的法律规范应不断完善，《环境保护法》中关于公众参与的规定，各个地方应参照并对接。[①] 以法律为基础，创造引导公众积极参与的制度规范，既保障公众对生态治理的参与权，也明确公众“有序”参与的责任。政府要依法切实保障公众的知情权、表达权和监督权。对于环境基础设施的修建，对利益攸关方和公众要充分听取意见，并适时披露相关信息，尽可能打消公众的疑虑；而且还要尊重所有人群的环境自主权和平等权，在科学论证、充分协商的基础上，采取补偿、补救等措施，尽可能减少“邻避情节”，以降低环保公共项目落地的阻力。

## 三、充分发挥环保类社会组织的作用

有关环境保护的社团组织、民间环保团体、志愿者也是治理区际产业转移生态效应的宝贵资源。包括环保 NGO 在内的各类社会组织理当妥善积极地加以利用，逐渐发挥对产业转移所产生的生态问题的监督作用，在一定程度上弥补政府和企业的不足。对于环保类社会组织，要发挥其作用，至少要从以下几个方面入手：一是要关注其成长性。政府可以在人力、物力、财力等方面给予适当的支持，并出台政策鼓励企业支持环保类社会组织的发展，使它们有一定的成长空间。二是要增强其独立性。要让环保类社会组织在针对生态问题时保持一定的独立性。尤其是区际产业转移往往与地方政府财政税收、地区就业、企业发展密切相关，如果没有环保类社会组织的独立性，就很难发挥其第三方监督的作用。为此，政府要减少对环保类社会组织的行政干预，更多地应强化“指导性”和“服务性”。三是要重视其专业性。无论是生态问题，还是产业转移，都有较强的专业性，需要进行专业化的监督和治理，因而需要鼓励一些专业化的人士和科研工作者参与这些社会组织的工作中，同时对这些组织现有的人员定期进行专业化的培训。

当然，环保类社会组织的发展及其作用的发挥，还需要符合法律法规，应当在法律制度的框架下生长发育。对一些社会组织的违法行为应引起重视。比如，曾经在某些地区，

---

① 彭文斌，邝嫦娥. 基于环境规制和公众参与的污染产业转移问题研究[M]. 上海三联书店，2014 年 7 月，第 120 页.

一些协会、环保组织向企业推销产品，遭到拒绝以后，公然散布企业污染严重、危害人体的谣言。治理区际产业转移的生态效应，目的是要使企业的生产更加文明，更加符合生态发展的要求。借此机会打击、要挟、讹诈企业的行为，必须依法严肃查处，使社会公众的心理保持稳定，使环保类社会组织更加健康，并能够持续发挥良好作用。

## 第七节　其他相关治理措施

针对区际产业转移对经济社会产生的系统性作用，以及其生态效应产生的多方面原因，除了以上这些措施以外，还需要在企业成本、基础设施、数据技术等方面采取措施，以强化治理的效果。

### 一、加强环保基础设施建设

环保基础设施是提高区域生态品质、促进生态文明建设的重要物质基础。针对废水、废气、废渣、粉尘、噪声、放射性等污染物的各种治理设施，包括废水沉淀槽、过滤（压滤）器、活性炭吸附柱、气体吸收（回收）塔、蒸馏塔、废渣堆放池（场）、粉尘收尘（除尘）器、噪声消声器、放射屏蔽装置以及预警监测装置等，是治理包括工业、农业、服务业、生活等领域污染源的基础条件。区际产业转移产生了大量的工业污染物，其治理依赖环保设施建设的加强。作为政府来说，一方面要增加具有公益性质的环保设施，另一方面要监督企业配备充足的环保设施，并保证污染物的及时处理。作为企业来说，环保基础设施的配置、养护和充分使用使其环境责任的直接体现，理应在重视生产经营的同时，不能忽略环保设施的建设。

从空间的角度看，环保基础设施不但要加强，而且要在区域合理配置。在区际产业转移中，中西部地区工业增长迅速但面临的生态破坏和环境压力与日俱增，环保基础设施建设的投入要加大，尤其是在承接产业转移规模较大，而且生态环境相对较差的区域，需要格外倾斜，并要加强环保设施资金使用的监督和设施建成以后的使用情况监督。值得关注的是，农村地区往往是治理污染（比如雾霾）的生态屏障，在城市商业成本和环境要求不断升高的情况下，产业要素和企业越来越多地倾向于向城市郊区和一部分村镇集聚，因此，在城镇化建设中要格外注意保护农村和农业，注意农村环保设施的建设，使其在经济、社会、文化等多方面的功能可以延续。对于人口密集的城市而言，要加强城市生态基础设施建设。许多中小城市（特别是在中西部），越来越多地成为承接产业转移的重要基地，不仅要有完善的一般性的环保设施，关乎城市居民健康的风道、水环境、动植物栖息地、绿化等生态基础设施建设也格外重要，因为这对于净化空气和水源、调节气候有重要意义，可以说加强生态基础设施建设可以极大地缓解产业转移所造成的环境负外部性。

## 二、加强对产业园区的环境监察

发展产业园区是我国改革开放和经济快速发展的重要成功经验之一。从我国过去三十多年的情况来看，不断推动了工业化，而且园区建设集聚了人口、企业、基础设施，又推动了城市化。但是以往的产业园区主要是要素投入型的，通常是先“圈地”，然后进行政策配套，吸引工业企业入驻。经过这些年的发展，在我国经济较为发达的东部沿海地区，许多产业园区正逐渐开始向服务化、轻型化等方向转型，创新驱动越来越多地开始取代过去的要素驱动。但是传统的产业园区作为承接产业转移的载体，仍然越来越多地在中西部地区得到发展。许多产业转移示范区都是依托产业园区而建设。因此，加强对产业园区的环境监察，也是应对区际产业转移生态效应的必要措施。而且，产业园区企业比较集中，加强环境监察可以起到“事半功倍”的效果。

首先，对产业园区的企业要执行统一的环境标准，防止因“招商引资”需要而对外来企业放松标准，或者名义上有环境标准实际工作中并不认真执行的情况。其次，要建立专业化的环境执法监察队伍，从人力上保障监察工作的有效推进，并对产业园区以及园内企业的环保设施进行严格的监察，比如定期检查设备的完善程度和运行情况等。再者，要打破地方“保护主义”，避免因地方保护而造成环境监察“形同虚设”的情况，为此要加强对园区管委会和上级主管部门的环境绩效评估与考核，并不断改进行政架构以适应生态发展的需要。最后，还要尽可能鼓励生态园区建设，鼓励园区企业采用新技术和先进环保设施，并对生态园区的标准和生态文明水平进行严格的评估和监察。

## 三、加强生态数据信息平台建设

根据第九章的分析，数据信息方面的“短板”已然成为影响治理区际产业转移生态效应的重要因素，建设共享、开放、包容的生态数据信息平台已是刻不容缓。为了实现环保信息的互联共享，需要在结合各个区域的实际情况进行平台建设的基础上，从国家的层面建设综合性的信息共享框架体系。这包括建设四类数据库，即区域信息数据库、行业信息数据库、企业信息数据库和园区信息数据库，吸纳包括政府管理和统计信息、社会组织共享信息、行业协会自律信息、媒体舆情与投诉举报信息等在内的各类数据信息。在保障数据库和信息源的前提下，实现数据库之间的互联互通，进一步丰富信息共享内容，优化协同参与的机制，并以此为契机建设生态环境综合预警平台，在打通一个个数据“孤岛”、吸收全社会力量参与进来的基础上，实现监测、分析、预警的功能为生态环境的治理提供决策依据。

区际产业转移所产生的生态效应，跨区域性强，涵盖多个行业领域，牵涉行政部门和利益主体也比较多，建立这样的数据信息平台，面临的区域壁垒、行业壁垒和政府部门壁垒相对较多，而且企业作为生产经营的主题对信息披露的态度也很难整齐划一，甚至不排除有些区域或者企业出现抵制的情况，因而需要将之纳入国家层面的生态文明体制改革和主体功能区划战略之中，并依托法律规范提供制度保障，并不断吸收大数据、云计算等领域的最新技术，提高数据信息的收集和分析能力。对于生产企业这样的微观市场主体，除了采用必要的约束机制以外，对于提供数据信息还需要给予必要的激励机制。

## 四、强化运用税收金融工具

运用税收工具防治环境污染是"庇古手段"的体现。在我国，征收排污费对防治污染起到了一定的作用。但是由于排污费制度在执行中本身存在的一些缺陷，比如易受地方政府或行政部门的干扰等，因而用征收环境保护税的方式替代排污费制度不失为一种可行的方式。借助环境保护税制度，税务机关依法征税，环保部门依法对污染物监测管理，对工业企业排放的废水、废气、固体废物以及噪声等，按照一定的标准征税，便于依法进行环境保护。在区域间发生转移的企业，只要涉及环境污染，就应依法纳入环境保护税制度之下。但是，要防范各地区对制度执行程度的差异，比如在纳税申报、涉税信息共享平台建设等方面，由于各地发展水平和管理水平的差异可能会对征税的效果产生影响，因而要加强对制度落实情况的监督。

此外，金融工具也可以运用到对区际产业转移生态效应的治理中。绿色金融在我国逐渐兴起，越来越多地调动资源用于各种绿色投资。根据银监会的数据，其中绿色信贷余额截止到 2016 年 6 月末已达到 7.26 万亿元，占各项贷款的 9%，这对环保产业和节能减排起到了巨大的作用。在区际产业转移中，可以考虑针对重点区域、重点产业、重点企业，运用绿色信贷等绿色金融工具加强支持，帮助它们在污染治理、环保设施建设、技术设备改进等方面获得更多较低成本的可靠资金来源。

## 五、多渠道改善工业企业生存状况

根据第九章的分析，各种成本的上升以及现有的价格体系影响了企业将环境成本内部化，也是造成区际产业转移生态效应的原因之一。在实际经济运行中，实体经济在现阶段面临前所未有的生存压力，在提高并严格执行环境标准的同时，还需要关注工业企业的实际生存状况，否则只知"一味高压"，很多企业将会倒闭，生态指标固然可以保证，但经济发展停滞甚至倒退，也显然也不符合绿色发展的需要，对生态文明建设也不利。因此，除了依靠"创新"提升企业的赢利能力以外，还需要多管齐下，努力改善工业企业的生存状况。第一，一些高耗能、高污染的重化工业要生存下来，就需要在产品开发应用上升级，政府对此应当有明确的政策支持，比如在税收和财政补贴上予以考虑等等。第二，许多工业企业经济效益在整个经济大环境下，难有上佳表现，如果采取较为"洁净"的设备或安装先进的治污设备，无法承受成本，比如，使用天然气的锅炉可以减少雾霾，但是成本太高，大多数企业难以承受，所以政府需要充分考虑治理环境污染的成本的分摊和消化，多种形式保障治理污染的资金来源，而不是把负担简单地"甩"给企业。第三，环境治理标准不可急于求成，各个地方应从地区企业实际情况出发，可以逐步递进，并设计合理的执行方案。标准一旦设立，首先要严格执行，然后再根据地区的财力和企业的能力逐渐提高标准，对于重要生态功能区和生态脆弱区域，需要将环境标准一次执行到位的或者需要直接将企业关闭或者迁移的，在财政上应当有适当的支持。

当然，对于今天的工业企业而言，环境成本只是诸多成本的一种，一个可行的思路就是通过降低其他成本的方式，使企业的总成本降低，以此缓解环境成本给企业的压力。目前，我国正积极推进供给侧结构性改革，对我国经济布局产生重要影响的区际产业转移理应配合供给侧结构性改革。而“降成本”则是其中的重要内容之一。围绕工业企业的生产经营，除了原材料成本、人工成本、土地成本以外，还有物流成本、融资成本、政府成本等。其中，原材料成本受市场价格波动影响，人工和土地成本目前正刚性上升，但物流成本、融资成本、政府成本完全有下降的空间。以物流成本为例，根据阿里巴巴集团下属阿里研究院的研究，我国社会物流费用与GDP比值约为14%～16%。2015年，我国社会物流总费用为10.8万亿元，美国为1.48万亿美元(合9.87万亿人民币)，我国比美国高10%。但仔细比较会发现，我国运输成本为5.8万亿人民币，比美国反而低了6.4%，货物持有成本比美国高10.88%，管理成本则是美国的3倍。由于我国第二产业占比较大，实际上我国用比美国还低的运输成本运了2倍于美国的货物，却用了3倍于美国的成本来进行管理。① 所以，从阿里研究院的研究结果来看，在物流方面，降低管理成本的潜力是巨大的，如果通过“互联网＋物流”等方式，借助信息化降低物流管理成本，则会大大降低企业的物流成本。此外，通过资本市场改革和利率市场化政策逐渐降低企业融资成本，借助政府管理创新、推行负面清单管理、减少审批环节、改进办事流程等方式可以大大降低政府成本。通过降低物流成本、融资成本、政府成本等成本，可以增加企业利润，增强企业活力，为企业可以承担更多的环境责任和环境成本留有更大的空间。

## 本章小结

区际产业梯度转移生态效应的治理，首要的就是转变发展理念，厘清“绿水青山”与“金山银山”之间的科学关系，这是生态文明建设、践行绿色发展的前提。从根本上说，治理的出路在于区域经济发展方式的转变。在中国经济正深度融入世界经济的过程中，产业转移生态效应的治理要在开放经济的大格局下推进。当然，在治理区际产业梯度转移的生态效应中，必须正视工业的价值和地位，经济继续发展和居民提高生活水平的物质前提仍然离不开工业，生态文明建设并不是否定工业，而是需要工业进入更加文明的状态。区际产业梯度转移应在主体功能区规划的战略框架下推进，根据不同区域的主体功能明确方向、完善政策并控制强度，其生态效应在空间上的跨界性和在时间上的代际性，能够

① 酒狸.为什么总理如此强调“互联网＋物流”?［EB/OL］.阿里研究院网站.http://www.aliresearch.com/blog/article/detail/id/21016.html,2016-07-25.

得到有效的规制。而治理区际产业梯度转移的生态效应也要有良好的制度环境，除了将主体功能区划作为国土空间开发保护的基础性制度以外，还需要形成一系列富有针对性的制度供给和制度实施保障，以利于长效推进。生态文明建设关键在人，引导社会公众积极而又有序地参与区际产业梯度转移的生态治理十分必要。并且加强环保基础设施建设、加强对产业园区的环境监察、加强生态数据信息平台建设、多渠道改善工业企业生存状况也都是必要的措施。只有在法治的条件下，从战略到细节，采取各类措施积极主动地、系统地推进，坚持不懈长效推进，区际产业梯度转移的生态效应才能得到有效治理，生态文明建设才能在我国产业发展的历程中得到切实推进。

# 参考文献


## 一、中文著作

[1] 保罗・萨缪尔森,威廉・诺德豪斯.经济学[M].16版.北京:华夏出版社,1999.

[2] 阿兰・兰德尔.资源经济学[M].北京:商务印书馆,1989.

[3] 阿尔佛雷德・马歇尔.经济学原理[M].北京:商务印书馆,1964.

[4] 小岛清.对外贸易论[M].天津:南开大学出版社,1987.

[5] 世界银行政策研究报告.绿色工业——社区、市场和政府的新职能[M].北京:中国财政经济出版社,2001.

[6] 陈学明.谁是罪魁祸首——追寻生态危机的根源[M].北京:人民出版社,2012年9月.

[7] 曼昆.经济学原理[M].北京:中国人民大学出版社,1998.

[8] 杜传忠,刘英基.区际产业分工与产业转移研究[M].北京:经济科学出版社,2013年9月.

[9] 赵细康.环境保护与产业国际竞争力[M].北京:中国社会科学出版社,2003年5月.

[10] 彭文斌,邝嫦娥.基于环境规制和公众参与的污染产业转移问题研究[M].上海:上海三联书店,2014年7月.

[11] 潘家华.持续发展途径的经济学分析[M].北京:社会科学文献出版社,2007年5月.

[12] 亚当・斯密,杨敬年译.国富论[M].陕西人民出版社,2001年1月.

[13] 陈秀山,张可云.区域经济理论[M].北京.商务印书馆,2003年12月.

[14] 王铮,邓悦,葛昭攀,等.理论经济地理学[M].北京:科学出版社,2002年5月.

[15] 王国平.产业升级论[M].上海:上海人民出版社,2015年9月.

[16] R.科斯,A.阿尔钦,D.诺斯等.财产权利与制度变迁[C].上海:上海三联书店,上海人民出版社,2002年3月.

[17] 柯武刚,史漫飞.制度经济学—社会秩序与公共政策[M].北京:商务印书馆,2000年11月.

[18] 林毅夫.新结构经济学[M].北京:北京大学出版社,2012年9月.

## 二、中文期刊

[1] 夏有富.外商投资中国污染密集产业现状、后果及其对策研究[J].管理世界,1999(3).

[2] 李世涌,朱东恺,陈兆开.外部性理论及其内部化研究综述[J].学术研究,2007(8).

[3] 沈满洪,何灵巧.外部性的分类及外部性理论的演化[J].浙江大学学报(人文社会科学版),2002(1).

[4] 赵时亮.代际外部性与不可持续发展的根源[J].中国人口.资源与环境,2003(4).

[5] 车维汉."雁行形态"理论研究评述[J].世界经济与政治论坛,2004(3).

[6] 徐鹤,陈海英,廖卓玲.外商直接投资与我国环境安全研究综述[J].中国地质大学学报(社会科学版),2007(7).

[7] 戴荔珠,马丽,刘卫东.FDI对地区资源环境影响的研究进展评述[J].地球科学进展,2008(1).

[8] 李寿德,柯大纲.环境外部性起源理论研究述评[J].经济理论与经济管理,2000(5).

[9] 张春楠. 论区域环境管制与治理[J]. 生产力研究. 2001(4).
[10] 丁晓玲,宋洁尘. 析西电东送背景下区域环境利益分配的扭曲[J]. 重庆工商大学学报(西部论坛),2005(8).
[11] 曾凡银,郭羽诞. 绿色壁垒与污染产业转移成因及对策研究[J]. 财经研究,2004(4).
[12] 赵时亮. 代际外部性与不可持续发展的根源[J]. 中国人口. 资源与环境,2003(4).
[13] 宋冬林,赵新宇. 引入资源税的世代交叠模型及其改进[J]. 吉林大学社会科学学报,2007(3).
[14] 郭骁,夏洪胜. 代际外部性问题与可持续发展关系研究[J]. 郑州大学学报(哲学社会科学版),2007(4).
[15] 崔宇明,常云昆. 环境经济外部性的内部化路径比较分析[J]. 开发研究,2007(3).
[16] 卢周来. 与一位人文学者谈科斯定理[J]. 书屋,2C02(4).
[17] 李新. 经济全球化的发展及其矛盾[J]. 学术月刊,2001(6).
[18] 董小君. 通过国际转移化解过剩产能:全球五次浪潮、两种模式及中国探索[J]. 经济研究参考,2014(55).
[19] 陈耀,陈钰. 我国工业布局调整与产业转移分析[J]. 当代经济管理,2011(10).
[20] 刘艳. 西部地区承接产业梯度转移研究[J]. 改革,2004(6).
[21] 王燕玲,林峰. 西部地区应积极承接东部地区产业转移[J]. 经济问题探索,2005(2).
[22] 李敦瑞. 污染产业转移视角下 FDI 环境外部性的跨界效应[J]. 经济与管理,2012(4).
[23] 张可,汪东芳. 经济集聚与环境污染的交互影响及空间溢出[J]. 中国工业经济,2014(6).
[24] 杨仁发. 产业集聚能否改善中国环境污染[J]. 中国人口・资源与环境,2015(2).
[25] 徐海燕,左和平. 集聚效应下环境规制与产业竞争力关系研究——基于"波特假说"的再检验[J]. 中国工业经济,2013(3).
[26] 王彩萍. 伊宁市工业园区环境污染现状调查与对策建议[J]. 内蒙古环境科学,2008(6).
[27] 樊新刚,米文宝,马振宁等. 宁夏石嘴山河滨工业园区表层土壤重金属污染的时空特征[J]. 环境科学,2013(5).
[28] 张可,汪东芳. 经济集聚与环境污染的交互影响及空间溢出[J]. 中国工业经济,2014(6).
[29] 毕秀水. 自然资本代际配置研究——可持续发展的产权制度设计[J]. 中国工业经济,2004(8).
[30] 毕舸. 别让污染"代际转移"制造"污二代"[J]. 环境教育,2011(1).
[31] 符淼,黄灼明. 我国经济发展阶段和环境污染的库兹涅茨关系[J]. 中国工业经济,2008(6).
[32] 赵细康,李建民,王金营等. 环境库兹涅茨曲线及在中国的检验[J]. 南开经济研究,2005(3).
[33] 周围. 循环经济对我国环境库兹涅茨曲线的影响[J]. 中国经贸(学术版),2007(11).
[34] 张德强,谭晶荣. 关于外商直接投资对我国环境库兹涅茨曲线的影响及优化途径分析[J]. 国际贸易问题,2006(3).
[35] 毛晖,汪莉. 工业污染的环境库兹涅茨曲线检验——基于中国 1998—2010 年省际面板数据的实证研究[J]. 宏观经济研究,2013(3).
[36] 范丹. 中国二氧化碳 EKC 曲线扩展模型的空间计量分析[J]. 宏观经济研究,2014(5).
[37] 赵云君,文启湘. 环境库兹涅茨曲线及其在我国的修正[J]. 经济学家,2004(5).
[38] 曲格平. 从"环境库兹涅茨曲线"说起——北京大学《中国青年环保大会》上的讲话[J]. 环境教育,2006(10).
[39] 杨开忠,杨咏,陈洁. 生态足迹分析理论与方法[J]. 地球科学进展,2000(12).
[40] 蒋玲燕,闻岳,周琪. 生态足迹分析方法及其在国内的应用[J]. 四川环境,2006(8).

[41] 陈敏,王如松,张丽君等. 中国 2002 年省域生态足迹分析[J]. 应用生态学报,2006(3).
[42] 李伟,杨诗源. 重庆市工业生产的生态足迹分析[J]. 地域研究与开发,2008(8).
[43] 杨博琼,陈建国,宫娇. FDI 对东道国环境污染影响的度量[J]. 财经科学,2010(7).
[44] 聂飞,刘海云. FDI、环境污染与经济增长的相关性研究——基于动态联立方程模型的实证检验[J]. 国际贸易问题,2015(2).
[45] 沙文兵,石涛. 外商直接投资的环境效应——基于中国省际面板数据的实证分析[J]. 世界经济研究,2006(6).
[46] 陈晓峰. 长三角地区 FDI 与环境污染关系的实证研究——基于 1985—2009 年数据的 EKC 检验[J]. 国际贸易问题,2011(4).
[47] 秦鹏,王芳. 跨界环境污染的形成与危害性[J]. 经济问题,2006(8).
[48] 林立国,楼国强. 外资企业环境绩效的探讨——以上海市为例[J]. 经济学(季刊),2014(2).
[49] 李郁芳,刘炫. 资源消耗行为的代际福利分析[J]. 广东社会科学,2012(5).
[50] 李敦瑞. 基于污染密集产业转移的 FDI 环境外部性代际效应研究[J]. 科技进步与对策,2012(6).
[51] 刘渝琳,曹华. 防范"贫困化增长"的 FDI 甄别机制与评价指数的构建——论我国引资政策的合理设计[J]. 数量经济技术经济研究,2007(5).
[52] 李晓华. 国际产业分工格局与中国分工地位发展趋势[J]. 国际经贸探索,2015(6).
[53] 郭骁,夏洪胜. 解决代际外部性问题有效途径的理论探讨[J]. 中国工业经济,2006(12).
[54] 李瑞娥. 环境产权界定与环境资源保护的理性思考[J]. 当代经济科学,1999(3).
[55] 樊丽明,石绍宾. 公共品供给机制:作用边界变迁及影响因素[J]. 当代经济科学,2006(1).
[56] 中国经济增长与宏观稳定课题组. 增长失衡与政府责任——基于社会性支出角度的分析[J]. 经济研究,2006(10).
[57] 维克托・迈尔-舍恩伯格,肯尼思・库克耶. 大数据时代[M]. 浙江人民出版社,2013 年 1 月.
[58] 蔺旭东,张孟强,陈婧等. 大数据技术在生态环境保护中的应用研究[J]. 山东工业技术,2015(12).
[59] 张庆芝,何枫,雷家骕. 环境约束下的我国钢铁企业技术效率研究[J]. 科学学与科学技术管理,2013(10).
[59] 金碚. 工业的使命和价值——中国产业转型升级的理论逻辑[J]. 中国工业经济,2014(9).
[60] 夏有富. 外商转移污染密集产业的对策研究[J]. 管理世界,1995(2).
[61] 成为杰. 主体功能区规划"落地"问题研究——基于 19 个省级规划的分析[J]. 国家行政学院学报,2014(1).
[62] 沈立. 谁污染了西部沙漠[J]. 环境,2015(5).

### 三、中文报纸与电子资料

[1] 中华环保联合会. 我国部分工业园区环境问题调查报告[N]. 中国化工报,2011-10-24.
[2] 邱秋. 以法治提高生态环境保护实效[N]. 人民日报,2014-11-5.
[3] 徐根兴. 地区战略的科学定位与有效执行[N]. 学习时报,2014-09-29.
[4] 徐楠. 环保 NGO 的中国生命史[N]. 南方周末,2009-10-08.
[5] 刘晓星. 环保 NGO 要揽瓷器活儿还缺金刚钻[N]. 中国环境报,2015-07-07.
[6] 赵蓓文. 外资企业对东道国环境产生不利影响[N]. 文汇报,2011-10-10.
[7] 梁嘉琳. 治污是赔钱还是赚钱? [N]. 经济参考报,2012-03-13.
[8] 高永钰. 外资 3 000 万美元投入控制价值 14 亿元国有煤矿[N]. 第一财经日报,2009-06-22.

[9] 唐珏岚. 以更高层次的开放融入世界经济[N]. 文汇报,2015-11-29.
[10] 李心萍. 中部定位先进制造业中心[N]. 人民日报,2016-12-10.
[11] 王佳. "APEC 蓝"是怎样炼成的[N]. 南方都市报,2014-11-12.
[12] 沈翔. 承接产业转移 河南从省外引来 3 123 亿[N]. 东方今报,2014-11-01.
[13] 卫静. 河南工业致力绿色转型[N]. 河南工人日报,2015-08-17.
[14] 朱殿勇,刘亚辉,王延辉. 第八届中国(河南)国际投资贸易洽谈会开幕[N]. 河南日报,2014-04-02.
[15] 马亮. 为什么跨国公司在华污染环境[EB/OL]. 政见网,http://cnpolitics. org/2014/09/foreign-direct-investment/,2014-09-10.
[16] 郭东亮,王雅楠. 2016 中国(郑州)产业转移系列对接活动开幕[EB/OL]. 新华 http://www. ha. xinhuanet. com/news/20161107/3518330_c. html 2016-11-07.
[17] 郭东亮,王雅楠. 2016 中国(郑州)产业转移系列对接活动开幕[EB/OL]. 新华 http://www. ha. xinhuanet. com/news/20161107/3518330_c. html 2016-11-07.
[18] 国家发改委地区经济司. 2014 年河南省承接产业转移合同引资超 5 000 亿元[EB/OL]. 国家发改委网站,http://www. sdpc. gov. cn/fzgggz/dqjj/zhdt/201503/t20150304_666345. html,2015-03-04.
[19] 商务部驻郑州特派员办事处. 河南承接产业转移步伐加快[EB/OL]. 商务部网站,http://www. mofcom. gov. cn/article/resume/n/201506/20150601016660. shtml,2015-06-18.
[20] 青海省水土保持生态环境监测总站. 青海三江源区生态资产价值有数了[EB/OL]. 青海水土保持生态建设网,http://www. qhsb. gov. cn/xinwenzhongxin/shuibaoyaowen/1006. htmll,2015-06-05.
[21] 陈康,马燕. 九大城市雾霾"元凶"已找到,南京主要是燃煤[EB/OL]. 中国江苏网,http://jsnews. jschina. com. cn/system/2015/12/07/027258291. shtml,2015-12-07.
[22] 酒狸. 为什么总理如此强调"互联网+物流"? [EB/OL]. 阿里研究院网. http://www. aliresearch. com/blog/article/detail/id/21016. html,2016-07-25.
[23] 中共中央,国务院. 中共中央、国务院印发《生态文明体制改革总体方案》[EB/OL]. 人力资源和社会保障部门网站. http://www. mohrss. gov. cn/SYrlzyhshbzb//dongtaixinwen//shizhengyaowen/201509/t20150922_221177. Htm,2015-09-22.
[24] 国务院. 全国主体功能区规划——构建高效、协调、可持续的国土空间开发格局[EB/OL]. 中央政府门户网站. http://www. gov. cn/zwgk/2011-06/08/content_1879180. htm,2011-06-08.
[25] 陈世清. 新常态经济是创新驱动型经济——新常态经济是经济增长方式转变[EB/OL]. 求是网. http://www. qstheory. cn/laigao/2015-06/16/c_1115629001. Htm,2015-06-16.
[26] 中国环境文化促进会. 中国公众环保民生指数(2006)[EB/OL]. http://wen. org. cn/modules/article/view. article. php/156/,2007-02-05.
[27] 姜健健. 2010 中国公众环保指数发布,公众环保行为无突破[EB/OL]. http://green. sina. com. cn/2010-10-12/144521259694. shtml,2010-10-12.
[28] 国家环保总局. 环保总局公布对 130 家跨国公司环保后督察结果[EB/OL]. http://www. zhb. gov. cn/gkml/hbb/qt/200910/t20091023_180127. htm 2008-01-09.
[29] 小晴. 淮河现已成"坏河",整治 20 年为何污染还在继续[EB/OL]. 中国环保在线,http://www. hbzhan. com/news/detail/100064. Html,2015-09-08.

**四、中文研究报告与博士论文**

[1] 中信建投经济咨询园区经济研究中心. 中国园区发展现状及趋势分析报告 2014[R]. 中信建设经济

咨询,2014 年 1 月.
[2] 世界自然基金会,中国环境与发展国际合作委员会. 地球生命力报告·中国 2015[R]. 2015-11-12.
[3] 朱国伟. 环境外部性的经济分析[D]. 南京农业大学博士学位论文,2003 年 4 月.
[4] 张孝锋. 产业转移的理论与实证研究[D]. 南昌大学博士学位论文,2006 年 6 月.

## 五、外文期刊

[1] J. M. Buchanan and W. C. Stubblebine, 1962, Externality[M]. Economica, 29.
[2] I. Walter and J. Ugelow, 1979, Environmental Policies in Developing Countries[J]. Ambio, 8(23).
[3] L. Everest, 1986, Behind the Poison Cloud: Union Carbide's Bhopal Massacre [M]. Chicago: Banner Press, January.
[4] J. R. Markusen, E. R. Morey and N. Olewiler, 1993, Environmental Policy When Market Structure and Plant Locations are Endogenous [J]. Journal of environmental Economics and Management,(24).
[5] A. Ansuategi and C. Perrings, 2000, Transboundary Externalities in the Environmental Transition Hypothesis[J]. Environmental & Resource Economics, European Association of Environmental and Resource Economists, vol. 17(4).
[6] N. Borregaard and A. Dufey, 2002, Environmental effects of foreign investment versus domestic investment. in the mining sector in Latin-America[EB/OL]. World Resources Institute and CIPMA, www. oecd. org/dataoecd/45/21/1819617. pdf.
[7] L. George, 2000, Environmental Implications of International Trade and Uneven Development: Toward a Critique of Environmental Economics[J]. Review of Radical Political Economics, Vol. 32, No. 1.
[8] N. Long and H. Siebert, 1991, Institutional Competition versus Ex-ante Harmonization: The Case of Environmental Policy [J]. Journal of Institutional and Theoretical Economics,(147).
[9] J. R. Markusen, E. R. Morey and N. Olewiler, 1993, Environmental Policy When Market Structure and Plant Locations are Endogenous [J]. Journal of environmental Economics and Management,(24).
[10] B. R. Copeland and M. S. Taylor, 1994, North-South Trade and the Environment[J]. Quarterly Journal of Economics, 109.
[11] H. D. Robinson 1988, International Pollution Abatement the Impact on the Balance of Trade[J]. Canadian Journal of Econonics, 21.
[12] P. Low and A. Yeats, 1992, Do dirty industries migrate? In: Low, P. (Ed.)[J]. International Trade and Environment, World Bank, Washington, DC.
[13] M. Mani and D. Wheeler 1999, In Search of Pollution Havens? Dirty Industry in the World Economy, 1960—1995. In: Fredriksson Per G. (Ed.), Trade, Global Policy, and the Environment [Z]. World Bank Discussion paper, no. 402, Washington, DC.
[14] B. K. Smarzynska and S. J. Wei, 2001, Pollution Havens and Foreign Direct Investment: Dirty Secret or Popular Myth? [Z]. Working Paper of World Bank.
[15] C. D. Kolstad and Yuqing Xing, 2002, Do Lax Environmental Regulations Attract Foreign

Investment? [Z]. University of California Santa Barbara-Department of Economics 28-98, working paper.

[16] J. Tobey, 1990, The effects of Domestic Environmental Policies on Patterns of World Trade: An Empirical Test[J]. Kyklos, Vol. 43, Fasc. 2.

[17] J. Beghin and M. Potier, 1997, Effects of Trade Liberalisation on the Environment in the Manufacturing Sector[M]. The World Economy, Blackwell Publishing, vol. 20(4).

[18] G. S. Eskeland and A. E. Harrison, 2003, Moving to greener pastures? Multinationals and the pollution haven hypothesis[J]. Journal of Development Economics, Elsevier, vol. 70(1), pages 1-23, February.

[19] J. Melo and J. M. Grether, 2003, Globalization and Dirty Industries: Do Pollution Havens Matter? [J]. CEPR Discussion Papers 3932.

[20] H. Gray and I. Walter, 1983, Investment-related Trade Distortions in Petrochem icals [J]. Journal of World trade Law, (17).

[21] D. Judy, 1992, Trade and the Environment: A Surveyof the Literature[Z]. World Bank Discussion Paper.

[22] U. Temurshoev, 2006, Pollution Haven Hypothesis or Factor Endowment Hypothesis: Theory and Empirical Examination for the US and China [Z]. Charles University CERGE-EI Working Paper Series, March.

[23] G. M. Grossman and A. B. Krueger, 1991, Environmental Impacts of a North American Free Trade Agreement, in P. M. Garber ed., The Mexico -U. S. Free Trade Agreement [M]. Cambridge, MIT Press.

[24] C. F. Runge, 1993, Trade liberalization and environmental quality in agriculture [J]. International Environmental. Affairs, Vol. 5, No. 2.

[25] T. Panayotou, 2000, Economic Growth and the Environment [Z]. Center for International Development, Harvard University, CID Working Paper No. 56, July.

[26] D. Wheeler, 2001, Racing to the Bottom? Foreign investment and air pollution in develop ing countries [J]. Journal of Environm ent and Developm ent, 10(3).

[27] W. Antweiler, B. R. Copeland and M. Scott Taylor, 2001, Is Free Trade Good for the Environment? [J]. American Economic Review, vol. 91(4).

[28] T. Panayotou, 1997, Demystifying the environmental Kuznets Curve: Turning a black box into a policy tool[J]. Environmental and Development Economics, 2(4).

[29] World Bank, 2000, Is Globalization Causing a Race to the Bottom Environmental Standard? [Z]. PREM Economic Policy Group and Development Economics Group.

[30] M. Haddad and J. Harrison, 1993, Are there positive spillovers from direct foreign investment? Evidence from panel data for Morocco[J]. Journal of Development Econom ics, 42.

[31] J. Eriksen and M. Hansen, 1999, Environmental Aspects of Danish Foreign Direct Investment in Developing Countries. Managing the Environment in an Open Economy [Z]. Copenhagen: Copenhagen: Business School, Cross Border Environmental Management Project.

[32] K. Grey and D. Brank, 2002, Environmetal Issues in Policy-based Competition for Investment: a Literature Review [J]. ENV/EPOC/GSP.

[33] N. Borregaard and A. Dufey, 2002, Environmental effects of foreign investment versus domestic investment. in the mining sector in Latin-America[EB/OL]. World Resources Institute and CIPMA, www. oecd. org/dataoecd/45/21/1819617. pdf.

[34] J. He, 2005, Environmental impacts of international trade: the case of industrial emission of Sulfur Dioxide($SO_2$) in Chinese provinces[J]. Working Papers with number 20057, CERDI.

[35] B. Gentry, 1999, Foreign Direct Investment and the Environment: Boon or Bane? [R]. OECD Foreign Direct Investment and the Environment.

[36] E. Brown-Weiss, 1990, In Fairness to Future Generation [J]. Environment, 32.

[37] I. S. Ferguson, 1996, Sustainable Forest Management [M]. Oxford University Press, Australia Sandler, T. and V. K. Smith, 1976, Intertemporal and Intergenerational Pareto Efficiency [J]. Journal of Environmental Economics and Management, 1976, 2.

[38] P. A. Diamond, 1965, National debt in a neoclassical growthmodel [J]. American Economic Review, 55.

[39] E. Lazear, 1983, Intergenerational Externalities[J]. The Canadian Journal of Economics, Vol. 16, No. 2, May.

[40] A. A. John and R. A. Pecchenino, 1997, International and Intergenerational Environmental Externalities [J]. The Scandinavian Journal of Economics, Vol. 99, No. 3, Sep.

[41] T. Panayotou, 1993, Empirical Tests and Policy Analysis of Environmental Degradation at Different Stages of Economic Development [J]. ILO Technology and Employment Programme Working Paper, WP238(Geneva).

[42] S. Kruznets, 1955, Economic Growth and Income Inequality [J]. The American Economic review, VO1. 45, no. 1, Mar.

[43] J. Rawls, 1971, A Theory of Justice [M]. Harvard University Press.

[44] J. B. Weiner, On the Political Economy of Global Environmental Regulation[J]. Georgetown Law Journal, Vol, 87.

[45] E. R. William. Ecological footprints and appropriated carrying capacity: what urban economics leaves out[J]. Environment and Urbanization, 1992, 4(2): 121-130.

[46] M. Wackenagel and E. R. William. Our Ecological Footprint: Reducing Human Impact on the Earth[M]. Gabriola Island: New Society Publishers, 1996.